I Millenari
WIR KLAGEN AN

I Millenari

WIR
KLAGEN AN

Zwanzig römische Prälaten
über die dunklen Seiten des Vatikans

Aufbau-Verlag

Titel der Originalausgabe
Via col vento in Vaticano

Aus dem Italienischen von

Leonie Schröder (I–VI), Esther Hansen (VII–IX), Amelie
Thoma (X–XI), Britta Frerichs (XII–XIII), Barbara Neeb
(XIV–XV), Dagmar Zerbst (XVI–XVIII), Anja Jonuleit-
Schreiner (XIX–XXII)

Die Bibelstellen zitierten wir nach der
»Einheitsübersetzung der Heiligen Schrift. Die Bibel. Gesamt-
ausgabe«, herausgegeben im Auftrag der Bischöfe Deutsch-
lands, Österreichs, der Schweiz (...) Für die Psalmen und das
Neue Testament auch im Auftrag des Rates der Evangelischen
Kirche in Deutschland und der Deutschen Bibelgesellschaft,
Stuttgart 1980. In einigen wenigen Fällen, in denen diese Übersetzung vom italienischen Original stark abwich, so daß der Bezug undeutlich wurde, haben wir uns für die Textfassung der
»Heiligen Schrift nach der Übersetzung Martin Luthers« entschieden, Bibeltext der revidierten Fassung von 1984.

ISBN 3-351-02499-1

1. Auflage 1999
© Aufbau-Verlag GmbH, Berlin 1999
Via col vento in Vaticano © 1999 Kaos edizioni Milano
Einbandgestaltung Henkel/Lemme
Druck und Binden Clausen & Bosse, Leck
Printed in Germany

Vorbemerkung des italienischen Verlages

Obwohl das vorliegende, von einigen Prälaten der römischen Kurie verfaßte Pamphlet religiösen Inhalts ist, erscheint es in dem weltlichen und antiklerikalen Verlag Kaos edizioni, und dies aus einem zwiefachen Grund: Es handelt sich um einen Text, der die vatikanische Nomenklatura aus dem Innern des Kirchenstaates heraus scharf kritisiert; und darüber hinaus hätte kein katholischer Verlag dieses Dokument veröffentlicht.

I
Wider das Verschweigen des Bösen

Das kritische Ziel eines Werkes ist erreicht, wenn es psychologisch in die Tiefe geht und der Reflexion neue Wege bahnt, um die Grundlagen für eine möglichst ernsthafte Reform zu schaffen. So verzichtet diese Schrift auf verhaltene Töne und spricht rückhaltlos Realitäten aus, die im Vatikan allen vor Augen stehen. Reich ausgeschmückte Reden verdunkeln die Gedanken. Diese Schrift könnte daher wie eine unbarmherzige Analyse wirken, versteht sich jedoch als reinigendes Seziermesser in einer tiefen, eiternden Wunde oder als Lehre, die auf anschauliche und zugleich trockene Weise anstacheln will wie ein Peitschenhieb die Rosse.

Dieses Buch ist in Gruppenarbeit konzipiert und verfaßt worden und weist somit die Vorzüge und Mängel eines vielstimmigen Werkes auf. Von daher auch die Wiederholung der wichtigsten Gedanken, die aufgrund der unterschiedlichen Sichtweisen und Ansätze redaktionell nur schwer zusammengefaßt werden konnten. *Repetita iuvant*, besonders für diejenigen, die mit der Welt, die hier entziffert werden soll, wenig vertraut sind.

In einer Zeit wie der unseren, in der man an Gewißheit stirbt, während zugleich die Gewißheiten sterben (Leonardo Sciascia), ändert die Wahrheit sich nicht, sondern bleibt dieselbe, ganz gleich, ob sie von großen Oratoren oder kleinen Rednern gelehrt wird. Der Wortgewandte fügt ihr nichts hinzu, der Stotternde tut ihr keinen Abbruch. Der heilige Petrus ermahnt die Kirche: *»Denn jetzt ist die Zeit, in der das Gericht beim Haus Gottes beginnt.«* (1 Petr 4, 17) Im Vaticanum II heißt es: »Die Kirche, die im Unterschied zu dem unschuldigen Christus auch Sünder in ihrem Schoße birgt, die heilig ist und doch zugleich der Reinigung bedarf, unterlässt es nie, Buße zu tun und an ihrer eigenen Erneuerung zu wirken (...) Die Kirche als das pilgernde Volk Gottes auf dem Weg durch die Zeit wurde von Christus zu dieser ständigen Reform aufgerufen, derer sie als menschliche und irdische Institution stets bedarf.«

Es ist an der Zeit, daß die Kirche nicht nur die Menschen, sondern vor allem Christus um Vergebung bittet für die vielen Fälle von Untreue und Verrat ihrer Minister, namentlich der Autoritäten an der Spitze der Kirchenhierarchie. Hier steht nicht die göttliche Institution Kirche, sondern vielmehr ihre Hülle, der »Vatikanismus«, zur Debatte, der dem Rahmen mehr Bedeutung beimißt als dem Bild und sich zum Sakrament der Kirche aufschwingt. Es gilt, den Kokon aufzubrechen, der die historische Realität und die christlich begründete Wahrheit wie eine leblose Puppe gefangenhält. Die Kirche des dritten Jahrtausends zu reformieren bedeutet, eine bürokratische Regierungsform abzulösen, die ihr nicht mehr entspricht. Für Clemenceau hieß regieren, die redlichen Bürger zufriedenzustellen und die unredlichen nicht; das Gegenteil würde eine Umkehrung der natürlichen Ordnung bedeuten.

Von ihrem göttlichen Gründer hat die Kirche den Auftrag und die Fähigkeit erhalten, mit der Zeit zu gehen, sich ohne Selbstaufgabe anzupassen, ohne Umwälzung zu gedeihen. Das II. Vatikanische Konzil hat der Kirche zu einem Kurswechsel verholfen, der sie tüchtig auf Trab gebracht hat. Für viele aber ist das Konzil wie ein Pendelzug, den sie hin und her fahren lassen, wie es ihnen beliebt. Ungehalten hat einmal ein Journalist ausgerufen: »Herrje, ist es denn möglich, daß in den Dokumenten des Konzils alles und das Gegenteil von allem behauptet und allen recht gegeben wird?«

Es ist, als sei die heutige Kirche von einer Art atomarem Unfall von noch größerem Ausmaß als der Störfall von Tschernobyl heimgesucht worden. Strukturell ist der Organismus der alte geblieben, aber in ihrer Physiologie und Dynamik wird die Kirche durch die herrschende Mentalität einer Welt versklavt, die nicht die ihre ist. Blasen wir also zum Aufbruch, in Erwartung des messianischen Zeitalters, der Millenniumsfeier, des zweitausendsten Geburtstags Christi, des Gründers der Kirche. Das Christentum des dritten Jahrtausends schickt die Menschheit auf Wanderschaft, auf die Suche nach der eigenen Erlösung.

Was tun? Sollte man es verschweigen oder von den Dächern rufen, wie tief das Böse in die Kirche eingesickert ist? Schweigen ist Gold, aber manches Schweigen ist tödlich, und die Mißstände zu verschweigen, nur um keinen Skandal heraufzubeschwören, kann leicht für Komplizenschaft mit denen gehalten werden, die Unfrieden stiften. Zu der Sittenlosigkeit zu schweigen bedeutet, den Dingen ihren Lauf zu lassen, statt sich über das im gemeinsamen Haus Gottes und der Menschen breit gesäte Übel zu empören.

Im Hinblick auf die allgemeine Kirchenreform nach dem Tridentinischen Konzil schrieb der heilige Giovanni Leonardi an Paul V. (1605–21): »*Wer eine ernst zu nehmende religiöse und moralische Reform durchführen will, muß vor allen Dingen, gleich einem guten Arzt, eine sorgsame Diagnose der Übel erstellen, unter denen die Kirche leidet, um so für jedes von ihnen das angemessenste Heilmittel zu verschreiben. Die Erneuerung der Kirche muß gleichermaßen die Ersten und die Letzten, die Oberen und die Unteren betreffen. Sie muß bei denen beginnen, die befehlen, und sich sodann auf die Untergebenen erstrecken. Kardinäle und Patriarchen, Erzbischöfe, Bischöfe und Pfarrer müßten solcherart sein, daß man sich für die Führung der Herde des Herrn ganz auf sie verlassen könnte.*« (IV Brev., S. 1373)

Wir haben uns nicht eben leichten Herzens zur Niederschrift dieser Aufzeichnungen entschlossen, die vermischt sind mit Gebeten und Ratschlägen erleuchteter Personen, welche unabhängig voneinander dazu ermuntern, die Ängste, die das Herz der Kirche bedrängen, schriftlich festzuhalten. Von außen ist sie durch den Atheismus der Nachkriegszeit verwüstet, von innen durch die theologischen Fehler erschüttert, die Dozenten und Schülern trotz oder gerade wegen des Hin und Her des II. Vatikanischen Konzils von den päpstlichen Universitätskathedern herab eingeflüstert werden.

Angesichts der Risiken des Unterfangens, einige Wahrheiten klipp und klar, ohne Beschönigungen, Blendwerk und Verstellungen auszusprechen, beauftragte die Gruppe eine dem Papst sehr nahestehende Person damit, ihm die Bedenken hinsichtlich des Plans vorzutragen, um zu erfahren, wie er darüber denkt. Der einflußreiche Vermittler formulierte dessen Antwort folgendermaßen: »Ich wünsche euch und eurem Vorhaben alles erdenklich Gute, denn ich kann mir vorstellen, wie schwierig das Unterfangen ist.«

Ein notwendiger Skandal

Gottes Bund mit den Armen und Demütigen steht im Widerspruch zur Arroganz jeglicher Macht, die den unbequemen Unschuldigen ausschaltet und verdammt. Dieses Buch ist ein in der Wüste eingefangenes Echo, eine Brieftaube mit einer Nachricht am Fuß, eine Flaschenpost mit einer warnenden Botschaft.

Als schlechter Politiker wurde Jeremia jedesmal, wenn er verkündete, was seinem Volk widerfahren werde, unverzüglich ins Gefängnis geworfen; als hellsichtiger Prophet aber suchte er auszuleuchten, welche Politik das Volk verfolgen müßte, um Gottes Israel zu werden. Er war ein friedliebender Mensch und wurde auserwählt, um eine in Auflösung begriffene Gesellschaft anzuklagen. Die Mächtigen aber bekämpften ihn, weil er die Gewißheiten und Illusionen der Menschen seiner Zeit in Frage stellte. Unaufhörlich verfolgt und doch siegreich, sollte Jeremia jeglicher Lüge widerstehen und jegliches beschämte Schweigen von sich weisen wie Christus, der durch ihn spricht: »*Du aber gürte dich, tritt vor sie hin, und verkünde ihnen alles, was ich dir auftrage. Erschrick nicht vor ihnen, sonst setze ich dich vor ihren Augen in Schrecken. Ich selbst mache dich heute zur befestigten Stadt, zur eisernen Säule und zur ehernen Mauer gegen das ganze Land, gegen die Könige, Beamten und Priester von Juda und gegen die Bürger des Landes. Mögen sie dich bekämpfen, sie werden dich nicht bezwingen.*« (Jer 1, 17–19)

Prophet wider Willen, vom Herrn für eine Mission auserwählt, der er sich nicht gewachsen fühlte, widerstand Jeremia: »*Da sagte ich: Ach, mein Gott und Herr, ich kann doch nicht reden, ich bin ja noch so jung. Aber der Herr erwiderte mir: Sag nicht: Ich bin noch so jung. Wohin ich dich auch sende, dahin sollst du gehen, und was ich dir auftrage, das sollst du verkünden. Fürchte dich nicht vor ihnen; denn ich bin mit dir um dich zu retten – Spruch des Herrn.*« (Jer 1, 6–8) Dieses Gefühl von Unsicherheit sollte ihn ein ganzes Leben lang begleiten. Und doch predigt er umwälzende Dinge, ruft die Dringlichkeit der radikalen Erneuerung Israels aus und verkündigt das neue Bündnis mit dem Herrn.

Jeremia, zwischen zwei Feuern stehend, zwischen Isreal und dem Herrn, lebt in einer ausweglosen Situation: Er ist weder König noch Politiker, weder Papst noch Feldherr oder Söldner, er ist ein nackter Mensch, der keine Schliche gebraucht. Schwach und stark zugleich, schroff und heftig, einfühlsam und hart, ein Märtyrer und ein Protestierender, ist er das denkwürdige Beispiel für einen Mann Gottes, der integer zu bleiben verstand unter dem machtvollsten Einfluß, den es gibt, dem göttlichen, dem er in unverbrüchlicher Treue folgte: »*Du hast mich betört, o Herr, und ich ließ mich betören; du hast mich gepackt und überwältigt.*« (Jer 20, 7) Jeremia ist und bleibt der christlichste aller Heiligen des alten Testaments, der verletzlichste und brüderlichste, der den sündigen, zwieträchtigen Herzen am nächsten steht.

Aus der Heiligen Schrift geht hervor, daß die Propheten nicht so sehr Tempelherren oder Palastdiener als vielmehr Sprachrohre Gottes sind, die der künftigen Menschheit in ihrer fortwährenden Entstehung helfen. Häufig werden die wirklich heiligen Menschen zu Opfern gewisser Kirchenleute, wenn sie die Sünden offenbaren, mit denen Geistliche sich beflecken. So erging es Savonarola, Rosmini, Don Zeno und Pater Pius, um nur einige zu erwähnen. Wenn Gott jemandem das Charisma verleiht, den Verfall, die Bequemlichkeiten, die Machenschaften und Betrügereien, den Müßiggang und die Privilegien einer bestimmten Kaste von Klerikern anzuklagen, so muß der Kläger sich auf fürchterliche Reaktionen ihrerseits gefaßt machen. Gewandet in mystischen Eifer, suchen sie, als Verteidiger der Heiligkeit der Kirche zu erscheinen. Es ist immer so: Am Ende betrachtet der Mensch seine eigene Weihe als menschliche Investition und beginnt, mit Gott zu verhandeln und im eigenen Interesse zu feilschen.

Dagegen werden die Originellen und Spontanen, die Antikonformisten, die keine Kniefälle machen, die Geradlinigen und Unbezähmbaren, welche die zweideutigen Kompromisse und bedrückenden Konditionierungen, den widerwärtigen Opportunismus und die eklige Kriecherei zu entlarven vermögen, nach und nach isoliert, langsam an den Rand gedrängt und schließlich verwarnt, ausgeschlossen, verdächtigt und verlacht; Tratsch und schlüpfrige Unterstellungen hinter ihrem Rücken lassen sie unglaubliche Frustrationen erleiden. Diese Kategorie der Unbeugsamen gibt dem chinesischen Sprichwort unrecht, das besagt: »Wenn der Wind weht, muß alles Schilfrohr sich in seine Richtung biegen.« Das Ausharren dieser Unbeugsamen, die beruflich zu den Besten gehören, kommt an sich bereits einer Verurteilung gleich, die sie in das Lager der unwägbaren Anonymität, in den Abgrund des Schweigens drängt. Eines ist es, all diese Dinge zu entziffern, etwas ganz anderes dagegen, sie Tag für Tag am eigenen Leib zu erfahren.

Voller Empörung, Widerwillen und Feindseligkeit deuten viele strenge Richter mit dem Zeigefinger auf alle, die diese von ihnen für entheiligend erklärte Form der Reflexion und Information gewählt haben. Ihres Erachtens wären die Naserümpfer dem Gebot der Mäßigung eher nachgekommen, wenn sie sich gemäß den Kompromissen des Sich-Durchschlagens verhalten hätten. Geht die unterschwellige Kritik dagegen in offenen, mutigen Protest über, so löst die in Reih und Glied marschierende Mehrheit den Verteidigungsmechanismus zugunsten des Oberen aus, der seinerseits durch reiches Lob die Treusten zum Glauben, Gehorsam und Kampf gegen den stets lauernden Feind der Kirche aufruft – und implizit wird die Kirche dabei schließlich er selbst, ähnlich wie jener Tyrann, der sich einen stummen Souffleur nahm, weil er dachte, auf diese Weise die aufgebrachte Menge besänftigen zu können. Aus feigem Konformismus und aus Unterwürfigkeit werden diese strengen, angepaßten Richter ein solches Buch eilends verdammen und die Wagemutigen an den Pranger stellen, indem sie sie als unfähig, untauglich, aufrührerisch, unbotmäßig, unzufrieden, haßerfüllt, übertrieben, verachtenswert bezeichnen, und wem noch etwas einfällt, der setze noch eins drauf. Wie es der Tochter des Priamos erging, die die Zerstörung Trojas voraussagte, ohne daß man ihr glaubte, werden die Konformisten sie als Kassandras, Verkünder von Schreckensvisionen, bezeichnen, denen man keinen Glauben zu schenken braucht.

Eine neue Idee, die der gängigen Praxis zuwiderläuft, wird von dieser Mehrheit gewöhnlich von vornherein zurückgewiesen, ohne überhaupt ernsthaft bedacht worden zu sein. Denn normalerweise hält man das für heilig, was der Gewohnheit der eigenen Umgebung entspricht; das Gegenteil ist an sich schon ein Sakrileg. Das Gute kann nicht zu sich selbst, sondern nur zum Bösen im Gegensatz stehen. Nur daß bei den Begriffen von Gut und Böse allzuviel durcheinandergebracht wird. Auf jede erdenkliche Weise sucht man zu verhindern, daß die vorhandenen Mißstände publik gemacht werden, um der lästigen Aufgabe zu entgehen, sie beseitigen und durch bessere Zustände ersetzen zu müssen. Etwas ist faul, niemand leugnet das, doch warum sollte man es offenbaren? Verbirgt man das Krebsgeschwür unter der Binde, so quält es das Bewußtsein des Kranken nicht. Eine oder gar alle fünf Plagen der Kirche zu enthüllen, würde Haß, Rache und Verfolgung erzeugen; da ist es leichter, den Namen des guten Samariters aus dem Umfeld zu verbannen.

Die Konformisten meinen, daß Informationen dieser Art, wenn sie öffentlich werden, nicht allein die Kurie in Verruf brächten, sondern auch in anderer Umgebung schwerwiegende Folgen hätten. Daher besser alles verschweigen. Genau wie das Geheimnis von Fátima: Besser nichts publik machen. Dagegen sagt René Laurantin: »Die Beharrlichkeit und Bissigkeit der Propheten und auch der Apostel Christi haben bei den konformistischen Zeitgenossen häufig Anstoß erregt. Um bestimmte Intuitionen durchzusetzen, ist es bisweilen notwendig zu schockieren.« Ähnlich äußert sich Teixeira: »Der wahre Freund ist nicht derjenige, der dir die Tränen trocknet, sondern der dich davor bewahrt, sie zu vergießen.«

Stets beschuldigen und verurteilen die Geist- und Einfallslosen die Mutigen, denen es nicht an Eifer und Begeisterung mangelt. Gegen den Strom zu schwimmen – ein Vorzug von Menschen mit starkem Charakter – wird in Kurienkreisen als schwerwiegender Mangel, als Unbotmäßigkeit und folglich als Skandal ausgelegt, den es zu verdecken gilt. Diejenigen, die kein Blatt vor den Mund genommen haben, müssen früher oder später dafür bezahlen, gegebenenfalls auch den Preis der Verleumdung ihres eigenen Benehmens, das als fragwürdig und undurchsichtig dargestellt wird. Doch antworten sie, die nicht eben sanft zufassen, jedoch die Wahrheit lieben, einfach nur: »Achte nicht darauf, wer es gesagt hat, sondern denk darüber nach, was gesagt worden ist! Sollte es dann unwiderlegbar der Wirklichkeit entsprechen, so suche der Wahrheit und nicht ihrer Verschleierung zum Triumph zu verhelfen.« Wer einen Stein ins Wasser wirft, muß also seine Bewegung und die konzentrischen Kreise, die er im Wasser zieht, bis an die Grenzen der entferntesten Ufer vorhersehen. Nun wird freilich jeder Stein, unabhängig von seiner Größe, im Andrang der Fluten ein Stück weit von der Strömung fortgetragen, die ihn dann irgendwo freigibt und vereinzelt liegenläßt. Wenn aber viele aufeinanderfolgende Steine sich aufhäufen, so wird ein Deich daraus, der den Flußlauf korrigiert. Auch kleine Enthüllungen können den jahrhundertealten Weg unserer heutigen Kirche berichtigen.

Unsere Geistigkeit selbst muß von den Verkrustungen der Jahrhunderte gereinigt und zu den Quellen ihres ursprünglichen biblisch-evangelischen Glanzes zurückgeführt werden, indem man sie der Sklaverei des Wohlstands entreißt, in dem alle Religionsgemeinschaften es sich heute bequem machen: eine wahrhaft revolutionäre und unaufschiebbare Aufgabe. Eine Schar von einigen hunderttausend Geweihten und komfortabel Etablierten beiden Geschlechts vegetiert in der Kirche des Herrn auf seine Kosten dahin: *Hic manebimus optime*, hier geht es uns wunderbar.

Auf die Dauer werden diejenigen, die das Armutsgelübde abgelegt haben, dazu verführt, sich mit ganz wenig zufriedenzugeben; das nährt eine wachsende Trägheit, eine unfruchtbare Energieeinsparung, Demotivation bei der Arbeit und mangelnde Unternehmungslust. Bei der Überprüfung ihres Gepäcks sollten die besagten Religionsgemeinschaften sich vergewissern, ob sie nicht zufälligerweise einen Koffer mit doppeltem Boden bei sich tragen, wo sie den Betrug an ihren drei Gelübden verbergen, durch den sie die Reform zwar nicht ablehnen, aber auf künftige Epochen verschieben. Dort, wo die Klöster immer reicher werden, erlischt der wahre Geist der Frömmigkeit, und Wohlstand und Faulenzerei treten an seine Stelle (Peter Friedhofen).

Jeder Reiche, gleich ob Laie oder Kleriker, und jeder Geizige gelangt nur durch die Fürsprache eines bedürftigen Armen in das Reich Christi: durch den Wanderer, der aufgenommen, den Durstleidenden, dessen Durst gestillt, den Kranken, der geheilt, den Gefangenen, der besucht, den Streitsüchtigen, der ausgesöhnt und den Toten, der begraben werden muß. Ohne diese Fürsprache bleiben sie außerhalb dieses Reichs: »*Amen, ich sage euch: ich kenne euch nicht.*« (Mt 25, 12)

Reden wie Schweigen sind Zeugnisse, sagte Primo Mazzolari, wenn nur die Seele Zeugin ist. Der Friede beginnt in uns, genau wie der Krieg. Deshalb ist, wer urteilt, nicht weniger fromm als derjenige, der stets nur Beifall klatscht. Der Rest, das heißt die Worte, zählen nichts: Sie sind nichts als Bienengesumm in einem hohlen Loch. Der heilige Augustinus legt uns die Methode ans Herz: »*Wir befolgen diese uns von den Vätern überlieferte apostolische Regel: Wenn wir auch in den niederträchtigen Menschen etwas Wahres finden, so korrigieren wir ihre Niedertracht, ohne das Rechte in ihnen zu verletzen. In ein und derselben Person berichtigen wir also die Fehler, ausgehend von dem, was Wahres in ihr ist, und vermeiden dadurch, das Wahre durch die Kritik an dem Falschen zu vernichten.*«

Sollte die Feder als Seziermesser bei dieser Korrektur die Überempfindlichkeit des Lesers verletzen, so lag das nicht in der Absicht des Chirurgen, und wir bitten für den ihm ungewollt zugefügten Schmerz um Verzeihung. Die Wahrheit soll nicht dann gepredigt werden, wenn es zum Vorteil gereicht, sondern wenn sie gepredigt werden muß; die Botschaft gehört nicht uns; sie steht unendlich höher als wir, so daß wir selbst uns manchmal aufgrund unserer Erbärmlichkeit überwältigt fühlen. Die Kämpfe und Explosionen können geheimnisvollen evangelischen Ursprungs sein. Oh, die Verdrießlichkeiten und Gefahren der Heiligen!

Die Spaßvögel neigen dagegen zur Ansicht: »Sicher, das wäre die Wahrheit, das wäre der richtige Weg. Aber es ist nicht der richtige Zeitpunkt, um sie auszusprechen, es ist nicht angezeigt, man würde mehr Unheil als irgend etwas anderes anrichten, so kurz vor dem Heiligen Jahr! Wir würden wer weiß welche Verfolgungen auf uns ziehen und den Gegnern in die Hände spielen. Wieso sollte man ausgerechnet in diesen Zeiten des Friedens, eines lang währenden Friedens, schlafende Hunde wecken? Wieso einen Skandal heraufbeschwören und Fatima-Geheimnisse enthüllen?«

Necesse est ut eveniant scandala, sagte Christus: Skandale müssen stattfinden, wenn es zum Wohle aller geschieht. Er selbst hatte in der Tat Anstoß erregt, als er die Privilegien der Angehörigen des Hohen Rates bekämpfte, und auch, als er die Seinen zu überzeugen suchte, daß sie sich bald selbst empören würden über seinen schmählichen Tod am Kreuz.

So kommt es, daß die göttlichen Ideen, wenn sie unangewendet und geschichtlich unwirksam bleiben, zu Verrücktheiten werden in dem Moment, da sie von anderen Systemen mit anderen Zielsetzungen, die im Gegensatz zu dem des Himmelreichs stehen, aufgegriffen werden.

Hybride Mischungen

Dieses Buch betrifft nicht die Mehrheit derer, die in der vatikanischen Kurie mit großem Eifer, mit Vorbildlichkeit und Hingabe stets ihre Pflicht erfüllt haben und gerade deshalb ihrem Dienst in der Kirche unter dem Schweigen und der Gleichgültigkeit derer überlassen wurden, die all dies ausgenützt haben, um mit dem Preßlufthammer darüber hinwegzugehen. Ihnen gebührt die größte Ehre für den Dienst, den sie innerhalb der Kirche Gottes geleistet haben und weiterhin leisten.[*]

---

[*] Johannes Paul I. hat ihnen in den 33 Tagen seiner Amtszeit folgendes Lob aussprechen können: »Auf dem Konzil haben wir im ersten und zweiten Kapitel der *Lumen Gentium* versucht, mit Hilfe biblischer Ausdrücke eine große Idee der Kirche zu vermitteln: Weinberg Christi, Familie, Herde des Herrn, Volk Gottes. Niemand hat mei-

Die vorliegende Schrift wendet sich also nicht an diese verdienstvolle Kategorie von stillen, bescheidenen Prälaten. Ehre gebührt euch, Mitbrüder, denn der Wind der Eitelkeit hat der Demut eures Innenlebens nichts anhaben können, und abends werdet ihr dem Herrn des Weinbergs, den ihr in euren besten Jahren und mit euren besten Energien umgegraben und fruchtbar gemacht habt, sagen können: »Unnütze Diener sind wir, und die Vergessenheit der anderen geschieht uns recht!«

Wie Christus, euer Vorbild, seid ihr von den Konstrukteuren einer Kirche ausgeschlossen worden, die sie zu ihrem eigenen Vorteil und Nutzen ausgerichtet haben. Die Epoche, in der ihr gelebt habt, ist Teil eures eigenen Lebens. Dank eures stillen Zeugnisses können wir der Ansicht widersprechen, daß der Vatikan heutzutage nicht genug Kurialen zu versammeln weiß, denen Flügel wachsen. Die Liste eurer Namen beweist das Gegenteil. Ihr habt eine schwierige Fahrt zwischen Scylla und Charybdis gehabt und euch stets in der Mitte gehalten, um nicht aus der Bahn zu geraten, wie der heilige Augustinus anmahnt: *Ex una parte saxa tu navìfraga, ex altera parte fluctus tu navìvora; tu autem rectam tene lineam; sic nec in Scillam, nec in Caribdin incurris.* (Wenn du in die eine Richtung fährst, so wirst du an den Felsen zerschellen, wenn in die andere, so werden dich die Fluten verschlingen; halte dich in der Mitte, um weder in Scyllas noch in Charybdis' Falle zu gehen.)

Doch denken einige daran, der Mutter der ausgegrenzten Kurialen im Schatten der großen Kuppel Michelangelos ein kleines Heiligtum zu errichten. Wer weiß, wie oft die ausgegrenzten Kleriker dort in ihrem Herzen und flüsternd wie Anna, die Mutter Samuels, die Eli für betrun-

nes Wissens zu sagen gewagt – es wäre nicht biblisch gewesen –, daß die Kirche, wenigstens in ihrer äußeren Organisation, auch eine Uhr ist, die der Welt mit ihren Zeigern bestimmte Richtlinien vorgibt. Doch kann man sie auch als solche bezeichnen, und dann sind diejenigen, die sie Tag für Tag im Stillen aufziehen, die Mitarbeiter in den Kongregationen. Das ist eine bescheidene Arbeit im Verborgenen, die aber sehr wertvoll und hoch zu schätzen ist. Suchen wir gemeinsam, der Welt den Anblick der Einheit zu vermitteln, auch wenn dies Opfer abverlangt. Wir haben nur zu verlieren, wenn die Welt uns nicht fest zusammenstehen sieht«. (*A braccio al sacro collegio*, »Il tempo«, 31. August 1978, S. 12)

I. Wider das Verschweigen des Bösen

ken hielt, das Flehen des Lahmen an dem Teiche Bethesda wiederholen würden: *Hominem non habeo*, was in die Sprache des Vatikans übersetzt, bedeuten würde, daß man nicht das Glück gehabt hat, den passenden Würdenträger für den richtigen Karriereschub zu finden.

Die hier beschriebenen Phänomene betreffen eher jene Minderheit, die nicht einmal soviel Beachtung verdiente, wenn sie nicht so unternehmungsfreudig und ausschlaggebend für die Kirchenleitung wäre. Dieses Phänomen ist auch in allen anderen Gesellschaften der Welt anzutreffen, die Kirche bildet da keine Ausnahme. Nichts Menschliches ist ihr fremd, einschließlich der Unzulänglichkeiten und Erbärmlichkeiten ihrer exponiertesten Führungspersönlichkeiten.

Die Kirche steckt in der Krise, weil die Welt eine Krise durchlebt und die Welt die Kirche in jeder Hinsicht durchdringt; sie erleidet dieselben tiefen Ängste, die die Gesellschaften quälen, erlebt dieselben Gärungen, die in der Zeit nach dem Konzil überall stattfinden. Ihre Probleme ähneln denen des Mittelalters, als die strengsten Gestalten die Launenhaftigkeit der Verschwendung in einer hybriden Mischung mit dem sektiererischsten, profanierendsten Pietismus verbanden. Ohne weiteres vereinten sich so in ein und derselben Person die raffiniertesten gesellschaftlichen Sünden mit tiefster Frömmigkeit, stolze Selbstbehauptung mit mehr oder minder aufrichtiger Demut, die Machtgier mit der Großzügigkeit zugunsten von Kirchen und Kunstdenkmälern, und das ist heute nicht anders. Die Kirchengeschichte ist voll von solch gewagten Hybriden.

Tatsächlich geraten nie die Werte in die Krise, sondern die Kultur der Werte – wie die Sonne, die nicht etwa untergeht, weil Wolken sie verhüllen. Vor allem die moralischen Werte sind in Verfall geraten, sodann befindet sich die Führung in einer Krise, die vor allem in der unbestreitbaren Tatsache greifbar wird, daß alle hohen Kurienämter an diejenigen meistbietend versteigert werden, die die größte kircheninterne und -externe Unterstützung genießen.

Dennoch braucht die Welt die Kirche, um ihre immer wiederkehrenden Krisen zu überwinden. Ohne die inneren Wege des Geistes kann man nicht aufrecht und würdevoll die äußeren Wege der Welt begehen, sagte Ernst Bloch. Der Kirche kommt es daher zu, alle von der Waagerechten in die Senkrechte, vom Materiellen zum Geistigen zurückzurufen. *»Alles Sterbliche ist wie das Gras, und all seine Schönheit ist wie die Blume auf dem Feld. Das Gras verdorrt, die Blume verwelkt, doch das Wort unseres Gottes bleibt in Ewigkeit.«* (Jes 40, 6–8) Die Kirche ist die Hüterin dieses Wortes, doch wenn sie nicht wachsam ist, wird sie nicht lange widerstehen, ohne selbst in die Krise zu geraten.

II
Das Maultier des Papstes

Satire und Witz sind in jeder Gesellschaft wichtig, nur die Regime wissen ihren Wert nicht zu schätzen. Eine Regierung, die keine Meinungsvielfalt zuläßt, wird langsam aber sicher zum Regime, das zu verstehen gibt, daß es die Anregungen seiner Untertanen nicht braucht. Ihnen ist lediglich die widerspruchslose Zustimmung vorbehalten, und das ist Staatsvergötterung. Die Regierung, die sich selbst verbessern will, ermutigt jede Kritik, und die gerechtfertigte nimmt sie an; diejenige, die dagegen das Zirkulieren von Witzen unterbindet, erstickt das eigene Volk in der Langeweile der Verflachung.

Wo Mißtrauen, Haß und Eifersucht gegenüber den Begabtesten und Gebildetsten Fuß fassen, wird die Umgebung, die sich echten Werten verschließt, tyrannisch. Die maßvolle Satire setzt demokratische Verhältnisse voraus. Der Despot, der von der Autoritätshörigkeit, das heißt dem Personenkult, besessen ist, stopft dem respektlosen Satiriker den Mund, damit er seine Fehler nicht bloßstellt und lächerlich macht. Widersetzt sich jemand einem höherstehenden Prälaten oder seinem Rasputin, so führt man die Geschichte an, die Alphonse Daudet über das Maultier des Papstes erzählt, das dem jungen Stallburschen in Avignon nach sieben Jahren einen Tritt versetzte: »*Quand on parle d'un homme rancunier, vendicatif, on dit: ›Cet homme-là, mefiez-vous! Il est comme la mule du Pape, qui garde sept ans son coup de pied (...)‹ Il n'y a pas de plus bel exemple de rancune ecclésiastique.*« (Wenn von einem nachtragenden, rachsüchtigen Menschen die Rede ist, pflegt man zu sagen: »Nehmt euch vor diesem Menschen in acht! Er ist wie das Maultier des Papstes, das sieben

Jahre lang darauf gewartet hat, seinen Tritt auszuteilen.«
Es gibt kein schöneres Beispiel für den Groll der Geistlichen.)

So entsteht das unkontrollierte Getuschel als Abklatsch von Kommunikation, das die Atmosphäre vergiftet, da es sich ungebremst in Form sarkastischer, schräger Witze ausbreitet. Wahrhaft bissige, schneidende, effektvolle Schmähungen auf den Gängen der Vatikanverwaltung. Eine so geartete Kritik ist wie eine Stahlbürste, die die feinen Gewänder der Oberen striegelt. Ferdinand II. von Neapel hat von sich aus lustige Geschichten über sich selbst in Umlauf gebracht, um die Wut seiner Untertanen zu besänftigen, indem er sie zum Lachen brachte.

Es gehört nicht zum Stil der römischen Kurie, die Ausdrucksfreiheit zu schätzen. So verzichtet sie aus Furcht vor der Lächerlichkeit auf die feine Komik und verfällt statt dessen ins Groteske und manchmal ins Tragikomische. Doch die kleine Macht der Andersdenkenden, auch wenn sie von Beamten ausgeübt wird, die in geschlossene Kreise verwiesen sind, hat ihre Wertigkeit und ist ein anerkannter Faktor, den zu vernachlässigen unvorsichtig ist.

Instinktiv flüchten sich die unbefriedigten Bediensteten der Kurie in eine womöglich übertriebene und sogar unvorsichtige Kritik. Das ist ein großes Geraune mit verhaltener Stimme, wie das Summen eines Bienenschwarms im Vespennest. Doch sind diese Polemiken mehr formaler als substanzieller Natur, den Kult um die mythische Person berühren sie nicht, und so zieht diese weiter unbehelligt ihrer Wege. Unter den Achseln kitzeln bringt nichts, das Gehirn muß gekitzelt werden, sagte Renato Rascel.

Die Stützen der Kirche

Es werden Witze über die Slawophilie von Papst Wojtyła und die »Polonisierung« der Kirche gerissen: Endstation Vatikan, wo in aller Eile der Schutt des polnischen Klerus in die größte Kloake ohne Kläranlage gekippt wird. Erst einmal nach Rom gelangt, setzen die polnischen Prälaten mit aller Entschiedenheit und Unverschämtheit auf die begehrtesten Machtposten und werden dabei von den Höflings-Prälaten glühend empfohlen und gelobt, die sich dergestalt den Papst, der aus diesem Land stammt, gewogen zu machen hoffen – jedoch unter dem Vorbehalt, daß sie sie bei der nächsten Wachablösung wieder auf der Mülldeponie abladen.

Zu andauernder Berühmtheit hat es die spaßige Geschichte des Panzers in der Via Conciliazione gebracht. Schon im frühen Morgengrauen jenes kalten Januartages im Jahr 1991 hatte die Polizei überrascht einen rudimentären grünen Panzer in Kriegsaufmachung bemerkt, der neben der an der Via Conciliazione liegenden Schule »Pius IX.« abgestellt war. Die Schule war aus diesem Anlaß abgesperrt, Schüler und Lehrer waren nach Hause geschickt worden, während der Verkehr auf die andere Spur umgeleitet wurde. Vorsorglich wurden die mutigsten Feuerwerker für die Entschärfung einer möglicherweise in diesem gepanzerten Verkehrsmittel befindlichen Zeitbombe eingeschaltet. Die im gesamten Umkreis in Bereitschaft versetzten Ordnungskräfte rechneten jeden Augenblick mit dem Schlimmsten, das indes auf sich warten ließ. Mit größter Sorgfalt inspizierte der beauftragte Feuerwerker das Panzerfahrzeug, das sich schließlich als ein Haufen Blechteile entpuppte, die in aller Eile auf ein Schrottauto aufgeschweißt worden waren.

Die ganze Inszenierung war als Geschenk für den polnischen Monsignore gedacht, dem es kraft heiliger Bankette an der päpstlichen Tafel in kurzer Zeit gelungen war, den Papst zu überreden, auch in Polen ein Militärbischofsamt zu errichten, wobei er sich ganz uneigennützig als erster Feldbischof angeboten hatte. Die Spaßvögel stellten ihn an den Pranger und taten so ihre Mißbilligung der unnützen Amtsverleihung kund.

✳

Die Diplomatie des Vatikanstaats, Ausdruck einer besonderen Gesellschaft, in der der Schein mehr zählt als das Sein, wirkt ansteckend auf die Diplomatien anderer Staaten, kaum daß sie mit diesen in Beziehung tritt. Tatsächlich werden gewisse allzu heikel erscheinende Entscheidungen eingemottet und die entsprechenden Akten so archiviert, daß es je nach Bedarf einfach oder schwierig ist, sie wieder hervorzuholen. Die erfahrensten Vatikanforscher bemühen sich, die Zeichen des monarchistischen staatlich-religiösen Systems zu entziffern, doch nicht immer gelingt ihnen das.

Dem Journalisten John Cornwell* zufolge hat Monsignore Paul Marcinkus diesen Staat definiert als »ein Dorf der Waschweiber: Sie waschen die Wäsche, drücken sie tüchtig aus, tanzen darauf herum, pressen den ganzen Dreck heraus. Im normalen Leben haben die Leute andere Interessen, begegnet man sich dagegen in diesen Kreisen, so weiß man, daß jemand nur deshalb eine Geschichte erzählt, damit ihm auch eine erzählt wird. Nicht eben ein Ort voll ehrlicher Personen.«

»Die Vatikandiplomatie«, so der brillante Latinist und spätere Kardinal Antonio Bacci, »ist an einem traurigen Abend in Jerusalem im Hof des Hohenpriesters entstanden, als der Apostel Petrus, der sich am Feuer wärmte, jene junge Magd traf, die auf ihn zeigte und sprach: ›Auch du bist ein Jünger des Galiläers‹, worauf Petrus zusammenzuckte und antwortete: ›*Ich weiß nicht, was du sagst!*‹ Eine diplomatische Antwort, die weder den Glauben noch die Moral verletzte.«

Die Diplomatie dieses kleinen Vatikanstaats beeinflußt heutzutage das Verhalten der anderen Staaten in einem artigen Wettbewerb der Frömmigkeiten, so daß Emphase und Heuchelei gleichzeitig Ursache und Wirkung der wechselseitigen freundlichen Aufnahme werden. Ein Konzentrat der institutionalisierten Heuchelei, die eines der größten Übel in diesem winzigen Staat darstellt.

---

* John Cornwell, Wie ein Dieb in der Nacht. Der Tod von Johannes Paul I.

Der Vatikan ist eine Insel, auf der Machtlogik und pathologischer Paroxysmus, die Kraft des Gesetzes und das Recht des Stärkeren, die theoretische Übereinstimmung hinsichtlich des »gut vor böse« und die Drangsalierung des Wehrlosen durch den Gewalttätigen in gleichem Maße und gleich geachtet koexistieren; es läßt sich dort eher das Schlechte im Guten erkennen als das Gute im Schlechten, kurzum: Es herrscht ein Gemisch seltsamer Machtschiebereien aus weit zurückreichenden, neu hervortretenden Intrigen.

*

Der Diozösanbischof beschloß seinen Pastoralbesuch mit der eucharistischen Zelebration des römischen Kanons, worin er sich Gott erklärte: »*Mit mir, deinem unwürdigen Diener ...*« Der Pfarrer prägte sich das gut ein, und vom folgenden Tag an forderte er die Gläubigen in jedem Gebet des Abendmahlgottesdienstes auf, »für unseren unwürdigen Bischof« zu beten. Als die Sache dem Bischof zu Ohren kam, forderte er den Priester auf, umgehend von dieser Bezeichnung abzulassen. Doch der junge Geistliche antwortete ihm, er habe sie aus seinem eigenen Munde vernommen, und wenn der Bischof es Gott nur sage, weil es sich so zieme, so sage er es dem Herrn dagegen aus voller Überzeugung, damit er ihn bekehren möge.

*

Dem Namen eines Beamten des Staatssekretariats kommt die doppelte Verbeugung zu, wer aber über den zehnten Grad hinaus ist, dem gebührt der Kniefall der Gottesanbetung. Wie zum Hohn des Pomps und der Überheblichkeit der Kaste, die sich bemüht, mit der Wirkung jener Welt, die im Rolls Royce oder im Privatflugzeug reist, im Einklang zu bleiben.

*

Als Paul VI. die Einrichtung des päpstlichen Rats für die sozialen Kommunikationsmittel veränderte, beglückwünschte ein Kardinalpräfekt den vorsitzenden Prälaten, denn bei den vielen Verkehrsunfällen auf den großen Straßen habe der Papst gut daran getan, dieses inzwischen unerläßliche Ministerium aufzuwerten. Er hatte die Kommission für ein Verkehrsaufsichtsamt gehalten.

*

Der hochwürdige, stets zu bissigen Späßen aufgelegte Bergamaske, der das purpurne Gewand seinem Freund Johannes verdankte, nachdem dieser Papst geworden war, bezeichnete die römische Kurie als unbarmherzig und zynisch: Na, er mußte es ja wissen!

*

Eines Morgens bat der Kardinalstaatssekretär schnellstens um eine Bibel, um einen Passus aus dem Evangelium zu zitieren. Sein Privatsekretär kehrte enttäuscht zurück und teilte ihm mit, daß auf die Schnelle keine bei der Hand sei. »Auch nicht bei Monsignore Substitut?« fragte Hochwürden. Darauf sein Sekretär: »Na, gerade er hat überrascht zu mir gesagt: ›Was haben wir denn hier mit dem Evangelium zu tun? Hat er es nicht vielleicht mit dem Gesetzbuch verwechselt?‹«

*

Es wird über gewisse Prälaten gewitzelt, die sich vergeblich um eine würdevolle Haltung bemühen, sobald sie wissen, daß Fernsehkameras auf sie gerichtet sind. Doch ihr plumpes Dahinschreiten gleicht eher einem »ausgesprochenen Stuhl-Gang«, wie Cepari über den heiligen Luigi Gonzaga schrieb.

*

Apropos Satire: Seinerzeit amüsierte man sich köstlich über die bissige Ironie eines gewissen päpstlichen Indults, das bestimmten Prälaten einen ganz besonderen Ausweg eröffnete – als Privileg *ad personam durante munere* –, »ungeachtet jeglicher gegenteiliger Veranlagung« von der Bisexualität Gebrauch zu machen.

*

Ein bekannter Prälat, in moralischen Dingen höchst unnachsichtig mit den anderen, aber selbst von zügellosem, ungeschliffenem Verhalten, hat seinen besonderen Freunden anvertraut, er habe sich »der Homosexualität geweiht«, um sich nicht hinreißen zu lassen, sich mit Frauen einzulassen.

*

An einem Gründonnerstag, dem 4. April 1985, im Licht der Mittagssonne und der Scheinwerfer, die das Rot-Violett der Prälaten in Prozession im Gefolge des Papstes reflektierten, streckte ein lächelnder polnischer Zeremoniar Arme und Hände aus, um die Kardinäle und Bischöfe in den vordersten Reihen zu begrüßen, wobei er stets wiederholte: »Ihr seid die Stütze der Kirche, die Stütze, die Stütze, beste Wünsche, danke.« Ein etwas schwerhöriger älterer Prälat beugte sich zu seinem Nachbarn hinüber und fragte: »Grütze? Für wen?«

*

Die Purpurträger der vordersten Plätze haben ein eigenes Zeremoniell der Seßhaftigkeit und Anhebung ihres wertvollen Hinterteils, je nachdem, wer an ihnen vorbeizieht, um ihnen Hochachtung zu erweisen. Begrüßt sie beispielsweise ein Staatssekretär, so schnellt es pfeilschnell in die Höhe; bei Gleichrangigen ist die Anhebung langsam und sanfter; bei einem Würdenträger von niedrigerem Rang reicht eine Handbreit vom Kardinalssessel; bei einem aufsteigenden Monsignore ein breites Lächeln mit einem nicht allzulang währenden Händedruck; für den Bedeutungslosen ist ein leichtes Anheben der Hand mit einem Ausdruck unbeteiligter Zerstreutheit ausreichend, um ihm gewissermaßen zu verstehen zu geben, daß seine Keckheit wenig erwünscht ist.

Es ist ein mehr oder minder streng befolgter Kodex, der das Lichtspiel der Auf- und Absteiger auf der Stufenleiter zum Gipfel regelt, wobei die Einflüsse und Aufstiegsmodalitäten eines jeden den Höflingen im Gedächtnis bleiben.

*

Einer Freundin, die Marianna Roncalli fragte, was es mit dem Prälatengewand ihres Sohnes Giuseppe, der zum Monsignore ernannt worden war, auf sich habe, gab sie zur Antwort: »Nehmt's nicht so wichtig, wenn mein Sohn als Bischof gekleidet ist, ohne es zu sein; das sind Dinge, die die Priester unter sich abmachen.« Und es ist wirklich richtig, gewissen Seltsamkeiten, die die Prälaten unter sich abmachen, keine Beachtung zu schenken. Die Ehre verhält sich zur roten Farbe wie das Schielen zur parallelen Augenstellung.

*

Fast ein Jahrzehnt lang machte der Bericht des Arztes eines hochwürdigen Patienten, der seit Jahren bei ihm in Behandlung war, in Kurienkreisen die Runde.

Der Patient, ein Kardinal, stand einer wichtigen Kurienkongregation vor. Als er, benommen und verwirrt, dort hinkam, wurde er mit einem Pferd verglichen, das bekanntlich im Stehen schläft. Einen Mosesschleier vor dem Gesicht, blieben die komplexeren juristischen Fragen und Ideen außerhalb seiner Reichweite, und von Zeit zu Zeit merkte er, daß er etwas nicht verstand. Dann begann er mit unbestimmtem Ziel zu reisen und irrte den ganzen Tag im Flughafengebäude umher, bis die Polizei den Vatikan verständigte, um ihn schleunigst abholen zu lassen …

Der umnebelte Purpurträger wandte sich mit großer Häufigkeit an seinen treuen behandelnden Arzt, ließ ihn zu sich nach Hause kommen und vertraute ihm an: »Doktor, ich fühle seit geraumer Zeit, daß ich etwas im Kopf habe, ich kann es mir nicht erklären, aber irgend etwas spüre ich darin.« Der wohlwollende Arzt suchte ihn zu beruhigen: »Hochwürden, beruhigen Sie sich, ich habe es ihnen doch schon so oft gesagt, machen Sie sich keine Sorgen, machen Sie sich nicht so viele Gedanken, ganz ruhig: Hochwürden, Sie haben wirklich überhaupt nichts im Kopf!« Und so überzeugte sich der Purpurträger für einige Zeit, daß er in Wahrheit nichts Bedeutsames im Kopf hatte.

✼

Erstes unnützes Gebet: »Herr, möge es Dir fern sein, zu erlauben, daß diejenigen, die direkt zu Dir beten, um entscheidende Gerechtigkeit zu erlangen, nicht erhört und enttäuscht werden; und möge es fern sein von Dir, diejenigen zufriedenzustellen, die Dich durch Kniffe und Betrügereien zwingen, ihrem Erfolgsstreben nachzukommen.«

Zweites unnützes Gebet: »Barmherziger Vater, eine Unze Frieden ist für Deine Kirche mehr wert als hundert Pfund gewonnener Rechtsstreitigkeiten. Mach die polnischen Prälaten, denen Du innerhalb der Kurie sehr viel Macht verliehen hast, unschädlich, damit sie dank Deiner Zügelung lernen, uns keine Angst mehr zu machen. Amen.«

Drittes unnützes Gebet: »Herr, ich danke Dir, daß Du mir dieses Mal den Drang genommen hast, mir in die Hosen zu machen!« sprach der neu ernannte Kardinal äußerst bewegt und dankbar nach der jüngsten Investitur-Schlammschlacht.«

Viertes unnützes Gebet: »Lieber Gott, der Du den heiligen Matthias in das Kardinalskollegium hast aufnehmen wollen, gib, daß ich, dem das Los die nutzbringende Freundschaft meines Kardinals und Gönners zugespielt hat, durch seine Fürbitte in die Kurie gewählt werde.«

✼

Jeder abgesetzte Bischof auf der Welt, der nun bald ebenso viele Jahre außerhalb wie innerhalb seines Amtes verbracht hat, sollte angesichts der erhöhten Lebenserwartung beten: »Bleibe bei mir, oh Herr; es ist Abend geworden, und mein Tag geht zur Neige. Die Dämmerung breitet ihre Schatten über meinen Staub. Hier bin ich allein, dort ist das Licht. Ich warte auf jemanden, der mich hinübergeleitet.«

*

Selbstgespräch des Pensionärs an der Endstation: »Meine Straße ist die nach Emmaus, es wird Abend. In meinem Rücken wird der Schatten des Sonnenstreifs zusammen mit meinem eigenen länger. Herr, es ist schon spät! Als Tagelöhner der elften Stunde bringt Dein Weinberg mir keinen Nutzen mehr. Nunmehr ist es finster ringsumher und in mir. Auf ein Wiedersehen, Herr, am jenseitigen Ufer!«

*

Die Schwester, die dem Haushalt eines mächtigen Kardinals vorstand und der Jungfrau Maria tief ergeben war, betete häufig zu ihr: »Meine kleine Madonna, ich habe es dir doch schon so oft gesagt: Such dir doch nicht die Dummen und Geringen aus, wenn du den Menschen erscheinst, um deine Botschaften zu verkünden. Wenn du so weiter machst, wirst du immer umstritten sein, wie in Fátima und in Medjugorie. Versuch doch statt dessen, dich ab und zu irgendeinem großen Prälaten der Kirche zu zeigen, zum Beispiel meinem Kardinal! Mit Hilfe des Fernsehsenders Telepace würde er jede Nachricht, die du ihm anvertrauen möchtest, der ganzen Welt übermitteln. Was Jesus ihm ins Ohr flüstern würde, würde er sofort ausposaunen, übertragen von den größten Fernsehsendern. Niemand würde sich länger erlauben, an der Übernatürlichkeit einer so untrüglichen Erscheinung zu zweifeln. Amen!«

*

Alle Kollegen lachten im Vatikan über das Gebet des Schlaubergers: »Herr, erspar mir die Demütigung, der Zeit nachtrauern zu müssen, als es uns schlechter ging!« Tatsächlich ändert man angesichts des Nachfolgers zuweilen seine Meinung über den früheren Vorgesetzten, vor allem wenn dieser Nachfolger in seinem grenzenlosen Ehrgeiz eines skrupellosen Despoten und seiner ebenso grenzenlosen Gewaltherrschaft wirklichen Amtsmißbrauch begeht. Seine einflußreiche Majestät nimmt sich diese Freiheit heraus, auf die er ein Recht zu haben glaubt.

*

Nach der Skifahrt des Papstes auf dem Adamello begannen einige in der Kurie zu beten: »Gib uns armen Söhnen Adams, Herr, daß wir zu jedem Wunschziel den Adamello sanft hinabfahren. Amen, und so *schnei* es.«

***

Da das demokratische Regulativ der Opposition fehlt, tritt die schwer kontrollierbare Kritik an ihre Stelle. Sie darf nicht überhört, sondern muß geprüft werden, trotz der Gefahr, die sie für die Würde der Person auf den hohen wie auf den niedrigen Rängen darstellt. Das ist der Preis, den jede absolute Monarchie bezahlen muss, wenn sie die Freiheit in ihrem eigenen Umfeld mit Füßen tritt. Das leidvoll Durchlebte wird unter dem Jubel der Satire und der Lästerei ins Komische gewendet.

III
Mors tua vita mea

Wie andernorts, so gibt es auch im Vatikan diejenigen, die mit Bosheit und sadistischer Lust an der Demütigung und Zerstörung des Gegners schonungslos Jagd auf ihre Monsignori Mitbrüder machen, denn *mors tua vita mea* – dein Tod ist mein Leben.

Dem aufstrebenden Emporkömmling, der am liebsten gleich ein paar Stufen auf einmal nehmen möchte, sind die Flügel gestutzt, wenn er auf einen Konkurrenten prallt, der mehr Unterstützung genießt als er selbst. In diesem Zustand beginnt er, um ihn herumzuscharwenzeln, während er darauf wartet, daß ihm neue, kräftigere Flügel nachwachsen, um ihm eins auszuwischen.

Es heißt, daß der Kardinal Domenico Svampa dem Karrieristen, der ihn fragte, wie er am besten vorwärtskomme, geantwortet habe: »Du brauchst Intelligenz und einen Teufel, der dich trägt.« Und der Prätendent darauf: »Hochwürden, ich habe die Intelligenz und Sie den Teufel, der mich weiterbringt!«

Rund achtzig Prozent der Bediensteten finden sich damit ab, daß sie niemals die Ziele der Privilegierten erreichen können; sie bleiben in der Masse des Ameisenhaufens stecken. Es sind die von den Schlaufüchsen Geschlagenen oder jedenfalls in den Wartezustand Versetzten, wie die Heringe in der Salzlake, Bewerber um die Bewerbungssituation: ein Haufen schlechtgelaunter Brummbären.

Die übrigen zwanzig Prozent der Kurie schlagen den Weg der engen Wendeltreppe ein, halten sich für den auserwählten Teil, den majestätischen Priesterstand, für Eroberer der ganzen Welt. Doch müssen diese glücklichen

Aufsteiger auf dem Weg zur *leadership* der Kirche notwendigerweise bis zum letzten Streich mit verdeckten Karten spielen, um den Wettbewerbsgegner auszuschalten.

Nähert der Bewerber sich langsam aber sicher dem heiß ersehnten Ziel, so verfeinert er seine Wettbewerbsmethode, indem er List, berechnende Demut, Heuchelei und äußerliche Nächstenliebe in mystifizierender Weise verbindet. Eine Welt der Rivalitäten, deren Hierarchieleiter langsam, mit wahren Ellbogenschlachten und ohne Verzicht auf unlautere Mittel erklommen wird.

Die dazu bestimmt sind, die obersten Rangstufen zu erreichen, die Kletterpflanzen, die durch die richtige Empfehlung eines charismatischen Gönners begünstigt sind, diese Anwärter auf die höchsten Gipfel sind natürlich wenige. Und diese Wenigen verleiben sich noch dazu Verdienste anderer ein, schreiben sie mit großer Selbstverständlichkeit auf ihr eigenes Blatt. Folgende Worte des Heiligen Geistes sind nicht für sie bestimmt: *»Wir wollen nicht prahlen, nicht miteinander streiten und einander nichts nachtragen.«* (Gal 5, 26)

W. Bukowski hat gesagt: »Es wird dort niemals Krieg geben, aber es gibt ständig einen solchen Kampf um den Frieden, daß am Ende kein Stein mehr auf dem anderen bleibt.« Wenn unter Frieden hier eine riskante Fiktion verstanden wird, dann ist der Quietismus eine scharfe Klinge, die das Gewissen und die Fähigkeiten des Kurienangestellten beschneidet und ihm seine freie Selbstbestimmung nimmt.

Die Gleichgültigkeit dieser Kreise läßt keinen Raum für Solidarität mit denen, die womöglich Übergriffen oder Diskriminierungen ausgesetzt sind. Eine große Schar von Puritanern und Höflingen ist stets darauf bedacht, die Mitbrüder, auf die irgendein Verdacht fällt, zu meiden. Durch Aussonderung werden sie diskriminiert, ein bedrückendes, bleiernes Schweigen umgibt sie.

Soll jemand in der Behörde isoliert werden, so beginnt

man, langsam alles um ihn herum zu zerstören, so daß das Zusammenleben mit ihm schwierig und beklemmend wird. Es weht ein leiser Wind der Fronde, der die Würde der von etwas schleichend Unbestimmbarem erdrückten Person angreift. Er wird von einem Strudel erfaßt, der ihn in das entfremdende Heiligtum der Gleichgültigkeit seiner Kollegen hinabzieht, die einer inneren Steinigung ähnelt, einer Intifada mit Steinwürfen für eine Schuld, die gerichtet wird, ohne bewiesen zu sein. Etwas gibt in ihm nach, Frustrationen entstehen, er zweifelt an seinen eigenen Fähigkeiten, an seinen seelisch-körperlichen Kräften, er beginnt sich vorzuwerfen, daß er Ansprüche hat, die an Überheblichkeit und Unbotmäßigkeit grenzen. Er überzeugt sich davon, konstitutionell zerbrechlich zu sein.

Die vatikanische Kurie braucht keine Menschen, die nach Gerechtigkeit schreien, sondern die selbst wahrhaft gerecht sind. Christus hat nicht diejenigen selig genannt, die sich im Besitz der Gerechtigkeit glauben, sondern die es nach ihr hungert und dürstet.

»So werden alle, die in der Gemeinschaft mit Jesus Christus ein frommes Leben führen wollen, verfolgt werden. Böse Menschen und Schwindler dagegen werden immer mehr in das Böse hineingeraten; sie sind betrogene Betrüger.« (2 Tim 3, 12–13) Immer schlimmer wird es mit ihrer Boshaftigkeit und Betrügerei, doch was ihre Karriere angeht, so haben sie den Wind in den Segeln.

*

Wenn ein untergebener Monsignore diskriminiert wird, denkt er häufig, er werde entweder in seinem Wert oder hinsichtlich der Beförderung ignoriert. Aus Spaß hat einer das Etymon des *monsignorato* auf das lateinische *mons ignoratus*, eine ignorierte Hoheit, zurückgeführt. Daher herrscht die Methode des *divide et impera*, das heißt, je mehr Unfrieden man unter den abhängigen Monsignori stiftet, desto leichter lassen sie sich beherrschen.

Der böse Wunsch, sich etwa in irgendeiner gemeinschaftlichen Form zusammenzuschließen, die an eine Art Gewerkschaft gemahnen könnte, steht ihnen fern. Als schlimmste Strafe droht die lebenslange Trennung vom eigenen Umfeld.

Einer geophysischen Theorie zufolge statteten die Kontinente einander in der Vergangenheit Besuche ab, in tellurischen Umarmungen zusammentreffend, während sie zur Zeit darauf warten, einander gegenseitig nicht länger zu stören. Dem vatikanischen Kontinent gefällt es, wenn die Personen weit voneinander entfernte Inseln bleiben, damit sie von der Sternwarte aus besser kontrolliert werden können.

Wenn das Streben nach Ämtern, Beförderung und Anerkennung, nach den Freuden eines mit voller Hingabe geleisteten Dienstes – ein in der menschlichen Natur selbst angelegtes Recht – nicht erlaubt ist, so wird die Aufgabe der Auswahl in Sachen Einstellungen und Beförderungen an den jeweiligen Oberen abgegeben, der in seiner Entscheidungsbefugnis unkontrollierbar ist. Er gibt sich eher mit den Mittelmäßigen, leicht Manövrierbaren zufrieden, als sich mit starken, entschiedenen Persönlichkeiten zu umgeben. Doch sind die geistig Armen zugleich auch die engherzigsten Personen. Für die Gesellschaft ist das Mittelmaß niemals verpflichtend gewesen, wohl aber für die vatikanische Kurie, da sie die Gesamtheit ihrer Angestellten als zusammengewürfelten Haufen von Personen ansieht, denen es an echtem Streben mangelt.

Das Kriterium des Oberen bei den Einstellungen hält sich an die *medium tendency*, das heißt, alle müssen durchschnittlich, mittelmäßig sein, um Karriere zu machen. Prozentual ausgedrückt fällt die Wahl bei der Einstellung von Klerikern in neunundneunzig von hundert Fällen auf gefügige Jasager. Ist ein einziger mit einem starken Charakter dabei, so ist dagegen ein Fehler in der Einschätzung unterlaufen, und es gilt, ihn unter Kontrolle zu halten.

Unglaublich aber wahr. Über einen langen Zeitraum

hinweg ließ sich der Untersekretär einer Kongregation, ein Rhabdomant, für die Erledigung der Amtsgeschäfte und die Überprüfung der Zuverlässigkeit des Personals durch den Ausschlag der Wünschelrute anregen, die er in seiner Hand eines unfehlbaren Wünschelrutengängers spannte. Er benutzte sie auch in der Küche und im Restaurant, jedoch unter dem Tisch. Nach seiner Aussage ging es ihm immer gut, dank dieses Objekts. Als eine labile, schwankende Persönlichkeit hat er bis zu seinem Tod die Benutzung des Fernsehapparats verweigert, aber begeistert die vatikanischen Radionachrichten verfolgt, um sich über die Beförderungen und Absetzungen des Tages auf dem laufenden zu halten. Den Rest des Tages verbrachte er hinter der Fensterscheibe, um sich alle vorbeigehenden Prälaten einzuprägen, die aus diesem kleinen Winkel des Vatikans kamen. Hier befinden wir uns in der phantastischen Sphäre der Science-fiction-Literatur. Auch das bringt der Wind!

Heraklit sagte: »Ein einzelner Mann wiegt für mich zehntausend auf, wenn er der Beste ist.« Den profillosen Oberen ärgert diese Ansicht, denn neben einem intelligenten, gebildeten Untergebenen würde sein eigenes Ansehen verblassen. Eine Handvoll armer Supermänner, die sich das Recht anmaßen, mit uneingeschränkter, absoluter Gewalt zu regieren, reduziert die Gesamtheit der Kurienangestellten auf eine Versammlung von Robotern, deren einzige Funktion darin besteht, das Handeln des Chefs gutzuheißen. Die Angestellten lernen zuzustimmen, ohne zu diskutieren, wie Adimanth in Platos Dialogen, der immer nur beipflichtet: »Sehr gut, sehr wahr, freilich, gut gesprochen, gewiß …« Ein Selbstgespräch in Dialogform. Ein entsprechend hörig gemachter Diener verwandelt sich leicht in einen gezierten Höfling. Er wird niemals das Gewand des Beamten eines Rechtsstaats anlegen, dessen Staatsangehörige vor dem Gesetz alle gleich sind, denn im Vatikan ist das Gesetz wellenförmig!

Die göttlichen Rechte der persönlichen Würde zählen

weniger als die Rechte, die der Vorgesetzte in den wechselnden Phasen der Beförderung und Zurückstufung für sich beansprucht. In Arlington in den Vereinigten Staaten steht auf der Gedenkstätte für den Unbekannten Soldaten der Spruch: »Allen unbekannt, außer Gott.« Eine ähnliche kleine Stele würde im Vatikan nicht schlecht stehen.

Eine solche Umgebung bringt die Menschen dazu, Seite an Seite zu leben, ohne einander wirklich zu kennen, ohne sich gegenseitig zu schätzen, oberflächlich besehen dicht beieinander, aber nicht verbunden, ohne Leidenschaft und mehr aus rationalen als aus übernatürlichen Gründen liebend, in wechselseitiger bürokratischer Abhängigkeit und in sterilem Kontakt, untereinander in verschiedene Kategorien aufgeteilt, gleichgültig gegenüber dem Innenleben des Nächsten, im Amt als Seelenlose anwesend, darauf bedacht, entweder die Methode des Nächsten zu verherrlichen oder die persönliche Würde des Konkurrenten zu verletzen, der einen selbst in den Schatten stellt.

Davon unterscheidet sich die Lehre Christi grundlegend. Seine göttlich-menschliche Liebe erniedrigt den Menschen nicht, sondern erhöht und bereichert ihn von innen heraus in der Gemeinschaft mit den anderen. Der Heilige Geist lehnt die Monotonie der standardmäßig vorgefertigten Dinge ab. Jedem schenkt er eine andere Berufung, gemäß seiner Persönlichkeit, obwohl er weiß, daß diese Unterschiedlichkeit eine dauernde Gefahr darstellen könnte, indem sie die Menschen dazu bringt, sich als vereinzelte Individuen zu begegnen und gegeneinander zu stellen. Die Einheit, die der Geist verlangt, ist keine Einförmigkeit, sondern die Andersheit und Bewahrung der eigenen Persönlichkeit zum Wohle aller. In der Dynamik dieses Austauschs wächst und gedeiht die Kirche zum allgemeinen Nutzen.

Jeder Kleriker muß folglich, stets von demselben Geist beseelt, den anderen im Glauben verbunden bleiben und in der Freiheit der Kinder Gottes, der alles in allen bewirkt, leben: »*Jedem aber wird die Offenbarung des Geistes geschenkt, damit sie anderen nützt. Dem einen wird die Gabe geschenkt, Weisheit mitzuteilen, dem andern die Gabe, Erkenntnis zu vermitteln, dem dritten Glaubenskraft, einem anderen die Gabe, Krankheiten zu heilen, einem andern Wunderkräfte, einem andern prophetisches Reden, einem andern die Fähigkeit, die Geister zu unterscheiden, wieder einem andern verschiedene Arten von Zungenrede, einem andern schließlich die Gabe, sie zu deuten. Das alles bewirkt ein und derselbe Geist; einem jeden teilt er seine besondere Gabe zu, wie er will.*« (1 Kor 12, 4–11)

Die römische Kurie, seltsame Vereinigung mit einer nicht kodifizierten und nicht kodifizierbaren Praxis, Konzentrat aus weisen Traditionen und diplomatischer List, betrachtet ihre Angestellten, wie sie sie haben will, und formt sie indes, wie sie nicht hätten sein wollen. Sie bereitet ihnen ein Leben, in dem das Wahre mit dem Falschen, die rechte Sinnesart mit Vorurteilen und Mißtrauen einhergehen. Mehr als auf den Wert der Person wird auf ihr äußeres Gebaren geachtet.

Wenn man einen Modus finden muß, um die eigene Berufserfahrung zusammen mit derjenigen anderer in einem undemokratischen Kontext zu vermitteln, dann kommt es in dem Moment zum Kurzschluß im System, wenn unterschwellig, verhüllt, die Zwangsgewalt hervortritt und die Warnleuchte anzeigt, daß man den Gefahrenpegel im Austausch der Beziehungen überschritten hat. Es fährt sich nicht gut, wenn die Reservelampe leuchtet. Die Vielheit, die nicht auf die Einheit zurückgeführt werden kann, ist Verirrung, und die Einheit, die nicht von der Vielheit abhängt, ist Tyrannei, sagt Pascal.

Wer die römische Kurie nicht von innen, durch eigene Mitarbeit kennt, achtet sie als perfekteste Regierung der Welt, wo die soziale Gerechtigkeit die kühnsten Rechtserwartungen erfüllt. Das Gegenteil zu behaupten, könnte als Verleumdung erscheinen, doch für die Eingeweihten, die die geheimen Dinge kennen, ist es das keineswegs.

Obwohl sie ihr Dasein und ihr Bestes geben, sehen sie sich von anderen, die sich schamlos, mit pompöser Einbildung vordrängen, überrundet und geschlagen.

In diesem Kontext Karriere zu machen bedeutet also ganz einfach, anderen Kollegen, die länger warten, übel mitzuspielen, dem Nächsten, der zu den Ersten gerechnet wird, einen Seitenhieb zu verpassen: Ein wilder Wettstreit, der die evangelische Barmherzigkeit und den Sinn der Brüderlichkeit vernichtet.

All dies führt zum Niedergang jeglicher ethisch-sozialer Werte. Es geht nur noch um die Wahrung des Scheins, um die Fassade, menschlicher Wille wird als göttlicher ausgegeben. Wem es, an den Pfahl gebunden, nicht gelingt, im Leben der Kurie Erfolg zu haben, wird in dem beschränkten, verschwörerischen Kontext ein Diskriminierter, für den kein Fortkommen ist.

✣

Den ungerecht Geschlagenen erwachsen daraus Minderwertigkeitskomplexe und eine Atrophie der Persönlichkeit, die sie hindern, länger nach Vervollkommnung in der Erfüllung ihres Auftrags zu streben. Das Plattwalzen ihrer Zukunft ist nicht aufbauend, sondern erniedrigend und läßt sie zur Unzeit verwelken. Wer unter diesen Bedingungen lebt, ist auf die Dauer demoralisiert und zieht sich in die Stummheit zurück. Durch Resignation und die Aufgabe aller Hoffnungen untergräbt man jedoch den Triumph der Gerechtigkeit. Das Opfer spielt so dem Henker in die Hände, den es durch sein Schweigen begünstigt.

Die stummen Angestellten, jene achtzig Prozent von Kurialen, bringen sich selbst ins Hintertreffen, denn sie bestätigen den Oberen in der Vorstellung, daß seine Übermacht tatsächlich unbegrenzt und unanfechtbar sei. Auswahl, Beförderung und Zurückstufung hängen ganz von ihm ab, auch wenn er in die gesellschaftliche Sünde des schiedsrichterlichen Mißbrauchs verfallen sollte.

Es gilt, das leidvolle Schweigen derer einzufangen, die die unveräußerlichen Rechte der menschlichen Person nicht laut einfordern können, weil die Umgebung das Schweigen und Erleiden für eine Tugend hält. Die angeprangerten Angestellten, die Zurückgestuften und aus dem auserwählten Kreis des Clans Ausgeschlossenen vergraben sich im Schweigen der kurialen Vergletscherung.

Es steht geschrieben: *Zelus domus tuae comedit me.* Wenn das Haus Gottes, die Kirche, in Flammen steht, muß jeder Gläubige mit Feuerlöschern umzugehen wissen, um den Brand zu löschen, und wenn Satansrauch darin ist, muß man sie auf die Brandherde richten, von denen er ausgeht. Wer wie Nero den Brand Roms vom Hügel herab betrachtet, macht sich zum Komplizen dieser Zerstörung. *Quo vadis Domine?* in diesem Jahr deines zweitausendsten Geburtstags? »Ich gehe Jagd auf Satan machen, der meine Kirche anzündet!«

Während die Böswilligen das Gute mit größter Selbstverständlichkeit bekämpfen, wirken auch die Gutwilligen ihm durch ihre fanatische Teilnahmslosigkeit entgegen und meinen dabei Gott in dieser Weise der Energielosigkeit zu verehren. Und so denkt jeder selbstgerecht, mit seinem Gewissen im Reinen zu sein. Gott, der die Macht hat, den Sünder zu rechtfertigen, wird ohnmächtig angesichts solcher Selbstrechtfertigung, die ohne ihn auskommt.

Gewisse Prälaten der Kurie regeln die Zeiten der Kirche wie die Meteorologen gemäß der Launen und Wechselhaftigkeit der eigenen oder anderer Leute Wünsche und rufen dadurch Mißhelligkeiten und Bestürzung hervor. Die Richter, jeder von seiner Warte aus, denken, sie könnten die Gedanken des anderen interpretieren, widersprechen einander jedoch wie die Vorhersagen des Horoskops.

Die Geschichte der Kurie bietet reiches Beispielmaterial für Kleriker, die versucht haben, das Evangelium so anzuwenden, daß es ihnen die Dauerhaftigkeit der erlangten Privilegien garantiert. Das aber bedeutet, den göttlichen

Willen so zurechtzubiegen, daß er mit den eigenen individuellen Sichtweisen übereinstimmt. Diese Kirchenleute, die Befehle erteilen, berufen sich gern auf den göttlichen Willen, ihn gewissermaßen mit den eigenen Interessen gleichsetzend, denen alle Untergebenen uneingeschränkte, widerspruchslose Unterwerfung schuldig sind.

Die Dinge werden noch verwickelter, wenn Hierarchie, Autoritäten, Freunde, Juristen, Psychologen, Asketen und andere mehr sich einmischen und die verworrenen Ereignisse aus ihren je unterschiedlichen Blickwinkeln interpretieren. Man gelangt an den Punkt, wo man nicht mehr weiß, wem man gehorchen soll, ohne einem anderen gegenüber ungehorsam zu sein.

IV
Die Kirche ist nicht der Vatikanismus

Der theologische Begriff der von Christus gegründeten Kirche ist im Denken der östlichen Patres weniger totalisierend als bei den westlichen. Die abendländische Theologie wurde maßgeblich durch die Philosophie des heiligen Augustinus beeinflußt, der die großen Wahrheiten des damaligen menschlichen Wissens neu formulierte und dem gesellschaftlichen und individuellen Leben künftiger Generationen damit eine Richtung wies.

Doch mußten diese von Augustinus meisterhaft dargelegten Wahrheiten dem Wissensumfang und Erkenntnisstand der nachfolgenden Epochen angepaßt werden, ohne daß sie sich wechselseitig bedingten. Die Kirche ist für die Menschen da, nicht die Menschen für die Kirche. Dessen sind sich alle seriösen Gelehrten jeder Denkrichtung bewußt.

Die östlichen Patres vergleichen die Kirche mit einem unübertrefflich großartigen Schiff, heute würden wir sagen einer »Titanic«. Wer auch immer in diesem stürmischen Meer darauf Platz nimmt, geht einer ruhigen, heiteren Überfahrt entgegen, im Unterschied zu denen, die auf andere Weise übergesetzt werden. Nach dem östlichen Denken bedienen sich alle, die nicht auf diesem Schiff mitfahren, anderer Mittel der Vorsehung für die Überfahrt zum letzten Ziel jedes Menschen. Mit Flößen, Schaluppen, Booten und Rettungsringen, das heißt mit Hilfe anderer religiöser Glaubensformen finden sie, wenngleich unter größeren Schwierigkeiten und weniger rasch, ebenfalls den Weg der Erlösung. Diese Hoffnung ist wichtig.

»Dieser universale Plan Gottes für die Erlösung der Menschheit erfüllt sich nicht auf eine einzige, sozusagen geheime Weise im Geist der Menschen, worin sie Gott auf unterschiedliche Weise suchen, ›bemüht, ihn – vielleicht tastend – zu erreichen und zu finden, obwohl er nicht weit von jedem von uns ist (...)‹. Solche Initiativen stellen in gewissem Sinne einen pädagogisch sinnvollen Anfang auf dem Weg zu dem wahren Gott oder in Vorbereitung auf das Evangelium dar«, so heißt es im Vaticanum II.

Die abendländischen Väter der Kirche haben sich dagegen sehr von der zugespitzten Definition des Augustinus beeinflussen lassen, der, ohne einen möglichen anderen Ausweg offenzulassen, daran festhält: »*Extra Ecclesiam nulla salus*«, außerhalb der Kirche gibt es kein Heil – eine theologisch gültige, aber nicht einzig richtige Behauptung. Das Axiom ist zu einem Dogma für alle Zeiten und Bedingungen geworden. Um die vier Milliarden Ungetauften zu retten, greifen unsere römischen Theologen daher auf den Notbehelf der Wunschtaufe zurück, die diese unbewußt zu Christen mache. Auf all dies beruft man sich im Westen, um das theologisch unvollständige Konzept zu retten, wonach es ohne die Kirche, Gefäß Gottes und der Menschen, kein Heil gibt.

Wenn Jesus an die Gründung seiner Kirche dachte, etwa als er Petrus versprach, ihm das Primat über sie zu verleihen (»*Du bist Petrus, und auf* der Basis *dieses Felsens werde ich meine Kirche bauen. Ich will dir* als ihrer Spitze *die Schlüssel für* das Gebäude *des Himmelreichs geben; was du auf Erden binden wirst, das wird auch im Himmel gebunden sein, und was du auf Erden lösen wirst, das wird auch im Himmel gelöst sein.*« (Mt 16, 18–19)), sah er sie mit Sicherheit auf einem einzigen festen Felsen erbaut, denn er bezog sich auf eine präzise polygonale geometrische Figur, an deren Spitze sein Stellvertreter Petrus sitzen sollte.

In Gedanken kehrte er zur Kindheitserinnerung der wunderbaren Pyramiden zurück, die die folgenden Jahrhunderte überdauern sollten und deren geometrische Figur nach der Theorie des Nobelpreisträgers Luis Alvarez

ein mächtiger kosmischer Kraftspeicher einender, binden-
der Energie war und ist – eine Eigenschaft, die den alten
Ägyptern und Persern bereits bekannt war. Jesus, der in
den ersten Jahren seiner Kindheit nach Ägypten ausge-
wandert war, ehe er nach Nazareth zurückkehrte, ist sicherlich von seiner Mutter und dem heiligen Joseph zu
den berühmten riesigen Pyramiden der Pharaonen gebracht worden, die seit jeher Ziel des internationalen Tourismus waren. Wie allen Kindern, hat sich dieses Wunder
gewiß auch dem Gottmenschen Jesus unauslöschlich ins
Gedächtnis geprägt. Als es darum ging, den anderen Menschen eine plastische Idee der von ihm zu errichtenden
Kirche zu vermitteln, verfiel er auf die geometrische Form
der Pyramiden als dem besten Bezugspunkt, um die Einheit und den Zusammenhalt der gesamten so vereinigten
menschlichen Familie bildhaft auszudrücken. Die Pyrami-
denform versinnbildlichte am besten die Merkmale, die
Christus seiner Kirche mittels des Heiligen Geistes verlieh: ein fester Block aus den gleich wesentlichen Attribu-
ten der »einen, heiligen, katholischen und apostolischen«
Kirche.

Dies ist eine anregende Hypothese, der man mehr oder
minder zustimmen kann. Sicher ist, daß die Kirche Jesu
soziologisch gesehen pyramidenförmig aufgebaut ist: Der
Papst ist untrennbar mit Bischöfen, Priestern und Gläubigen verbunden; sie in Blöcke zu teilen, hieße, ihre Natur
zu verfälschen.

Die Kirche ist folglich eine lebende Struktur und ihrem
Wesen nach eins und unteilbar. Dies war die herrliche
Idee, die die Kirchenväter und das christliche Mittelalter
beflügelte und die in den wunderbaren Kathedralen ihren
plastischen Ausdruck fand. Um diese stolz in den Himmel ragend zu errichten, steuerten Ingenieure, Techniker,
Maler, Bildhauer, Meister des Maurerhandwerks, Geolo-
gen, Physiker, Doktoren der Theologie, Priester, die Hierarchie, der Glaube des Volks, die Kunst der Dichter und
Musiker und das Gebet der Heiligen in einer dichten, har-

monischen Verbindung ihren Teil bei. Bis auf den heutigen Tag erklingen seither Lob und Ehre der Einheit und Dreifaltigkeit des göttlichen Schöpfers. Im übrigen steht auch das Mysterium der Heiligen Dreifaltigkeit in Bezug zu der geometrischen Figur eines gleichseitigen, ebenfalls pyramidalen Dreiecks.

Sehr häufig wird diese Sicht jedoch verfälscht und zwischen der Kraft von unten, dem Volk, und der hierarchischen Autorität die Verbindung zerschnitten, so daß leicht nur die Spitze gemeint ist, wenn jemand von der Kirche spricht, die in die Höhe ragt wie ein Stalagmit, gerade als sei sie ihr einziger konstitutiver, von unserem Herrn gewollter Ausdruck.

Nicht nur die Theologen der Renaissance, sondern auch die unserer heutigen Zeit betrachten die Basis der Gläubigen gern als gestaltlose Schafherde, die ihrem Hirten gefügig folgt. So bezieht man sich mit dem Namen der Kirche eher auf die Gesamtheit ihrer hierarchischen Spitze, bestehend aus Papst, Kardinälen, Bischöfen, römischer Kurie und hohen Prälaten, deren Autorität und Macht, aufgerieben durch die Zeit, in Nichts zerfällt. Sehr häufig versäumen diese es, sich dadurch in Frage zu stellen, daß sie die eigene Mission mit derjenigen Christi vergleichen, der am Kreuze gestorben ist, um der Menschheit zu dienen.

Es ist eine beliebte theologische Auslassung, der auch die unangebrachten Redewendungen entsprechen wie: »Die Kirche will oder will nicht; die Kirche erlaubt, die Kirche erlaubt nicht; die Kirche befiehlt; die Kirche verpflichtet; die Kirche billigt oder mißbilligt; die Kirche verbietet, bestätigt dieses Phänomen, findet nichts Übernatürliches in dieser Erscheinung oder Person ...« Dagegen beziehen sie sich mit diesen Reden auf bestimmte Männer und Kleriker, die in der jeweiligen Zeit die Hebel der Macht bedienen: Protagonisten, die schon häufig bewiesenermaßen falsch über gewisse historische Wahrheiten hinsichtlich Personen oder Phänomenen geurteilt haben.

Aber gerade darin besteht die Dichotomie des Denkens. Einerseits wird behauptet, die Kirche, das seien wir alle zusammen, Autoritäten und Gläubige, weshalb jegliche Verletzung, die einem Teil von ihr zugefügt wird, unmittelbar ihren ganzen mystischen Körper trifft. Andererseits aber werden einige ihrer Mitglieder, Propheten, denen es jedenfalls um das Erbarmen Christi geht, wenn sie offen von dem Krebsgeschwür sprechen, als ungehorsam, rebellisch und häresieverdächtig bezeichnet, und es wird alles getan, um diese Männer und Frauen zum Schweigen zu bringen. Auch wenn dann nach einiger Zeit mit unnützer Reue und verspäteten Entschuldigungen eingestanden wird, daß man sich in der Beurteilung dieser Personen getäuscht hat.

Doch wem nützt es, alles unter den Teppich zu kehren, damit niemand eingreift? Soll dadurch nicht erreicht werden, daß alles beim Alten bleibt, damit wer irrt, weiterhin irren kann? Aber die Kirche steht entweder zusammen, Basis, Seiten und Spitze, oder sie ist nicht die von Jesus gewollte. Er hat seine Kirche nicht mit einer unkontrolliert herrschenden Regierungsmacht gegründet.

Die Kirche Jesu kann nur auf eine einzige Weise ihren Auftrag erfüllen: im Dienst an den Menschen. Ihre Würdenträger, die Kardinäle, die Prinzen, wenn man von Prinzen sprechen kann, dürfen sich von keinem anderen Ehrgeiz, keinem anderen Streben, keinem anderen Anspruch leiten lassen: »*Bei euch aber soll es nicht so sein, sondern wer bei euch groß sein will, der soll euer Diener sein, und wer bei euch der Erste sein will, soll der Sklave aller sein.*« (Mk 10, 43–44)

✳

Wenn die Kirche Jesu zur Dienenden wird, ist sie das vollkommenste göttliche Werk zum Schutz der menschlichen Gesellschaft. Dennoch kann sie nicht unendlich sein wie Gott, denn sie ist eines Seiner Werke *ab extra*.

Gott ist die Unendlichkeit; die Kirche dagegen ist ein

göttliches Werk, aber endlich. Deshalb kann sie nicht über das Charisma verfügen, alle unerschöpflichen Charismen Gottes zu erkennen. Sie würde die unendliche Allmacht des Absoluten kennen, was bedeuten würde, sein Gefäß zu sein, indem sie die Unendlichkeit in sich faßt. *»Siehe, selbst der Himmel und die Himmel der Himmel fassen dich nicht, wieviel weniger dieses Haus, das ich gebaut habe?«* (1 Kön 8, 27)

Nicht einmal Gott könnte eine kontingente Institution erschaffen, die Seine Unendlichkeit einschließt. Er würde absurderweise einen anderen, über ihm stehenden Gott erschaffen. Unsere unendlich armseligen, wenngleich kirchlichen Denkschemata könnten die unendliche Allmacht des Schöpfers niemals in einer Hülle umschließen.

Als Jesus seine Kirche errichtete, hat er ihr genug Reichtum an Gnade verliehen, damit die Menschen jeder Epoche daraus das notwendige Heil schöpfen können, um sich selbst und die anderen zu retten, aber er konnte ihr, seiner endlichen Kreatur, nicht die Fähigkeit geben, die unendliche Güte Gottes in sich zu fassen, die Er auch außerhalb der Kirche mit vollen Händen spendet.

Die Kirche kann Gott also nicht beherbergen, indem sie Ihn hinter der Tür Seines Tabernakels verschließt, um Ihn nach eigenem Gutdünken und bei Bedarf zu verteilen. Ihre Mission läßt sich eher durch das Bild des Ostensoriums beschreiben, das Christus zeigt, ohne sich seiner zu bemächtigen. Der Absolute kann der Macht nicht beraubt werden, sich all seinen anderen Geschöpfen inner- und außerhalb der Kirche in Raum und Zeit durch stets neue, niemals klischeehaft vorgeprägte Charismen und besondere Gnadengaben auf unendliche Art und Weise zu zeigen.

Die göttlichen Charismen, diese zuweilen außergewöhnlichen Gnadengaben, sind die Mittel, durch die der Heilige Geist wirkt und die allmächtige Gegenwart Gottes in der Schöpfung enthüllt. Solche Zeichen bilden das göttliche Alphabet, hinter dem der Herr jedesmal eine

Botschaft für den Menschen oder die Menschheit verbirgt, und da sie Teil der natürlichen göttlichen Macht *ab intra* sind, können sie nicht durch ein begrenztes Werk *ab extra* umschrieben werden, auch nicht, wenn es sich um eine göttliche Institution wie die Kirche handelt, deren Endlichkeit, um es nochmals zu wiederholen, die unendliche Macht Gottes nicht fassen kann.

Was kommt der Kirche angesichts eines Wunders oder einer Botschaft also naturgemäß zu? Sie muß sie im Lichte der unfehlbaren von Jesus gegebenen Regel interpretieren: *»Ein guter Baum kann keine schlechten Früchte hervorbringen und ein schlechter Baum keine guten.«* (Mt 7, 18) Sie müßte es also verstehen, sich an die allgemeinen Prinzipien zu halten und aufzuzeigen, was womöglich kein göttliches Charisma ist, sich zugleich aber sehr davor hüten, Gott die Versehen und Vorurteile gewisser Kirchenmänner in den Mund zu legen, die den Absoluten im Lauf der Geschichte gezwungen haben, ihre begrenzten Bahnen zu beschreiten.

Ein historisches Ereignis, das die Kirche unmittelbar betrifft, wird sich erst bei der Parusie vollständig klären, während der ewige Gott sich innerhalb der Geschichte zeigen kann, ohne daß Seine göttliche Substanz beeinträchtigt oder der Sinn des Zeitlichen aufgehoben wird. Die Offenbarung ist also zusammen mit der Inkarnation möglich, wie die Prophetie der Apokalypse, die über die zerstreute Menschheit hereinbricht (Ottorino Pasquato).

*

Diese These der Kirchenlehre ist sowohl in theologischer als auch in historischer Hinsicht unmittelbar einleuchtend. Wie häufig hat das menschliche Urteil von Kirchenleuten, die versucht waren, Gott darüber zu belehren, wie Er durch ihre Vermittlung in die Welt eingreifen sollte, in der Tat das Eingreifen des Göttlichen im Zeitlichen verkannt und sie dazu verleitet, ohne langes Nachdenken Sentenzen der Mißbilligung zu fällen, mit denen sie den

Autor jener Charismen selbst verdammten, der sie zu ihrer Belehrung hervorgebracht hatte.

So ist es häufig zu dem Absurdum gekommen, daß wahr war, was die Kirche befahl, während das, was Gott durch heilige Menschen oder übernatürliche Erscheinungen wirkte, nach ihrer Ansicht falsch war. Zu ihnen spricht Jesus: *»Das Aussehen der Erde und des Himmels könnt ihr deuten. Warum könnt ihr dann die Zeichen dieser Zeit nicht deuten? Warum findet ihr nicht schon von selbst das rechte Urteil?«* (Lk 12, 56–57)

Ihre Nachfolger sahen sich dann gezwungen, diese übernatürlichen Phänomene unter großer Verwirrung und Verlegenheit durch die Hintertür wieder einzuschleusen. So verhielt es sich für Galileo Galilei, für die heilige Johanna von Orleans, die heilige Theresia von Ávila, den heiligen Johannes vom Kreuz, den heiligen Joseph von Copertino, für Girolamo Savonarola, Antonio Rosmini, Pater Pius von Pietrelcina, Don Zeno Saltini (der Gründer von Nomadelfia) bis hin zu dem Phänomen von Medjugorie, wohin sich dreißig Millionen Angehörige der lebendigen Kirche zur Läuterung begeben, während dreißig Kleriker es beharrlich verdammen.

Die Geschichte enthält vielerlei grobe Schnitzer der Kirchenspitze. Die uns am nächsten stehenden geben wir nachfolgend wieder.

Grobe Schnitzer der hierarchischen Kirche

Zu Beginn dieses Jahrhunderts, das sich seinem Ende zuneigt, sprach die jungfräuliche Muttergottes in Fátima schlimme Dinge über das Verhalten der Würdenträger an der Spitze der Kirchenhierarchie aus: Bischöfe gegen Bischöfe, Kardinäle gegen Kardinäle, unter großem Leiden des ohnmächtigen Papstes. Den drei analphabetischen Hirtenkindern gab sie zu verstehen, daß der Kirche aus ihrem Inneren, durch eine Verschwörung aufstrebender, nach der Macht greifender Prälaten wie einer ehrbaren Dirne Gewalt angetan würde. Man hat die Anklage verhüllen wollen, obwohl das Datum der prophetischen Botschaft bereits überschritten ist. Während es mit der Menschheit bergab geht, steigt aus dem Synedrion eine Fäulnis- und Schlammlawine auf und breitet sich aus. Kann das Geschöpf dem Befehl des Schöpfers zuwiderhandeln und ihm den Mund stopfen?

Während jener Erscheinungen in Fátima brachte der Kardinal und Patriarch von Lissabon Antonio Belo Mendes wiederholt und öffentlich seine entschiedene Ablehnung der Geschehnisse zum Ausdruck, bis er seinen Priestern gar verbot, dorthin zu pilgern. Heute wandern die Päpste dorthin. Welcher Teil der Kirche hatte damals also recht, und welcher irrte sich, die Spitze oder die Basis?

*

Ein recht kurioser Fall ist der von Pater Pius von Pietrelcina, der fünfzig Jahre lang von den Gläubigen, die immer zahlreicher herbeiströmten, für einen wundertätigen Heiligen, vom Heiligen Offizium dagegen für einen »gefährlichen, sittenverderbenden Schwindler« gehalten wurde. Es reicht, hier die verleumderische Beschuldigung der besagten Kongregation zu erwähnen, die alle, vor allem jedoch die Kleriker, wiederholt davor warnte, sich Pater Pius, einem in seiner geheuchelten visionären, wundertätigen Heiligkeit zu meidenden Geistlichen, zu nähern.

Kraft dieser Behauptungen ergriff jenes wenig heilige Offizium die abnorme, weder zuvor noch danach dagewesene Initiative, den Geistlichen Vater von Pater Pius auszuwechseln, indem es dem Geistlichen untersagte, sich diesem weiterhin schriftlich anzuvertrauen (2. Juni 1922). Nicht genug damit, erließ dieselbe Kongregation am 31. Mai 1923 ein Dekret gegen den Pater, worin sie erklärte, daß »die Übernatürlichkeit der Ereignisse« hinsichtlich des mystischen Phänomens der Stigmatisierung nicht feststellbar sei. Das Dekret wurde pflichtgemäß im

»Osservatore Romano« vom 5. Juli desselben Jahres veröffentlicht, um es der gesamten Kirche bekannt zu machen. Aber welche Kirche irrte sich denn nun, die Kirchenspitze, die Verbote erließ, oder ihre Basis, die den Pater verehrte und sich in Mißachtung der Weisungen von oben zu ihm begab? Die Erklärung wurde noch einmal in dem Bändchen »Analecta Cappuccinorum« veröffentlicht, aus dem Pater Pius die ihn betreffende Nachricht entnahm. Auf Anhieb hatte er die richtige Seite aufgeschlagen, welche Trauer und Tränen bei ihm auslöste.

Nicht zufrieden damit, ihm auf unbestimmte Zeit das öffentliche Zelebrieren der Messe untersagt zu haben (1931–33), plante dieselbe Kongregation, um dem Skandal endlich ein Ende zu bereiten, die geheime Versetzung von Pater Pius nach Norditalien oder sogar nach Spanien. Die Beschuldigungen hatten dann nachgelassen und lebten im Jahr 1960, als der heilige Geistliche 73 Jahre alt war, mit neuer Vehemenz auf. Erneut wurde er als unmoralische Person bezeichnet, und zwar aufgrund angeblicher sexueller Beziehungen mit einigen seiner Beichttöchter, was gewisse gefälschte Aufnahmen eines Tonbandgerätes bestätigen sollten, das ein Bruder auf Geheiß eines apostolischen Visitators, der sich auf diese Weise Befugnisse anmaßte, die nicht einmal der Papst ihm hätte verleihen können, im Beichtstuhl von Pater Pius aufgestellt hatte.

»Führt unter den [zeitgenössischen] *Heiden ein rechtschaffenes Leben, damit sie, die euch jetzt als Übeltäter verleumden, durch eure guten Taten zur Einsicht kommen. Denn es ist der Wille Gottes, daß ihr durch eure guten Taten die Unwissenheit unverständiger Menschen zum Schweigen bringt.«* (1 Petr 2, 12;15)

Dreißig Jahre nach dem Tod des Paters, der jetzt der Heiligsprechung für würdig befunden wurde, sucht diese höchste Kongregation, die diesen Mann Gottes fünfzig Jahre lang befehdet hat, Ausflüchte, um nicht skandalös zu erscheinen und um das eigene inakzeptable Verhalten vor der Welt zu rechtfertigen. Die Schlappe der Männer, die sich damals zur unfehlbaren Kirche aufwarfen, ist so groß, daß es ihnen heute nicht gelingt, die Heiligkeit des Wundertäters mit den über ihn gefällten und nie zurückgenommenen Urteilen zu vereinbaren.

Jetzt, da die Heiligsprechung des Mannes bevorsteht, der zum Schwindler und Sittenverderber erklärt worden war und der noch heute Millionen von Gläubigen und Nichtgläubigen an sein Grab ruft und außergewöhnliche Wunder* tut, wird sich mehr als einer spontan fragen: Welcher Teil der Kirche hat in all diesen Jahrzehnten fortwährend geirrt? Welcher Teil hat richtig gesehen? Die Basis oder die Spitze? Kann die Institution Vatikan, nachdem sie fünfzig Jahre lang erklärt hat, daß »die Übernatürlichkeit der Ereignisse nicht feststellbar« sei – was die Basis der Gläubigen, die trotz allem herbeiströmten, systematisch übergangen hat –, kann sie behaupten, sie verfüge über die Gabe, alle göttlichen Charismen zu erkennen? Ein solches Handeln kommt der Einengung der Kirche auf ihre Spitze und der Loslösung von den Gläubigen gleich, die ebenfalls vom *sensus Dei* durchdrungen sind.

*

Eines Morgens, als Pater Pius zu sehr früher Stunde in der kleinen alten Kirche die Messe abhielt, war aus Platzmangel auch das kleine Presbyterium restlos überfüllt und die

---

* Das gesamte Gebiet um das Kapuzinerkloster von San Giovanni Rotondo langt bei weitem nicht mehr aus, um die enorme Masse von Kraftfahrzeugen zu fassen, mit denen sich jährlich rund siebeneinhalb Millionen Pilger zu dem Wallfahrtsort begeben. Die Menschen beschweren sich, weil sie gezwungen sind, zwei bis drei Stunden lang Schlange zu stehen, um die Orte des heiligen Geistlichen zu besuchen, wo vor fünfzig Jahren ein Waldpfad zu dem verlorenen Kloster führte, das wenige in ihrer Einsiedelei vergessene Kapuziner bewohnten.
Gegen Ende der zwanziger Jahre waren es noch wenige Seelen, die dorthin gelangten, um zu beichten und den stigmatisierten jungen Ordensbruder aufzusuchen, und die in irgendeiner gastfreundlichen Hütte in der Umgebung Aufnahme fanden. Eine junge Frau aus Cerignola hatte beschlossen, fünf bis sechs Monate im Jahr daselbst an der Seite von Pater Pius zu verbringen, um in ihrer geistigen Bildung von ihm geführt zu werden. Zwei von neun Schwestern der wohlhabenden Familie, der sie entstammte, hatten eine religiöse Gemeinschaft im Dorf ins Leben gerufen, die heute in anderen Kontinenten blüht. Sie hatte zwar keine Lust, sich ihnen anzuschließen, wollte aber ledig bleiben.
Nachdem sie den ihr zustehenden Anteil an dem Familienvermögen erhalten hatte, war sie im Zweifel, ob sie ein zum Verkauf angebotenes kleines Grundstück gegenüber

---

Menschen drängten und stießen ungewollt aneinander. Unter ihnen befand sich ein junger Diakon, der sich seit Jahren dorthin begab, obwohl die Oberen im Seminar ihn an die strengen Verbote der römischen Kurie erinnerten. Der Seminarist antwortete, es sei nichts Verwerfliches daran, die Wunder Gottes am Leib eines seiner Diener anschauen zu gehen. Doch sie beurteilten sein Verhalten als mangelnde Unterordnung unter die Befehle von oben, da er denen zu gehorchen habe, die diesbezüglich mehr wissen mußten als er.

Pater Pius schorfbedeckte, stigmatisierte Hand zu küssen, war kein leichtes Unterfangen. Seine Hände waren stets von Halbhandschuhen bedeckt, die er nur in der Sakristei kurz vor Beginn der Messe abstreifte und bei der Rückkehr wieder anlegte, kaum daß er den Kelch auf dem Tisch abgestellt hatte. So lauteten die Befehle, und sein Gehorsam war vorbildlich. Die Nachsichtigkeit der Oberen machte nur für die Glücklichen eine Ausnahme, die es schafften, neben ihn zu gelangen, wenn er gerade den Kelch abstellte. Der junge Diakon plante im Stillen (und sich dabei womöglich von dem intensiven liturgischen Moment ablenkend) erst die Kommunion aus der Hand des Paters zu empfangen und dann zur Danksagung in die Sakristei zu gehen und sich genau dort aufzustellen, wo Pater Pius den Kelch absetzen mußte, um sich auszuklei-

der kleinen Kirche des Kapuzinerklosters erstehen sollte, um ein Häuschen darauf zu errichten, worin sie während ihrer langen Aufenthalte hätte wohnen können. Sie fragte Pater Pius, ihren geistigen Führer, um Rat: »Vater, das kleine Grundstück gleich vor der Kirchentür steht zum Verkauf, was meint ihr, soll ich es kaufen oder nicht, um ein kleines Häuschen darauf zu bauen? Ihr wißt ja, daß ich dieses Geld zu investieren habe ...« Pater Pius schien von anderen Gedanken abgelenkt und ging dahin, ohne seine Ansicht zu äußern. »Vater, was meint ihr dazu? Habt ihr mich gehört? Was soll ich tun?« »Kauf es, kauf es«, erwidert er.
Die junge Frau, in Verlegenheit gebracht, weil sie ihm für diesen Ratschlag, der die Einsamkeit des Ortes nicht berücksichtigte, widersprechen mußte, sagte: »Vater, ich weiß nicht, wie ich es euch sagen soll: Ihr seid immer so unentschieden, aber wenn ihr nicht mehr da seid, was soll ich dann mit einem verlorenen Häuschen in diesem Wald anfangen?« Pater Pius aber, während er zerstreut weiterging, mit einem in die Zukunft gerichteten Blick, fast als betrachte er die Phänomene, die sich heute an diesem Ort ereignen, prophezeit in seinem üblichen Dialekt: »Mach nur, Mach nur (...) denn danach wird's schlimmer: Kauf es und bau darauf, denn nach meinem Tod wird es mehr Andrang geben als heute.« Gegenwärtig befindet sich dieses Grundstück unter dem vor der Kirche gelegenen Platz.

den, damit er so das Privileg genießen konnte, die wundenbedeckte Hand ohne Handschuh zu küssen. Gesagt, getan, und bis hierhin ging alles glatt.

Doch dann, armer kleiner Diakon! Kaum war die Messe zu Ende, ergoß sich die Menge wie eine Flut unter Stößen und Schubsern, die die Sockel der Heiligen zum Schwanken brachten, aus dem Presbyterium in die Sakristei. Obwohl es ihm gelang, dem Gedränge zu widerstehen, fand er sich ungewollt in rund anderthalb Metern Entfernung von dem Pater wieder, der umlagert war von all denen, die ihm die Hand küssen wollten. Enttäuscht, daß sein Vorhaben gescheitert war, plante er bereits, es am folgenden Morgen erneut zu versuchen, als Pater Pius, mit allen anderen schimpfend, die rechte Hand hob, sie im Halbkreis über die Köpfe hinweggleiten ließ, bis er sie auf der Höhe des Diakons plötzlich senkte und ihm zum Kuß reichte: »Mach schnell, beeil dich«, während er mit lauter Stimme zu den anderen sagte: »Genug jetzt, genug!«

Es war allgemein bekannt, daß der Herrgott Pater Pius die Gabe verliehen hatte, die Herzen zu ergründen. Er konnte im Herzen und im Geist der Mitmenschen lesen und so die Gedanken und Sünden derer, die zu ihm kamen, oder anderer nicht anwesender Menschen enthüllen, denen er sie ausrichten ließ. An jenem Morgen hatte er also auf diese Weise die gute geistige Absicht jenes Diakons anerkennen wollen, der später Priester wurde und noch heute unter Tränen der Rührung davon erzählt.

٭

Don Luigi Orione, Gründer der Söhne der Göttlichen Vorsehung, heute heiliggesprochen, hat in den zwanziger Jahren bei der Kongregation des Heiligen Offiziums in Rom eine wichtige Lanze für Pater Pius gebrochen, den er nie persönlich getroffen, jedoch durch Bilokation und durch eine tiefe geistige Verbundenheit kennengelernt hatte. Das Urteil dieses heiligen Gründers wurde von vielen Klerikern wegen seines frommen Lebens, seiner barmherzigen Werke und der außergewöhnlichen Dinge, die er vollbrachte, hoch geschätzt, und für ihn war Pater Pius ein wahrer Heiliger, gleich was die anderen, Kurienangehörige eingeschlossen, über ihn sagten. Gegen Ende seines Lebens mußte auch er vom bitteren Kelch der Verleumdung trinken, wegen angeblicher unmoralischer Schwächen gegenüber dem anderen Geschlecht, genau wie Pater Pius.

Es muß vorausgeschickt werden, daß der Menschenandrang, wenn Don Orione an irgendeinem Ort eintraf, stets so groß war, daß die Polizeikräfte nur mit Mühe die öffentliche Ordnung aufrechtzuerhalten vermochten. Er wurde daher gebeten, seine Reisen immer viele Tage im voraus anzukündigen. Dennoch wurden auch über ihn mit reichen Details geschmückte Schriften verbreitet, in denen er beschuldigt wurde, fleischliche Beziehungen zu verschiedenen Frauen zu unterhalten. Da niemand ihnen Glauben schenkte, beschlossen die Urheber, zum Tatsachenbeweis überzugehen. Hieb- und stichfeste Beweise mußten her.

Bereits entkräftet, begann Don Orione in seinem ganzen winzigen Körper Beschwerden zu verspüren. Man überredete ihn, sich untersuchen zu lassen, und der Befund war schockierend: Syphilis. Mit dieser Krankheit mußte er sich von den Mitmenschen fernhalten. Unter strenger Aufsicht wurde er einem Schwesternheim in Sanremo anvertraut, wo er die letzten Tage seines Lebens verbrachte. Er starb, ohne sich erklären zu können, wie er sich die Lues zugezogen hatte, wußte er doch ganz genau, daß er niemals irgendwelche Beziehungen gehabt hatte.

Obwohl alle ihn auch nach seinem Tod weiterhin für heilig hielten, wurde jegliche Anspielung auf das kanonische Verfahren hinsichtlich der Feststellung der Außergewöhnlichkeit von Don Oriones Wundertaten durch drastische Befehle unterbunden. Die Krankheit, die er sich zugezogen hatte, sprach dagegen, und niemand äußerte sich mehr darüber.

Als bereits niemand mehr über ihn sprach, bat ein im Sterben liegender Barbier und Wundarzt aus Messina, einen Priester und zwei Zeugen kommen zu lassen, um der durch Verleumdung verhüllten Wahrheit zu ihrem Recht zu verhelfen. Da er der Barbier des Konvikts der Orionini in Messina war, die sich nach dem Erdbeben von 1908 dort niedergelassen hatten, hatte er auch den Gründer Don Orione oft rasiert und ihm die Haare geschnitten. Von einem Mitbruder aufgestachelt und bestochen, hatte er eingewilligt, wie zufällig dessen Nacken zu verletzen und unter dem Vorwand, die Wunde zu desinfizieren, den Inhalt eines zuvor erhaltenen Fläschchens hineinzugeben, von dem er erst später erfuhr, daß es Syphilis-Erreger enthielt.

＊

Beide heiligen Männer, Don Orione und Pater Pius, die unter Anführung tatkräftiger Beweise für unmoralisch erklärt worden waren, befinden sich gegenwärtig auf der Zielgerade vom Schlamm zum Altar. Zur Stunde des Sonnenuntergangs sind die Strahlen der Sonne am längsten. Es ist wirklich wahr, daß die Heiligen nicht mit dem Pinsel gemalt, sondern mit Spachtel und Skalpell gemacht werden.

Skrupellos jedes erdenkliche Mittel anwenden, das dem Eigeninteresse nützt, sich kunstvoll der gespaltenen Zunge und der unterschwelligen Verleumdung bedienen, ist für Giambattista Vico äußerste List, die sich geschickt dem Spiel der Vorsehung entzieht, um das des Teufels zu treiben. Und Dostojewski fügt dem hinzu: »Es gibt viele Menschen, die nie getötet haben, aber weitaus schlimmer sind als ein sechsfacher Mörder.«

Die vom Herrn mit besonderen Gaben bedachten Seelen werden zu Lebzeiten von gewissen Auswüchsen der Kirche mit Argwohn und Mißtrauen betrachtet, wenn es nicht gar zu offener Mißbilligung und Verfolgung kommt. Sind sie dann aber verstorben, so werden ihre Lebensgeschichten verfaßt, ihre Charismen anerkannt und ihre prophetischen Botschaften verbreitet. Der Unterschied besteht darin, daß die Sterblichen sich inmitten von Problemen abplagen, während die Heiligen inmitten von Lösungen leben.

Kaum war aus Rom die Nachricht von der Anerkennung des Wunders, das die Welt durch Pater Pius erfahren hatte, gekommen, informierten die Massenmedien in Windeseile die ganze Welt darüber, daß er am 2. Mai 1999 seliggesprochen werde. So will es Gott, gegen diejenigen, die ihn so arg befeindet haben. *»Weh auch euch Gesetzeslehrern! Ihr errichtet Denkmäler für die Propheten, die von euren Vätern umgebracht wurden. ›Meister, damit beleidigst du auch uns.‹ … Wehe auch euch…«* (Lk 11, 45–47)

In dem Maße, in dem Gottes Handeln in unser Leben eingeht, läßt er auch Dornen auf unserem Wege wachsen; das ist der Preis, damit seine Gaben noch mehr zu unseren werden. So hält er es immer! Wer diesen Prcis aber entrichtet, wird nicht lange warten, bis er Gottes Eingreifen spürt, trotz der Fehler der Pharisäer.

V

Das Unkraut unter dem Weizen

Die Tafel mit den Zehn Geboten ist das größte Rettungs-
floß, das Gott den Menschen bei ihrer Überfahrt mitgegeben hat, doch bleiben ihm unendlich viele weitere Boote,
die er zu Wasser lassen kann, um anderen Schwimmern in
der Not zu helfen.

Wir wissen, daß das, was in den Zehn Geboten steht,
sehr gut ist, denn sie entspringen Gottes unendlicher
Güte; dennoch kann Gott nicht in dem endlichen, begrenzten Gut der Zehn Gebote eingeschlossen werden, da
sie nur ein kleiner Teil von Ihm, der unendlich ist, sind.
Folglich übersteigt die unendliche Liebe Gottes zwangsläufig die Liebe des beschränkten Gutes des Dekalogs. So
kommt es, daß viele sich zwar an die Gebote halten, aber
weit von Gott entfernt sind. Und auch das Gegenteil
kommt vor. Die Hindernisse, die der Liebe entgegenste-
hen, sind von Mensch zu Mensch unterschiedlich.

Jede Person hat andere Schwächen, andere Laster, die
aus ihren Erbanlagen, ihrem Charakter, ihrer Biographie
herrühren. Auch eine falsch gehende Uhr zeigt zweimal
am Tag die richtige Uhrzeit an, das heißt, in jedem von
uns ist immer ein Winkel der Menschlichkeit und ein
Funke von Gewissen vorhanden. Ein jeder hat deshalb unterschiedliche Hürden zu nehmen, und seine Schuld läßt
sich nicht allein mit dem Maß des Dekalogs messen: Denn
die moralischen Gewichte liegen auf den beiden Waagschalen des eigenen Gewissens und der göttlichen Ordnung.

Die Moral ist nichts Statisches. Sie ist ein Prozeß, in
dem alte Werte stets aufs neue sondiert und in unterschiedlichen Lebenszusammenhängen auf die Probe ge-

stellt werden. Manchmal werden solche ethischen Werte im Lichte der zeitgenössischen Lebenserfahrung neu hinterfragt, und manchmal erweisen sie sich als nicht mehr voll angleichbar und müssen folglich der Botschaft Christi, die niemals statisch und daher stets originell ist, neu angepaßt werden.

Obwohl die Apostel auf dem ersten Konzil in Jerusalem in dem Brief an die Brüder aus Antiochien, Syrien und Zilizien geschrieben haben: »*Denn der heilige Geist und wir haben beschlossen, euch keine weitere Last aufzulegen als diese notwendigen Dinge: Götzenopfer, Blut, Ersticktes und Unzucht zu meiden. Wenn ihr euch davor hütet, handelt ihr richtig.*« (Apg 15, 28–29), würde heutzutage kein Moralist diese Verbote bei Strafe der schweren Sünde durchsetzen, auch wenn man sie damals für notwendig hielt und meinte, sie seien vom Heiligen Geist in Form der apostolischen Offenbarung diktiert.

Der Begriff der Sittlichkeit ist ein dynamischer, kein statischer Begriff, in dem vielfältige Elemente prinzipieller und praktischer, ideologischer und umweltbedingter Art, Elemente der Traditionen und der Technik, der Menschlichkeit und der Wissenschaft, des Fortschritts und Rückschritts, der Orientierungen und Verhaltensweisen in unterschiedlichem Maße zusammenlaufen.

»Der Herr bedient sich auch der Misere«, sagt Don Primo Mazzolari. »Wir wissen nicht, wann eine Sünde uns zeitweilig von Gott entfernt und wann sie die Schüttung einer Brücke für den Rückweg ist.« Und Einstein sagte auf seine Weise, daß er an einen großen, barmherzigen Gott glaube, der an alles denkt und für alles sorgt und so heilig ist, daß es ihm fernsteht, ständig in krankhafter Weise die Hoden des Mannes zu überwachen.

Der heilige Isaak der Syrer ging so weit zu behaupten: »*Gott ist nicht gerecht, sondern grenzenlose Liebe*«, und Stefan Avtandilian, im Jahre 1789 armenischer Bischof in Tiflis, lehrte: »Eine stillschweigende Toleranz in moralischen Dingen, die zwar tadelnswert, jedoch nicht bedenklich für das Gewissen sind, kann in der Praxis gegenüber einer fruchtlosen prohibitiven Pastorallehre von gewissem Vorteil sein. Würde man, so belehrt uns in der Tat das Evangelium, ein seit langem verwurzeltes Unkraut, das den neben ihm wachsenden Weizen nicht verdorben hat, zu ungelegener Zeit ausrotten, so würde dies auch die Entwurzelung des Weizens bedeuten und zur Unfruchtbarkeit des Feldes führen. In einem solchen Fall sollte man das Gewissen der Menschen nicht beunruhigen.«

Die Lektion des heiligen Bernhard

Jeder Papst sollte auswendig lernen und jeden Morgen aufsagen, was der heilige Bernhard (1090–1153) seinem Zisterzienser-Schüler schrieb, der mit dem Namen Eugen III. zum Papst gewählt worden war und seinen Meister um Rat bat, was er tun solle, um sein Amt gut auszufüllen. Sollte der amtierende Papst zudem von weit her kommen und demnach in völliger Unkenntnis der tellurischen Bewegungen im Unterbau der römischen Kurie sein, so sollte dieser ahnungslose Papst das, was Bernhard in seiner IV. Betrachtung schreibt, mit derselben Häufigkeit lesen wie das Brevier. Eugen III. (1145–53) hätte niemals gedacht, daß er Papst werden würde. Er hatte die strenge Klostereinsamkeit der Zisterzienser gewählt, um sich nicht in den weltlichen Fesseln zu verstricken, die bereits damals die römische Kirche schwächten. Er war einer der besten Schüler des heiligen Bernhard, hieß ebenfalls Bernhard, entstammte vielleicht der Familie der Paganelli aus Montemagno in der Gegend von Asti. Nach seinem Tod wurde ihm die Seligsprechung vorbehalten, die im Jahre 1872 bestätigt wurde. Der heilige Bernhard verzichtete nur auf ihn, um ihn der Kirche zu schenken, damit er sie reformierte. Obwohl Eugen III. bereits Papst war, betrachtete der heilige Bernhard ihn nach wie vor als seinen

Schüler und erteilte ihm die schwierigsten, rauhesten Lektionen fürs Leben. Wir geben nachfolgend die wichtigsten Auszüge wieder, nicht um die Protagonisten, die derzeit die Kurie und die Kirche verderben, zu trösten, sondern vielmehr, um die Reformer zu ermuntern, sich an das Werk zu machen, das die Madonna in Fátima gefordert hat.

»Es liegt nun auf der Hand, etwas über das, was rund um dich ist, hinzuzufügen.* Natürlich liegt auch das unter dir, doch je näher es ist, desto unangenehmer wird es für dich. Was sich vor deinen Augen abspielt, erlaubt nämlich keine Sorglosigkeit, keine Gleichgültigkeit, kein Vergessen. Es bedrängt dich heftiger, rennt mächtig gegen dich an, und es steht zu befürchten, daß es dich niederrennt. (…) Ich meine damit den täglichen Andrang zu dir aus der Stadt, der Kurie und deiner Hausgemeinde. Sie alle sind rund um dich: dein Klerus und Volk, für die du in besonderer Weise zum Bischof bestellt und damit zu besonderer Sorge verpflichtet bist. Auch die Menschen, die dir täglich zur Seite stehen, gehören dazu: Die Ältesten des Volkes und die Richter der Welt, ferner all deine Haus- und Tischgenossen, all die Kapläne, Kammerdiener und Hofbeamten, die mit verschiedenen Aufgaben in deinem Dienst betraut sind. Diese haben vertrauteren Zugang zu dir, klopfen häufiger und fallen dir besonders lästig. Sie scheuen sich nicht, die Geliebte zu wecken, und zwar, bevor es ihr gefällt.

[*Die Sitte des römischen Klerus und des Volkes*] Vor allem muß jener Klerus, der für den Klerus der Gesamtkirche in besonderer Weise vorbildlich gewesen ist, in bester Ordnung sein. Schließlich sind alle Fehler, die in deiner Gegenwart begangen werden, um so beschämender für dich. Die Ehre deiner Heiligkeit verlangt, daß die

---

* Den folgenden Auszug aus »De consideratione ad Eugenium papam« entnahmen wir der deutschen Übersetzung »Über die Besinnung an Papst Eugen«, in: Bernhard von Clairvaux: Sämtliche Werke., hrsg. von G. Winckler. Innsbruck: Tyrolia. Band 1 (1990), S. 737–773. Auslassungen des Autors haben wir mit Punkten gekennzeichnet.

Männer, die du vor Augen hast, so regeltreu herangebildet sind, daß sie als Spiegel und daß sie als Vorbild für jede Tugend und Ordnung gelten können. (...) Was soll ich aber von dem Volk sagen? Sie sind eben Römer. (...) Was ist seit Generationen so bekannt wie die Frechheit und Halsstarrigkeit der Römer? Sie sind ein Volk, für das der Frieden das Ungewohnte, der Aufruhr dagegen das Gewohnte ist, ein Volk, das sich grausam und unzugänglich erweist bis zum heutigen Tag und Unterwerfung nicht kennt, außer, es gäbe keine Möglichkeit mehr zum Widerstand.

Sieh diese Wunde! Du bist mit der Pflege beauftragt und darfst deshalb nicht gleichgültig bleiben! Du lachst mich vielleicht aus, weil du von der Unheilbarkeit überzeugt bist – gib aber die Hoffnung nicht auf! Man verlangt von dir, für den Kranken zu sorgen, nicht aber, die Heilung zu besorgen. Du hast ja vernommen: ›Sorge für ihn!‹ (Lk 10, 35), aber nicht: ›Heile ihn!‹ oder ›Mach ihn gesund!‹ Mit Recht hat ein Dicher einmal gesagt: ›Nicht immer glückt es dem Arzt, daß wieder genese der Kranke!‹ (...)

Doch ist dies eine schwierige Stelle, deren Erörterung heikel ist. Denn womit soll ich beginnen, um das zu sagen, was ich denke? (...) Ich stelle euch das Zeugnis aus, daß auch ihr euer Vermögen nicht schont, nicht mehr als früher. Doch der Unterschied in der Verwendung macht die Änderung aus. Es ist ein großer Mißbrauch, daß nur wenige auf die Lippen des Gesetzgebers, alle dagegen auf seine Hände schauen. (...) Wen kannst du mir aus der ganzen riesigen Stadt Rom nennen, der dich als Papst angenommen hat, ohne daraus Gewinn zu ziehen oder wenigstens zu erhoffen? Sie wollen vor allem dann herrschen, wenn sie Unterwerfung versprochen haben. Sie geloben Treue, um denen, die ihnen trauen, um so besser schaden zu können. Deswegen wird es bei dir keine Ratsversammlung geben, von der sie sich ausgeschlossen glauben, und kein Geheimnis, in das sie sich nicht einmischen.

Wenn einer von ihnen vor der Türe steht und der Pförtner ihn auch nur ein wenig warten läßt, dann möchte ich nicht in dessen Haut stecken!

Nun aber überprüfe an einigen Beispielen, ob nicht auch ich einigermaßen die Sitten dieses Volkes kenne: Sie sind vor allem klug, um Böses zu tun, Gutes zu tun aber verstehen sie nicht. Sie sind Erde und Himmel verhaßt, denn an beiden haben sie sich vergriffen. Sie sind frevlerisch gegen Gott, ehrfurchtslos gegen das Heilige, aufrührerisch gegeneinander, neidig gegen die Nachbarn, unmenschlich gegen die Fremden. Sie lieben niemanden, deshalb liebt auch sie niemand, und, da sie von allen gefürchtet werden wollen, müssen auch sie alle fürchten. Sie sind Menschen, die es nicht ertragen, jemandem zu unterstehen, die aber unfähig sind, vorzustehen. Gegen Vorgesetzte erweisen sie sich als treulos, gegen Untergebene dagegen als unerträglich. Sie sind unverschämt im Fordern, beim Verweigern dagegen hartnäckig; ungestüm, wenn sie etwas erhalten wollen, und unruhig, bis sie es erhalten; sie sind undankbar, sobald sie es erhalten haben. Sie verstehen es, große Worte im Munde zu führen, während sie winzige Taten vollbringen. Beim Versprechen sind sie äußerst großzügig, beim Erfüllen dagegen äußerst knausrig, beim Schmeicheln die Gewandtesten, beim Verleumden aber die Gehässigsten, beim Heucheln völlig arglos, beim Verrat dagegen völlig skrupellos.

Ich bin so weit abgeschweift, denn ich meinte, dich in dieser Hinsicht ausführlicher und deutlicher vor denen warnen zu müssen, die rund um dich sind. Doch nun wollen wir zum Thema zurückkehren. Wie kommt es, daß mit Kirchenbesitz Männer gekauft werden, die dir sagen: ›Gut so, sehr gut.‹? (Ps 39, 16) Der Lebensunterhalt der Armen wird auf den Plätzen der Reichen ausgestreut. (…) Zwar ist diese Sitte, oder besser Seuche, nicht von dir ausgegangen, möge sie aber wenigstens bei dir ein Ende finden! Machen wir jedoch weiter! Inmitten von all dem schreitest du als Hirt in Gold einher, umgeben von so vielfältiger bunter Pracht. Und was bekommen die Schafe? Wenn ich es wagen darf zu sagen: Dieses Weideland paßt besser für Dämonen als für Lämmer! So hat doch sicher auch Petrus gehandelt, ein solches Spiel auch Paulus getrieben, nicht wahr?

Du siehst, daß der Eifer der Geistlichen allein auf die Sicherung ihrer Pfründe zielt. Alles tun sie für die Karriere, nichts oder sehr wenig um der Heiligkeit willen.* Wenn du gegebenenfalls versuchst, ein wenig bescheidener aufzutreten und dich umgänglicher zu geben, rufen sie sofort: ›Halt! Das ziemt sich nicht! Das paßt nicht in die heutige Zeit, das schickt sich nicht für deine Hoheit! Bedenke doch, welches Amt du bekleidest!‹ An das, was Gott gefällt, denkt man zu allerletzt. Man zögert nicht, sein Heil zu verspielen – außer wir wollten das heilsam nennen, was vornehm ist, und das gerecht, was nach Prunk duftet.

So wird alles Demütige unter den Hofbeamten für Schande gehalten, so daß du leichter einen fändest, der demütig sein als es scheinen will. Gottesfurcht gilt als Einfalt, wenn nicht gar als Dummheit. Einen umsichtigen Mann, der sein eigenes Gewissen hochachtet, verleumden sie als scheinheilig. Wer aber die Ruhe liebt und sich bisweilen auch Zeit für sich nimmt, den nennen sie unnütz. (...)

Doch nun genug davon! Ich habe die Wand nur abgetastet, aber kein Loch gegraben. Dir steht es zu, sie zu durchbrechen und nachzusehen, du bist ja der Sohn des Propheten. Ich habe nicht das Recht, hier weiter vorzudringen. (...) In den Evangelien lesen wir, daß ein Streit unter den Jüngern entstand, wer von ihnen wohl der Größte sei. Du wärest glücklich zu preisen, wenn auch das übrige in deiner Umgebung entsprechend eingehalten würde! (...)

Wir haben nun genug von der Kurie! Hinaus aus dem

---

* Da an dieser Stelle die italienische Übersetzung der »Considerazione« stark von der von uns verwendeten deutschen Fassung abweicht, übersetzen wir nach der italienischen Vorlage.

V. Das Unkraut unter dem Weizen

Palast, man erwartet uns zu Hause! Die Menschen dort gehören nicht bloß zu deiner Umgebung, sondern gewissermaßen zu deinem Privatbereich. Deshalb ist es nicht überflüssig, daß du dich in deiner Besinnung auch damit befaßt, welche Verfügungen du in deinem Haus treffen und wie du für die sorgen willst, die in deinem Herzen und auf deinem Schoß ruhen. Ich würde sogar sagen, es ist notwendig. (…) Wenn ich das dir, der du mit den höchsten Aufgaben beschäftigt bist, sage, so möchte ich dich nicht damit auffordern, dich um Kleinigkeiten zu kümmern und dabei kleinlich zu werden. Du sollst nicht für das Geringfügige verschwenden, was du für das Große verwenden solltest. (…)

Du mußt jemanden ausfindig machen, der für dich die Mühle dreht. Ich sage: für dich, nicht: mit dir. (…) Wenn dieser aber nicht treu ist, wird er dich betrügen; ist er aber nicht klug, so wird er betrogen werden. Du mußt daher einen treuen und klugen Mann suchen, den du über dein Haus setzen kannst. (…)

Ich will, daß du dir überhaupt folgendes zur festen Regel machst: Halte jeden, der sich scheut, etwas öffentlich darzulegen, was er dir ins Ohr gesagt hat, für verdächtig. Wenn er aber deiner Aufforderung, vor allen zu sprechen, nicht Folge leisten will, dann urteile, daß er ein Verleumder, kein Ankläger, ist. (…)

Einen Verlust, der Christus trifft, nehmen wir geduldiger hin als einen, der uns selbst trifft. (…) Der Fluß höhlt das Bett aus, durch das er strömt: so nagt der Strom der zeitlichen Sorgen am Gewissen. (…) Vieles brauchst du gar nicht zu wissen, mehr noch nicht so wichtig zu nehmen, einiges kannst du vergessen.

Es gibt allerdings Dinge, von denen ich nicht wünsche, daß sie dir unbekannt seien: nämlich die Sitten und das Streben deiner Leute. Du darfst nicht von den Lastern in deinem Haus als letzter erfahren (…). Wenn sich einer in deiner Gegenwart in Wort oder Verhalten ungebührlich benimmt, dann laß deine Hand über ihn kommen, räche die Beleidigung, die er dir zugefügt hat. Straflosigkeit führt zu Keckheit, Keckheit zur Ausschweifung. (…) Die Hausgenossen eines Bischofs führen entweder ein besseres Leben als die andern, oder sie kommen bei allen ins Gerede. (…)

Von dir sollen deine Mitbischöfe [Kardinäle, Anm. d. ital. Red.] lernen, keine langlockigen Pagen und aufgeputzten jungen Männer um sich zu haben [das übliche kleine Laster aller Zeiten, Anm. d. ital. Red.]. Es schickt sich wahrhaftig nicht, daß sich lockige Schöpfe unter die mitrageschmückten Köpfe mischen [damals genauso wenig wie heute, Anm. d. ital. Red.]. (…)

Doch rate ich dir nicht zu finsterer Strenge, sondern zu Ernst. Die erstere Haltung verjagt die Schwächeren, die zweite jedoch hält die Leichtfertigen in Schranken. Die erstere macht dich, wenn du sie übst, verhaßt, die zweite, wenn du sie nicht übst, verächtlich, doch ist bei allem das rechte Maß das beste. Ich mag weder das allzu Strenge noch das allzu Lockere. (…) Gib dich im Palast als Papst, daheim aber als Hausvater. (…)

Ich möchte nun auch dieses Buch abschließen, doch am Ende einiges, was ich vorher gesagt habe, als Nachwort wiederholen, beziehungsweise ergänzen, was ich ausgelassen habe: Besinne dich vor allem darauf, daß die heilige römische Kirche, an deren Spitze dich Gott gestellt hat, die Mutter, aber nicht die Herrin aller Ortskirchen ist, du selber aber nicht Herr der Bischöfe, sondern einer unter ihnen bist (…). Besinne dich im übrigen darauf, daß du ein Vorbild der Gerechtigkeit sein mußt, ein Spiegel der Heiligkeit, ein Muster der Gottesfurcht, ein Verfechter der Wahrheit, ein Verteidiger des Glaubens; der Lehrer der Völker, der Führer der Christenheit, der Freund des Bräutigams, der Brautführer, der Verantwortliche für den Klerus, der Hirt der Volksscharen, der Lehrer der Unmündigen, die Zuflucht der Unterdrückten, der Anwalt der Armen, (…), das Auge der Blinden, die Zunge der Stummen, (…), der Priester des Höchsten, der Stellvertreter

Christi, der Gesalbte des Herrn und schließlich der Gott des Pharao.«

Was der heilige Bernhard hier mit wenigen Pinselstrichen andeutet, ist nichts anderes als das genaue Gemälde der römischen Kurie unserer Tage mit ihren unmittelbarsten, vielsagendsten Protagonisten: dem Papst, den Erzbischöfen, Würdenträgern, Prälaten, Karrieristen, Betrügern und sogar dem Kommen und Gehen der verschiedenen Lockenschöpfe.

Der gezielte Diebstahl eines Dossiers

Paul VI., der kein Geheimnis aus dem erstickenden Schwefelgeruch im Innern der Kirche machte, sah sich zu Beginn des Jahres 1974 gezwungen, eine aus wenigen Personen bestehende Kommission zu bilden, der nach außen hin die Aufgabe vorbereitender Studien für eine administrative Neuordnung der römischen Kurie zugedacht war, die er aber in Wahrheit mit der geheimen Aufgabe betraute, zu prüfen, was da faul war in seinem Staat.

Zu ihrem Vorsitzenden wurde ein ebenso rechtschaffener wie aufrichtiger Prälat aus Kanada, der Erzbischof Edoard Gagnon, ernannt, der den Deutschen Monsignore Istvan Mester, Abteilungsleiter in der Kongregation für den Klerus, zu seinem Sekretär wählte oder besser wählen mußte. Sie machten in nahezu allen Abteilungen der Kurie die Runde und forderten die Angestellten zu freier Meinungsäußerung über die Oberen und den Gang der Dinge in der Behörde auf.

Nachdem man sie beruhigt hatte, daß sie nichts zu befürchten hätten, öffneten sich viele dieser kleinen Beamten und gaben Taten und Untaten aus ihrem Umfeld preis. Das gesammelte Material war interessant und revolutionär. Der Vorsitzende der Kommission, Monsignore Gagnon, war drei Monate lang damit beschäftigt, den umfänglichen Bericht zu verfassen, der der vatikanischen Freimaurerei sogleich brenzlig und gefährlich erschien: Es wurden Namen und geheime Aktivitäten gewisser Persönlichkeiten der Kurie genannt. Man mußte sich etwas einfallen lassen, damit der Untersuchungsbericht nicht in die Hände von Papst Montini gelangte, der gesundheitlich bereits etwas angegriffen war. Alles mußte unter strengster Zurückhaltung vor sich gehen. Man ersann einen Plan und setzte ihn sogleich um: »*Keiner schlafe!*«

Nachdem Monsignore Gagnon in mühevoller Arbeit die Untersuchung in all ihren Aspekten ausgewertet hatte, bat er über das Staatssekretariat um Audienz bei Paul VI., um ihm persönlich seine Überlegungen zu gewissen Devianzen innerhalb des Vatikans darzulegen. Die Tage gingen dahin, und es kam keine Antwort. Schließlich wurde ihm mitgeteilt, daß er angesichts der außerordentlichen Vertraulichkeit der Angelegenheit am besten das gesamte Dossier der Kongregation für den Klerus aushändigen solle, wo dann der Sekretär, Monsignore Istvan Mester, dafür sorgen würde, das Ganze in einem doppelt verschließbaren Schubladenschrank in seinem Amtszimmer aufzubewahren. Der gute Erzbischof wußte sich darauf keine Erklärung, gehorchte jedoch den Weisungen.

Am Montagmorgen, dem 2. Juni 1974, bemerkt Monsignore Mester, kaum daß er die Tür geöffnet hat, daß in seinem Zimmer etwas nicht stimmt. Einige Blätter liegen am Boden, Bücher sind verstellt, Akten verlegt. Dann stellt er fest, daß das Schloss der großen Schublade neben dem Schreibtisch aufgebrochen ist. Das Dossier über die Untersuchung Gagnons ist verschwunden. Zwei Tage – Samstag, den 31. Mai, und Sonntag, den 1. Juni – hatten die Diebe Zeit, um in aller Ruhe und Heimlichkeit an der Entwendung des Dossiers zu arbeiten.

Zunächst einmal wird allen die päpstliche Schweigepflicht über das Geschehen auferlegt; niemand darf reden. Dann werden pflichtschuldigst das Staatssekretariat und der Vorsitzende Gagnon in Kenntnis gesetzt, der, keineswegs überrascht, versichert, in der Lage zu sein, in kurzer Zeit eine Kopie des bereits verfaßten Berichts zu erstellen. Darauf erhält er die Antwort, daß er ihn einstweilen nicht neu schreiben müsse und man ihn gegebenenfalls zu einem späteren Zeitpunkt darum bitten würde. Der Leiter des Aufsichtsamtes, Camillo Cibin, wird persönlich beauftragt, die Ortsbesichtigung vorzunehmen und alles, was die Inspektion ergibt, zu Protokoll zu geben und an das Staatssekretariat weiterzuleiten. Der Papst wird von dem schweren Diebstahl und der Unauffindbarkeit des Dossiers unterrichtet. Dann breitet sich absolutes Schweigen über die Affäre.

Doch die Nachricht des Diebstahls beginnt sich bereits am frühen Nachmittag des 3. Juni zu verbreiten: Diebe hätten einen Panzerschrank aufgebrochen. Es wird angedeutet, daß sie den Auftrag gehabt hätten, die Dokumente zu entwenden. Wenig überzeugt nehmen die Journalisten das Dementi des vatikanischen Pressesprechers Dr. Federico Alessandrini zur Kenntnis. Die alten Hasen wissen: Wenn dort eilends erklärt wird, daß man nichts von dem weiß, was behauptet wird, dann ist immer etwas darunter, worüber man auf dem Laufenden ist, während man es ableugnet. Das nennt man geistige Beschränkung hinsichtlich der Wahrheit, die anders ist, und da es sich nicht um eine Lüge handelt, ist es nicht einmal eine kleine Sünde.

Die Nachricht breitet sich aus wie ein Ölteppich, so daß schließlich der »Osservatore Romano«, quasi offizielles Presseorgan des Heiligen Stuhls*, aufgefordert wird, einlenkend zu melden: »Es handelt sich um einen gezielten Diebstahl. Unbekannte Diebe sind in das Amtszimmer eines Prälaten eingedrungen und haben

---

* Der »Osservatore Romano« wurde im Juli 1861 auf Wunsch von Pius IX. unter Mitarbeit angesehener katholischer Laien gegründet. Seit jeher gilt er als Ausdruck der Sichtweise des Papstes und der Kongregationen der römischen Kurie. Er wird auf der ganzen Welt wegen dem gelesen, was er sagt, und vor allem wegen dem, was er verschweigt.

einige Dossiers aus einem doppelt verschließbaren Schubladenschrank entwendet. Es ist ein aufsehenerregendes Delikt.« Die Loge kennt die Beauftragten und die Auftraggeber, die vielen nicht gänzlich unbekannt waren.

Die Lage in der römischen Kurie war zu jener Zeit sehr angespannt, und die Kommission von Monsignor Gagnon trug nicht eben zur Entspannung der Atmosphäre bei. Ein ausländischer Kongregationsleiter setzte die fünf Mitglieder der besagten Kommission höflich vor die Tür, während ein anderer Kardinal seine Bereitschaft verweigerte, eine Untersuchung dieser Art über das Personal seiner Kongregation zuzulassen. Offenkundig enthielt das Dossier demnach Urteile über das Personal, die Oberen und die Verhältnisse in der gesamten Kurie. Es handelte sich also um einen gezielten Diebstahl.

Obwohl er nicht darum gebeten worden war, fertigte Gagnon dennoch ein ähnliches zweites Dossier an und bat um eine Privataudienz beim Papst, die ihm ein weiteres Mal verweigert wurde. Daraufhin bat er das Staatssekretariat, das Dossier in aller Heimlichkeit an Paul VI. weiterzuleiten, doch wurde auch dieses zweite Bündel nie zugestellt, da dem Papst mitgeteilt worden war, daß die entwendeten Dokumente nunmehr unwiederbringlich verloren seien. Die Verschwörung bei Hofe hatte beschlossen, den Papst über die Machenschaften in der Kurie im Dunkeln zu lassen.

Nachdem Monsignor Gagnon sich dergestalt ausgetrickst sah, betrachtete er seine Mission in Rom nunmehr als beendet, beriet sich mit klugen, aufrichtigen Personen und traf die radikale Entscheidung, sich nach Kanada, wo er bereits pensionsberechtigt war, zurückzuziehen. Er kehrte in seine Heimat zurück und betrachtete sich in jeder Hinsicht als Pensionär. Aber Papst Wojtyła, der von der Rechtschaffenheit dieser Persönlichkeit erfahren hatte, rief ihn nach Rom zurück und machte ihn zum Kardinal, um sich seines Rates zu versichern für den anstehenden Umbruch im Vatikan, der – weh uns! – im Innersten von satanischem Gift durchtränkt ist.

»Denn viele – von denen ich oft zu euch gesprochen habe, doch jetzt unter Tränen spreche – leben als Feinde des Kreuzes Christi.« (Phil 3, 18)

Die Wiege der vatikanischen Macht

Auf dem letzten Konsistorium des 20. Jahrhunderts bat Johannes Paul II. die zwanzig von ihm neu ernannten Kardinäle, als er ihnen Hut und Ring überreichte, vor aller Welt darum, ihm bei der Lenkung des Schiffes Petri zu helfen, denn er war sich bewußt, daß das Steuer den wenigen ihm verbleibenden Kräften zunehmend entglitt. Der Heilige Vater muß seinen Mitarbeitern zwangsläufig vertrauen, die eben dies schamlos ausnutzen.

Ihre Investitur fiel per Zufall mit dem Karneval von Viareggio am 22. Februar 1998 zusammen, wo riesige Masken aus Pappmaché aufzogen: Karikaturen von Persönlichkeiten im Rampenlicht der Öffentlichkeit. Die fünfte Macht, die der Information und Kommunikation, mit ihrer Gabe der Allgegenwart, ließ unterschiedslos die plumpen Köpfe auf den allegorischen Karren abwechselnd mit den lächelnden Gesichtern der befriedigten, selbstgefälligen Kardinäle, der alten und neuen, über die Bildschirme ziehen, die einander mit warmer Herzlichkeit begrüßten.

In jener Rede rief der Papst unterschwellig alle Kardinäle und Würdenträger der Kurie dazu auf, sich zu bekehren, da die Kirche von heute nicht weiß, was sie mit allegorischen Figuren anfangen soll, die 365 Tage im Jahr wie kostspielige hohe Masken triumphierend durch die Gegend ziehen, außen purpurfarben, innen dunkel und hohl. »Theater und Leben sind nicht dasselbe«, wird im »Bajazzo« gesungen, und bei Dante liest man: »Und er zu mir sodann; ›Ihr blöden Toren, was führt euch irre für ein Truggespenst!‹«

Der größte Papst der Zukunft wird derjenige sein, der die Kühnheit besitzt, alle in Purpur gekleideten Schneiderpuppen, die zur Zeit den Saal des Kardinalskollegiums schmücken, aus dem Atelier der Kirche zu entfernen – vorausgesetzt, er ist wachsam, denn sonst ist es wahrscheinlich, daß der Satan ihn eher als jene aus dem Kollegium vertreibt, versteht er sich doch mit einigen von ihnen ganz ausgezeichnet.

Nach einem englischen Sprichwort weinen die mittleren Kinder länger als ihre älteren und jüngeren Geschwister, um mehr zu erreichen. Es ist eine Vetternwirtschaft nach allen Regeln der Kunst, die der Papst ganz genau kennt, doch fehlt ihm der Mut, die Peitsche zu schwingen, um die Ränkeschmiede aus der Kurie zu verjagen. Er hat verstanden, daß das Spiel ihm aus der zitternden Hand gleitet, der es an Festigkeit fehlt, um diese Hemmungslosen zu entfernen, die er selbst mit soviel purpurner Macht ausgestattet hat. Obwohl er sie sehr gut kennt, tut er als rechter Duckmäuser so, als achte er sie für etwas, was sie nicht sind. »Was soll ich denn tun?« vertraute sich Johannes Paul II. einer ihm nahestehenden polnischen Person an. »Zu viele sind beschuldigt, und sie stehen zu weit oben; ich kann sie nicht alle und in so kurzer Zeit entmachten. Die Presse würde überhaupt nicht mehr aufhören, darüber zu reden.« Sicher! Die Geschichte kann warten. Hauptsache, die Skandalchronik bekommt keinen Stoff.

Aus dem päpstlichen Jahrbuch schreibt Papst Wojtyła sich die Namen jener Clique intriganter Kardinäle und Würdenträger heraus, die in allen Kongregationen der Kurie präsent sind: Achille Silvestrini, Pio Laghi, Vincenzo Fagiolo, Luigi Poggi, Carlo Furno, Gilberto Agustoni, Dino Monduzzi, Giorgio Mejia usw., welche die einstige Macht Baggios und Casarolis geerbt haben und weiterhin ausüben. Aufgrund solcher Konkurrenzsysteme und -kompromisse befinden sich unter den gegenwärtigen Exzellenzen und Eminenzen Elemente von niedrigem kulturellem Niveau und geringer geistiger Essenz.

Schön und gut, sagen einige Vatikanforscher, aber all diejenigen, die sich heute auf den höchsten Ebenen befinden, sind vom gegenwärtigen Papst während seines langen, mehr als zwanzigjährigen Pontifikats gewollt und zu Kardinälen und Bischöfen gemacht worden. Es wäre einfacher gewesen, sie nicht zu ernennen, statt sie jetzt abzusetzen. An jeden Papst richtet sich die Ermahnung, die die heilige Katharina von Siena (1347–1380) ihrem süßen Christus auf Erden mitgab: *»Hier habe ich aber vernommen, daß Ihr Kardinäle ernannt habt. Ich glaube, es gereichte Gott zu Ehren, wenn Ihr darauf achtetet, stets tugendhafte Menschen auszuwählen, das wisst Ihr besser als wir. Das Gegenteil gereicht Gott zur Schande und der heiligen Kirche zum Schaden. Ich bitte, daß Ihr mit Bestimmtheit ausführt, was Ihr tun müßt, um gottesfürchtig zu handeln.«*

Wenn die Kardinalpräfekten der Kurienkongregationen gebildet und stark sind, kann der Papst sich den Luxus erlauben, schwach zu sein. Wenn die Leiter der Kongregationen dagegen schwach sind und gewisse Machenschaften ihrer Untergebenen stillschweigend dulden, dann muß der Papst stark sein, gegebenenfalls bis hin zum extremen Mittel ihrer Entfernung.

Tückische Machenschaften

Jedesmal, wenn ein neuer Papst gewählt wird, vor allem wenn er nicht der Kurie angehört, gelingt es den Schlauen sofort, herauszufinden, welche und wie viele Kanäle offen bleiben, um sich bis zu ihm vorzudrängeln und ihn auf ihre Seite zu ziehen. Während sich langsam die Schotten schließen, machen sie geschickt andere Löcher und Gänge aus, bis sie auf Umwegen schließlich vor ihm auftauchen. Dann lehren sie den Papst, heiliges apostolisches Mißtrauen zu pflegen, außer natürlich ihnen, den Lämmchen, gegenüber.

Die Kurienkardinäle wissen, welche Karten sie ausspielen müssen. Um ein Machtvakuum im Inneren zu schaffen, bereiten sie den Papst, dessen Schwäche sie erraten, darauf vor, sich dem Strudel der immer zahlreicheren apostolischen Reisen zu lassen, und im Gefolge schicken sie seine beiden nächsten Mitarbeiter, den Staatssekretär und den Stellvertreter, mit, damit auch sie sich nicht mehr in Angelegenheiten der Kurie einmischen können. Sie bedrängen den Papst obsessiv mit den Außenbeziehungen, um sich selbst die Verwaltung der Beziehungen im Innern der Kurie vorzubehalten und die Kirche stellvertretend zu leiten.

Nach diesem Modell werden die Begegnungen zwischen Massen und Papst vorbereitet: Millionen tanzender Jugendlicher, im Rampenlicht stehende VIPs, die aus allen Himmelsrichtungen herbeieilen, herzzerreißende Musik jeder Richtung. Doch wenn die Vorsehung dann mit ihrer Hand schreiben will, wird sie einen Weg finden, das Launenhafte des Augenblicks auszulöschen.

Oh, welche Ekstase hat der Anblick der großen Menschenmengen, der Aufmärsche auf den Plätzen, der Triumphzüge, die diejenigen, die sie vorbereiten, und die vorbeiziehende umjubelte Person in Entzücken versetzen, zu jeglicher Zeit ausgelöst! Alle Regime haben davon profitiert, selbst um Repression und Gewalttätigkeit zu rechtfertigen. Jüngere Beispiele liegen erst wenige Jahrzehnte zurück, und es ist unzulässig, diese bittere Lektion zu vergessen.

Sind sie dann zurück, benommen von ihrer triumphalen Kraftprobe, benommen von dem Bad in der Menge, die Hosiannarufe der begeisterten Völker noch in den Ohren, dann ist es ihnen physisch unmöglich, die Hofintrigen zu entdecken, denn selbst wenn sie von ihnen ahnen, sind sie ihnen doch nichts im Vergleich zu der Apotheose durch die jubelnden Massen, die sich wie eine Flut von Regenwasser in einer sich niemals füllenden Regenrinne über sie ergießt. Sollen die Mißbräuche also ruhig durchgehen, soll sich die römische Kurie doch allein arrangieren, ich gehe zur Kirche der Völker.

Die systematische Veranstaltung von Aufmärschen nach Altersgruppen und sonstigen Kriterien – der Tag der Kinder, der Jugendlichen, der Kranken, der Arbeiter (der Arbeitslosen nicht), der Familien usw. –, nur um die Plätze das ganze Jahr über zu füllen, zeigt nicht das wahre Gesicht der Kirche Christi. Es ist eine geschminkte Fassade, welche die Falten des Verfalls verbirgt, genau wie die plumpe Maderno-Fassade der heiligen Peterskirche, die trotz aller Nachbesserungen doch niemals deren mächtigen Bau verbergen wird.

Unterdessen aber werden die Pfarrer von jenem Haufen ausgewählt. Ein ruandisches Sprichwort lehrt: »Auch wenn Gott über deine Herde wacht, trau du sie einem wachsamen Hirten an.« Von dem Machtvakuum im Inneren profitierend, gelingt es den Kurienkardinälen, stapelweise Aktenvorgänge zu den unglaublichsten Projekten und Vorschlägen vorzubereiten, die sodann dem Papst zu unterbreiten sind. Kehrt dieser ruhmbedeckt, aber müde und zerstreut mitsamt seinem Gefolge zurück, so unterzeichnet er sie, ohne sich der tückischen Machenschaften bewußt zu werden. Sie wissen genau, daß es dem alten Papst physisch unmöglich ist, auch nur die auf dem Vermerk zum Aktenvermerk genannten Namen zu überfliegen.

Diese Politik entspricht dem Fürsten der Finsternis, und er begünstigt sie, während er den mystischen Christus in Versuchung führt: *»Und er zeigte ihm alle Reiche der Welt mit ihrer Pracht und sagte zu ihm: ›Das alles will ich dir geben, wenn du dich vor mir niederwirfst und mich anbetest.‹«* (Mt 4, 8–9)

***

Vor, während und nach dem II. Vatikanischen Konzil wurde, unter Bezugnahme auf die Vorgabe von Pius XI. und Pius XII., viel über die Kollegialität zwischen Bischöfen und Papst in der Gesamtkirchenleitung in Anwendung des Subsidiaritätsprinzips gesprochen. Um dieses Ziel zu erreichen, gründete Paul VI., von unterschiedlichen Seiten bedrängt, im Jahre 1965 die Bischofssynode. Diese Versammlung gewählter Bischöfe aus den verschiedenen Ländern der Welt tritt von Zeit zu Zeit zusammen, um die mit der Bewahrung und Verbreitung des Glaubens und der Moral im Leben der Menschen zusammenhängenden Probleme und Fragen zu diskutieren und dem römischen Pontifex bei der Einblicknahme und Lösung zu helfen.

Es ist richtig, daß die besagte Synode ohne Zustimmung des Papstes keine Gesetze abschaffen oder erlassen kann, diese Entscheidungsbefugnis steht ihr nicht zu. Doch halten die Bischöfe die Synode für eine Fessel, die selbst den Generalsekretär Kardinal Jan Pieter Schotte (ein Mann mit eiserner Faust und ökumenischem Weitblick, was ihn für das Papstamt prädestinieren könnte) und das Episkopat der ganzen Welt bindet und ihnen keinerlei Bewegungsspielraum läßt. Weniger der Papst als vielmehr die politische Orientierung der Kurie, allen voran des Staatssekretariats, dem sonst der Braten entginge, halte die Bischöfe an der Leine.

Da das Subsidiaritätsprinzip bisher nur unzureichend angewandt wird, setzt der gute Kardinal Jan Pieter Schotte, den man für den richtigen Mann am richtigen Platz hält, alles daran, mehr Raum für das Bischofskollegium zu gewinnen: die gleiche Leitung und Verantwortung wie die der Apostel, die um ihren Meister Jesus Christus standen, der zwar unendliche Weisheit ist und daher keine Ratschläge braucht, sie aber dennoch einbezogen und aufgefordert hat, ihre Ansicht über das zu gründende Himmelreich, die Kirche, zu äußern. Auch wenn er sie bisweilen zurückrief: »*Ihr wißt nicht, was ihr fordert!*«

Mehr als ein Bischof lehnt sich gegen soviel Zwang und Einengung auf. Einer von ihnen war der Erzbischof von

San Francisco, Monsignore John Raphael Quinn, der im Alter von 68 Jahren ohne Groll sein Amt niederlegte und, obwohl er dem Papst seine Treue versicherte, die römische Kurie in der Vorherrschaft ihres Überbaus mutig in Frage stellte. Monsignor Quinn forderte den Papst und die Kurie auf, die gegenwärtige Form der Ausübung des Primats, die dem nächsten Jahrtausend unangemessen ist, zu überdenken.

Dem II. Vatikanischen Konzil zufolge ist der wahre Begriff der Kollegialität, die heute *sub Petro* praktiziert wird, *cum Petro* zu verstehen. Aus Mangel an Vertrauen in den Heiligen Geist ist das Episkopat noch immer mehr ein Modell der schnüfflerischen Kontrolle als ein Modell kritischen Unterscheidungsvermögens. Eine Strukturreform wird gefordert, insbesondere was die Beziehungen zwischen Papst, Bischofskollegium und dem gegenwärtigen System der römischen Kurie angeht. Niemand spricht dem Papst als Haupt des Bischofskollegiums das souveräne Recht ab, von seiner Lehrkompetenz Gebrauch zu machen, aber die Frage ist, wann und unter welchen Umständen er mit Vorsicht von diesem Recht Gebrauch machen sollte.

Der geniale Kardinal Newman hat vor allem die doktrinären Aspekte der Ausübung des Primats unterstrichen, denen im Hinblick auf die Vorsicht bei seiner Ausübung oft zu wenig Aufmerksamkeit geschenkt wird. Monsignore Quinn ist der Ansicht, daß die Bischöfe der Gesamtkirche sich nicht frei fühlten, der römischen Bischofssynode die eigenen Pläne zu bestimmten Fragen zu unterbreiten, für deren Diskussion sie gern zu Rate gezogen würden, wie etwa Ehescheidung, Neuverheiratung, die Sakramente für Geschiedene und die Absolution im allgemeinen.

Die ernstesten Fragen werden also in der Kirche nicht wirklich dem Urteil und der freien, kollegialen Diskussion unter den Richtern und Doktoren des Glaubens, also den Bischöfen, unterbreitet. Dieses Relikt einer mittelalterlichen Vatikanmentalität wird als unüberwindliches Hindernis für die Aufnahme eines vertrauensvollen Dialogs über den Ökumenismus angesehen. Viele Orthodoxe und andere Christen stehen einer vollständigen Kommunion mit dem Heiligen Stuhl zurückhaltend gegenüber, nicht so sehr aufgrund etwaiger Vorurteile über bestimmte doktrinäre oder historische Fragen als vielmehr wegen der Art und Weise, in der die römische Kurie ihnen engegentritt. Es scheint ihr mehr darum zu gehen, Kontrolle auszuüben, als Glauben und Erkenntnis in der Unterschiedlichkeit der Gaben und des Wirkens des Geistes zu teilen.

Das höchste Gut der Kirche ist aber nicht die Verwaltung eines politischen Modells. Das wahre Problem des Primats und der Kollegialität steckt in der Antwort auf die Frage: Was hat Gott für Petrus gewollt? Um die richtige theologische Antwort zu finden, ist vielleicht ein weiteres Konzil vonnöten, das zusammen mit den anderen Gläubigen in Christus in brüderlichem ökumenischem Dialog auf die Suche nach einer mutigen Antwort geht.

***

Die Macht ist für sich genommen unschuldig. Erst wenn sie mit dem Interesse in Berührung kommt, verdirbt sie. Die Umgebung bemüht sich, diesem eine künstliche Form zu verleihen, indem sie es als Ehrlichkeit tarnt. Der Mensch, gleich ob Laie oder Kleriker, mit seiner Liebe, seinen Leidenschaften, seinem Geschmack, seinen Meinungen, seinem Mut und seiner Spontaneität wird zum Ausdruck seiner Umgebung, die wiederum der Macht ihren Stempel aufdrückt und zu einer Art Klischee einer Illustrierten wird. Und so bestimmt und beeinflußt das Umfeld das psychologische Verhalten derjenigen, die in diesem Kontext leben.

Das System, die Ideologie und der bürokratische Apparat berauben den Menschen seines Gewissens, seines selbständigen Denkens, seiner natürlichen Sprache und somit seiner Menschlichkeit, indem sie ihm die Tunika des Umfelds überstreifen. Die so ausgestattete Puppe kann dann ins Schaufenster gestellt werden. Die Regime üben die Totalherrschaft einer unpersönlichen, ausufernden Macht aus, die auf einer ideologischen Fiktion beruht, welche alles zu rechtfertigen vermag, ohne je die Wahrheit zu streifen. Es ist eine Macht, die niemand innehat, weil im Gegenteil sie es ist, die alle besitzt, indem sie sie konditioniert.

In einem solchen hermetischen Kontext wird Dissens als Wahnsinn abgelehnt. Wer den Mut zum Dissens besitzt, weiß, daß er es auf eigene Gefahr tut und die Karriere dabei aufs Spiel setzt. Für die anderen ist er ein Gehorsamsverweigerer, ein Unruhestifter. So wird er ausgegrenzt, entfernt, aufs Abstellgleis geschoben.

Das Staatssekretariat ist die Wiege der Macht, wie sie sich noch heute in der Vatikankirche darstellt. Um das zu bleiben, was es ist, ist dieses Milieu auf die entsprechende Abrichtung seiner Glieder angewiesen, die stets aufgrund besonderer Unterstützungen und Empfehlungen aus der Schar ausgewählt werden und bereits dazu vorherbestimmt sind, mindestens Vertreter des Papstes bei den Regierungen der Staaten zu werden, die diplomatische Beziehungen mit dem Apostolischen Stuhl unterhalten. Hier werden auf elegante Weise potentielle Energien erzeugt, um sicherzustellen, daß sich nie etwas ändert. Der Mann, der soviel Macht in Händen hat, ist der Kardinalstaatssekretär, unterstützt von dem Stellvertreter und dem gesamten internen und externen Stab der beiden Abteilungen.

Jedermann weiß, daß der Papst das Oberhaupt der Kirche ist.* Aber er leitet sie nicht persönlich. Er muß der Ehrlichkeit anderer vertrauen (die immer vorausgesetzt wird, aber nicht leicht beweisbar ist). Wer tatsächlich re-

---

* Die treffendste Definition der päpstlichen Macht lieferte Giovanni Pascoli in zwei knappen Versen: »Mensch, den dich die ganze Welt vernimmt, wenn du nur leise murmelst.«

giert, ist sein Staatssekretariat, dessen Wink der Rest der römischen Kurie und der Papst selber unterstehen.

Vermassungsgefahr unter dem Autoritarismus, mechanische Gleichschaltung, Masken des Scheins, Vorherrschen von persönlichen oder Partikularinteressen, Profitieren von Clanbildung: Solche bürokratische Ausuferung führt zur Verarmung des sozialen Lebens und droht zudem das Absterben der moralischen Subjekte zu erzeugen, denn sie werden gehindert, persönliche Verantwortung zu übernehmen und Einsicht im Sozialen zu entwickeln. Aufrichtigkeit und Einfachheit sind hier nicht zu Hause.

Die Kadetten werden an der Päpstlichen Kirchenakademie, der Diplomatenschule für Vorherbestimmte, erzogen, wo die Anwärter zusammen mit den Fremdsprachen die Eleganz des Auftretens, den Hochmut des Diplomaten, die Gewandtheit in der Unterhaltung und die Unbefangenheit des Ausdrucks lernen. Der wahre Diplomat setzt sich in der Nuntiatur mit vollem Erfolg durch, wenn er vortäuscht, nicht zu wissen, was er weiß, und wenn er zu wissen vorgibt, was er nicht weiß. Er muß es verstehen, in den Vorzimmern der befreundeten Mächte, bei denen er akkreditiert ist und den Schutz der Immunität genießt, auszuhorchen und herumzuspionieren.

Ohne den Willen des Sekretariats geschieht nichts. Alle Kongregationsleiter müssen nicht allein unter dem Befehl des Kardinalstaatssekretärs und des Stellvertreters stehen, sondern auch unter dem Kommando der jungen Kletterpflanzen, die von heute auf morgen die Dachziegel des Palasts erreichen und überwuchern, die darunter stehenden Kongregationen auf lästige Art überschattend. Eigentlich müßte die römische Kurie nicht dem Staatssekretariat, sondern dem Papst direkt unterstehen. Diese Zweigleisigkeit wird spürbar, wenn der Leiter einer Kongregation sich gegen die Unterjochung auflehnt und den Befehlen des ersteren nicht nachkommt.

Im diplomatischen Leben in- und außerhalb des Vatikans hat die Glaubwürdigkeit großen Wert. Von wem man glaubt, daß er Wert besitzt, dem gesteht man vieles zu. Und indem so der Begriff des Wertes ausgeweitet wird, wird letztlich auch seine Substanz ausgeweitet, die es häufig nicht gibt. Eine ultra-evangelische Struktur, denn Christus wollte kein Diplomat werden und hat im Tempel, mit Stricken in der Hand, ohne Umschweife das Gegenteil bewiesen. Es ist nötig, daß Christus wiederkehrt, um die Händler im Tempel, aus dem eine Räuberhöhle geworden ist, erneut hinauszutreiben.

Seine Majestät der Zufall

Allen war damals bekannt, daß Monsignore Giuseppe Roncalli unter denen, die wirklich zählten, keinerlei Karrierebedeutung zukam, er wurde nicht erwähnt. Ein simpler Bauernsohn, stand er weder an der Spitze irgendeiner respektablen Seilschaft noch hatte er es verstanden, sich an irgendeine Traube von Würdenträgern anzuhängen, die einander gegenseitig zu stützen vermochten, um Richtung Aufstiegsleiter zu starten. Aus reinem Zufall hatten sie ihn zum Apostolischen Delegaten für die vierzigtausend Katholiken im kleinen Bulgarien ernannt.

In der Abteilung für die Beziehungen mit den Staaten im Staatssekretariat sah man das Wirken dieses Apostolischen Delegaten mehr oder weniger als Erdrutsch an. Monsignore Roncalli wurde unter Kontrolle gehalten, da er in all seiner Schlichtheit die Weisungen von oben den Bedingungen vor Ort und den Gegebenheiten des Moments anpaßte, mit einer ganz persönlichen Verhaltenslehre, die der Maxime gehorchte: »Einander ansehen, ohne einander herauszufordern, einander begegnen, ohne einander zu fürchten, miteinander sprechen, ohne einander zu kompromittieren.« So stellte er Rom oft vor vollendete Tatsachen, die nicht selten etwas sehr Ungefähres hatten, bei den strengen Prozeduren, die damals die diplomatischen Beziehungen mit den Autoritäten erst des bulgarischen und später des türkischen Staates bestimmten.

Mehrfach erinnerten sie ihn daran, daß er als Apostolischer Delegat, erst in Bulgarien, dann in der Türkei, kein bei der Regierung akkreditierter Gesandter mit vollen Rechten, sondern nur ein päpstlicher Bevollmächtigter bei den Bischöfen und katholischen Kirchen des Landes wäre, auch wenn die Diplomatie die Rechte der hohen Diplomaten billigerweise auch auf den Apostolischen Delegaten ausdehnte. Häufig erinnerten sie ihn also daran, sich enger an die Regeln des diplomatischen Kodex zu halten. Monsignore Roncalli dagegen zog den Heiligen Stuhl, oft aus Eigeninitiative, in Situationen hinein, die das Staatssekretariat für überhaupt nicht vertretbar hielt.

Beispielsweise war es zu jener Zeit undenkbar, daß der Vertreter des Papstes außerhalb des strengen Protokolls Umgang mit den Oberen der orthodoxen Kirchen pflegte, um mögliche Instrumentalisierungen und Mißverständnisse zu vermeiden. Dieser Delegat griff sich dagegen plötzlich, ohne langes Nachdenken, seinen Sekretär Monsignore Francesco Galloni – der bis zu seiner politischen Ausweisung in den fünfziger Jahren sein Amtsnachfolger in Bulgarien war – und stattete diesem und jenem Patriarchen oder Metropoliten Besuche ab, lud sie zum Essen ein und unterhielt freundschaftliche Beziehungen mit all diesen guten Leuten.

Obwohl er kein Nuntius war, ging er trotzdem zu den Regierungen, um dort Fürsprache für die armen Leute jeglichen Glaubens einzulegen. Da er selbst niemals Geld bei sich trug, empfahl er sich, um sein Ziel zu erreichen, seinem Sekretär: »Don Francè, gib den Türvorstehern dieser Behörde ein gutes Trinkgeld, dann behandeln sie uns besser und empfehlen uns denen, die uns empfangen sollen.« Und die Dinge liefen genau so, wie sie laufen sollten.

Roncalli, ein über alle Maßen ehrerbietiger und ein über

alle Maßen freier Würdenträger, wußte, daß er in Rom nicht geschätzt war, doch widerstrebten Ehrgeiz, Streben und Ehren ihm so sehr, daß er sich all diesen Zielen gegenüber ebenso unbekümmert und nachlässig zeigte wie gegenüber oberflächlichen Äußerlichkeiten, Förmlichkeiten und Galaempfängen. Wenn er seine Vorgesetzten bei der Kurie in Rom besuchen mußte, wappnete er sich mit Geduld, wie wiederholt in seinem Tagebuch, dem »Seelen-Journal«, zu lesen ist. In der Kongregation für die Orientalischen Kirchen schickten sie ihm fast immer den für Bulgarien und die Türkei zuständigen Beamten Monsignore Antonino Spina, dem sie sagten: »Monsignore, dieser Quasselkopf von Roncalli ist da, hören Sie doch mal, was er zu sagen hat. Wenn er mich sehen will, sagen Sie ihm, ich sei beschäftigt.« Und doch erkannten sie in ihm eine große Milde, eine tiefe Kohärenz in der Selbstbeherrschung, und eine große Leichtigkeit, sich geistig zu vertiefen und zu beten.

Im Staatssekretariat warteten sie auf eine passende Gelegenheit, um ihn aus dem diplomatischen Dienst abzuberufen, indem sie ihn vorzeitig in den unverdienten Ruhestand schickten. Es war eine Frage der Zeit. Aus dieser Richtung blies Gegenwind, aber Roncalli ging seinen Weg weiter: »Was kümmert's mich? Besser so!« vertraute er Monsignore Francesco Galloni an.

Nun kam es aber, daß in jenen Jahren in Paris Charles De Gaulle mit dem Apostolischen Nuntius Monsignor Valerio Valeri wegen der Sache mit den dreißig französischen Bischöfen, die – so behauptete der General – mit der Regierung Pétain kollaboriert hatten und die er deshalb absetzen wollte, auf gespanntem Fuße stand. Natürlich hütete sich der Vatikan sehr, eine so ungute Absicht zu unterstützen, und wies den Nuntius an, sich entschieden zu widersetzen. Die Beziehungen mit dem Heiligen Stuhl standen kurz vor dem Bruch. Das ging so weit, daß De Gaulle die Entfernung von Monsignore Valeri verlangt und erreicht hatte, dem der Papst, nachdem er ihn nach

Rom zurückberufen hatte, vorzeitig die Kardinalswürde verlieh.

Der Vatikan hatte De Gaulles Verhalten gar nicht geschätzt, und aus Trotz zögerte man die schwierige Ernennung des neuen Nuntius hinaus. Da der französische Präsident sehr wählerisch war, bereitete diese Ernennung zudem großes Kopfzerbrechen. Im Sekretariat fragten sie sich, welcher päpstliche Vertreter ihm denn genehm sein könnte und wie sie bloß mit der Angelegenheit fertig werden sollten. Es war zu jener Zeit kein passender Kandidat in Sicht. Für De Gaulle war die lange Verzögerung bei der Besetzung eine bittere diplomatische Erpressung, die er nicht schlucken konnte.

Eines Tages empfängt der französische Präsident den Besuch des türkischen Botschafters, und nach dem offiziellen Protokoll, im Privatgespräch, kommt die Rede auf die diplomatischen Schwierigkeiten, denen ein Staatsoberhaupt begegnet, wenn auf ein und demselben Staatsgebiet Interessen noch einer zweiten Macht, in diesem Fall des Heiligen Stuhls, ins Spiel kommen. Das ist natürlich Wasser auf beider Mühlen. Die türkische Regierung bringt, eben weil sie diese dem Koran zuwiderlaufende diplomatische Norm bekämpft, die halbe Welt gegen sich auf, einschließlich des Vatikans.

De Gaulle spitzt die Ohren und fragt: »Und wie arrangiert ihr euch also?« Darauf der türkische Diplomat: »Meine Regierung arrangiert sich von Fall zu Fall, je nach den Persönlichkeiten, die den Heiligen Stuhl vertreten, der, wenngleich in Form der Delegatur und nicht der Nuntiatur, ja doch eine der einflußreichsten internationalen Mächte ist. Der Apostolische Delegat, den wir zur Zeit haben, Monsignor Giuseppe Roncalli, ist beispielsweise einer der besten, die wir je hatten, gutherzig, menschlich, hilfsbereit und schlau wie alle Priester.« De Gaulle schreibt sich den Namen auf. Er läßt sich einige weitere Anekdoten erzählen, wie die von den dreihundert Kindern, die Roncalli für getauft erklärt hat, um sie in Sicherheit zu bringen, und beendet die Audienz. Zwei Stunden später geht ein Telegramm von Paris an den Vatikan ab, auf dem steht, daß die französische Regierung erfreut wäre, wenn der Vatikan den Apostolischen Delegaten der Türkei zum Nuntius in Paris ernennen würde. Der Hieb sitzt: Eins zu eins. Die richtige Einflüsterung, um die Ernennung zu erwirken.

Monsignore Domenico Tardini von der Abteilung für die Beziehungen mit den Staaten, der von diesem angeblich pfuscherhaften, geschwätzigen Delegaten einen durchweg negativen persönlichen Eindruck hatte, ist über den Vorschlag aus Paris verblüfft. Angesichts der angespannten Beziehungen zu Frankreich konnte Monsignore Roncalli unmöglich auf der Höhe der heiklen und komplexen Situation des Augenblicks sein, in der selbst die geschicktesten Diplomaten versagt hatten. Eine weitere Merkwürdigkeit in der langen Liste aus dem Élysée-Palast. Man beschließt die Sache in die Länge zu ziehen und wartet mit der Antwort.

Es war im Dezember 1952, kurz vor Weihnachten. De Gaulle sollte die Glückwünsche des diplomatischen Korps erhalten, die gemäß dem Wiener Abkommen von dem Apostolischen Nuntius als Doyen überbracht werden würden, der indes noch nicht ernannt war. War er nicht verfügbar, hatte der Vizedoyen ihn zu vertreten, und das war zu der Zeit zufällig der russische Botschafter, ein Kommunist durch und durch, gegenüber einem ultrarechten De Gaulle. Die Form war damals wesentlich.

De Gaulle wies den Vatikan darauf hin, damit sie sich dort entsprechend verhielten. Es gab keine Zeit zu verlieren. Tardini, unter Druck gesetzt, schickte ein Telegramm an Monsignor Roncalli in Istanbul, mit der Bitte, eilends nach Rom zu kommen, um daraufhin als Nuntius in Frankreich die Apostolische Nuntiatur in Paris zu erreichen. Roncalli, dem anhaltende Gerüchte über seine Abberufung aus der Diplomatie zu Ohren gekommen waren, hielt das Ganze für den schlechten Scherz irgendeines Spaßmachers. In seiner ganzen Arglosigkeit antwortete er, er habe sich sehr über den Spaß amüsiert und ergreife nun auch gleich die Gelegenheit, ein frohes Weihnachtsfest und alles Gute zum neuen Jahr zu wünschen. Manchmal ist der Arglose raffinierter als der Provokateur. Monsignore Tardini mußte dieses Mal deutlicher werden und beeilte sich, ihm mitzuteilen, daß die Sache mehr als ernst sei und er dringend noch vor Weihnachten umziehen müsse. Er müsse sich beeilen. Und Roncalli zog um.

Papst Pacelli empfahl ihm, sich vorzusehen mit dem, was er in seiner Neujahrsansprache sagen würde, mehr noch, er legte ihm nahe, die Rede im Staatssekretariat durchsehen zu lassen, bevor er sie hielt. Monsignor Roncalli versprach sein Bestes zu tun, aber er fand keine Zeit, seine Gedanken zu ordnen, um einen Entwurf zu schreiben.

In Paris angelangt, bestand eine der ersten Pflichten Roncallis darin, dem Vizedoyen, dem russischen Botschafter, einen Besuch abzustatten, der ihn zum Abendessen bei sich behielt. Zwischen dem einen und dem anderen Gang, dem einen und dem anderen Glas, halb lustig, halb ernst, wurden die Beziehungen sogleich freundschaftlich-brüderlich. Monsignor Roncalli ergriff die Gelegenheit beim Schopf und fragte den russischen Freund: »Sagen sie, Herr Botschafter, was hätten Sie denn in der Neujahrsrede gesagt, wenn ich nicht rechtzeitig eingetroffen wäre?« Das Spiel war gemacht! Der Botschafter und Vizedoyen gab dem neugebackenen Doyen das Manuskript in die Hände, dieser kürzte hier, integrierte dort und trug es mit der Emphase des Neulings vor De Gaulle und allen Botschaftern des diplomatischen Korps Frankreichs vor, die sehr erstaunt waren, mit welch feinem Gespür eines erfahrenen Diplomaten er die wichtigsten Punkte berührte.

Auch Präsident De Gaulle, der sich so vor seinen Gegnern jenseits des Tibers rettete, wurde beglückwünscht. Befriedigt über den Erfolg, enthob er auch die dreißig Bischöfe nicht ihres Amtes. Die Beziehungen mit dem gaullistischen Frankreich wurden versöhnlich. Der Nuntius Roncalli war in jeder heiklen Situation ein wichtiger Verbindungsmann zwischen Heiligem Stuhl, Frankreich und den Ländern jenseits des Vorhangs, deren politische Probleme sich durch das Eingreifen des stets lächelnden, gutmütigen Nuntius, der in jenen Ländern geschätzt war, entwirrten.

Als er in die Jahre kam und es Zeit war, ihn abzulösen, machte Papst Pacelli ihn zum Kardinal (1956) und zum Patriarchen von Venedig, wo er nunmehr seine Tage beschließen sollte: eine Karriere, die er selbst sich nie hätte träumen lassen. In der Kurie gaben alle ihre Meinung darüber zum besten: Möge er genießen, was er erreicht hat, auch wenn er nicht darum gebeten hat! Ein allzu günstiger Rückenwind!

Nach dem Tod von Pius XII. stand die Kandidatenliste offen. Der Patriarch von Venedig befand sich auf dem letzten Platz, eine Ultima ratio sozusagen, und angesichts seines Alters, 76 Jahre, allenfalls ein Übergangspapst. Als aussichtsreichster Kandidat erschien der armenische Patriarch Kardinal Gregorio Agagianian, ein großer Geistlicher und Asket, der, aus dem Osten stammend, doch einen Großteil seines Lebens im Kontakt mit dem Westen an der römischen Kurie verbracht hatte, deren Sitten und Bräuche er kannte. Doch wußten auch alle, daß, wer als Papst in das Konklave hineingeht, als Kardinal wieder hinausgeht.

Das Kardinalskollegium hielt es für angebracht, einen älteren Kardinal zu wählen, der nicht allzusehr stören würde und die kleine Erneuerung, die der Kirche dringend nottat, seinem Nachfolger überließe. Beim dritten Durchgang wurde Giuseppe Roncalli gewählt, der den Namen annahm, den niemand erwartet hatte: Johannes XXIII. Monsignore Domenico Tardini, der ihn wenig schätzte und ihn nun als Papst vor sich hatte, erwartete den sicheren Abschuß. Statt dessen ernannte Roncalli ihn zum Kardinal und machte ihn zu seinem Staatssekretär.

Gleich bei seinen ersten Auftritten enthüllte sich Johannes XXIII. der Welt als jener wahre Prophet, der er war, tief verwurzelt in der eigenen Zeit. Voll Ansporn, erleuchtet und genährt von den historischen Erfahrungen der Vergangenheit, bereitete er das II. Vatikanische Konzil vor und bahnte der neuen Öffnung und ihrer Umsetzung den Weg. Friedrich der Große urteilte in einem Brief an Voltaire: »Seine Majestät der Zufall macht drei Viertel aller Arbeit in dieser erbärmlichen Welt.« Dieses Mal war es dagegen der Herr, der vier Viertel für Roncalli getan hatte.

Die Vergangenheitswäsche

Zwei eng miteinander befreundete Monsignori, ein Italiener und ein Amerikaner, arbeiteten im Staatssekretariat in Liebe und Eintracht im selben Zimmer zusammen. Zu Beginn der sechziger Jahre beschlossen sie, nachdem sie eine Wohnung gekauft hatten, zusammenzuziehen, weiterhin in Liebe und Eintracht, mit einer Haushälterin, die für alle beide sorgte.

Dann hatte der amerikanische Monsignore sich von Dosen leichter Drogen verführen lassen, die später etwas härter wurden. Sein Freund, der italienische Monsignore, versuchte ihn davon abzubringen und unter Kontrolle zu halten. Aber in solchen Dingen steht das Versprechen auf dem einen, das Ablassen auf einem ganz anderen Blatt. In immer kürzeren Zeitabständen fand man den amerikanischen Prälaten zusammengesunken an irgendeiner Bushaltestelle, weil ihm schlecht war, und wenn er bei sich war, ließ er sich nach Hause begleiten; oder man sammelte ihn bewußtlos irgendwo auf und brachte ihn zur Erste-Hilfe-Station, von wo sein Freund, der italienische Prälat, ihn rasch abholte, um ihn in eine höchst private Klinik seines Vertrauens zu bringen, wo sein Name niemals registriert wurde.

Im Büro sagte der Italiener, sein amerikanischer Freund sei wegen eines Krankheitsfalles in der Familie nach Hause gereist; den Bekannten im Palast sagte er, er befinde sich auf einer geheimen Mission, und so ging die Sache unter strengster Geheimhaltung weiter. Nicht wenige hatten jedoch ihre Zweifel hinsichtlich dieser plötzlichen Abwesenheiten.

Wenn der italienische Monsignore morgens in eine religiöse Einrichtung ging, um die Messe zu halten, zelebrierte der amerikanische Monsignore sie zu Hause. Oft war die Drogendosis bis zum Morgen noch nicht abgebaut, und diese häusliche Liturgie wurde weniger für ihn als für die ihr Beiwohnenden peinlich. In einem schweren Halbschlaf entflohen ihm oben und unten die Winde, oft übersprang er die wichtigsten heiligen Momente, sogar die Konsekration.

Trotz einiger von dem amerikanischen Prälaten an eine Freundin geschriebenen und in der Presse erschienenen »Amateur«-Briefe – sein Name stand nämlich im Weißbuch der Personalabteilung – verstand der mächtige italienische Monsignore seine Sache und die des Freundes dergestalt zu vertreten, daß nicht nur er, sondern auch sein Freund zu Nuntien ernannt wurden, wobei sie sehr vielversprechende Nuntiaturen niedertrampelten. Während der italienische Monsignore inzwischen gestorben ist, genießt sein amerikanischer Freund noch heute in allen Ehren seine Botschafter-Pension.

Die Vergangenheit derer, die für die Karriere eines Nuntius bestimmt sind, wird im Staatssekretariat folglich einer Entfleckungs- und Weißwäsche unterzogen, daß es weißer nicht geht. Man kehrt zur Unschuld des Taufkleids zurück. Wenn aber der Schmutz nicht rausgeht, wird er nicht öffentlich gemacht, und schon ist alles wieder sauber.

Über die Vorherbestimmten dürfen keine Informationen eingeholt werden; sie werden für überflüssig gehalten, denn ihre Vergangenheit ist Asche. Doch hätten sie keine Zukunft, wenn der Rauch der Vergangenheit nicht als Glut unter der Asche weiter schwelen würde.

VII
Das Dikasterium, wo die Bischöfe geformt werden

Seit dem II. Vatikanischen Konzil betont die Kirche gerne ihre Internationalität, als sei sie eine ganz neue Errungenschaft. Dabei war die Kurie schon immer international, von der Spitze bis zur Basis, katholisch eben. Mit dem Unterschied, daß früher sowohl Italiener – weltoffene, kosmopolitisch orientierte Menschen – als auch Ausländer ihre Laufbahn ganz unten anfingen: beim Noviziat.

Heutzutage hingegen sind die Ausländer im Vatikan nicht mehr bereit, diesen langen und mühsamen Weg zurückzulegen, sondern streben zielbewußt und ohne Umschweife die Posten mit dem größten Prestige und Einflußreichtum an. Da sie völlig unerfahren sind, überlassen sie die schwierigeren Aufgaben jenen achtzig Prozent treuen und kundigen Beamten, die fernab von aller Öffentlichkeit im Hintergrund wirken und von Johannes Paul I. so beschrieben wurden: »Das unverzichtbare Uhrwerk, das in der Kirchengeschichte stets die genaue Uhrzeit anzeigt.«

Die neuen ausländischen Oberhäupter der Kirche, allen voran die Polen, wissen sehr wohl, daß sie sich in nichts wirklich auskennen. Die Regierungsangelegenheiten legen sie daher völlig in die Hände ihrer Monsignori Sekretäre, Mädchen für alles, die sich als die großen Herren aufspielen. So hat jeder Kardinal einen wahren Hofstaat an Vasallen unter seiner Befehlsgewalt, und zu Versammlungen erscheint er, in der Regel unvorbereitet und desinteressiert, an der Leine seiner Handlanger. Auf diese Weise gebraucht und mißbraucht jeder beliebige Speichellecker skrupellos die Macht seines Vorgesetzten, auch dann, wenn es um Entscheidungen von größter Wichtigkeit

geht, wie zum Beispiel Amtseinsetzungen oder Amtsenthebungen.

Jeder weiß, daß die Kirche Christi ist, doch Gott ver-
pachtet sie den Entschlossenen. Und da stehen sie, die
Karrieristen, bereit, die Erbpacht in Besitz zu nehmen
und für ihre Zwecke zu nutzen – ein ganzes Leben lang.

Exzellente, Exzellenzen und exzellente Diebe

Die Kongregation für die Bischöfe ist nach dem Staatssekretariat das wichtigste Dikasterium der Kurie, seinerzeit
gänzlich in der Macht des Kardinals Sebastiano Baggio.
Sie schlägt dem Papst die Kandidaten für das Bischofsamt
vor – zumindest dem Papier nach, da das Kirchenober-
haupt in der Regel fast unbesehen den Namen, der zu-
oberst auf der Liste mit den drei Vorschlägen steht, mit
seinem Siegel bestätigt. Welcher das ist, haben die Führer
der Seilschaft schon längst unter sich abgemacht. Diese
Behörde ist folglich von größter Bedeutung, ein Knoten-
punkt kirchlicher Macht – mehr denn je in der augen-
blicklichen Situation, in der die Bischofssynode dazu tendiert, dem Papst soviel Macht wie möglich zu entziehen.

Wie die Praxis sich zur Zeit darstellt, gibt es drei Arten
von Anwärtern auf die Bischofswürde:

a) die *Exzellenten*, eine Bezeichnung, die sich auf ausgesprochen kirchentreue und fromme Persönlichkeiten
bezieht, sowohl was ihre Lebensführung als auch ihre Bildung und seelsorgerische Tätigkeit angeht; Priester, die
einem Bischof ebenbürtig sind, verdienstvoll an Diözese
und Kurie. Sie werden von ihren Vorgesetzten oft als
störend empfunden und von vielen für wahre Heilige und
daher untauglich gehalten; manche von ihnen folgen dem
Ruf nicht, um nicht dem Hochmut zu verfallen;

b) die *Exzellenzen*, Würdenträger, die ein Bischofsamt
erhalten, obwohl sie sich wenig oder gar nicht darum
bemüht haben, eine sehr kurze Liste; viele von ihnen be-

sitzen sogar die Bescheidenheit, sich der ihnen anvertrauten Aufgabe für nicht gewachsen zu halten;

c) und schließlich die lange Liste der *exzellenten Diebe*, die auf ganz besondere, verstohlen-diebische Art zu Amt und Würden gelangt sind, nämlich frei nach dem Motto *do ut des*, ich gebe, damit du gibst: liebenswürdige Aufmerksamkeiten für jene, die an der Spitze stehen, eigennützige Schenkungen an Prälaten, hier mal großzügig über etwas hinwegsehen und dort mal einen Gefallen tun, goldene Kreuze zu Geburtstagen und hin und wieder auch kostspielige Geschenke für einflußreiche Freunde des Freundes. Sie sind aufgeblasen und voller Stolz, es geschafft zu haben, *quo modo cumque*. Selbst auf Kosten ganzer Lieferwagen voller Lebensmittel für die päpstliche Fürsprache, dank derer der Bischof an die Ernennung kommt wie die Jungfrau zum Kinde – wenn auch manchmal mit etwas Verzögerung.

Diese Exzellenzen und Eminenzen sind wie beulenartige Wucherungen auf dem jahrhundertealten, entblätterten Baum der wahren Kirche Christi. Indem sie behaupten, nichts für ihre Ernennung getan zu haben, säen sie in ihrem Zuhörer den Verdacht, daß andere sehr wohl einiges dazu beitragen können und dies in der Regel auch tun. Nur sie selbst hat die Ernennung zum Bischof ganz unerwartet getroffen, wie aus heiterem Himmel, und sie haben auch nur angenommen, um sich dem Willen Gottes zu beugen. Doch bei all den Winkelzügen und Betrügereien beschränkt sich der Wille Gottes hier wohl auf ein bewußtes Gewährenlassen.

Gleichzeitig beteuert der befördernde Würdenträger eifrig, daß er nie und nimmer auf die Idee käme, irgendwelche Geschenke anzunehmen – solange sie nicht wertvoll genug sind, fügt leise hinzu, wer ihn besser kennt. Solche inneren Widersprüche gehören offenbar zu einem Umfeld dazu, wo die Vorurteile der Ungläubigen immer wieder durch die Tatsachen bestätigt werden.

Seit dem Konzil wurden nur die wenigsten aufgrund

eigener, nach wahren Werten bemessener Verdienste der Persönlichkeit ausgezeichnet: der Großteil hingegen wurde für durchsichtige Machenschaften und Liebesdienste aller Art entlohnt.

Viele Mitren ohne Köpfe

Bis zum II. Vatikanischen Konzil war der natürliche Ort für das Heranwachsen und die Geburt eines Bischofs die Bischofskongregation, welcher in den Missionsländern die Kongregation zur Evangelisierung der Völker zur Seite stand. Die Länder der orientalischen Kirchen folgen schon immer einer anderen Regelung, die ebenfalls nicht frei von Betrug und Begünstigung ist.

Seit dem Vaticanum II hingegen spielt sich die Auswahl der Anwärter auf das Episkopat in zwei Schritten und auf zwei unterschiedlichen Ebenen ab: zunächst innerhalb der nationalen und regionalen Bischofskonferenzen mit dem abschließenden Urteil des Apostolischen Nuntius des jeweiligen Landes; danach geht das Verfahren in die Hände des zuständigen Dikasteriums in Rom über, wo untersucht wird, ob nichts Schwerwiegendes gegen die auf der Liste genannten Kandidaten vorliegt. Dann werden die Vorschläge zur Billigung dem *Summus Pontifex* vorgelegt.

Die derzeit geltenden nachkonziliaren Bestimmungen erweisen sich immer wieder als unzureichend, da die Wahrheit über einen Kandidaten allzuleicht verschwiegen oder verfälscht werden kann, je nachdem, ob man ihn befördern will oder nicht. Solche Manipulationen müssen eingedämmt und der Informationsprozeß besser kontrolliert werden.

Mit der neuen Vorschrift bleibt im lockeren Ballwechsel zwischen Bischofskonferenz, Nuntius und römischer Behörde die persönliche Verantwortlichkeit oft auf der Strecke. Zumal manche nationalen Episkopate so pedantisch auf ihre Autonomie und Unabhängigkeit in jeder einzelnen Entscheidung bedacht sind, daß die Nuntien ihre Hände in Unschuld waschen, um nicht ihre Karriere zu riskieren. Denn manchmal stellt sich die Wahrheit über einen von bestimmten Bischöfen vorgeschlagenen Kandidaten am Ende als eine ganz andere heraus.

Seit über dreißig Jahren also wählt sich die Kirche die Bischöfe, die sie verdient. Dementsprechend viele Mitren sind im Umlauf, unter denen sich keine Köpfe befinden, sondern nur Leere und Anmaßung; gleichzeitig werden viele Köpfe ohne Mitren in das Dunkel des Vergessens abgedrängt.

Die Frage der Bischofsernennungen muß neu überdacht und gelöst werden, damit sie von der ganzen Kirche und nicht bloß ihren Ranghöchsten gutgeheißen werden kann. Das göttliche Recht besagt lediglich, daß jeder lokalen Kirche ein Bischof zugeordnet werden soll. Die Art und Weise der Bischofswahl jedoch erfolgt allein nach irdischem Kirchenrecht und hat im Laufe der Jahrhunderte viele verschiedene Formen angenommen. Bis 1829 pflegte der Heilige Stuhl die Bischofsberufung für ein vakantes Bistum den Bischöfen der umliegenden Regionen zu überlassen. Beim Tode Leos XII. (1823–29) waren von 646 Diözesanbischöfen nur 24 unmittelbar vom Heiligen Stuhl ernannt, den Kirchenstaat ausgenommen. Und die wenigen direkten Berufungen waren größtenteils auf interne Unstimmigkeiten in Ländern wie Albanien, Griechenland und Rußland zurückzuführen.

Wie sich die Praxis zur Zeit gestaltet, wird der Papst nicht über das ganze Auswahlverfahren informiert, sondern bekommt lediglich die Präferenz mitgeteilt, die fast immer mit dem ersten Kandidaten auf der Liste übereinstimmt. In seiner Akte wird er als geradezu prädestiniert für den Posten beschrieben, auch wenn dies nicht oder nur sehr bedingt der Wahrheit entspricht. Außerdem sind die Akten, die man dem Papst vorlegt, derartig umfangreich, daß er kaum Gelegenheit hat, sich auch nur einen groben Überblick zu verschaffen, zumal man ihm seine

Zeit absichtlich knapp bemißt. So bleibt ihm nichts anderes übrig, als in blindem Vertrauen Siegel und Datum unter den Namen zu setzen – was dann als das Einverständnis des Papstes zur Ernennung des neuen Bischofs gilt. Das macht es natürlich unmöglich festzustellen, ob der Erwählte des Amtes, das man ihm anvertrauen will, oder des Bistums oder der Kurie überhaupt würdig ist. Und noch unmöglicher, sicherzugehen, daß der Beförderte keiner Freimaurerloge oder mafiösen Verbindung angehört.

Es kann also kaum die Rede davon sein, daß der Papst die Entscheidung trifft. Sein Siegel reicht gerade mal dazu aus, der Wahl die Aura päpstlicher Unfehlbarkeit zu geben. Wie aber sollte der Papst bei 5000 Bischofsernennungen auch nur annäherungsweise seine Kontrollpflicht ausüben können? Er hat keine andere Wahl, als seinen Mitarbeitern zu vertrauen. Daraus erwachsen ungesunde Machtkonzentrationen innerhalb des aufgeblasenen, zentralistischen Apparats, der von Prälaten angeführt wird, die meist nicht zu den ehrwürdigsten gehören. Die Glaubwürdigkeit von Informationen jedoch ist nur gewährleistet, wenn der Informationsprozeß über alle Parteilichkeiten hinweg abläuft, objektiv und untendenziös; andernfalls öffnen sich Tür und Tor für Täuschung und Korruption.

Pius XI., der Schrecken Mussolinis, pflegte sich Informationen aus eigenen Kanälen zu beschaffen, bevor er seine Zustimmung zur Berufung eines Bischofs gab. Einmal antwortete er einem Würdenträger, der immer wieder die überragenden Qualitäten seines Schützlings pries, mit Schärfe und Mut: »Signor Kardinal, an Eurem Kandidaten wäre nichts auszusetzen, wenn derjenige, der ihn vorschlägt, nicht ganz so interessiert an seiner Ernennung wäre, wie Ihr es zu sein scheint!«

Die Weitsicht der Bischofskongregation machte es vor dem II. Vatikanischen Konzil möglich, über alle Parteien hinweg eigenständige Persönlichkeiten mit qualifizierter Sachkenntnis für die verschiedenen Arbeitsbereiche im Schoß der Kirche zu finden. Hervorragende Köpfe, die ihrer Aufgabe voll und ganz gewachsen waren, wurden mit der Leitung der Diözesen und der Kurie betraut. Man denke nur an die vielen edlen und heiligen Personen des italienischen Episkopats Ende des vergangenen und Anfang unseres Jahrhunderts, von denen viele seliggesprochen wurden und bis heute in Ehren gehalten werden.

In den letzten Jahren war eine gegenläufige Tendenz festzustellen. So forderten beispielsweise die französischen Bischöfe schon 1984 mit dem treffenden Neologismus *recentrage*, Rezentralisierung, dazu auf, sich wie früher auf die zentrale Lage Roms sowie des Bischofs und seiner Diözese zu besinnen. Zur Zeit jedoch verengt sich das Blickfeld wieder egoistisch auf die einzelnen Gebiete. Jede Bischofskonferenz – in Italien, Spanien, Frankreich und Lateinamerika sogar die regionalen – propagiert ihre eigenen Interessen und setzt sich fast ausschließlich für ihre eigenen Lieblinge ein.

Der Großteil der Entscheidungen fällt aus eigennützigen oder karrieristischen Gründen. Wer wüßte etwa nicht, daß der Sekretär, der gleichzeitig Chauffeur des Bischofs ist, bessere Chancen auf die Beförderung zum Bischof hat als andere? Und in der Regel ist es der junge ambitionierte Priester, der sich dem Bischof als Chauffeur, Sekretär und Mädchen für alles anbietet, mit dem Hintergedanken, der Vorgesetzte werde sich in Zukunft erkenntlich zeigen und das Opfer sich auf lange Sicht auszahlen.

In der Bischofskonferenz, einer höchst heterogenen und kaum kompromißfähigen Versammlung, wird keiner der anwesenden Bischöfe es wagen, einen Kandidaten anzufechten, aus Angst, mit seiner Meinung allein dazustehen. Die Wahl verkommt zu einer bloßen Formalität: Man gibt seine Stimme dem vorher bestimmten Kandidaten, der einem in den meisten Fällen völlig unbekannt ist, um dem vorschlagenden Bischof einen Dienst zu erweisen als Gegenleistung für einen früheren Gefallen seinerseits.

Die Auswahl der Kandidaten erfolgt also quasi auf Vertrauensbasis. Dadurch werden nicht die würdigen, frommen Männer ohne Fehl und Tadel auf die Karriereleiter gesetzt, sondern die erfolg- und machtbesessenen. Kaum jemand mit Bildung und klarer Lebensführung wird sich mit seinem Bischof auf solche Händel einlassen, trotz des Wissens, daß er ohne sie wenig oder gar keine Aussicht auf Beförderung hat.

Wenn ein Bischof sich über das normale Maß hinaus eines untergebenen Priesters bedient, ist es nur natürlich, daß dieser versuchen wird, seinen Vorgesetzten auch für die eigenen vorbedachten Ziele zu gewinnen. Nach zehn-, fünfzehnjähriger Symbiose aus Leistung und Gegenleistung kann der Bischof sich seiner kaum noch ohne angemessene Anerkennung und Entschädigung entledigen. Stellt er sich aber unwissend und ignoriert die Forderungen, wird er sehr bald von dem Dienstleister selber daran erinnert werden, zuerst vielleicht in Andeutungen, dann jedoch mit sehr klaren Worten.

Einmal wurde ein vergeßlicher Kardinalpräfekt, der sich seinen besonderen Sekretär aus dem Ausland geholt hatte, von seinem Schützling aufgefordert, ihm mit seiner Berufung in ein Bischofsamt den langen Dienst zu vergelten. Mag sein, daß der Kardinal dies auch versuchte, aber ob der dunklen Vergangenheit seines Dieners gescheitert war. Als der Purpurträger ihm in seiner Not erklärte, daß man bestimmte Ziele lieber nicht anstreben solle, erinnerte ihn der Monsignore in aller Offenheit daran, wie er selbst vor lauter Ungeduld beinahe einem Herzanfall erlegen war, als die lang ersehnte Berufung zum Kardinal auf sich warten ließ. Damals hatte ihn der Diener beruhigen müssen mit dem Hinweis, sich in Geduld zu üben und auf den Papst zu vertrauen.

Es kommt aber auch vor, daß der Mächtige aus kühler Gleichgültigkeit heraus sein Werkzeug nach Gebrauch einfach fallenläßt und dabei einen Weg findet, den ins Unrecht zu setzen, der ihm mit einem klaren Ziel gedient hatte. Eine diesmal für den Unterlegenen höchst peinliche Situation.

*

Von einem Telefongespräch zwischen zwei Bischöfen im Vorfeld einer Konferenz ist folgendes überliefert: »Exzellenz, erinnert Ihr Euch, daß Ihr mich letztes Mal darum batet, Euren Kandidaten bei der Wahl zu unterstützen? Ich möchte Euch nun ersuchen, dasselbe für meinen Sekretär zu tun, ein ausgezeichneter Mann, der sich bestens für das Bischofsamt eignet. Seit ungefähr fünfzehn Jahren dient er mir auch als Chauffeur, und ich kann auf seinen unermüdlichen Einsatz im Dienste der Kirche [als deren Vertreter sich der Bischof verstand, Anm. d. ital. Red.] völlig vertrauen (…) Ihr versteht doch, Exzellenz, daß solche Priester für ihre Hingabe belohnt werden sollten. Stellt Euch nur vor, ich hätte mich die ganze lange Zeit eines Laien bedienen müssen! Welche Kosten dadurch dem Bistum entstanden wären.« Jeder Dienst hat seinen Preis!

Die Jagd nach den Stimmen ist bereits in vollem Gange lange bevor die Bischöfe am Ort der Bischofskonferenz zusammenkommen, um alles auf den Favoriten zu setzen. Wenn er nicht in Erwartung einer anderen, erfolgversprechenderen Gelegenheit aufgespart wird. So kommt es dazu, daß manche Spitzenkonferenzen auf merkwürdige Weise vorhersehbar und oberflächlich anmuten. Noch drängender und einengender sind die Intrigen gewisser Kirchenmänner, die bereit sind, ihre Seele zu verkaufen, um neben der Kurie des eigenen Ordens oder der Provinz auch alle erdenklichen Helfer verschiedenster Gruppen auf ihrer Seite zu haben, ganz gleich ob legal oder illegal, ethisch vertretbar oder nicht. Mancher Gläubige stürzt sich kopfüber ins Wagnis in dem Bewußtsein, ohnehin nichts mehr verlieren zu können.

Jegliche Information wird geschickt gesteuert, bis man die Helfershelfer soweit gebracht hat, genau das zu sagen, was den eigenen Zielen förderlich ist. Aus diesen Aussagen filtert man genau die Details heraus, die genügen, um den Kandidaten zu unterstützen oder zu Fall zu bringen. So wird ein Cocktail aus Halbwahrheiten und Beinah-Lügen gemixt, der den weniger Begabten nützt, die brillanten Geister und großen Persönlichkeiten aber von der Spitze verdrängt.

Keine noch so ernsthafte Untersuchung hätte hier eine Chance, all die Diffamierungen und Lügen aufzudecken, sei es nun zugunsten oder zuungunsten des Kandidaten. Es gibt mittlerweile nur noch wenige, die frei von jeder Parteilichkeit und hundertprozentig vertrauenswürdig sind. Die Informationen über die Bischofsanwärter sind von den Experten lange vorgekocht, und ihre Berichte werden den übrigen Mitgliedern der Kongregation oder Bischofskonferenz lediglich vorgetragen, damit diese ergeben Notiz davon nehmen können.

Welcher Wert ist solchen Wahlgängen noch beizumessen? Worin liegt ihre Glaubwürdigkeit und Legitimation? Sind sich die Teilnehmer der Verantwortung, die sie tragen, voll bewußt? Wichtige Fragen, die nach einer klaren und autoritären Antwort verlangen, die der Tragweite des Problems angemessen ist.

Kardinal Ratzinger zufolge kann die Wahrheit nur gesucht, nicht aber mittels einer Wahl hervorgebracht werden. Dies würde bedeuten, die Macht der Wahrheit durch die Wahrheit der Macht zu ersetzen. Die Einstimmigkeit der Wahl kann die Wahrheit weder herstellen noch kann sie an ihre Stelle treten, sie ist lediglich als richtungweisend zu verstehen. Ist man sich hierüber einig, folgt daraus, daß eine Bischofskonferenz nicht per Abstimmung Wahrheit dekretieren kann, so als würde durch ihr Urteil das Unwahrscheinliche konkret und wahrscheinlich.

Auf einer Bischofskonferenz mag es viele Gründe geben, die die Mehrheit dazu bewegt, sich nach den Wünschen einzelner zielstrebiger Mitglieder zu richten: das Gefühl der Gruppenzugehörigkeit, vielleicht auch der Wunsch nach einem ruhigen Leben oder einfach der Hang zu Konformität. Die amorphe Masse bewegt sich in vorgeblicher Einstimmigkeit, wie es von ihr verlangt wird, mit einem verzweifelten Ausdruck, als wolle sie sagen: Wir glauben nicht an das, was wir wählen, aber wir treffen unsere Wahl nach dem, was ihr wenigen euch erhofft. Man kann sicher sein, daß es dieser trägen Mehrheit niemals einfallen wird, selbst auf die Seite der Drahtzieher überzuwechseln, wo sie sich ja die Mächtigen des Clans zu Feinden machen könnte – auch wenn diese sich in der Minderheit befinden!

Ratzinger sagt weiter über diese verschwiegene Komplizenschaft: »Ich kenne Bischöfe, die privat zugeben, daß sie ganz anders entschieden hätten als in der Konferenz, wenn es nach ihnen allein gegangen wäre. Indem sie die Regeln der Gruppe anerkennen, riskieren sie nicht, als ›Spielverderber‹, ›zurückgeblieben‹ oder ›intolerant‹ dazustehen (…) Auf den ersten Blick scheint es sehr schön, wenn immer alles gemeinsam entschieden wird. Doch wie oft hat dieses ›gemeinsam‹ schon den Geist des Aufbruchs und der Erneuerung des Evangeliums erstickt, die ein Bischof heute mehr denn je braucht, um in aller Verantwortlichkeit gegenüber der Kirche und der Gemeinschaft der Gläubigen die schwierigen und dringenden Aufgaben unserer krisengeschüttelten Zeit zu lösen.«

Oft auch konnte man beobachten, daß Bischöfe ihre Schützlinge schon sehr früh nach Rom auf eine päpstliche Universität schicken, damit sie so mit besseren Voraussetzungen und einigen persönlichen Pluspunkten zu gegebener Zeit ins Rennen gehen können. Mark Twain traf mit seinen Worten genau ins Schwarze, als er schrieb: »Der Blumenkohl ist auch nichts anderes als der Wirsing, der in Harvard studiert hat.« Immer wieder kann man beobachten, wie auf Bischofskonferenzen wahren Hohlkörpern die Mitra aufgesetzt wird, aufgrund von »geheimen« Wahlen, die vorher am Tisch, im Büro oder am Telefon abgesprochen wurden.

Auf dem Markt der Monsignori

In einem römischen Kollegium widmeten sich drei befreundete Priester aus Indien ihren gemeinsamen Studien und Vorlieben – auch erotischer Art. Sie stellten den Wecker auf drei Uhr nachts, um das homo-heterosexuelle Fernsehprogramm nicht zu verpassen. Dabei notierten sie sich die Adressen der einschlägigen Treffpunkte und widmeten sich ausführlich den speziellen gegenseitigen Freundschaftsbezeigungen. Als sie von einem Mitbruder beobachtet und entdeckt wurden, behielt dieser sich das Recht vor, die Sache publik zu machen, ohne jedoch jemals an höherer Stelle davon Gebrauch zu machen.

Kurz nach ihrer Rückkehr in die Heimat wurden zwei von ihnen umgehend zunächst zu Weih- und dann zu Diözesanbischöfen ernannt. Der dritte ließ gottesfürchtig einige Jahre ins Land gehen, bevor er es ihnen gleichtat. Bis heute gab es über ihre seelsorgerische Tätigkeit oder Führung keinerlei ernsthafte Beschwerden; nur hin und wieder wird über das große Wohlwollen gemunkelt, das die drei besonders den jungen, gefügigen Klerikern entgegenbringen.

*

Ein Glaubensmann, der an akuter Bischoferitis erkrankt war, ließ sich als päpstlicher Gesandter in eine Gemeinde mit ein paar hundert Seelen in ein islamisches Land berufen. Die Krankheit hatte ihm übel zugesetzt, Kriecherei paarte sich bei ihm großzügig mit Korrumpierbarkeit durch Geldgeschenke aller Art. Schon bald konnte er selbst nicht mehr zwischen seinem wahren und seinem falschen Ich unterscheiden. Um seine vermeintliche

Frömmigkeit zur Schau zu tragen, begann er die Unterlippe nach unten zu ziehen und unartikulierte Laute auszustoßen, als bete er ununterbrochen den Rosenkranz.

Sechsmal wurde seine Kandidatur von den Kardinälen der Versammlung abgelehnt, bis man ihm schließlich untersagte, sich noch einmal zu bewerben. Nachdem jedoch der erste und der zweite Papst verstorben waren, wurde der Name des Betreffenden kurze Zeit später klammheimlich erneut dem erlauchten Siegel des Nachfolgers untergeschoben, ohne Dreierliste und ohne alles. Der Papst wurde über den Hinterhalt unterrichtet, doch die Förderer des frischgebackenen Bischofs verteidigten ihn mit gezogenen Schwertern und bauschten die Angelegenheit zu einer Staatsaffäre mit dem betreffenden Land auf.

Endlich Bischof, war ihm das Klima plötzlich nicht mehr zuträglich; er ließ sich die Notwendigkeit attestieren, in ein Bistum seines Heimatlandes versetzt zu werden oder, angesichts seiner übergroßen Marienverehrung, an ein päpstliches Heiligtum. So wurde er Domherr von Santa Maria Maggiore, obwohl ihm das als eine recht einsame Tätigkeit für einen geborenen Wortführer wie ihn erschien.

So grübelte er hin und her, bis er schließlich den rettenden Einfall hatte: Er initiierte eine weltweite Unterschriftenaktion unter den Bischöfen, die vom Papst die Definition des Dogmas von Maria als Mittlerin forderte. Sofort wurden Kontakte zu den Vorsitzenden der Bischofskonferenzen aufgenommen und natürlich auch eifrig dem Zweck dienliche Spendensammlungen veranstaltet. Die überraschten Bischöfe wandten sich ratsuchend an Rom, wo man den Betreffenden zu sich rief und ihm die Fortführung der Initiative strikt untersagte.

＊

Jeder persönliche Sekretär des Kardinals Achille Silvestrini und jeder, der einmal mit seiner Öffentlichkeitsarbeit betraut war, hat eine ansehnliche Karriere gemacht: je nach

Gebühr mit der Bischofswürde oder anderen prestige-trächtigen Ämtern entlohnt, die dann als Sprungbrett zu Höherem dienten. Der derzeitige Sekretär hofft ganz besonders auf die Güte seines Herrn, um noch rechtzeitig befördert zu werden, bevor sich Hochwürden in die Lethargie des wohlverdienten Ruhestands zurückzieht.

All die Mündel des Kardinals, die sich zu den Sprachrohren der ehrwürdigen Redseligkeit gemacht haben, setzten mit sicherem Gespür auf das Siegerpferd. Und tatsächlich haben sie es heute zu Bischöfen, Nuntien und anderen Würdenträger der Kurie gebracht. Vielleicht hat der Heilige Geist ihnen ja einen Tip gegeben, welches Pferd das richtige ist für den triumphalen Siegesritt.

*

Es wird auf diesen Seiten, die den Meisterstücken in Betrug und Schwindel gewidmet sind, noch von der Beförderung des persönlichen Sekretärs besagten Kardinals Silvestrini die Rede sein. Der hatte nämlich in Absprache mit den anderen seines Clans eine schmutzige Farce von Informationsprozeß inszeniert, die darauf abzielte, dem Papst das Siegel abzuringen, mit dem er dank seiner konsequenten Kungelei zum Erzbischof ernannt würde.* Diesem Sekretär hatte der beschützende Kardinal Silvestrini tatsächlich Hoffnungen gemacht, bald wieder in eine Behörde der Kurie zurückkehren zu können,

* Im »Diario degli eredi esclusi« ist zu lesen: »10. Juni 1994, Herzjesu-Fest, Punkt 12, beim fröhlichen Klang des Glockenläutens. Der Kriecher Monsignore Edoardo Menichelli wird nach mehreren vergeblichen Versuchen endlich von seinem mehr als minderbemittelten Herrn der Öffentlichkeit präsentiert: Verlegen sucht er nach schlagkräftigen Worten, mit denen er die Anwesenden von den verborgenen Verdiensten des für den Sitz in Chieti bestimmten Anwärters überzeugen kann. Zeitgleich landen in Fiumicino die wiederauferstandenen Heiligen Cirillo Stambecco und Metodio Pastore, die neuen Superapostel auf der Rückreise aus Rumänien und Ungarn, wo sie in geheimer Mission und in Begleitung von zwei Unteraposteln das Fieber der beiden Kirchen messen sollten. In Wirklichkeit glich die Spazierfahrt einer goldenen Tour des Lächelns auf Kosten des Papstes. Die Auserwählten verbrachten sie im Prunk freundlicher Empfänge bei Nuntiaturen und Botschaften, um dann genau die Orte zu inspizieren, über die man sich vorher geeinigt hatte. In ihrem Bericht wird man lesen können, daß es ihnen unter größten Anstrengungen und Opfern, gleich dem heiligen Paulus auf seinen Reisen, gelungen ist, das bösartige Geschwür der beiden ehrwürdigen Kranken, die erst vor kurzem aus ihren Katakomben gekrochen sind, zu besiegen und den Heilungsprozeß in Gang zu setzen.«

und sei es nur in den Rat für die Seelsorge im Gesundheitsdienst.

Dann stellte sich jedoch heraus, daß der silvestrinische Schützling mit einer gefälschten juristischen Examensarbeit, die er noch nicht einmal gelesen hatte, zu seiner Disputation angetreten war. Das alles ist die hochheilige Wahrheit, so komisch es auch klingen mag.

Die Hochwürden der Kurie machen es nicht anders als die Kinder, von denen der französische Schriftsteller Bachaumont seinerzeit erzählte: Während sie so tun, als spielten sie vor dem französischen Parlamentsgebäude im Laub, bewerfen sie die Wachen mit Steinen, die ihrerseits versuchen, sie daran zu hindern. In unserem Fall sind die Wachen die übrigen Angestellten, die verdientermaßen Anspruch auf den einen oder anderen Titel hätten.

Wenn der Präfekt einer Behörde diese als seinen höchsteigenen Machtbereich ansieht, lassen sich Willkür und Mißbrauch kaum mehr ahnden und strafen. Auch hier treffen die Worte des heiligen Bernhard zu: »*Straflosigkeit führt zu Keckheit, Keckheit zur Ausschweifung.*«

*

Ein Monsignore war sich darüber im klaren, daß ihn die Bischöfe seines Landes wegen gewisser amouröser Abenteuer systematisch vom Episkopat ausschlossen: Da er selbst der römischen Kurie angehörte, kannte er sich aus. Mit großem Geschick setzte er nun dreist und skrupellos alle Hebel in Bewegung: Kardinäle, Botschafter, Politiker – alles, was Rang und Namen hatte, lud er zum Essen in sein Haus ein. Um seinen Tisch versammelten sich die höchsten Autoritäten des Vatikans, um ihre ausländischen Kollegen zu treffen. Beim Abschied reichte er ihnen das Gästebuch, in das sie sich eintragen sollten und aus dem sie entnehmen konnten, welche illustren Persönlichkeiten ihnen vorangegangen waren. So rückte der entscheidende Tag langsam näher.

Es wurde eine Audienz vereinbart mit dem Botschafter

des betreffenden Landes und dem Oberen der Bischofs-kongregation. Dieser besaß die Schwäche, weder die Kurie noch den Papst davon in Kenntnis zu setzen. Der ausländische Diplomat berichtete ihm von dem Monsignore und daß es nicht anginge, ihn noch länger auf das Episkopat warten zu lassen. Woraufhin der Purpurträger ihm versprach, daß jener als nächster zum Bischof ernannt werden würde. Dies teilte der Botschafter unverzüglich dem Monsignore mit, der beruhigt der Zukunft entgegensah.

Einige Tage später traf aus dem entsprechenden Land die Liste mit den Namen der Kandidaten für das Bischofsamt ein. Wie zu erwarten, war der Monsignore wieder nicht aufgestellt worden. Der Leiter der Behörde besorgte sich daraufhin innerhalb von nur drei Tagen die üblichen erlogenen Informationen, indem er drei befreundete Bischöfe bat, nur beste Referenzen für den zu Befördernden abzuliefern. Einer der drei, der sich vorher gegen den Kandidaten ausgesprochen hatte, führte als entscheidendes Argument für seine Beförderung folgende Geschichte an: Als in jenem Land das Gerücht umging, der Besagte sei zum Bischof ernannt worden, begannen alle Glocken des Dorfes plötzlich und zu ganz ungewöhnlicher Stunde Sturm zu läuten. Es sei also nur logisch, ihn jetzt wirklich zum Bischof zu machen. Abgesehen davon, daß die Erzählung nicht stimmen konnte, da der Betreffende zur Zeit des angeblichen Geschehens noch gar nicht im Priesteramt war, wird deutlich, von welcher Ernsthaftigkeit die Informationen häufig sind!

Dennoch wurde trotz aller Vorbehalte extra für ihn ein neues Amt eingerichtet, und ganz ohne Dreierliste schob der Purpurträger dem Papst unter anderen den Namen des Monsignore unter, der sich auf diese Weise das päpstliche Einverständnis erschlich.

Die ganze Angelegenheit endete in einem fürchterlichen Desaster, da der neue Bischof jenem Purpurträger reichlich Kopfzerbrechen und Ärgernis bereitete. Ein

wahrer Fauxpas, der ihm von allen Seiten Vorwürfe einbrachte. Die vorläufig letzte Ruhmestat des falschen Bischofs war es, nachdem er keine Unterstützung für die
Versetzung in eine andere bedeutende Erzdiözese gefunden hatte, einige Geistliche für eine Petition zu gewinnen,
die den bereits für das Amt bestimmten Kandidaten ablehnte und statt dessen ihn selbst als neuen Erzbischof
propagierte. Die Berufung blieb drei Monate lang in der
Schwebe, doch letztlich konnte er sich nicht durchsetzen.
Dieser Mensch wird wohl niemals zufrieden sein, denn
Zufriedenheit erwächst nicht aus dem Nehmen, sondern
aus dem Geben.

*

Lange Zeit hielt sich im Staatssekretariat und den bedeut-
sameren Kongregationen ein korsischer Monsignore auf,
der überall seine Nase hineinsteckte, dem es aber bisher
noch nicht gelungen war, einen höheren Posten innerhalb
der Kurie zu ergattern. Seine permanente Anwesenheit in
allen Büros diente dem Zweck, Namen und Vertraulichkeiten über mögliche Kandidaten zu erfahren und sie den
jeweiligen Botschaftern und Regierungen weiterzuleiten.
Als dies offenkundig wurde, erhob sich ein Sturm der
Entrüstung, und er erhielt eine scharfe Verwarnung. Doch
er ging zum Gegenangriff über, indem er mit Hilfe seines
Bruders, eines Abgeordneten der Region, die höchsten
politischen Kräfte seines Landes aktivierte.

Endlich, auf der Schwelle zum 70. Lebensjahr, hatte er
Erfolg: Man ernannte ihn zum Vizepräsidenten des Päpstlichen Rates für die Familie, an der Seite des Behörden-
oberen, der im gegebenen Fall stellvertretender Präsident
war: chiffrierte Verschlüsselungen von Umschreibungen
der Kuriensprache.

Diesem Oberen schrieb ein Freund: »Die Nachricht
von Eurem Mitarbeiter hat in den Palästen des Vatikans
für Heiterkeit gesorgt und jene baß erstaunt, die den Er-
wählten näher kennen, zu dessen Ehren Lobgesänge an-

gestimmt wurden, wie sie selten eine Person auf sich vereinen konnte. Die Kommentare mischten sich mit Erstaunen. Der humorige Einfall, einen Vizepräsidenten einzusetzen, wo es doch schon einen Stellvertreter gibt,
wurde aber doch als ein wenig übertrieben, wenn nicht sogar anstößig empfunden. Der Erwählte stammt aus unserer Heimat, doch war es ihm dort nicht erlaubt, sein Nest
zu bauen. Manche sehen seine Kompetenzen für diese
Abteilung einzig und allein darin, sich geschickt durch das
Geschwätz und die Machenschaften der Adelsfamilien zu
lavieren und weiterhin überall seine Nase hineinzu-
stecken. Die Kirche ist wie ein Schiff: Wer an Deck steht,
wird stets das Sagen haben; die besonders Glücklichen sitzen in der Kajüte; die Besiegten bleiben am Ufer zurück;
und der Steuermann, den Blick starr auf den Horizont gerichtet, kümmert sich nicht um das Wasser, das in den
Schiffsbauch fließt: Der Herr wird es schon wieder ablau-
fen lassen.«

*

Ein Untersekretär, der unter krankhaften Stimmungs-
schwankungen litt und dessen unvermittelte Wechsel zwischen Euphorie und Depression ihn für seine Mitmenschen
fast unerträglich werden ließen, war innerhalb und außerhalb des Vatikans für seine übergroße Bestechlichkeit bekannt: Einmal hatte er sogar gefälschte russische Ikonen er-
standen, um sie der Vatikansbehörde als echte zu verkaufen.
   Einem schon etwas betagten Pfarrer aus den Vereinigten
Staaten war diese Schwäche aufgefallen, die so viele Prälaten
der Kurie gegenüber Geschenken und Zuwendungen hegen. Sein ganzes Leben lang hatte er sich ihnen nützlich gemacht und Monsignori, Kurialen und Prälaten seines Landes bestochen, skrupellos und mit großem Erfolg. Und wie
die Jahre so ins Land gingen, machte er sich nach Europa
auf, um seinen Auftraggebern einen Besuch abzustatten.
   Seine Ankunft in Rom ähnelte der des Weihnachts-
manns: ein Kommen und Gehen bei den Mächtigen, Auf-

wartungen und Essenseinladungen in die teuersten Restaurants der Stadt. Bis schließlich jemand seine Weihe zum Bischof vorschlug, trotz seiner 72 Jahre, mit der Begründung, daß ein bißchen Heiliger Geist noch niemandem geschadet habe und man ihn nicht abweisen könne. Und so bekam er noch im hohen Alter im Handumdrehen die Bischofsgewänder angelegt.

Ein wahres Unglück für die gesamte Priesterschaft und die Gläubigen der betroffenen Diözese und der angrenzenden Bistümer. Er warf Summen von mehreren Millionen Dollar hinaus, nahm auf diverse Besitztümer der Diözese Hypotheken auf, unter anderen auch auf die Gebäude des Bischofssitzes und die Kathedrale. Als er starb, erfuhr man, daß er alles seiner illegitimen Tochter vermacht hatte, die ihn sein ganzes Leben lang und auch noch auf dem Sterbebett erpreßt hatte.

Dieser Bischof, der ebenso bestechlich war, wie er andere bestach, füllte unseren launischen Untersekretär mit Dollars ab, damit dieser sich dafür einsetzte, daß, wenn er die Altersgrenze erreicht hätte, der Papst seine Amtsniederlegung nicht akzeptieren würde. Was man ihm nicht gewährte. Schon vom Krebs zerfressen, erreichte er aber immerhin einen Aufschub bis zur Ankunft seines Nachfolgers.

Der Untersekretär, der so reichlich entlohnt worden war, befahl dem Beauftragten der Nuntiatur in Übersee, im Heimatland des alten Bischofs brieflich die Nachricht zu verbreiten, daß man ihm das Bischofsamt keineswegs entzogen habe, sondern er im Gegenteil in seiner Macht voll bestätigt worden sei. Er log in dem klaren Bewußtsein, das genaue Gegenteil dessen zu verkünden, was der Papst entschieden hatte.

Als der Kardinalpräfekt über Umwege von der Geschichte erfuhr, rief er den Untersekretär zu sich, reichte ihm eine Fotokopie des Briefes und verlangte eine Erklärung – die jener ihm nicht geben konnte. Daraufhin der Purpurträger: »Monsignore, wenn Ihr auf solche Art die

Entscheidungen des Papstes verratet, muß ich Euch mitteilen, daß in diesem Büro nur einer von uns Platz hat: Ihr oder ich.«

Als einzige Antwort zog sich der Untersekretär in das dritte Geschoß der päpstlichen Loggien zurück, um zu weinen und sich zu fragen, wie er sich nur so hatte verhalten können. Für jeden kleinen Angestellten wäre die Konsequenz der Ausschluß vom Amt oder zumindest die Versetzung in eine niedrigere Behörde gewesen. Jener Prälat hingegen löste das Problem mit einer Beförderung.

Und so wurde der Untersekretär, obgleich er angeklagt war, sich nicht den Entscheidungen des Papstes untergeordnet zu haben, Nuntius in einem Land des Ostens, wo er wegen Unterschlagung und übler Nachrede jedoch bald wieder abgesetzt wurde. Wer zu hoch hinaus will, fällt tief und doch fast immer wieder auf die Füße.

*

Ein Monsignore, Beamter der Behörde, in der die Bischöfe geformt werden, hatte das Glück, der Neffe eines äußerst tatkräftigen Bischofs zu sein. Dadurch konnte er einen deutlich erhöhten Punktestand für sich verbuchen. Und obwohl er nicht der Hellste und zudem noch schüchtern war, wußte er das Wohlwollen der Oberen auf seine Seite zu ziehen.

Aufgrund seines leicht verklemmten Veranlagung zog er sich gerne in die schützenden Mauern eines Klosters zurück, wo ihm die zuvorkommende Aufmerksamkeit der Schwester Oberin zuteil wurde. Die Sache wurde offenkundig, woraufhin das Vikariat ihn aufforderte, sich eine andere Gemeinschaft zu suchen. Als er dies tat und nach einiger Zeit von gleicher Stelle erneut die Weisung bekam, sich von der nächsten Oberin zu entfernen, begriff der listige Monsignore, daß er dabei war, sich die Karriere zu verscherzen.

Anfang der achtziger Jahre beschloß er daher, für ein Jahr als päpstlicher Missionar nach Kenia zu gehen. So gestaltete sich sein Abschied von den Schwestern nicht als Niederlage, sondern im Gegenteil als Belohnung für treue Dienste.

Er blieb nicht länger als zwei, drei Monate. Nachdem die Glaubensfrau heimlich zu ihm gestoßen war – wie ein Foto enthüllte, das sie mit dem missionierenden Prälaten in Afrika zeigte –, ließ er sich, wahrscheinlich wegen des wenig zuträglichen Klimas, von ihr überreden, in seine römische Dienststelle zurückzukehren, wo sein Punktestand noch einmal um die Missionserfahrung stieg. Unterdessen war in seiner Behörde die Stelle des Untersekretärs frei geworden, die nach der Rangordnung im Amt einem gleichaltrigen Kollegen mit einer leichten Gehbehinderung hätte zufallen müssen. Aber die Stelle nicht zu bekommen hätte bedeutet, den Gesamtsieg des Rennens aufs Spiel zu setzen. Von da an arbeiteten er und sein bischöflicher Onkel Hand in Hand.

Eine halbe Stunde vor der offiziellen Bekanntmachung wurde dem Hinkenden, dem das Amt eigentlich zustand, durch den Präfekten der Behörde mitgeteilt, daß er zum Diözesanbischof bestimmt worden sei. Was dann auch prompt einen Monat später wahr wurde. Den anderen hingegen machte man aufgrund seiner missionarischen Verdienste zum Untersekretär, wie Radio Vatikan am selben Mittag Punkt zwölf Uhr verkündete. Der Hinkende machte gute Miene zum bösen Spiel.

Auch andernorts löste die Nachricht keine besondere Freude aus, da es dem Beförderten eindeutig an Gehirnmasse mangelte. Aus diesem Grund behielt er den Posten nur ein knappes Jahr. Dann bot man dem unfähigen Untersekretär das Amt eines Bischofs in einer kleinen, unbedeutenden Diözese an, um ihn endlich los zu sein.

*

Ähnlich liegt der Fall eines anderen Monsignore, auch er Neffe eines lange verstorbenen Bischofs: Er bemühte sich intensiv um das Amt des päpstlichen Verwalters des Krankenhauses Casa Sollievo della Sofferenza, was soviel heißt wie »Haus der Tröstung vom Leiden«, in San Giovanni Rotondo, als der heilige Pater Pius mit den Stigmata verstarb. Die Jahre vergingen, ohne daß jemand daran dachte, ihn zum Bischof zu machen. Man ignorierte ihn einfach, obwohl er sich regelmäßig in Vatikankreisen aufhielt. Schließlich begriff er, daß er zum Angriff übergehen und mit geeigneten Geschenken das Räderwerk des Vatikans schmieren mußte.

So belud er einige Lieferwagen, die ihm das tatsächlich äußerst tröstliche Krankenhaus zur Verfügung gestellt hatte, mit allen möglichen Gütern, um sie höchstpersönlich mal bei diesem, mal bei jenem Kardinal oder einflußreicheren Würdeträger der Kurie abzuladen. Schließlich sollten sich alle schnellstens seines Falles annehmen, da er sich dem nach kanonischem Recht festgesetzten Höchstalter für das Bischofsamt schon bedenklich näherte. Bald war man in Vatikankreisen über die regelmäßigen, auf Kosten Pater Pius gehenden Lieferungen bestens informiert. Böse Stimmen sagten gerne: Da kommen wieder die Kamele des Heiligen Ein-Königs mit den ganz und gar nicht symbolischen Geschenken Gold, Weihrauch, Myrrhe und Aufschnitt – um die Schutzgötter zu ehren.

Als einer seiner Beschützer, dessen Purpurmantel bereits bestens mit jenen tröstlichen Wohltaten gepolstert worden war, von einem Kurienangestellten an das hohe Alter des freigebigen Monsignore erinnert wurde – es bestände für ihn ja kaum mehr Aussicht auf das Bischofsamt –, unterbrach er ihn barsch mit den Worten, es sei keineswegs zu spät, und man würde schon bald etwas von ihm hören.

In dem Bewußtsein, daß die Simonie in der Kirche noch nie als ernsthaftes Vergehen gegolten hat, heute weniger denn je, wurde der Bischofsanwärter seinem sensiblen und den Geschenken durchaus aufgeschlossenen Gönner gegenüber immer freigebiger und verschwenderischer. Der empfangende Kardinal, der einen Gabenexzeß verhindern wollte, nahm es von der komischen Seite, frei nach Jeremia: »Du hast mich korrumpiert, und ich habe mich korrumpieren lassen.« Jeder Mensch hat, ähnlich den Metallen, einen individuellen Schmelzpunkt, an dem er bestechlich wird.

Einige Monate später erfolgte wie durch Zufall seine Ernennung: Er, der bestechend großzügige Achtundsechzigjährige, wurde Auxiliarbischof des um fünfzehn Jahre jüngeren Titularerzbischofs. Der Wortbedeutung nach hätte der Ältere also Hilfsdienste für den Jungen ausführen müssen – wenngleich die Fakten das Gegenteil erwiesen. Der Junge hingegen erfreute sich bester Gesundheit und wäre nie auf den Gedanken gekommen, für seine hunderttausend Seelen in Rom um eine solche Hilfe zu bitten.

Auf jeden Fall mußte kurze Zeit nach der Bischofsweihe der Hauptbischof wie von einer Furie gejagt zu seinem Auxiliarbischof eilen, der – Ironie des Schicksals – nach einem schweren Herzinfarkt in eben jenes tröstliche Krankenhaus eingeliefert worden war und nun weder sich selbst noch irgend jemand anderem mehr helfen konnte. Die ganze Angelegenheit wurde weitestgehend geheimgehalten mit Rücksicht auf den Heiligen Geist, der ihn ja unbedingt zum Bischof hatte machen wollen – so zumindest lautete die offizielle Version.

Pater Pius, der mit scharfem und sarkastischem Blick von oben herabgeschaut haben wird, hat sicherlich aus vollem Herzen darüber gelacht. O heiliger Pater, paß nur auf, daß niemand merkt, wie du einige deiner speziellen Feinde auf den Arm nimmst; sonst sind die Herren Prälaten am Ende noch in der Lage, deine Heiligsprechung bis in alle Ewigkeit aufzuschieben!

✳

Der ehrwürdige Professor für Kirchengeschichte am höheren römischen Seminar, Monsignor Pio Paschini, kommentierte im Hörsaal einige unerwartete Bischofsernennungen, die er dem »Osservatore Romano« entnahm, mit leisem Lächeln folgendermaßen: »Diesen Bischof hat also der Heilige Geist gewählt! Können Sie sich vorstellen, was für ein armseliges Bild vom Heiligen Geist wir der Welt präsentieren?«

Es ist schwierig, einer durch die Ratio bestimmten Welt das geheimnisvolle Wirken des Heiligen Geistes nahezubringen, der weht, wo er will: Legt man ihm Schienen hin, auf denen er laufen soll, fliegt er darüber hinweg; hält man ihm einen Strohhalm hin, in den er blasen soll, bläst er daran vorbei; stellt man ihm ein ausgefeiltes Pastoralprogramm zur Verfügung, kommt er ohne es aus.

An diesem Punkt verlieren die Purpurträger die Geduld und kommen überein, auf eigene Faust weiterzumachen. Von da an versehen sie alles mit dem Vermerk »Gott hat es so gewollt«, als handele es sich um einen Liebesbeweis Gottes. Davon sind sie überzeugt, und danach handeln sie auch: *Spiritus, ubi volumus, spirat*, der Heilige Geist weht, wo wir es wünschen … Aber sie verstehen nicht, dem Wind einen Sinn zu geben.

Korruption inklusive

Bischofsanwärter mit Karrierewunsch holen sich für ihren Aufstieg jede Unterstützung, die sie bekommen können, je machtvoller, desto besser. Und koste es, was es wolle, im wahrsten Sinn des Wortes: Korruption inklusive. Von ihren vorgesetzten Sponsoren und Förderern werden sie Perlen genannt, und anstatt mit ihnen das seelsorgerische Umfeld der eigenen Diözese zu bereichern, verschenken diese sie gerne weiter. Haben die Aufsteiger das Ziel dann erreicht, verwandeln sie sich in Treibminen auf der Suche nach immer besseren Anlegestellen. Doch jede Mine im Schoß einer kirchlichen Einrichtung ist gefährlich, vor allem dann, wenn die Zündung keine Sicherung hat.

Ein Bischof beispielsweise, der schon vier seiner Lieblingspriester der Diözese befördert hatte und nun den fünften – eine weitere außerordentlich wertvolle Perle von 44 Jahren – zum Bischof machen wollte, gab an, er habe ihn schon einmal vor zehn Jahren vorgeschlagen. Damals habe die Behörde jedoch geantwortet, der Priester solle in seinem Amt noch etwas an Reife gewinnen, dann könne man noch mal darüber reden. Was auch prompt geschah. Wie häufig mangelt es doch an Gefühl für Zeit und Maß: Der Förderer glaubte seinen Schützling mit 31 Lebensjahren und nach erst acht Jahren Priesteramt soweit, ein Bischofsamt antreten zu können. Schweig lieber, exzellenter Dieb, sonst lassen sie euch beide noch die Jahre zählen, die ihr euch schon in den Büros des Vatikans herumtreibt auf der Suche nach jemandem, den ihr zu Fall bringen könnt.

✳

Damit wir uns richtig verstehen: Es gibt auch den genau umgekehrten Fall, wenn Bischöfe während ihrer gesamten Amtszeit, meist mehr als dreißig Jahre lang, jede Aufbruchsbewegung blockieren. Sei es aus übertriebenem Skrupel heraus, aus angeborenem Neid oder weil sie in ihrem Klerus schlicht keinen finden, der dem Vergleich mit ihrem eigenen Genie standhält – es geht fast immer auf Kosten der klügsten Köpfe und der besten Priester.

Es steht geschrieben: »In weniger ruhigen, wilderen Zeiten hängte man die Diebe ans Kreuz. In unseren ruhigen, ganz unwilden Zeiten hängen die Kreuze an den Dieben.«

Nicht immer sind Worte geeigneter als Schweigen, um die Absurdität mancher Situationen auszudrücken. Die Kirche muß lernen, die ungewollten, mit der Gewohnheit eingeschlichenen Systeme und Privilegien nach und nach abzulegen, um wieder den Zustand glasklarer Transparenz zu erreichen.

Keinem Christen steht es zu, gläubig zu sein, ohne glaubwürdig zu sein. Wieviel weniger also demjenigen, der die Wahl getroffen hat, die Botschaft der Kirche im Priestertum und mehr noch im Bischofsamt zu leben.

VIII
Bischofsklientel und Kardinalsklüngel

Zweitausend Jahre lang hat sich die Kirche bei der Ernennung ihrer Bischöfe darauf beschränkt, das Leben der Kandidaten, die von ihren einflußreichen Beschützern vorgeschlagen wurden, anhand von Informationen Dritter zu überprüfen. Wenn er weder Kinder noch Erbkrankheiten hatte, mehr oder weniger gesetzestreu war, ein Vermögen verwalten konnte und wenigstens halbwegs bei Verstand war, galt er schon als befähigt, zum Bischof einer beliebigen Diözese dieser schönen Erde gemacht zu werden.

Auf der Schwelle zum dritten Jahrtausend, das sowohl Geschäfts- als auch Kirchenleute in den Strudel der göttlichen und satanischen Macht ziehen wird, ist das nicht mehr genug. Es kann nicht angehen, daß in einem Zeitalter der zunehmenden Vernetzung durch Computer und Medien die Kirche die Auswahl ihrer Bischöfe immer noch auf der Basis von Empfehlungen und Vorschlägen Parteiischer trifft. Damit liefert sie die Geistlichen und Gläubigen der Gemeinden dem individuellen Einfallsreichtum und Improvisationsvermögen eines völlig unvorbereiteten Bischofs aus. Der wiederum muß sich tagein, tagaus fragen, wie er wohl seinem Amt als Oberhaupt einer Diözese gerecht werden kann – gleich, ob ihm diese aufs Geratewohl zugeteilt wurde oder er sie sich durch allerlei Blendungen und Listen erkämpft hat.

Schon im fünften, sechsten Jahrhundert der Kirchengeschichte hatten die Kirchenführer begriffen, daß sie ohne gut ausgebildete Priester niemals die komplexen seelsorgerischen und geistlichen Aufgaben, die der Kirche obliegen, bewältigen könnten. Also schickten sie ihre Kleriker,

Diözesanen und Geistliche an Orte der Bildung, wo sie für das Priesteramt geschult wurden. Mit der Zeit perfektionierten sie diese Einrichtungen, die man nun Seminare und Noviziate nannte. Ein wahrer Meilenstein war das Konzil von Trient, auf dem eine ernsthafte Reform dieser Bildungsstätten in die Wege geleitet wurde.

Doch was hat die Kirche in den 2 000 Jahren ihrer Existenz für die Unterweisung und Ausbildung der Bischofskandidaten getan, außer auf Empfehlungen befreundeter Prälaten zu vertrauen? Ist es wirklich noch vertretbar, weiterhin nach dieser antiquierten Methode zu verfahren und dadurch auch jenen die Bischofsweihe zu geben, die das Amt nur aus Karrieregier anstreben – ohne die dringend notwendige Schulung, die sie lehrt, ein guter Bischof und gleichzeitig ein guter Hirte und Vater zu sein?

Nein, dieses kurzsichtige Verfahren, die ehrgeizigsten und durchtriebensten Priester mit den besten Kontakten auszuwählen und sie von einem auf den anderen Tag für fähig zu erklären, ein Bischofsamt auszuüben, kann nicht mehr genügen. Die Kirche hätte viel früher die 2 000 Jahre der Klüngelei hinter sich lassen und erkennen müssen, wie notwendig ein Richtungswechsel ist. Daß sie mit Eintritt ins dritte Jahrtausend noch immer nicht die passende Formel des unumgänglichen Wandels gefunden hat, kann nur verwundern. Merkwürdig, daß weder der Papst noch seine Mitarbeiter je daran gedacht haben, jemanden mit dieser Aufgabe zu betrauen. Die Kirche braucht eine Bildungsstätte für all jene, die für das Bischofsamt vorgeschlagen wurden, eine Art kirchlichen Weiterbildungskurs auf diesem speziellen Gebiet.

Natürlich werden die meisten dieses Ansinnen rigoros ablehnen, weil sie es für nicht realisierbar und unzumutbar halten. Oder fürchten sie vielleicht nur, daß ihnen dadurch die Freiheit, uneingeschränkt über die Rekruten der Macht bestimmen zu können, aus den wenig sauberen Händen gerissen würde?

Zu Recht verfügt das Volk über die Möglichkeit, die

jungen Kleriker zu begutachten und im Zweifelsfall rechtzeitig Einspruch gegen ihre Erhebung in den Priesterstand einzulegen. Ebenso gebührt es ihm, an der Wahl derjenigen teilzuhaben, die einmal als Bischöfe das Steuer des Bootes führen sollen, in dem die gesamte Kirche, von der Basis bis zur Spitze, den Wogen, Stürmen und anderen Gefahren der Überfahrt trotzt.*

Wenn also die Kirche für die Ernennung eines einzelnen Priesters bis vor kurzem die Zustimmung des Klerus und des gesamten Volkes wünschte – »Wenn etwas gegen ihn vorliegt, so möge es jetzt vor Gott getragen werden« –, warum hüllt sie sich zur Wahl eines Geistlichen, der an der Spitze eines Bistums stehen soll, immer noch in Schweigen? Etwa, damit niemand zuviel über das genaue Auswahlverfahren erfährt?

Es gilt, das Übel des päpstlichen Schweigens an den Wurzeln zu packen und herauszureißen, da es nur den geheimen Führern nutzt. Mit der Einrichtung eines Seminars würden die Bischofsanwärter in das Blickfeld des gesamten Gottesvolkes gerückt. So könnten sie von allen vorurteilslos bewertet und bestätigt werden – oder auch abgelehnt, wenn ihre persönlichen Umstände oder eine Verbindung zu mafiösen oder parteilichen Gruppierungen es erfordern.

---

* *»Episcopus annuntiat clero et populo dicens: Quoniam, Fratres carissimi, rectoris navis, et navigio deferendis eadem est vel securitatis ratio, vel communis timoris, par eorum debet esse sententia, quorum causa communis existit (…)«*
Übersetzung: »Der Bischof verkündet dem Klerus und dem Volke und spricht: Da, geliebte Brüder, bei einem Steuermann und bei denen, die er mit dem Schiff zu befördern hat, die Sorge um die Sicherheit oder die gemeinsame Angst dieselbe ist, muß die Meinung derer gleich sein, die ein gemeinsames Anliegen haben. Denn nicht umsonst wurde von den Vätern die Wahl derer eingeführt, die für den Dienst am Altar bestimmt sind, damit das, was von den Vielen unbeachtet bleiben mag, von den Wenigen erkannt werde. Und es ist notwendig, daß sie dem, dem die Ordination den Gehorsamkeit auferlegt, ihr Einverständnis geben. Wenn wirklich ihre Lebensweise auf das Priestertum hin, mit Hilfe des Herrn, anerkannt ist, wie es mir scheint, dann ist sie sowohl Gott gefällig als auch würdig, diese zusätzliche kirchliche Ehre zu erlangen. Doch damit nicht vielleicht einen einzigen oder wenige entweder die Zustimmung täuscht oder die Zuneigung trügt, soll die Ansicht vieler eingeholt werden. Deshalb, wenn ihr etwas bezüglich ihrer Moral und Taten wißt, so sollt ihr frei darlegen, was ihr über ihre Verdienste denkt; und stellt ihnen das Zeugnis für das Priesteramt mehr nach Verdienst als nach irgendeiner Zuneigung aus. Wenn also jemand etwas gegen sie zu sagen hat, bei Gott und um Gottes Willen, so möge er vertrauensvoll vortreten und sprechen und sich dabei seiner eigenen Schwäche bewußt sein.«

Aus der Teilnahme an einer solchen Ausbildung allein könnte niemand das Recht auf Karriere oder Bevorzugung gegenüber anderen Kandidaten ableiten. Mit der Zeit müßten die Bewerber einsehen, daß viele von ihnen im Heer der niederen Geistlichkeit verweilen werden und sich alle anderen Grillen aus dem Kopf schlagen.

Ein solcher Ausbildungsgang könnte aus zwei Teilen bestehen: Im ersten Abschnitt würden die Eingeschriebenen lernen, was ein Bischof allgemein zu tun und zu lassen hat, über welche Stärken er verfügen muß, wie er sich angesichts allgemeiner oder besonderer Probleme zu verhalten hat. Hier sollte die seelsorgerische, geistliche und kulturelle Bildung geschult werden, ebenso wie die Fähigkeiten zur Leitung des Diözesanverbandes, die pädagogischen Qualitäten eines Seelsorgers, die soziale und zwischenmenschliche Kompetenz vor allem im Umgang mit den geistlichen Mitbrüdern des Bistums und vieles mehr. Der zweite Teil wäre den Kandidaten vorbehalten, die schon für das Bischofsamt bestimmt sind, und sollte mit speziellen Theorie- und Praxiskursen ihre Ausbildung vollenden: Kursen zum Beispiel darüber, wie sie ihre seelsorgerischen Fähigkeiten speziell in ihrer zukünftigen Diözese anwenden können oder in dem Amt, das sie gemeinsam mit qualifizierten Mitarbeitern verantwortungsvoll ausüben sollen.

In diesem zweiten Ausbildungsgang müßte der Ausgewählte auf das spezielle Ziel, dem er entgegengeht, vorbereitet werden: Welches Umfeld erwartet ihn in seiner zukünftigen Diözese, wer werden seine geistlichen Mitbrüder sein, mit denen er zwanzig, dreißig Jahre zusammenleben wird, welche Probleme erbt er von seinem Vorgänger, welche Werke und Projekte muß er fortführen, welche Güter sind zu verwalten, welche Schwierigkeiten zu überwinden, welche Fähigkeiten und Tugenden der Gemeinde kann er stärken, welche Verschrobenheiten ausmerzen – und was es sonst noch alles gibt.

***

Derzeit versucht fast jeder frischgebackene Bischof – bewußt oder unbewußt – ein Zeichen des Neuanfangs zu setzen, indem er alles anders macht als sein Vorgänger: *Ecce nova facio omnia,* ohne es jedoch offen zuzugeben.

Ein Bischof beispielsweise, der noch heute im Amt ist, hatte die Manie, alles bis auf die Grundmauern niederzureißen, um es dann neu aufbauen zu lassen. Da er sich fast permanent in Geldnot befand, setzte er Klerus und Gläubige unter Druck, ihm finanziell Beistand zu leisten. Auf dem bischöflichen Stempel stand geschrieben: »Ich kam, sah und riß nieder!«

Aber mal ehrlich, welche Firma wirft schon mit jedem neuen Chef ihr gesamtes Unternehmenssystem über den Haufen, auf Kosten früherer Erfolge? Und ist nicht, was sich jedem normalen Betrieb verbietet, um so undenkbarer für ein Bistum, dem die Rettung der Seelen anvertraut ist und das oftmals wesentlich schwerwiegendere Probleme zu lösen hat?

In einem Zeitalter der Reisen in den Weltraum bleibt nur wenig der Improvisation überlassen: Fast alles ist durch den kulturellen Anpassungsprozeß und die genaue Programmierung der Zukunft vorherbestimmt. Auch der Heilige Geist gibt sich nicht mehr für all die unverzeihlichen Dummheiten her, die ein Bischofskandidat begeht, um ernannt zu werden. Der Psychopath, der Launische, der Eitle, der Karrierist, der übertrieben Ehrgeizige oder, schlimmer noch, der Niederträchtige ohne jeden Skrupel – sie alle brauchen sich derzeit keine Sorgen zu machen, da der göttliche Beistand sie kaum dazu zwingen kann, sich zu bessern. Eine adäquate Ausbildung hingegen und ein Kirchenvolk mit kritischem Blick könnten dies vielleicht doch: indem es die Kandidaten durchfallen läßt, die sich nicht ändern wollen.

Noch nie gab es in der 2000jährigen Geschichte der Kirche so viele Bischöfe, die ohne jede Ausbildung oder Einweisung zu Amt und Würden gekommen sind, wie heute. Ein solcher Bischof hat zwei Möglichkeiten. Entweder er glaubt, der Situation voll und ganz gewachsen zu sein, und greift auf seine Erfindungsgabe zurück, oder er weiß, daß er es nicht schaffen kann, und gibt sich in die Hände des erstbesten Sekretärs, der nach eigenem Gutdünken die Fäden zieht.

Die Exzesse, die seit Jahrhunderten sowohl in der Zentralkirche als auch in den Lokalkirchen ihre Blüten treiben, müssen so weit wie möglich ausgerottet werden – mit dieser oder einer anderen Form der Ausbildung. Die Kirche muß die Tür zum dritten Jahrtausend aufstoßen, sie darf nicht länger die Augen verschließen und behaupten, alles sei in Ordnung. Denn damit verstellt sie die Sicht auf das wahre Ausmaß der Probleme. Und was bringt es, die bitteren Wahrheiten in der Erde zu verscharren, wenn sie kurz darauf mit um so größerer Vehemenz wieder hervorbrechen?

Die Kirche Christi muß beweglich werden, frei von dem niederdrückenden Ballast eines verschrobenen und antiquierten Systems. Die Päpste des kommenden Millenniums können nicht umhin, sich den zentralen Fragen, die bis an die Wurzeln der Kirche reichen, zu stellen und Antworten darauf zu finden. Anmaßung und Überheblichkeit, getrieben von der krankhaften Gier nach Karriere und Macht, dürfen nicht länger die Oberhand behalten – in welcher Maske und Verkleidung sie sich auch immer präsentieren mögen.

Der ewige Gott, der auf dem Kalvarienberg sein Blut zur Rettung der Menschheit vergossen hat, darf einfach nicht zulassen, daß immer neue Clans von Verschwörern in scharlachroter Weste über Sein großartiges Werk, die Universalkirche, bestimmen – heute aus Brisighella, gestern aus Piacenza und morgen wieder aus einem anderen Ort. Das kostbare Blut, von unendlichem Wert, wird stinkig und faul in ihren eigennützigen und schmutzigen Händen.

Die Stunde ist gekommen, die Kirche Gottes von den Fesseln dieses Systems zu befreien!

Klüngel, Seilschaften und Clans

Um das Ausmaß und die Bedeutung bestimmter Kardinalsklüngel innerhalb der Kirche zu veranschaulichen, möchten wir wenigstens auf diejenigen eingehen, die gerade an der Macht sind. Jeder der Klüngel versucht nämlich, den anderen davon zu überzeugen, daß Gott gerade ihm den Auftrag übertragen hat, die Kirche ins eigene Boot zu nehmen und sicher durch alle Stürme und Widrigkeiten des Vatikans zu navigieren. Viele dieser Eminenzen sehen in Gott eine unerschöpfliche Ölquelle, während die Kirche die Ölgesellschaft darstellt, die über die Förderrechte verfügt.

Die Spitze der Kurie ist wie der Fels auf dem Kalvarienberg durch einen tiefen Riß gespalten: auf der einen Seite die Gruppe, die gerade den Steuerknüppel in den Händen hält, auf der anderen die, die sehnsüchtig die Wachablösung erwartet. Nach Ansicht der Gegner geht die Spaltung auf die zwölf Apostel zurück, die zu oft um den ersten Platz im Reich Gottes stritten.

Heutzutage wird bei jeder passenden und unpassenden Gelegenheit wiederholt, daß die Führer der Kirche die Macht Gottes repräsentieren. Die Mitglieder der Kurie scheinen allerdings die Spezialerlaubnis zu haben: Denn sie repräsentieren ausschließlich sich selbst, ein bequemes Privileg, das der eigenen Karriere zugute kommt, obwohl es der göttlichen Absicht nicht ganz entspricht.

Die Monsignori der Kurie leben selten isoliert. Ein Prälat, der beschließen wollte, sich auf sich selbst zu stellen, würde sozusagen seine Nabelschnur kappen und sich selbst ausschließen. Ein weißer Rabe, ein störender Fremdkörper. Das Netz aus Komplizenschaft und Unterwürfigkeit, das durch die Gruppierungen in Familien noch kleinmaschiger wird, stellt alle Außenseiter an den Rand – wo sie mit einem gezielten Hieb jederzeit außer Gefecht gesetzt werden können.

Kurialen, die es zu etwas bringen wollen, müssen sich

so früh wie möglich für eine Adoptivfamilie und einen Clanführer entscheiden, dem sie ihre ganze Dienstbereitschaft und bedingungslose Ehrerbietung erweisen, bis an die Grenze zum Krankhaften. Mit Taten und Worten müssen sie Beweise der absoluten Treue erbringen, und der gemeinschaftliche Kampf für die gemeinsamen Ziele läßt einen Wechsel zum anderen Ufer völlig unmöglich werden.

Uneinigkeit ist nicht erlaubt, die Kronzeugenregelung ist ein Neologismus aus dem Wortschatz des Staates. Von den Mitgliedern wird absolute Mannschaftstreue erwartet. Das Motto der Jagd nach dem Meistertitel lautet: Alle für einen, und einer für alle, genau wie in der Cosa Nostra. Diese Alpinisten haben die Aufgabe, sich auf dem gemeinsamen Weg nach oben einer auf dem anderen abzustützen.

Hinzu kommt der geschickte Einsatz von Gegengewichten, mit deren Hilfe in wahren akrobatischen Balanceakten das Gleichgewicht zwischen den konkurrierenden Clans aufrechterhalten wird. Sobald sich herausstellt, daß sie sich nicht gegenseitig ausschalten können, suchen die Streiter beider Fraktionen nach einer Einigung. Dann teilen sie die Ämter wie Beutestücke unter sich auf, ganz in der Manier der Machthabenden: Diese Beförderung geht an deinen Clan, jener Posten dafür an meinen – so wie es in den Spielregeln steht.

Die Würdenträger der Kurie, die einem Clan angehören, treten immer in ganzen Trauben auf. Greift man nach einer, hat man gleich zehn, zwanzig auf einmal in der Hand – ganz abgesehen von den Schwärmen von Schmeichlern, die sie ständig umgeben. Die vielen kleinen Konsortien passen sich nach oben hin an, um unter der Hand mit Bestechungen und persönlichen Gefälligkeiten, die sie für belanglos erachten, ihre eigenen lokalen Interessen voranzutreiben; kleine Zentren der Macht, getrieben von der Gier nach Karriere und Geld – und über allem die Figur des Clanführers, meist vom Kaliber eines Kardinals.

In einer solchen Atmosphäre nährt die Kurie Mißgunst und Ausgrenzung und wird selbst – zu Eis erstarrt – Opfer und Sklavin wenig nobler Kirchenspaltungen. Die Ermahnung des heiligen Paulus an Timoteus fruchtet bei ihr nicht: *»Ich beschwöre dich bei Gott, befolge dies alles ohne Vorurteile, und vermeide jede Bevorzugung!«* (1 Tm 5, 21) Wer zum Clan gehört – und dieses Privileg ähnelt einem Statussymbol – lernt statt dessen frühzeitig, daß das Geschenk, die Beförderung oder die Auszeichnung, die er erhält, von jemand anderem bezahlt wurden, dem im Gegenzug ständige Dienstbereitschaft gebührt. Denn in der Welt der Kurie ist nichts umsonst. Mit einem kleinen Menschen und einer großen Idee vom Clan vollbringt Gott seine größten Taten! So verkündet es zumindest ihre Lehre.

»In den Evangelien lesen wir«, sagt der heilige Bernhard, *»daß ein Streit unter den Jüngern entstand, wer von ihnen der wichtigste sei. Du* [Johannes Paul II.] *wärst wahrlich unglücklich, um Dich herum solche Zustände zu sehen. Doch nun genug davon! Ich habe die Wand nur abgetastet, aber kein Loch gegraben. Dir steht es zu, sie zu durchbrechen und nachzusehen; ich habe nicht das Recht, hier weiter vorzudringen. Wir haben nun genug von der Kurie! Hinaus aus dem Palast (…)«*

IX
Machtkämpfe in der römischen Kurie

Es kursiert eine Krankheit innerhalb der Kurie: das papageienhafte Nachplappern der Worte von Vorgesetzten. Doch ebenso wie der Papagei nur den Klang der Sprache und nicht den Sinn nachahmt, so macht in der Kurie derjenige Karriere, der die Wörter zu gebrauchen weiß, ganz gleich, ob sie Sinn machen oder nicht. Der Vatikanangestellte sagt nicht das, was er denkt, sondern gibt nur den Ausdruck dessen wieder, was von seinem Vorgesetzten bereits vorgedacht wurde, so daß Befehle schließlich freundschaftliche Worte verdrängen. In solch engen Fluren ist die Bewegungsfreiheit des Sprechenden so eingeschränkt, daß es zwangsläufig zu Zweideutigkeiten kommt.

Die Menschen heutzutage sind der Worte müde, die sich auf etwas so wenig Konkretes wie Gott beziehen. In unseren bewegten Zeiten gleicht eine Religion der Worte, Schriften und päpstlichen Edikte einem Gebäude, das auf Sand gebaut wurde. Nur greifbare Fakten, die auf das menschliche Leben übertragbar sind, trotzen dem Sturm, ohne weggespült zu werden.

Es war schon die Rede davon, daß das Leben das Abbild der Worte ist. »Die Weisheit dieser Welt«, meinte seinerzeit Gregor der Große, »liegt darin, die eigenen Gefühle mit List zu verschleiern, den Gedanken hinter den Worten zu verstecken, das Wahre falsch und das Falsche wahr erscheinen zu lassen.« Roger Bacon schrieb im 13. Jahrhundert dazu: »Die Menschen glauben, daß ihr Geist die Sprache beherrscht; doch immer stärker beherrscht die Sprache ihren Geist.« Worte können tyrannisieren, bis unsere Hirne ihnen hörig und wir ihre ahnungslosen Opfer geworden sind.

George Orwell entwarf in seinem utopischen Roman »1984« die Vision einer Diktatur des »Doppeldenkens«: Die Gedanken der Bevölkerung werden manipuliert, indem die Machthabenden vertraute Worte mit einer anderen Bedeutung unterlegen. So entsteht eine neue Sprache, in der sich in positiv belegten Worten die auf Unterdrückung abzielenden Ideologien, Werte und Motivationen der Herrschenden widerspiegeln. Gute Untertanen und solche, die zu höchster menschlicher Reife gelangen wollen, werden sich an das »Doppeldenken« gewöhnen, sich mit der Sprache der Macht identifizieren und schweigend gehorchen, obwohl ihnen die eigentliche Bedeutung der Worte noch bewußt ist. Auf diese Weise kann man keine Fehler mehr machen und keine Schuld auf sich laden.

Die Mitglieder der Kurie pflegen unter sich einen bestimmten Jargon mit speziellem Wortschatz und gemeinsamem Code: fast eine eigene, in sich geschlossene Sprache, mit geheimen Losungen, Redewendungen und Ausdrücken, die nur die Gruppe versteht – ein globales Kommunikationsmittel wie das Internet, allerdings mit eng begrenztem Zugang und verschlüsselter Site.

Das besondere Vokabular der Kurie bewirkt eine fast roboterhafte Art des Denkens. Die verschiedenen Spezialwörter, die ausschließlich persönliche Vorlieben, Abneigungen, Urteile und Vorurteile, rhetorische Floskeln oder Mystifizierungen beinhalten, verstören den Empfänger nicht, sondern beruhigen ihn durch ihre Vertrautheit geradezu. Wer den Jargon verinnerlicht hat, wird von ihm euphorisiert, er reflektiert nicht mehr und ist frei von persönlicher Verantwortung, da die Gruppe für den einzelnen denkt. Innerhalb des Clans gibt es keine Meinungsverschiedenheiten oder Diskussionen. Es ist eine Sprache in Schwarzweiß, ohne Ungewißheiten, und sie übt eine überwältigende Überzeugungskraft auf diejenigen aus, die sich die ideologischen und rhetorischen Denkweisen der Familie schon zu eigen gemacht haben.

Die Lateiner sagten: *Verba ligant homines, taurorum cor-*

nua funes – Wörter ketten die Menschen aneinander wie Stricke die Hörner der Stiere. Wenn der Geist sich nicht frei bewegen kann, kommt es zu irrationalen Engstirnigkeiten oder Großzügigkeiten, zu Bevor- oder Benachteiligungen, zu Zweideutigkeiten oder Erwartungen, die im hoffnungslosen Warten ersterben. Wer die Sprache der Gruppe nicht spricht, demonstriert damit, nicht dazuzugehören, gilt als »dagegen« oder »anders«. Die Angestellten der Kurie – die kirchlichen noch mehr als die Laien – verharren trotz der so oft beschworenen Zeiten des offenen Dialogs über alle sozialen Grenzen hinweg, trotz der weltweiten Kommunikation bewegungsunfähig gegenüber der Diktatur des Gedankens. Sie beherrscht und versklavt den Geist desjenigen, der gegen sein Umfeld aufbegehren will.

Und was ist mit dem Lateinischen, dieser über zwei Jahrtausende alten Sprache, mit deren Hilfe die Kirche sich bis vor wenigen Jahrzehnten noch verständigte? In der römischen Kurie wird sie überhaupt nicht mehr benutzt. Die echten Lateiner sterben aus, und die Zahl derer, die das Lateinische wenigstens noch verstehen, nimmt stetig ab. Schopenhauer glaubte, daß das Lateinische die linguistischen Fähigkeiten des Sprechers schule und verfeinere. Und der französische Philosoph Bergson sagte, der Gebrauch von Latein gewöhne den Gelehrten daran, der Bedeutung des Wortes bis auf den Grund nachzuspüren. Bezeichnenderweise hält niemand mehr Latein für die Sprache der Kirche.

Der ganze Mechanismus des »Doppeldenkens« ist denjenigen, die mit der Arbeit der Kurie vertraut sind, völlig selbstverständlich. Allen anderen seien zur Veranschaulichung einige Beispiele gegeben.

Mechanismen der Machtverteilung

Wer die Gipfel der römischen Kurie erklimmen will, muß sich in einer geschlossenen Gruppe bewegen, deren Mitglieder zusammenhalten und dem Anführer stets treu ergeben und zu Diensten sind. Es kann Jahre, manchmal auch Jahrzehnte dauern, bis man Kirchenmänner beisammen hat, die alle auf einer Linie liegen und geographisch möglichst aus der gleichen Gegend kommen, am besten aus derselben Diözese. Letztere Regel ist allerdings äußerst dehnbar und erlaubt vielerlei Ausnahmen, je nach Zielsetzung, Sympathien und Nutzen für den Clan.

Die Zyklen der Prälatenablösungen lassen sich bestens mitverfolgen, wenn eine Gruppe auf ihrem Weg nach oben den anderen den Weg verstellt oder besser noch ganz abschneidet. Jedes Mittel ist recht, um den konkurrierenden Clan auszuschalten.* Wenn die hohen Herren dann mit stolzgeschwellter Brust die ihnen zugeschriebene Behörde betreten, geschieht dies nicht, weil man sie für kompetent hält, sondern weil sie das Erstgeborenenrecht genießen. Nicht selten kommt es vor, daß sie, anstatt das Amt durch ihr Walten zu erleuchten, es verdunkeln und behindern. Der Prophet Hosea beschreibt sie wie folgt: »*Die Rotte der Priester liegt auf der Lauer wie eine Bande von Räubern, sie morden auf dem Weg, ja, sie treiben schändliche Dinge.*« (Hos 6, 9)

Die Weintraube muß ihre Beeren wie Satelliten von sich schleudern, hinein ins interplanetarische Kirchenuniversum, um ein Netz zu spannen, das die Familie zusammenhält und sie gegen andere bestehen läßt. Gleichzeitig muß sie wie eine Krake ihre Tentakel in alle wichtigen Abteilungen innerhalb und außerhalb der Kurie ausstrecken, Nuntien, Behörden und internationale Institutionen eingeschlossen; dort müssen sie sich festsaugen, um im richtigen Moment auf die Unterstützung und den Einfluß derjenigen zählen zu können, die in den Behörden die Entscheidungsgewalt haben – vor allem über die Auswahl der Bischöfe. Natürlich nur, wenn die Herren Kardinäle

---

* Die Wurzeln dieses Lasters reichen bis ins Mittelalter. Jeder kennt die Machenschaften der Familien und Regierenden jener Zeit, die zum Teil in wahre Schlachten und Blutbäder ausarteten, wenn es darum ging, einem Familienmitglied das Anrecht auf die Papstnachfolge zu sichern. Bestes Beispiel ist das der Marozia von Tuszien. Heutzutage ist an die Stelle der Kriege das Klüngeln getreten, das im Vatikan alles beherrscht.

oder Bischöfe des Clans auf ein Zeichen des Anführers hin nicht sowieso schon massiven Einfluß auf die Entscheidungsfindungen zugunsten ihres Kandidaten genommen haben!

Die von der Macht Ausgeschlossenen halten die Gerüchte am Köcheln, indem sie eifrig spekulieren, wer zum Clan selbst gehören wird und wer zu den Reihen der Fans, und wer wohl schließlich den Endspurt für sich entscheiden wird. Unzufrieden über ihre Position, manifestieren sie knurrend ihren Abscheu gegenüber den Intrigen. Mehr bleibt ihnen nicht übrig. In der Kurie bedarf es wenig, jemanden in den Morast der Verleumdung zu ziehen. Aufrechte Menschen werden diffamiert und erniedrigt, ihre Würde mit Füßen getreten – oder aber umschmeichelt, wenn man sie noch braucht.

Der andere Clan überbrückt die Zeit der Machtlosigkeit, indem er Mutmaßungen über den Zeitpunkt der Ablösung anstellt und währenddessen die wichtigen Posten scharf im Blick behält. Stehen irgendwelche Neubesetzungen an, werden frühzeitig geduldige Kandidaten darauf angesetzt, die bereit sind, ihren eigenen langen Weg zu gehen. Mit all dem beweist die Kirche alles andere als Stärke. Im Gegenteil, es ist der traurige Beleg ihrer ganzen Schwäche und ein Zeichen der Zeit, in der wir leben.

*

Die Präfektur des Päpstlichen Hauses zum Beispiel ist eine Position, die sich kein halbwegs umsichtiger Clanführer entgehen ließe. Hinsichtlich der Machtfülle folgt sie direkt auf die des Staatssekretärs. Wenn der Präfekt des Päpstlichen Hauses klug ist, kann er den Papst ganz nach seinem Wunsch lenken, ihn wie ein Pferd an den Zügeln hierhin und dorthin führen.

Denn bei genauerem Hinsehen ist er es, der Dauer und Umstände der Unterredungen des Papstes mit Laien oder Kurienkardinälen festlegt. Wie viele Kardinäle müssen monatelang warten, weil der Präfekt die Anweisung gegeben hat, sie auf keinen Fall vorzulassen. Ganz im Gegensatz zu den Kardinälen und Prälaten des eigenen Clans, die sofort vom Papst empfangen werden, manchmal sogar ohne das Wissen des Staatssekretärs, wenn dieser aus einem anderen Nest kommt. Sobald der Clan also die Möglichkeit hat, den Vorsteher des Päpstlichen Hauses aus den eigenen Reihen zu stellen, wird er immer den richtigen Mann einsetzen, der schnell und unauffällig einige entscheidende Konstellationen zurechtrückt.

Vor diesem Hintergrund muß man die Übergabe der Präfektur an einen Piacentiner interpretieren, unter der Herrschaft der schon genannten lombardischen Familie des Nasalli Rocca; oder an einen Kirchenmann aus dem emilianischen Brisighella – Dino Monduzzi, derzeitiger Kurienkardinal und künftiger Konklaveteilnehmer –, während eine Gruppe aus der Emilia-Romagna an der Macht war. Dieses Figurenrücken bleibt den nichtitalienischen Prälaten natürlich verborgen, die sich rücken lassen, anstatt im Mittelfeld das Spiel aktiv mitzugestalten.

Die Einsetzung Monduzzis als Präfekt des Päpstlichen Hauses hätte seine Kardinalsstelle auf ungewisse Zeit unbesetzt gelassen. Prompt wurde daher in aller Eile ein anderer treuer Verbündeter des Emilia-Romagna-Clans eingesetzt. Und wer wohl, wenn nicht der letzte der drei De Nicolò-Brüder, Paolo.

Mit der Einsetzung Monduzzis als Kardinal hat der Papst auf ein einziges Spielfeld »Präfekt des Päpstlichen Hauses« drei Figuren gleichzeitig gestellt, eine über die andere. Drei neue Bischöfe, denen die Vorsilben »Pre-«, »Pro-« und »Sub-« verliehen wurden: ein Amerikaner, ein Pole und ein Piacentiner. Woran auch wieder deutlich wird, wie wenig Spielraum dem Papst bleibt, die Karrierewünsche seiner eigenen Lieblinge zu erfüllen.

Sobald es zum nächsten Machtwechsel gekommen ist, wird der neue Clan den Papst von der Notwendigkeit überzeugen, die drei Vorsilben-Prälaten wieder in ihre Heimat zurückzuschicken, um den De Nicolòs gänzlich die Zügel des Karussells zu überlassen: mit der Einsetzung jenes Paolo nämlich, der ausgebildet wurde, den Papst durch die vatikanischen Ränke zu führen.

Gut unterrichtet über das, was sich in naher Zukunft während der Machtübernahme des neuen Papstes abspielen wird, hat der neugewählte Piacentiner, Piero Marini, unter pragmatischen Verbeugungen und Kniefällen schon mal eines klargestellt: Für das Amt des Klerikers, der den kranken Papst in Momenten der Verwirrung unterstützt, stehe er nicht mehr zur Verfügung; ihm gebühre vielmehr das Sekretariat einer eigenständigen Kurienbehörde. Nur keine falsche Zurückhaltung, und immer frei von der Leber weg!

Ein göttlich-intrigantes Spiel, das keiner mehr mit dem Wirken des Heiligen Geistes in Verbindung bringen würde. Denn dieser beherrscht weder Dame noch Schach. Der Teufel hingegen findet gerade daran seine helle Freude.

*

Ein Blick in die päpstlichen Jahrbücher der letzten zwanzig Jahre genügt, um sich bewußt zu machen, wie einflußreich die Clans sind, wie fest und ausweglos sie die Kirche in ihrem Würgegriff halten.

In solchen Verhältnissen sind die Wege des Herrn wahrlich beschränkt. So beschränkt, daß sich die Clanmitglieder eigentlich in allen Behörden der Kurie treffen. Dabei handelt es sich fast ausschließlich um Persönlichkeiten, die entweder zu dem Clan aus Piacenza oder zu dem der Emilia-Romagna gehören. Deren Namen als einfache Monsignori tauchten schon vor zwanzig Jahren auf der Liste der Logenbrüder auf. Ob das wohl das dritte Geheimnis der Weissagung von Fátima ist? Oder handelt es sich doch eher um ein offenes Geheimnis der irdischen Art?

Wenn man das päpstliche Register des Jahres 1998 überfliegt, findet man dort zum Beispiel die Namen der Kardinäle Achille Silvestrini, Carlo Furno, Dino Monduzzi, Edoardo Martinez Somalo, Vincenzo Fagiolo usw. Dahinter folgen jeweils die auf wichtige Kurienbehörden verweisenden Seitenzahlen, von denen es manche auf zwölf, andere auf fünfzehn und Pio Laghi sogar auf achtzehn bringt. Dank des genossenschaftlichen Besetzungsverfahrens kann man daraus auf Reichweite, Ausrichtung und Koeffizienten der auf Koordinaten angeordneten Würdenträger schließen – vereint sind wir stark! Aus der Horizontalen schließlich ersehen wir dann die Essenz und Existenz der Kirche Gottes, deren innenpolitischer Kurs stets auch dem äußeren Erscheinungsbild entspricht, allgemein als »Vatikanismus« bezeichnet.

Erinnern wir uns an die Worte des heiligen Bernhard, der jedem Papst den Floh ins Ohr setzt: »*All diese Menschen – die dich heftiger bedrängen und so mächtig gegen dich anrennen, daß zu befürchten steht, daß sie dich niederrennen – haben vertrauten Zugang zu dir, klopfen häufiger und fallen dir besonders lästig. Sie scheuen sich nicht, die Geliebte zu wecken, und zwar, bevor es ihr gefällt. Wen kannst du mir aus der ganzen riesigen Stadt Rom nennen, der nicht vor allem dann herrschen will, wenn er Unterwerfung versprochen hat. Deswegen wird es bei dir keine Ratsversammlung geben, von der sie sich ausgeschlossen glauben, und kein Geheimnis, in das sie sich nicht einmischen (…) Ich ginge sogar so weit zu sagen, daß sie eher einer Herde von Dämonen gleichen als einer Schafherde (…) Ich bin so weit abgeschweift, denn ich meinte, dich in dieser Hinsicht ausführlicher und deutlicher vor denen warnen zu müssen, die rund um dich sind*«*, Oh, Johannes Paul II!

Sowohl der Beschützer, der seinen Einflußbereich vergrößern möchte, als auch sein Schützling, der sich Rat und Förderung von ihm erwartet, weiten ihre Kreise aus Intrigen und Begünstigungen immer weiter zu ihrem eigenen Nutzen aus. Und immer steht über allem ein »Puppenspieler«, der die Fäden seiner Marionetten zieht.

* Zum Zitat vgl. die Anm. Kapitel V, S. 64.

Das muß nicht einmal unbedingt der oberste Vorgesetzte sein, ein ehrgeiziger persönlicher Sekretär reicht bei weitem aus.

Laut Kardinal Richelieu, dem Verteidiger des Staatsabsolutismus, muß sich der Machthabende stets mit Leuten seines Vertrauens umgeben. Daran hält sich das System des Vatikans strikt: Die Kurie wählt die Vertrauensleute aus, und Gott bestätigt sie. So wird das Leben der Kirche Christi voll und ganz von den Unterströmungen des vatikanischen Meeres bestimmt. Die Beispiele liegen auf der Hand und müssen nicht alle genannt werden. Daher möchten wir uns auf die Fälle von Prälaten beschränken, die derzeit noch in Amt und Würden sind.

Die kooperative Zusammenarbeit zwischen den Clans funktioniert nur auf den ersten Blick reibungslos, da die Gegner es auf die möglichst schmerzlose Entwaffnung des jeweils anderen abgesehen haben. Diese wird lange im voraus im stillen Kämmerlein vorbereitet. Das Ergebnis klingt in den Nachrichten wie eine ganz normale Ablösung und wird meist zur besten Ferienzeit Mitte August verkündet, gemeinsam mit den üblichen Sensationsmeldungen des Sommerlochs.

Viele der Beförderungen im Vatikan werden daher von Eingeweihten die »Augusten« genannt, eben nach dem Monat, in dem sich die meisten Prälaten im Urlaub befinden. Nur die aufgeweckteren unter ihnen kleben auch dann jede Minute an ihren Handys, egal ob sie sich in verschneiten Gebirgen oder an einsamen Stränden befinden, auf dem Kreuzschiff mitten im Ozean oder sonstwo: Ab Mitte August lassen sie sich keine Sendeminute von Radio Vatikan mehr entgehen. Aus den Nebensätzen versuchen sie Rückschlüsse auf die genaue Art des Mißbrauchs zu ziehen, mit dem das sommerliche Vakuum für Berufungen genutzt wurde, die zu anderen Zeiten großes Aufsehen erregen würden. Wie alles haben auch die Beförderungen innerhalb der Kirche ihre speziellen Riten und Zeiten, vor allem jene, die vor zuviel Öffentlichkeit geschützt werden müssen. Die »Augusten« gehören unter ihnen zu den besonderen Spezialitäten des Vatikans.

Zu Zeiten Pius' XI. und Pius' XII. wurde die römische Kurie von Kardinälen geführt, die aufgrund ihrer Herkunft und Bildung hochangesehen waren, unter ihnen so klingende Namen wie Pietro Fumasoni Biondi, Pietro Ciriaci, Paolo Giobbe, Luigi Traglia, Alfredo Ottaviano und andere. Römische Würdenträger mit Respekt und Loyalität für den Papst, die Kirche und die Erhabenheit des Geistes. Doch je kleiner diese Gruppe wurde, desto mehr Bedeutung gewannen in Rom die beiden Clans der Jüngeren, die sich unter Staatssekretär Tardini mißtrauisch beäugten, während sie respektvoll die Schlüsselpositionen unter sich aufteilten.

Die Clans aus Piacenza und der Emilia-Romagna

Der Clan aus Piacenza: Würde man sich zur Veranschaulichung eines Beispiels aus dem Sternensystem bedienen, müßte man diese Familie mit dem Kleinen Bären vergleichen: ganz im Norden der römischen Kurie, aber dennoch immer deutlich auszumachen.

In den sechziger und siebziger Jahren verfügte die Erzdiözese Piacenza zu ihrer großen Ehre über fünf lebende Kardinäle: Staatssekretär Casaroli Agostino mit seinen piacentinischen Mitkardinälen Mario Nasalli Rocca di Corneliano, Silvio Oddi, Opilio Rossi und Antonio Samoré, zu denen sich später Luigi Toggi und Ersilio Tonini gesellten. Soviel Gemeinsamkeit innerhalb eines Clans bewirkt schon von sich aus eine besondere Konstellation in der Kirche, erst recht, wenn die Beteiligten innerhalb der Kurie die entscheidenen Positionen belegen, angefangen bei der des Staatssekretärs.

Jedes Clanmitglied lebt in einer Art symbiotischer Verbindung mit einer ganzen Reihe von Kirchenmännern aus Kurie und Welt, die sich gegenseitig unterstützen und

Halt geben. Andernfalls bliebe niemand lange an der Spitze. Sieben Kardinäle, fast alle in der Kurie, und ebenso viele Bischöfe und Prälaten aus nur einer Diözese – da muß doch mehr als bloße Vorsehung im Spiel sein. Beobachter merkten dazu an, daß es am päpstlichen Hof zuviel Plazenta gebe, die nichts als sich selbst nähre.

Normalerweise bleibt ein Clan rund zwanzig Jahre an der Macht, bevor man mit einem Wechsel rechnen muß. Genügend Zeit also, um das Steuer des Bootes Petri auf das nächste Konklave zu richten und verschlüsselte Empfehlungen für den Nachfolger des Heiligen Stuhls in Umlauf zu bringen.

Der Clan Romagnoli: Er nimmt im Vatikan die Position des Großen Bären ein, der in der himmlischen Kirchensphäre derzeit den meisten Einfluß und die besten Chancen hat, einen Kandidaten für den nächsten Papst zu stellen, auf den die Konklave-Teilnehmer bereits frühzeitig angesetzt wurden.

Die Romagnoli, unter die sich auch Monsignori anderer Herkunft gemischt haben, hatten mit den Brüdern Gaetano und Amleto Cicognani und Marcello Mimmi einen festen Stand unter den Bischöfen; Verstärkung bekamen sie von Gaspare Cantagalli (der gerade noch zum Erzbischof von Pompeji ernannt wurde, bevor ihn eine Embolie dahinraffte), Aurelio Sabattani, Achille Silvestrini, Pio Laghi, Dino Monduzzi, Luigi Bettazzi. Außerdem die drei Brüder De Nicolò, Piergiacomo, Mariano und Paolo, die über die Universität La Cattolica in Rom gelandet waren und sich auf der Jagd nach Geld und Karriere dem hamletischen Staatssekretär auf die Fersen hefteten. Obwohl alle drei die Bischofswürde besitzen, bekleiden sie derzeit andere Ämter in der Kurie. Als letzter unter den vielen – der allerdings noch nicht aus seinem Versteck gekrochen ist – wäre Seine Exzellenz Claudio Celli zu nennen, natürlich vom selben Clan. Wie gütig ist der Herr! Wacker voranschreitend, bereicherte sich der Emilia-

Romagna-Clan mit weiteren erlauchten Mitgliedern: Renato Marino, Beobachter für die Vereinten Nationen; Riccardo Fontana und Edoardo Menichelli, beide Sekretäre Silvestrinis; Mario Rizzi, dessen Name schon 1978 auf der Liste der Freimaurer stand: treulos, schmierig, falsch, scheinheilig, mit Hang zur üblen Nachrede und gnadenlosen Verleumdungen; außerdem Pietro Giacomo Nonis aus Vicenza, Arrigo Miglio aus Iglesias, Lorenzo Chiarinelli aus Aversa, Attilio Nicora aus Verona, in Modena Benito Cocchi, in Parma Cesare Bonicelli, in Faenza Italo Castellani, in Ascoli Pisceno Silvano Montevecchi aus Brisighella usw. – alle vom Clanführer Silvestrini befördert, als Gegengewicht zur Gruppe aus Piacenza.

Diese Leute breiten sich in alle Richtungen aus und besetzen die einflußreichsten Posten. Ihr Schatten lastet auf der Kirche wie ein Leichentuch, unter dem ein in regelmäßigen Abständen ausbrechender Vulkan brodelt. Im übrigen ist es ganz typisch für die unkontrollierbaren okkulten Mächte, daß sie sich immer weiter ausbreiten, bis ihre Wurzeln den ganzen mystischen Körper der Kirche durchziehen und ihn mit tumorartigen Metastasen angreifen.

Vor kurzem wurde ein Familienmitglied der Romagnoli, Monsignor Andrea Cordero Lanza aus Montezemolo, ein enger Freund Silvestrinis, zum Nuntius Italiens gemacht. Man kann sich denken, um wieviel leichter es ihm dadurch wurde, die Bischofsernennungen zugunsten seiner Clanbrüder zu beeinflussen und Anwärter der gegnerischen Seite zu vertreiben.

Kardinal Giuseppe Siri äußerte im Februar 1998 die Vermutung, daß sogar die Freimaurerbewegung einen Papstkandidaten gestellt habe. Und nehmen wir einmal an, im nächsten Konklave würde tatsächlich ein Papst anderer Provenienz gewählt – er müßte sich dennoch zwangsläufig mit dem Clan der Emilia-Romagna auseinandersetzen und zu Kompromissen mit ihnen bereit sein, da sie alle wichtigen Posten in der Kurie innehaben.

In seinem Schreiben mit dem Titel »Dienst, nicht Karriere« bestätigt Silvestrini selbst diese Vermutung: »Im juristischen Seminar von Sant'Appolinare waren wir zu dritt aus Faenza: Don Dino Monduzzi, Laghi und ich. Wir studierten alle an der Fakultät ›Utriusque Iuris‹ der Lateransuniversität. Wenige Schritte von Appolinare entfernt, im Collegio Capranica, beendete Don Franco Gualdrini gerade sein Theologiestudium an der Gregorianischen Universität. Alle vier verband uns eine brüderliche Freundschaft, die ein Leben lang anhalten sollte. So begann unsere Karriere, die von Don Pio Laghi und anderen und auch meine.« Es lebe die Aufrichtigkeit! Die Familie aus Faenza schwamm seitdem stets obenauf, wie man den Worten des Clanchefs selbst entnehmen kann, der offenbar in dem Glauben lebt, der Maßstab aller Maßstäbe zu sein, an dem sich im Kreis der Kirche Mensch und Ding zu messen haben. Eine Handvoll karriereorientierter Würdenträger aus mehr oder weniger kontrolliertem Anbaugebiet unter dem Befehl ihres Anführers mit Kompaß und Rute, alles Mitglieder der Romagnoli-Familie, die einträchtig und vereint dem entgegensehen, was in absehbarer Zeit geschehen wird – mit der Einberufung des nächsten Konklaves.

Zeichen der Zeit auch das folgende: In seiner Funktion als Führer des Vatikans wählt Silvestrini aus dem Würfelbecher der kirchlichen Ernennungen die Kandidaten aus, die ihm passen, schiebt sie mit List und Tücke dem päpstlichen Siegel unter. Dann entläßt er sie in die Freiheit, wo sie auf dem jahrhundertealten Stamm der Kirche ihr schmarotzendes Dasein fristen können. Alles Entscheidungen, die aus menschlichem Eigennutz und ungerechten Zwängen heraus gefällt werden und in starkem Gegensatz zum göttlichen Willen stehen. Der Überlegenheitskomplex besagten Clanführers verhindert ein auf Gegenseitigkeit beruhendes Verhältnis zu seinen Kardinalskollegen, während sein Minderwertigkeitskomplex jede Beziehung zu den anderen Kurienprälaten unmöglich macht.

In dem göttlich-menschlichen Drama, das sich auf dem Kalvarienberg abspielt, erahnt man die Verwirrung der Soldaten, die sich unter dem Kreuz die wenigen Güter des Gekreuzigten teilen. Zweitausend Jahre danach ist die Rechnung immer noch offen: *Diviserunt sibi vestimenta ecclesia et super vestigia eius miserunt sortem* – sie teilten unter sich die Kleider der Kirche und zogen das Los über sein Gewand.

Die Brüder Cicognani sowie Cantagalli, Silvestrini und Monduzzi stammen alle aus Brisighella. Als daher nun auch noch der ehrgeizige und übel beleumdete Don Renato Bruni dazustieß, konnten sich die Kurialen der anderen Nester satirische Bemerkungen nicht verkneifen: »*Christus brisighellatus est*«, was frei übersetzt soviel heißt wie: Sie zwangen unseren Herrn, die Ehrenbürgerschaft von Brisighella zurückzugeben; er hingegen schickte seinen Cousin und Doppelgänger, Judas Thaddäus; das machte er immer so, auch damals, als sie ihn zum König hatten machen wollen. Doch als es darum ging zu leiden und zu sterben, erlaubte er Judas Ischariot, ihn mit einem Kuß in der Nacht zu verraten.

Dieser Renato Bruni diente dem Romagnoli-Clan rund zwanzig Jahre lang. Und bediente sich seiner für eigene Zwecke, bis er schließlich, während einer Zwischenregierung dreier labiler, schwacher und dummer Kardinäle, in ein wichtiges Dikasterium der Kurie wechseln konnte. Alle, ob hoch oder niedrig gestellt, waren entsetzt, doch keiner wagte diese Frechheit an offizieller Stelle zu melden. Zu kostbar und zerbrechlich war das unsichtbare Geflecht des romagnolischen Spinnennetzes.

Die Beleidigung der Sturheit und Verkalkung wird immer dann angewandt, wenn man den übermäßigen Pomp des heiligen Kardinalskollegiums durchdringen möchte: Man wählt sich einige geeignete Eminenzen aus und dichtet Vierzeiler über ihre jeweiligen Altersschwächen. Welch bittere Enttäuschung hingegen muß es bereiten, mit anzusehen, wie sich das Pferd, auf das man ein Leben lang gesetzt hat, nach und nach in die Demenz zurückzieht. Lebt wohl, ihr Träume von Ruhm und Ehre!

Manchmal treten die Mitglieder der beiden Gruppierungen, der Piacentiner und der Romagnoli, zu öffentlichen Zweikämpfen an, wenn ein Amt mit hohem Ansehen vergeben werden muß. Bei einem solchen Duell lehnen die Schwerter an der Mauer, während die Scheiden in aller Stille aufeinander einschlagen. Dann kehrt jeder in sein eigenes Lager zurück.

Gladiatoren und wilde Tiere

Es ist kein Geheimnis, daß das Amt des Staatssekretärs in schönem Wechsel zunächst von dem Romagnolo Amleto Cicognani, dann dem Piacentiner Agostino Casaroli bekleidet wurde, dessen Nachfolge der Romagnolo Achille Silvestrini nur um ein Haar verfehlte. Und das, obwohl es trotz seiner geradezu sprichwörtlichen Schläfrigkeit sein brennendster Wunsch gewesen war.

Als die beiden Cicognanis von der Bühne des Vatikans abtraten, war es um Silvestrini, damals Sekretär des Päpstlichen Rates für die öffentlichen Angelegenheiten der Kirche unter dem Piacentinischen Staatssekretär Casaroli, nicht schlecht bestellt. Dennoch hielt er seine Berufung zum Kardinal für überfällig. Um an höherer Stelle auf sein Begehren aufmerksam zu machen, rief er in Brisighella einen jährlichen Gedenktag für das Seelenheil der beiden Kardinäle Cicognani ins Leben, die er als seine Großonkel ausgab. Dabei wußte jedermann im Ort, daß zwischen ihnen noch nicht mal eine entfernte Verwandtschaft bestand.

Nachdem er den Termin festgesetzt hatte, beauftragte er seine Agitprops, Renato Bruni (der damals noch nicht in Ungnade gefallen war) und Mario Rizzi (ein Emilianer der schlimmsten Sorte), eine Autokolonne aus Sondermodellen in Richtung Brisighella zu organisieren, geschmückt mit soviel rotschwarzem Mohn wie möglich. Dort sollten sie bis auf weiteres für die beiden Seelen beten, die das nach Ansicht ihres vertrauten Großneffen offensichtlich noch gehörig nötig hatten. »Die Armen! Mögen sie ruhen in Frieden!« echote es in den Gängen der Kurie, als die Sache bekannt wurde. Offensichtlich entnahm der Papst die Meldung dem »Osservatore Romano«, gemeinsam mit der Liste der VIPs, die sich in Trauerkleidung nach Brisighella begeben hatten. Die Laien der Ordonnanz des Staatssekretariats, alles aufrichtige Römer, kommentierten unter sich: »Er beweint die Toten und betrügt die Lebenden!«

Dann mußte der eifrige Neffe der Cicognanis wohl eine Eingebung gehabt haben, vielleicht ja von seinen angeblichen Onkeln. Denn plötzlich sollten keine weiteren Fürbitten mehr stattfinden. Zufälligerweise stimmte der Zeitpunkt der Eingebung genau mit dem Datum überein, an dem seine Heiligkeit Johannes Paul II. ihn im Konsistorium vom 28. Juni 1988 zum Kardinal ernannte. Eine Berufung, die sicher nicht auf Betreiben der falschen Onkel Cicognani erfolgt war, sondern vielmehr dem Verdienst des Parlamentsabgeordneten Bettino Craxi zuzuschreiben war, Freimaurer des linken Flügels. Mit ihm hatte Don Achille am Zustandekommen des Konkordats von 1984 zwischen dem Vatikan und Italien gearbeitet, das gerade noch unterschrieben werden konnte, bevor der wenig ehrenwerte Überläufer Craxi reichlich überstürzt das Weite suchte und im tunesischen Hammamet seinen festen Wohnsitz fand.

»Der Wind bläst, wo er will, aber du weißt nicht, woher er kommt, noch wohin er geht« (Joh 3,8), erklärte unser Herr dem Nikodemus im Brausen der Nacht.

*

Apropos Konkordat: Seinerzeit erinnerte die Presse an die starke Gegenwehr, die der aus dem sozialistischen Umfeld des ehrenwerten Abgeordneten Bettino Craxi und des ehrwürdigen Silvestrini stammende Konkordatstext bei allen Kardinälen und Bischöfen der Europäischen Gemeinschaft ausgelöst hatte. Die Öffentlichkeit erfuhr auch von einem äußerst heftigen Zusammenstoß zwischen dem genannten Kurienprälaten und dem normalerweise sehr milden Patriarchen von Venedig, Kardinal Albino Luciani. Dieser hatte sich zum Wortführer der Kirchenkreise und des katholischen Laientums gemacht, die offen gegen das Projekt opponierten.

Die Gegner sahen in diesem uneinigenden Konkordat ein klassisches Beispiel für einen am grünen Tisch verfaßten Text, der aus jeglichem historischen Kontext herausgerissen worden war und ohne Beteiligung der Basis, vor allem des Klerus der Diözesen, geschrieben worden war – zum alleinigen Nutzen der ränkeschmiedenden Vertragspartner.

Als Albino Luciani ohne alle Machenschaften und ohne Konflikte völlig unerwartet zum Papst Johannes Paul I. gewählt wurde, konnte Silvestrini bei aller Wandlungsfähigkeit dem neuen Papst nicht als ein völlig anderer entgegentreten. Er wußte, daß er damit sein Kardinalsamt los war, und er kannte die moralische Kraft des neuen Papstes gut genug, um versuchen zu wollen, sie für seine sektiererischen Zwecke zu mißbrauchen.

Um so größer war das Aufatmen, als bekannt wurde, daß der neue Papst nach nur 33 Amtstagen tot in seinem Bett aufgefunden worden war. Gelobt sei Gott! Der exzellente Romagnolo konnte mit gutem Grund erneut Hoffnung für seine Karriere schöpfen: O guter Tod, nie kamst du zu glücklicherer Stunde! Als die Gegner auch nach der Unterzeichnung des Konkordats keine Ruhe gaben, griff Silvestrini zu einer List. Er beauftragte den Prälaten Vincenzo Fagiolo, sozusagen als Sprachrohr von Don Giuseppe De Luca oder Don Lorenzo Milani, deren freie Geister keinen Hang zur Unterwürfigkeit zeigten, in der Presse immer wieder den Wert und die Vorzüge des Paktes hervorzuheben. Gleichzeitig bezahlte er Kirchenmänner seines Clans dafür, daß sie auf Konferenzen und Seminaren auf Stimmenfang für den Vertrag gingen, vor allem unter den höchst beunruhigten Klerikern und Bischöfen der Diözesen.

Tatsächlich weist das Konkordat grobe Ungereimtheiten und Oberflächlichkeiten auf, die vor allem auf der Ebene der schulischen Bildung immer schwerwiegender und besorgniserregender werden, je mehr Zeit ins Land geht. Die Geschichte ruft die Protagonisten jener Intrige auf die Anklagebank, Purpurträger oder nicht, wo immer sie sich auch links und rechts des Tibers aufhalten mögen.

*

Um auf den Nachfolger Casarolis zurückzukommen: Die beiden damaligen Anwärter, Silvestrini und Martinez Somalo, kämpften mit allen Mitteln, schrieben sich Schmähbriefe mit wechselseitigen Verleumdungen, unterstützt von ihren jeweiligen Anhängern, die wiederum aus eigenem Profitdenken am Sieg ihres Gladiators interessiert waren. Die ganze Kirchenführung basiert auf solchen heimlichen Gefechten zwischen den konkurrierenden Fraktionen. Und die Duelle, die im Dachstuhl ausgetragen werden, betreffen auch die darunter wohnenden Mieter.

In einem Brief Silvestrinis an Somalo, den viele Würdenträger der Kurie zugeschickt bekamen, hieß es zum Beispiel unter anderem: »Du bist geradezu besessen von dem Kampf um Ämter für deine Karriere! (...) muß es alarmieren, wenn man die raffinierten Listen und die Bravour bedenkt, mit der Du Deinen möglichen Konkurrenten, Achille Silvestrini, in Mißkredit gebracht hast, all die nicht enden wollenden Lügen zu seinen Ungunsten (...) Die spitze Zunge und die Heimtücke sind Deine größten Tugenden (...)« Der spitzzüngige Somalo machte zahlreiche Fotokopien des Schriftstücks und sandte sie seinen Kollegen zu, nachdem er als Kommentar darunter geschrieben hatte: »Bekanntmachung der Mafia – *gezeichnet:*

mit reichlich Mißgunst, Achille und sein teurer Freund Gio-
vanni Coppa.«

Im Brevier jener Tage lasen die Priester: »*Aus ihrem Munde kommt kein wahres Wort, ihr Inneres ist voll Verder-ben. Ihre Kehle ist ein offenes Grab, aalglatt ist ihre Zunge. Gott, laß sie dafür büßen; sie sollen fallen durch ihre eigenen Ränke. Verstoß sie wegen ihrer vielen Verbrechen; denn sie empören sich gegen dich.*« (Ps 5, 10-11) Wenn es darum geht, sich den Vorteil im Kampf um die Macht zu sichern, lassen sich selbst Prälaten höchsten Ranges dazu herab, den anderen mit Sticheleien und Schlägen unter die Gür-tellinie zu schwächen. Den Gegner aus dem Sattel zu he-ben, auch auf unelegante oder unerlaubte Art, ist inner-halb und außerhalb der Kurie so alltäglich, daß es schon fast wieder an Reiz verliert.

Menschen, die unter defekter Gallenblase und Prostata leiden, lädt man gerne zum Mittagessen ein, um sie an-schließend zu einem rustikalen Duell zu fordern. Und ist man erst mal auf der Zielgeraden, wird der Kampf gegen den Konkurrenten, wenngleich subtil, immer grausamer. Der Aufrichtige und Kluge geht unter; der Listige und Schlaue hingegen triumphiert. Wenn das Spiel ernst wird, treten die Abgehärteten hervor und kämpfen gegeneinan-der. Der Stärkere ist der Meinungsmacher, egal ob er die richtige Meinung vertritt oder nicht. Auf diesen letzten Metern steht die Macht des Rechts hinter der Macht der Gewalt zurück.

*

Apropos »sein teurer Freund Giovanni Coppa«: Der Leser könnte sich zurecht über dessen Anwesenheit im Clan der Romagnoli wundern, da er aus dem piemontesischen Alba kommt. Er gehörte zu den engsten Mitarbeitern des da-mals allmächtigen Substituten im Staatssekretariat, Gio-vanni Benelli, der wohldurchdacht sowohl seinen direkten Vorgesetzten Jean Villot als auch Papst Paul VI. selbst stets vor vollendete Tatsachen stellte.

Monsignor Benelli berief Coppa in das Staatssekretariat und machte ihn zum Assessor, um ihn in der Schaltzentrale der Macht über die verschiedenen Spielzüge wachen zu lassen. Er vertraute ihm blind. Sein eigentlicher Stellvertreter, Giambattista Re, verlangte gleichfalls die Ernennung zum Assessor, da die Zentrale mittlerweile sein zweites Zuhause geworden war. Aber weder Benelli noch Coppa lenkten ein. Als klar wurde, daß die Nachfolgefrage den Winter über nicht mehr geklärt werden würde, bemühte sich der Stellvertreter, die Zügel der Kirche einfach noch so lange wie möglich in den Händen zu behalten, in jenen so entscheidenden Monaten, in denen Paul VI. auf dem Sterbebett lag.

Kein Hund gibt gerne seinen Knochen her. Genau das gleiche Verhalten legt derzeit Benellis Nachfolger an den Tag, der sich weigert, als Kardinal nach Genua zu gehen, sondern lieber die Stelle des Vertreters im Staatssekretariat behalten möchte. Das Staatssekretariat von Papst Pius XII. vor fünfzig Jahren war ohne einen einzigen Kardinal an der Spitze im Vergleich wesentlich schlanker und tatkräftiger. Heute hingegen sind Sodano und Re zusammen nicht genug, da sie ständig mit dem Papst auf Reisen sind und nichts Rechtes zustande bringen.

An einem Morgen vor vielen Jahrzehnten vertraute die Haushälterin von Coppa in der Schlange vor dem Lebensmittelamt ihrer Freundin an, daß ihr Prälat an jenem Vormittag noch schlafe, da er die Nacht zuvor bis zwei Uhr früh im Büro Wache gehalten habe, bis ihn Monsignor Benelli abgelöst habe. Dieser Turnus wurde schon einige Tage durchgehalten, da der altersschwache Paul VI. von Anfällen hohen Fiebers geschüttelt wurde und sein Körper von einem auf den anderen Moment das Zeitliche segnen konnte: Man mußte also auf der Hut sein, um im Falle seines plötzlichen Ablebens bestimmte Akten aus dem Büro an einen sicheren Ort zu transportieren. Ein geschwätziger Monsignore, der vor den beiden Frauen in der Reihe stand, spitzte die Ohren und trug die Nachricht dann weiter, wie es mit päpstlichen Geheimnissen so üblich ist.

Als der Zustand des Papstes sich wieder stabilisiert hatte, beschloß Monsignor Benelli, daß keine Zeit mehr zu verlieren sei. Er überredete also den alten Papst, eine Art Notversammlung einzuberufen, um ihn auf der Stelle zum Kardinal und Erzbischof von Florenz zu berufen, gemeinsam mit vier anderen Kandidaten, die nur der Form halber aufgestellt worden waren. Ein Jahr später starb Paul VI.

Mit dem Weggang Benellis nach Florenz, wo er bald Gevatter Tod traf, blieben Coppa und all die anderen verwaist im Staatssekretariat zurück. Um nicht unterzugehen, stürmten sie los wie die Kreuzritter ohne Führer: Rette sich wer kann! Jeder suchte sich einen wohlwollenden Beschützer, und Coppa wählte Silvestrini, der ihn nur zu gerne unter seine Fittiche nahm. Er vertraute ihm das geheimste und wichtigste Amt des Staatssekretariats an, die sogenannte »Personalabteilung«. Hier werden die Akten jener höchsten Würdenträger auf Vordermann gebracht, die für die Kirchenspitze bestimmt sind, und es herrscht das Diktat der Herrschenden, das vom Papst ohne jedes Mißtrauen gebilligt wird.

In dieser Abteilung werden die der Karriere für würdig befundenen Kandidaten im *Weißen Register* abgeheftet, in weißen und durchsichtigen Akten. Die Verstoßenen hingegen, also jene, die für die Katakomben bestimmt sind, kommen ins *Schwarze Register* mit vielen dunklen, gedeckten Tönen. Es ist klar, daß den Weißen damit das Erreichen der schneeigen Gipfel der verschiedenen Kirchenlaufbahnen vorgezeichnet ist.

Die unaufhörliche Einmischung Coppas in die Angelegenheiten der Kurie, inklusive eigenmächtiger Berufungen von Prälaten aus Alba an die päpstlichen Universitäten oder in die Dikasterien, brachte irgendwann das Faß zum Überlaufen, und man versetzte ihn 1990 als Nuntius in die aus kirchlicher Sicht wenig bedeutsame Tschechische Republik, wo er mit großem Geschick und in ständigem

Kontakt mit seinem Beschützer Silvestrini stets sich selbst repräsentiert. Es genügt wohl zu erwähnen, daß es ihm gelungen ist, innerhalb von nur eineinhalb Jahren den Papst dreimal in sein Land zu locken, und immer ohne einen den Aufwand rechtfertigenden religiösen oder politischen Grund. In geduldiger Erwartung ausharren, bis der Wind sich wieder dreht, so lautet das Coppasche Gesetz.

Nutznießer dieses ganzen Ringelreihen ist immer der gleiche Drahtzieher, der altbekannte Kardinal aus der Emilia-Romagna. Er führt in der Schattenregierung der Kirche den Vorsitz und hält sich selbst für mehr als genug, sie sicher zu lenken und zu regieren, ob mit oder ohne die Koryphäen des Staatssekretariats.

X
Heilige Possen, Vergnügungen und Machenschaften

Nachdem am 6. August 1978 Papst Paul VI. gestorben war, handelten die Massenmedien und die Presse den Erzbischof von Genua, Kardinal Giuseppe Siri – ein wahrer Gigant im geistlichen Kollegium, ein Vorbild an seelsorgerischen und intellektuellen Fähigkeiten, an einer dem Glauben gerechten Lebensführung und an Treue gegenüber der kirchlichen Tradition –, bereits als neugewählten Papst, noch bevor sich die Kardinäle ins Konklave begeben hatten. Botschafter, Politiker, Kardinäle und Prälaten aller Herkunft und Couleur ersuchten ihn an den Tagen davor in Rom um eine Unterredung. Der Erzbischof, ein bescheidener, bedachter Mann, der das Wort präzise und scharf führte wie ein zweischneidiges Schwert, hörte ihnen zu, ohne sich allzu große Illusionen zu machen: Er wußte, daß er bei einer bestimmten geheimbündlerischen Clique im Vatikan nicht gern gelitten war. Er konnte jedoch nicht ahnen, welch einen hinterhältigen Streich diese im geheimen gegen ihn ausheckten, um ihn des allgemeinen einstimmigen Zuspruchs zu berauben. Natürlich sind Giganten von ferne zu betrachten, denn nur so kann man ihre riesenhafte Statur schätzen, ohne dabei Gefahr zu laufen, sie für Ungeheuer zu halten.

Am Morgen des Konklaves hat Siri gerade noch Zeit, um von den Titelseiten der Zeitungen zu erfahren, was er in einem Interview, das er nie gegeben hat, bezüglich der dringenden Aufgaben des zukünftigen Papstes und eines rigorosen Vorgehens zu deren Durchsetzung gesagt haben soll; einige heikle und gewagte Aussagen werden ihm da in den Mund gelegt, gerade genug, um den Glanz des papstfähigen Kardinals zu trüben. Dem Erzbischof von Genua blieb nicht einmal mehr die Zeit für ein Dementi, bevor sich die Tür des Konklaves hinter ihm schloß. Die Nachricht von dieser Verschwörung drang ins Konklave und wurde sogleich von der Versammlung aufgenommen, die vernünftigerweise – wie es dann hieß – von der Wahl des quasi designierten Kolosses absah.

※

Doch Siri war nicht nur ein verhinderter Papst. Nur wenige wissen, daß er außerdem zu Anfang von Wojtyłas Pontifikat beinahe Staatssekretär geworden wäre.

Im Geheimarchiv des Kardinals von Genua befindet sich unter anderem der Brief eines römischen Prälaten, geschrieben nach der Wahl Johannes Pauls II.; darin ist zu lesen, daß einige Kardinäle sich dafür eingesetzt hatten, das Amt des Staatssekretärs einer Persönlichkeit vom Format Siris zu übertragen, weshalb der Erzbischof aufgefordert wurde, das große Opfer zu bringen und sich von Genua zu trennen, damit er alle Winkel der Kurie mutig und energisch von den verdächtigen Prälaten säubern und dann gegebenenfalls selbst zur Wachablösung bereitstehen könnte. Der Purpurträger reagierte auf das Schreiben am Tag nach Weihnachten 1978. Er entschuldigte sich für die verspätete Antwort und fuhr dann fort: »Was mich angeht, so habe ich immer gehorcht, auch wenn es mir schwergefallen ist, und ich habe nicht vor, meine Haltung im letzten Teil meines Lebens zu ändern. Ich stehe zu Befehl. Aber ich habe das Gefühl, daß die ›Berufung‹ nicht kommen wird.« Seine Strenge sollte in den oberen Etagen der Vatikanverwaltung und in den Raffaelischen Loggien auf Mißfallen stoßen.

Benelli und Baggio spielten sowohl im ersten als auch im zweiten Konklave die Hauptrollen, aber die entsprechenden Lager leisteten sich glücklicherweise gegenseitig solch zähen Widerstand, daß der jeweilige Papst ihrer Wahl um ein Haar nicht berufen wurde. Ganz und gar unnachgiebig in dem Bestreben, den eigenen Kandidaten durchzusetzen, konnte es keiner der beiden Clans zulassen, daß auch nur eine ihrer Stimmen dem anderen zugute käme. Schließlich beließ man es bei einer Notlösung und gab sich vorläufig damit zufrieden, den gefürchteten Koloß von Genua auszuschalten. Die Vorschriften zur Abhaltung des Konklaves gestatteten es der göttlichen Vorsehung beim ersten Mal, Johannes Paul I., den lächelnden Papst Luciani ins Spiel zu bringen, der jedoch am dreiunddreißigsten Tag seines Pontifikats starb – ob eines natürlichen Todes, weiß man nicht zu sagen.

Als das Konklave dann zum zweitenmal einberufen wurde, bekämpften sich die Parteien entschiedener und brutaler als beim ersten Mal. In ihrer Überraschung schätzten die frommen Kamarillen eilig die Lage ein und mußten feststellen, daß Kardinal Siri sich problemlos würde durchsetzen können, obwohl Baggio inzwischen weitere Anhänger gefunden hatten. Auf Befehl von oben stimmten alle Angehörigen beider Strömungen für den Ausländer, der im vorherigen Konklave siebzehn Stimmen bekommen hatte. In solch einer erhabenen Versammlung bringt diese Zahl vielleicht Glück.

Während die Kurie wohlwollend dem Einzug des Polen beiwohnte, nahm sie den unerwarteten Tod des päpstlichen Stellvertreters Jean Villot ohne Bedauern zur Kenntnis. Auch in diesem Fall fragten sich Magier und Seher, ob es eine echte Krankheit war, die ihn so plötzlich dahingerafft hatte.

⁕

Im Vatikan werden bei jeder Wachablösung an der Spitze die losen Verbindungen zwischen einzelnen Familien kurzfristig neu geordnet: ganz in dem Bewußtsein, daß das einzig Beständige dort das Provisorische ist und das einzig Verläßliche der Betrug. Und für etwas, das keinen Bestand hat – sagte Cato –, ist selbst ein Groschen noch zu teuer bezahlt.

Wenn eine führende Strömung aus irgendwelchen verborgenen Gründen ihre Vorherrschaft verlieren sollte, so verfallen die der jeweiligen Seilschaft angehörenden Prälaten in eine Art Winterstarre, in der sie bescheiden und geduldig verharren, bis für sie der Frühling wiederkehrt. Das kann die ganze Amtszeit eines Papstes dauern oder solange, bis einem Kardinal aus ihrer Anhängerschaft der Aufstieg gelingt.

Die Zeit, da sich ein Pontifikat seinem Ende zuneigt, schwächt die kirchliche Elite wie der lange Todeskampf unter den Schächern den Gekreuzigten. Also verbindet sich der Tod des kranken polnischen Papstes mit großen Erwartungen und gibt Anlaß zu der Hoffnung auf zukünftige radikale Veränderungen. Nach Aristoteles ist Hoffen nichts anderes als ein Träumen mit offenen Augen. Doch unter der eisigen Kruste harrend, bereiten sie ihren Angriffsplan vor und messen dabei die Zeit auf dem Zifferblatt einer Planetenuhr. Im geeigneten Moment kommen sie dann wie Termiten nach dem Winterschlaf wieder an die Oberfläche und gebärden sich kecker und aggressiver denn je.

Während dieser Zeit erzwungener Ruhe ist nur die Spitze des Eisbergs sichtbar; die übrigen, unter der Oberfläche verborgenen neun Zehntel ohne Namen und Gesicht sind jedoch der gefährlichere Teil, vor dem man sich im Falle eines Zusammenstoßes in acht nehmen muß. Die großen Chamäleons halten sich so hinter diesem Drehtürmechanismus verborgen, jeder Zeit bereit, wieder auf den Plan zu treten, sobald der Wind aus einer anderen Richtung weht. Ausgeschlossen bleiben nur diejenigen, die sich durch ein Mißgeschick verhaken.

Jedesmal, wenn Christus sich uns in historisch bedeutsamen Momenten erneut zeigt, wie zum Beispiel im Falle von Fátima, Pater Pius, Medjugorie, treten ihm sofort besorgt die Angehörigen der Kurie entgegen, halten ihn am Ärmel zurück, raten ihm schmeichlerisch dazu, den Lauf der Geschichte zu ändern, mögliche Geheimnisse zu verschweigen; sie beteuern, daß es nützlich wäre, wenn er seine Lehre abmildern, ihren Inhalt noch einmal überdenken wollte, was nichts anderes ist als Abweichung im Gewand der Klugheit. Genau wie der heilige Bernhard von Clairvaux mahnt: *»Der Eifer der Geistlichen zielt doch allein auf die Sicherung ihrer Pfründe. Alles tun sie für die Karriere, nichts oder sehr wenig um der Heiligkeit willen. Wenn du gegebenenfalls versuchst, ein wenig bescheidener aufzutreten und dich umgänglicher zu geben, rufen sie sofort: ›Halt! Das ziemt sich nicht! Das paßt nicht in die heutige Zeit, das schickt sich nicht für deine Hoheit! Bedenke doch, welches Amt du bekleidest!‹«*

Gott macht sich einen Spaß daraus, im Vatikan verschiedene Paradiese zu erschaffen, in denen sich die mächtigen Würdenträger bei der Aufstellung der wettstreitenden Faktionen vergnügen; doch er gibt ihnen keine gemeinsame Hölle, in der sie sich treffen können wie im Café.

Intrigen, Klientelen und Empfehlungen

Sittenverfall führt zu Korruption und Erpressung. In Mailand hatten die Richter von »Mani pulite« die Courage, Italien und der ganzen Welt schonungslos einen Korruptionsskandal ungeheuren Ausmaßes zu enthüllen. Die Anklage traf alle zivilen Gesellschaften gleichermaßen hart. Führende Persönlichkeiten aus Politik, Aristokratie und Industrie wurden festgenommen, Parteien, Geheimbünde und die Kirche mit hineingezogen. Ein heilsamer Großputz, auch wenn er dem »Osservatore Romano« nicht gefiel.

Bedauerlich, daß es im Herzen der vatikanischen Hochburg solch einen Zusammenschluß gegen die Korruption niemals geben wird! Der Finger würde auf das eitrige Geschwür gelegt, das den mystischen Leib Christi an vielen Stellen befallen hat. Doch wer dessen Existenz aufdecken wollte, würde vom Schweigen all jener erstickt, die er damit ins Grab schickte.

Die Moral im Vatikan wird untergraben von Intrigen,

Bestechungen, Klüngelei und Vetternwirtschaft. Es wurde bereits auf die Empfehlungsschreiben für Bischofskandidaten als einzigem Auswahlsystem zu deren Ernennung hingewiesen. Nun, ebenso regelt dieses schändliche Prinzip der Ämterpatronage anstelle von öffentlichen Ausschreibungen und der Honorierung besonderer Verdienste im Amt jeglichen Aufstieg innerhalb der römischen Kurie.

Es ist bekannt, daß jeder, der es in der Kurie zu etwas bringt, mehr Chrisma als Charisma besitzt. Aber was macht das schon? So etwas gibt es auch anderswo: Wie viele Bischöfe, die es auf ein höheres geistliches Amt abgesehen haben, verhelfen dem Nuntius des entsprechenden Landes nicht zu falschen Informationen? Jemand hat den Ausdruck geprägt, daß es nur zwei Kategorien von Leuten gibt, die einen Beschützer brauchen, um auf ihrem Weg voranzukommen: die Schönen der Nacht in Erwartung eines Freiers am Straßenrand und die ungeduldigen Monsignori bei ihrem Aufstieg im Vatikan.

Wie jeder andere Beamte, so hegt auch der der Vatikanverwaltung immer einen heimlichen Herzenswunsch. Doch in dem Bewußtsein, sich diesen nicht aus eigener Kraft erfüllen zu können, sucht er unermüdlich nach einem Gönner im Kreis der Prälaten, wenn möglich dem Wundertätigsten, der sich finden läßt; er ist bereit, dafür jeden Preis zu zahlen, und sei es ein Stück von seiner Moral, und alles von sich zu opfern, was er zu opfern hat. So geschieht es, daß gewöhnliche Hengste ins Rennen kommen und Vollblutpferde unerbittlich vor den Karren gespannt werden. Der Aufstieg wird zu einer begehrten Ware, die zum Preis eines Rassepferdes gehandelt wird.

Einige Griechen baten die Apostel Philipp und Thomas um Fürsprache, damit sie zu Jesus vorgelassen würden; daher leiten die Angehörigen der Kurie den göttlichen Ursprung der Empfehlung ab und begeben sich in die Obhut des angesehensten Prälaten der Führungselite, damit dieser für ihr Fortkommen sorgen möge. Die Kenntnisse und Fähigkeiten des Kandidaten werden keiner Bewertung unterzogen, von Eignungsprüfungen kann gar nicht die Rede sein: Es werden lediglich Gefallen ausgetauscht – zwischen ihnen, den Mächtigen, für ihre Günstlinge. Jeder Beamte der römischen Kurie, dieser Hauptstraße der Kirche, ist, obwohl Mann aus Fleisch und Blut wie die anderen, aus uralter Gewohnheit seinem Vorgesetzten ausgeliefert. Es steht in der Macht des Vorgesetzten, im Herrschaftsbereich seiner Abteilung jeden nach eigenem Gutdünken vorzuziehen, hintanzustellen oder sonstwie zu diskriminieren. Er ist niemandem gegenüber zu irgendwelchen Erklärungen verpflichtet. Sein Wille ist Gesetz: *Stat pro lege voluntas,* er formt das Gesetz nach seinem Willen. So überzeugt sich der umtriebige Vatikanbeamte schließlich davon, den göttlichen Willen zu tun, wenn es ihm gelingt, diesen in Übereinstimmung mit dem eigenen zu bringen oder besser zu zwingen, was er dann für eine Bestätigung von oben hält, so wie es im Buch Hiob heißt: »*Voll Sicherheit sind sie, die Gott erzürnen, die wähnen, Gott mit ihrer Hand zu greifen.*« (Hiob 12, 6)

Der selbstherrliche Vorgesetzte ist nicht immer gleichmütig und gerecht; er fühlt sich nicht verpflichtet, seine Mitarbeiter entsprechend ihrer Verdienste, ihres Dienstalters oder ihrer Kompetenz zu belohnen. Seine Entscheidungen können dem offiziellen Pflichtkodex zuwiderlaufen, dafür aber der Willkür von Sympathie und Antipathie folgen, auf Zugehörigkeiten zu Clans und Familien Rücksicht nehmen oder von der Notwendigkeit einer Gegenleistung für zuvor in Anspruch genommene Dienste beeinflußt sein.

Wird ein vakantes Amt nicht wie erwartet zugeteilt, so kommt dies im geschwätzigen und mißtrauischen Umfeld der Kurie einer öffentlichen Verleumdung gleich, einer für alle vernehmbaren Anklage, die automatisch die Frage nach sich zieht, welches schlimme Verbrechen der Untergebene wohl begangen haben mag, um so an den Pranger gestellt zu werden. Auf diese Weise wird eine nicht vorge-

nommene Beförderung, ja selbst eine verspätete Auszeichnung zu einer öffentlichen Anschuldigung, und der
Betroffene erwartet bzw. ersehnt die Gratifikationen
nicht für das, was sie ihm einbringen, sondern vielmehr
für das, was sie ihm ersparen.

*»Ich habe der Gemeinde geschrieben; aber Diotrephes, der
unter ihnen der Erste sein will, erkennt uns nicht an«*,
schreibt der Evangelist Johannes (3 Joh 9). Wie viele Diotrephes', o barmherziger Himmel, haben sich seither
nicht in der Kirche vermehrt, um nach den wichtigsten
und höchsten Posten zu trachten bis hinauf, warum auch
nicht, zu dem des Papstes.

*

Die Festessen und Gastmähler gewisser Prälaten sind in
die Geschichte eingegangen. Diejenigen unserer heutigen
Zeit stehen ihnen nicht nach. Es sei nur an das fürstliche
Gelage erinnert, das auf Betreiben des damaligen Sekretärs der Kongregation für den Klerus, Monsignore Crescenzio Sepe, anläßlich des fünfzigsten Jahrestages der
Priesterweihe Papst Johannes Pauls II. für alle Welt sichtbar abgehalten wurde. Das köstliche Mahl perfekt bis ins
kleinste Detail, der Papst am Tisch mit zweitausend heiteren, geweihten Zeitgenossen, versorgt mit Speisen, Wein
und Zahnstochern.

Von guten Zeiten zu üppigen Gastmahlen ist es nur ein
kleiner Schritt. Wie oft kommt es vor, daß man das, was
man nicht mit dem Kopf zu lösen vermag, ganz einfach
mit dem Topf und einem guten Glas Wein löst! Eine echte
Kongregation für die Gaumenlehre.

Beim Essen und am Buffet wird Geschichte gemacht,
bei schmackhaften Häppchen, hervorragendem Wein und
in der Gesellschaft von braven Leuten, und Josua selbst
scheint die Zeit anzuhalten, bis der nächste Kandidat oder
die richtige Meinung siegreich aus der Zusammenkunft
hervorgeht. An solch einer Tafel wird gerne über alles gesprochen, über Reformen und Fortschritte, die gleich

nach dem Essen in die Tat umzusetzen sind; da geht die Geschichte im Gleichschritt mit der Verdauung, und ihre Geschicke werden nach dem Zeitplan dieser gefräßigen Brigade geregelt. Alle scheinen einhellig für eine gemeinsame Sache einzutreten, und im Vorgefühl des Triumphes ergießt sich der Rebensaft ins blitzende Glas.

Bis auf wenige Ausnahmen sind die Monsignori wahre Feinschmecker, vor allem, wenn es stets die anderen sind, die zu Tische laden. Gastgeber und Gäste wissen, daß sich hinter diesem Ritual eine Rechnung verbirgt, die wenig später zu begleichen sein wird. Inzwischen spricht man den Speisen zu und kaut ohne Eile mit vollen Backen, um einmal den Hunger zu vergessen und das Wohlgefühl der Sattheit auszukosten.

Die Essen zu Ehren der Oberen ersetzen oft die internen Ausschreibungen. Wem es gelingt, die Zustimmung eines dicken Fisches zu bekommen, der darf je nachdem mit einer Anstellung, einer Beförderung oder einem Doktortitel rechnen. Am zentralen Tisch darf der Prüfling, also der Anwärter, nicht fehlen, wie zufällig neben dem Prüfer plaziert, welcher derjenige ist, der entscheiden wird. Ersterer, der Prüfling, muß seinen Verstand ebenso geschickt einzusetzen wissen wie seinen Appetit, genau im richtigen Maße, um bescheiden zu verstehen zu geben, daß er die Beförderung verdient. Der Zweite, der Prüfer, tut seinerseits so, als sei er selbst nur Beauftragter eines Auftraggebers, welcher wiederum das letzte Wort habe. Doch wenn die Verköstigung ausgezeichnet ist, so gilt die Sache als beschlossen.

Viele Prälaten treffen sich gerne zu Arbeitsessen, bei denen kulinarisch so manches erledigt wird. Bei solchen Zusammenkünften läßt sich die Beförderung der Günstlinge beschleunigen. Die altgedienten und treuesten unter den Kellnern bemerken verstohlen, daß sich auch die Laune der zurückhaltensten Prälaten würdevoll hebt, je tiefer sie ins Glas schauen. Erfahrene Stimmungsdeuter wetten auf den Sieg: Das wäre also geschafft!

An entlegenen Orten, in Sälen, weit entfernt von neugierigen Ohren, im garantiert engsten Kreis und bedient von absolut diskretem und zuverlässigem Personal – dort verbinden sich das Spirituelle und das Materielle am besten, zu heiligen Possen, Vergnügungen und Machenschaften: Mission erfüllt! Nach den ersten Vertraulichkeiten dringen langsam die interessanteren Informationen durch; unter größter Zurückhaltung werden Versprechen gegeben; das Vorgehen wird festgelegt, die Namen der Günstlinge werden genannt und die der Prälaten, die in das Projekt einzubeziehen sind, das es da zu einem guten Abschluß zu bringen gilt. Und die Namen der Personen, von welchen absolut verläßliche Informationen zu erhalten sind. Wenn erst der Papst seine Zustimmung gibt, so ist auch der Herrgott auf ihrer Seite, und sei es nur, um seinen Statthalter auf Erden nicht Lügen zu strafen.

Am Schluß serviert der Kellner auf einem Teller die Rechnung für das Mahl. Wer sie begleicht, darf zufrieden sein, auch wenn sie gesalzen ist: Paris ist eine Messe wert!

Kompromisse, Druckmittel und Denunziationen

Uneingeschränkte Machtgier, karrieristischer Größenwahn, zynischste und dreisteste Günstlingswirtschaft bis hin zur Ämterpatronage, all das kann man im Vatikan antreffen.

Als wahre Meister auf dem Drahtseil geben diejenigen, die es zu einem höheren Posten gebracht haben, auch wenn sie sich als ungeeignet dafür erweisen sollten, ihren Vorgesetzten zu verstehen, daß sie sich um ihrer Würde und um des von ihnen bekleideten Amtes willen von dort nicht mehr fortbewegen werden, es sei denn mit der Aussicht auf einen noch höheren Posten. Von wo aus sie dann weiter ihre Machenschaften treiben, um im geeigneten Moment wieder auf den Plan zu treten: Ein arabischer Phönix, der fortwährend aus seiner Asche aufersteht, indem er geschickt gerade seine Niederlagen als Sprungbrett nutzt. Diesen Leuten wird keine Buße auferlegt, sondern sie ernten Beifall und Beförderungen dank des wunderbaren Mechanismus, dessen Geheimnis allseits bekannt ist.

Wenn ein frischernannter Bischof oder ein anderweitig Beförderter einen groben Fehltritt begeht, ohne dadurch die Unterstützung seines Gönners zu verlieren, so wird umgehend, quasi ultima ratio, von der goldenen Regel *promoveatur ut amoveatur* Gebrauch gemacht, was soviel heißt wie befördern, um zu beseitigen. Diese Maxime wird gern als Lösung bemüht, die zwar in den seltensten Fällen gerecht, doch immer recht ist, um in den geheimnisvollen Windungen der Maschinerie vatikanischer Spielchen ungeheure Fehler verschwinden zu lassen. Und hinter jeder dieser Windungen ist in römischer Mundart zu lesen: »Die andern sind uns scheißegal!« Zum Schaden aller rechtmäßigen Anwärter wird der Günstling, und sei er auch schuldbeladen, belohnt, und stillschweigend verwandelt er sogar seine Missetaten noch in wertvolle Verdienste. In der Kurie setzt sich durch, wer sich am geschicktesten im Schatten seines Gönners bewegt. Der Hoftratsch verbreitet die Bewerbung eines Kandidaten in Windeseile; es wird gemunkelt.

Gott vermag in seiner Einfachheit das Gute dem Bösen genau entgegenzusetzen. Die Menschen in ihrer Gewandtheit jedoch schaffen es, Gut und Böse zusammenzufügen, ihre Rollen umzukehren und sie austauschbar erscheinen zu lassen, wann immer es nötig sein sollte. Weil es jedoch abstoßend ist, etwas tout court als sein Gegenteil auszugeben, belegen sie das Gute mit unzüchtigen Worten, also Verleumdungen, und kleiden das Böse in hervorragende falsche Ideen; und da sie sie so verkleidet dem allwissenden Gott nicht präsentieren können, der sie angewidert zurückweisen würde, jubeln sie sie Seinem unwissenden Stellvertreter auf Erden unter, auf daß dieser sich für das Böse in der Verkleidung des Guten und gegen das durch Lügen entstellte Gute entscheiden möge. Ist der

Plan erst einmal angenommen, so schreibt man, es sei alles das Werk des Heiligen Geistes, der mit diesem Schwindel nun wirklich nichts zu tun hat.

Auf diese Weise entsteht ein bestimmtes Beförderungssystem aus Kompromissen, Zwängen, abgekarteten Manövern und Denunziationen. Die üblichen Wortspiele ändern daran im wesentlichen nichts. Und wenn von Dankbarkeit die Rede ist, so wird diese so gut wie immer zur Bürgschaft für und Hoffnung auf weitere, selbstverständlich gegenseitige Gefälligkeiten.

Das skrupellose Einzelkämpfertum der Kurien-Rambos setzt sich inzwischen bis in die untersten Dienstebenen fort. Die Kirche hat genug Licht für den Gläubigen und genug Schatten für den Zweifler, sagt Pascal.

✳

Auf dem Weg solch unlauterer Spielchen hatte es ein amerikanischer Prälat zu einem leitenden Posten in der Kurie gebracht, und zwar just in der Bischofsschmiede. In den wenigen Jahren, die er in diesem bedeutenden Amt zubrachte, machte er durch gewisse merkwürdige Überstunden, wie er es nannte, von sich reden, während der er sich in der Gesellschaft hübscher junger Männer bis spät in die Nacht im Ministerium einschloß.

Doch die Pförtner der beiden Gebäude, zu Hause und im Büro, waren anderer Meinung, und so wurde allerlei getratscht bezüglich des Motivs dieser nächtlichen Veranstaltungen. Da man ihn also beseitigen mußte, wies man dem Prälaten eine Erzdiözese in seinem Heimatland zu. Er willigte ein, jedoch nur unter der Bedingung, daß die Diözese im Gegenzug auch Kardinalssitz würde. Wenig später wurde der arbeitsame amerikanische Prälat gewissermaßen als Zeichen göttlicher Zustimmung zum Kardinal der heiligen Römischen Kirche ernannt.

✳

Im Vatikan wurde ein Fest für den Klerus abgehalten: eine »Veranstaltung anläßlich des Symposiums der Kongregation für den Klerus zum dreißigsten Jahrestag der Verabschiedung des Dekrets zur Presbyterialordnung« mit einer Intervention des Papstes zum Abschluß der Festivität. Die Angelegenheit ist seinerzeit zwischen den Zeilen der internationalen Presse hinreichend kommentiert worden.

Das Ganze trug den Stempel eines schlecht kaschierten Exibitionismus des Prälaten und Sekretärs, eines gewöhnlichen Mannes, der sich selbst ungewöhnliche Bedingungen geschaffen hatte, um sich ganz besonders hervortun zu können. In völliger Eigenregie hatte er alles geplant, um sich in Reichweite der Leitung seines Ministeriums zu bringen, da der amtierende Kardinalpräfekt eben im Begriff war, das kanonische Alter zu überschreiten. Um ein Haar hätte er es geschafft.

Aber zumindest sicherte ihm das Fest die Option auf die Ausrichtung der folgenden Feierlichkeiten zum fünfzigsten Jahrestag der Priesterweihe des Papstes, die ein solcher Erfolg wurden, daß sie ihm wiederum die Beförderung ins Generalsekretariat des Komitees für das Jubiläumsjahr 2000 einbrachte.

Die pompöse Fünfzigjahrfeier wurde mehrere Tage lang weltweit übertragen. Die Titelseiten der Zeitungen sprachen von nichts anderem mehr. Den drei Völkern am Horn von Afrika, die sich in diesen Tagen zu Tausenden umbrachten, wurde jegliche Aufmerksamkeit versagt, damit sie den Rest der Welt nicht bei dem fröhlich-karnevalesken Spektakel störten.

Ein zu großer Teil der Geistlichen läßt sich von materiellen und irdischen Dingen ablenken, als wäre unser vorübergehendes Dasein auf dieser Erde ein ewig währender Wettstreit um egoistische Ziele und körperliche Befriedigungen. Obwohl es allseits wohlbekannt ist, daß das Glück nicht im Haben liegt, sondern im Sein, findet der Prälat mit dem gewissen Drall nach oben seinen passenden Ausdruck doch in diesen Worten Oscar Wildes: »Gebt mir das Überflüssige, und ich werde ohne das Notwendige auskommen.«

In diesen fröhlichen Tagen war es, als höre man Gottes mahnende Stimme aus dem Munde des Propheten Maleachi: »*Und nun, ihr Priester, dies Wort gilt euch: Siehe, ich will den Unrat eurer Festopfer euch ins Angesicht werfen, und er soll an euch kleben bleiben.*« (Mal 2, 1–3)

✳

Von einem weiteren aktuellen Beispiel für dieses Verschieben ungeeigneter Figuren auf dem Schachbrett der Kurie war in den Tageszeitungen der Hauptstadt zu lesen, deren Artikelschreiber, von den betroffenen Prälaten bewußt dazu angeregt, der Öffentlichkeit die gerade stattfindende Wachablösung – das Amt des Generalsekretärs des Zentralkomitees für das Heilige Jahr wurde von dem ausscheidenden Sergio Sebastiani an den nachfolgenden Crescenzio Sepe übertragen – als eine äußerst glückliche, wundersame Eingebung darstellten. Zwei Züge, zwei erfolgreiche Beförderungen, zwei Anwärter auf die Kardinalswürde, in deren Schachpartie auch ein unruhiger Läufer auftaucht, ein gewisser Monsignore Liberio Andreatta, ein Mann von sprichwörtlicher sardischer Härte mit dem Ziel, sich in den Strudel der großen religiösen Ereignisse des besagten Komitees zu stürzen. Sein Erscheinen ist die logische Konsequenz einer Tatsache: Wer Sepe gewollt hat, der hat auch Andreatta vorgesehen. Soviel Weitsicht zu seinen Gunsten: Weshalb?

Es handelt sich um den Monsignore, der jene lukrative Organisation leitet, die mit religiösem Tourismus Milliardenerträge erzielt✳. Und ehe man sich versieht, denkt er sich etwas Neues aus, einen bunten Schal, im Preis inbegriffen, um den Hals oder in der Hand der ahnungslos instrumentalisierten Pilger, die ihn bei Zeremonien und

✳ Liberio Andreatta ist Vorsitzender des römischen Wallfahrtswerkes, das Einkünfte aus den Reisen ins Heilige Land, nach Lourdes, Fátima etc. in Milliardenhöhe verwaltet. Es heißt, er sei mit dem katholischen Abgeordneten Beniamino verwandt.

öffentlichen Audienzen immer wieder kraftvoll schwenken und damit all jenen, für die sie bestimmt ist, eine versteckte Werbebotschaft übermitteln: »Seht her, ich bin auch hier.«

Wer diese Dinge richtig zu interpretieren versteht, dem wird klar, daß mit Monsignore Sebastiani der falschen Person die Führung des Komitees übertragen wurde: einem Mann ohne Initiative, der nur auf den eigenen Vorteil bedacht ist. Wie kann man da Abhilfe schaffen? Mit einem Wechsel, der alle glücklich machen und keinen bloßstellen sollte. Man weiß nie, wie der Wind in der Kurie aufkommt, aber es ist vorauszusehen, wohin er, vorbei an aufsehenerregenden geistlichen Seiltanzakten, weht.

Prälaten dieser Sorte werden eines Tages als arme Sterbliche an die Himmelspforte klopfen: »*Herr, Herr, öffne uns, denn sind wir nicht in deinem Namen als Propheten aufgetreten, und haben wir nicht in deinem Namen Dämonen ausgetrieben und mit deinem Namen viele Wunder vollbracht?*« (Mt 7, 22) Was für eine Niederlage, wenn sie dann, nach all den Mühen, all dem Exibitionismus und der Vordrängelei, nach all der Prahlerei, die abweisende Antwort vernehmen: »*Weg von mir, ihr Übertreter des Gesetzes!*« (Mt 7, 23)

XI
Der Speer der Homosexualität

Im kirchlichen Umfeld, vor allem aber in der vatikanischen Kurie, taucht Homosexualität entweder als Verleumdung auf, die ihr Opfer für den Rest seines Lebens aus dem Verkehr zieht, oder sie ist einem Speerwurf vergleichbar, in den die Sportlichen all ihre Kraft legen, um sich durchzusetzen. In jedem Fall ist sie eine harte Disziplin, die von den weniger Raffinierten betrieben wird.

Das Phänomen der Homosexualität – eine Lebensform, über die heute im allgemeinen milder und verständnisvoller geurteilt wird – dient in bestimmten Kreisen innerhalb des Vatikans dazu, Günstlinge rascher zu befördern und die weniger gern Gelittenen von jeglicher Anwärterschaft auszuschließen, indem man sie so gründlich mit Dreck bewirft, daß sie entmutigt von jeglichem Streben nach Beförderung ablassen. Welch elende Machenschaften und ihre Betreiber!

Aus der Liste der Anwärter hat manches Mal mehr Glück, wer sich vom Gürtel abwärts verwendet, als wer von der Taille aufwärts Herz und Geist ganz in den Dienst Gottes und seiner Mitbrüder stellt. Anmut zählt dort mehr denn Verdienst.

So manchen Prälaten der Kurie bringt eine gewisse uneingestandene Schwäche dazu, eine Vorliebe für den Schönen zu zeigen und diesem mehr Wohlwollen entgegenzubringen als dem Tüchtigen. Letztendlich lassen gewisse Sympathien der Oberen beinahe immer einen Hauch von Ephebophilie durchscheinen. Der Untergebene ist sich von der ersten Inanspruchnahme seiner Dienste an seiner Sonderstellung bewußt und bedient sich ihrer gern zum eigenen Vorteil. Der Schein des Madonno, welcher nur gerade so männlich ist wie nötig und typisch weiblich in seinem gefälligen Auftreten, trügt oft sogar ihn selbst, während er die zweideutige Anmut seiner ungewöhnlichen Züge profitabel einsetzt. Zumindest solange, bis ihn eine Übertreibung seiner schwulen Neigungen zu Fall bringt.

Speerwerfer

In einer italienischen Diözese brachte ein junger Mann seinen Bischof wegen sexuellen Mißbrauchs vor das Zivilgericht. Natürlich stritt der Bischof alles ab, dennoch verurteilte der Richter ihn zu einer Bewährungsstrafe. Als man ihn aufforderte zurückzutreten, bat der Monsignore um seine Berufung an die römische Kurie, ansonsten würde er seinen Posten nicht verlassen.

Den nationalen bürgerlichen Gesetzbüchern zufolge wird diese Form der Erpressung als Verbrechen gerichtlich verfolgt; nach dem kirchlichen Kodex jedoch wird eine solche Forderung mit der goldenen Formel *promoveatur ut amoveatur* gerechtfertigt, also Beförderung des Beschuldigten auf einen höheren Posten, um ihn aus dem Amt, in dem er Anstoß erregte, zu entfernen. Mit größter Leichtigkeit und Natürlichkeit erreichte dieser Bischof so seine Versetzung nach Rom auf einen eigens für seine Unterbringung in irgendeinem Winkel geschaffenen Behelfsposten als Beauftragter eines Amtes der Vatikanverwaltung. Umsonst sträubte sich der Leiter dieses Ministeriums, der dem Bösewicht nicht einmal einen Platz an einem Schreibtisch zugestehen wollte.

Der solcherart weg-beförderte Bischof zettelte sofort ein Gerangel um Zuständigkeiten und Meinungsverschiedenheiten an und spielte dabei geschickt die Karte der Verlegenheit, in die er ohne eigenes Verschulden geraten sei, aus. Wenn die Formel *promoveatur ut amoveatur* auf jede schwierige Lage anwendbar ist, wieso sich ihrer nicht auch in diesem Fall bedienen? Eines schönen Tages ward besagter Beauftragter also befördert zum Sekretär eines anderen, für Fragen der Migration zuständigen Ministeriums.

*

Vor einiger Zeit näherte sich die römische Polizei in der Nacht einem Wagen in Sonderausführung, der in der Nähe des Zirkus Maximus in einer Seitenstraße unter Bäumen geparkt war. Als die Polizisten die beiden halbnackten Insassen bemerkten, forderten sie sie auf, ihnen zur Aufnahme ihrer Personalien ins Polizeipräsidium zu folgen. Am nächsten Morgen veröffentlichten die Zeitungen den Namen des Prälaten, dessen Schwäche bekannt war, und den seines speziellen Freundes.

Von diesem Tag an begannen die bissigen Angehörigen der Kurie den Aphorismus *Si non caste, saltem caute* (wenn schon kein Verzicht, dann doch wenigstens mit Vorsicht) unter Anspielung auf den Namen des Ertappten und sein erotisches Arrangement in *Si non caste, saltem castel* umzuformulieren. Doch der Wind steht günstig für diesen geborenen Diplomaten, und siehe da, einmal auf der Überholspur, bringt er es seiner recht ungewöhnlichen Lebensführung zum Trotz bis zum Untersekretär und kürzlich schließlich bis zum Erzbischof und Ministerialsekretär. Herr, wie großzügig bist du doch sogar mit denen vom anderen Ufer!

Zur Strafe ließ der Herr Israel mitteilen: »*Et dabo pueros principes eorum; et effeminati dominabuntur eis*« (Jes 3, 4), und ich will ihnen Knaben zu Fürsten geben und Verweichlichte sollen über sie herrschen.

*

Wohl bekannt ist im Vatikan der Fall eines bedeutenden Prälaten, der die gesamte Kurie über einen Zeitraum von zirka vierzig Jahren in Schach hielt. Man sagte: Er beherrschte die Kurie länger als Karl der Große Frankreich. Einziger Sohn seiner Eltern, entdeckte er erst als Erwachsener seine Berufung zum Priesteramt, dem er sich ohne geeignete Ausbildung teils aus Mattheit, teil aus Begeisterung zuwandte. Um seine Aufnahme in den Dienst der Kirche bat er direkt im Staatssekretariat, wo er sofort Erfolg hatte, wenn auch nicht zur Freude aller.

Unentschlossen darüber, ob man ihn übernehmen sollte oder nicht, behielt man ihn zunächst zur Probe bei dem Substituten Giovanni Battista Montini, der ihn zu seinem persönlichen Sekretär machte und sich von da an für den Rest seines Lebens bedingungslos für ihn einsetzte. Schlau, wie er war, gewann der Prälat durch seine absolute Exaktheit und Strenge, auf die er stolz war, die Achtung seines Beschützers Montini. In der Kurie war er dafür bekannt, daß er mit nicht eben viel Geduld darauf wartete, an die Reihe zu kommen.

Egozentrisch in seiner Lebensweise, von starrem und sprödem Charakter, brillanter Intelligenz und absolut tyrannischem Gebaren, war er oft kurz angebunden und barsch, doch großzügig und manchmal wohlwollend und verständnisvoll. Er hatte sich eine schlechte Gewohnheit seines Herrn zu eigen gemacht und war krankhaft parteiisch und voreingenommen gegenüber allem und jedem, sei es als Beschützer oder als Verfolger. Er vereinte in sich hervorragende Tugenden und extreme Laster in der richtigen Mischung, und es ist ja bekannt, daß in der Kurie die Fehler des Vorgesetzten so kunstvoll aufgemacht, ausgeschmückt und verpackt werden, daß sie als Tugenden erscheinen. Der Niedergang der Moral führt zum geistigen Verfall, entgegen aller Logik.

Während jener Mann im diplomatischen Dienst aufstieg, kam es in Bern zu einem amourösen Zwischenfall mit einer jungen Schwester der dortigen Nuntiatur, die er anständigerweise heiraten wollte. Nachdem man die Schwester versetzt hatte, wurde der Prälat in eine andere Nuntiatur gesandt und zugleich befördert. Einzig störend war nur noch die Tatsache, daß die Ordensschwester zur Kongregation von Schwester Pasqualina gehörte, die im

Dienste Papst Pius' XII. stand; solange diese Verbindung zu Papst Pacelli bestand, gelang es ihr, den Prälaten von der Bischofswürde auszuschließen. Erst nachdem der Pontifex gestorben, Schwester Pasqualina abgesetzt und Papst Roncalli gewählt war, konnte er Bischof und Nuntius werden.

Als der Mailänder Montini Papst Paul VI. wurde, gab ihm sein ehemaliger Privatsekretär aus der ägyptischen Nuntiatur indirekt zu verstehen, daß er gerne nach Rom in seine Dienste zurückkehren würde. Als sich der aufstrebende Prälat in der Kurie zurückmeldete, bot man ihm ein nicht an die Kardinalswürde gebundenes Ministerium an, das er ablehnte. Inzwischen kamen seine Siebensachen an, die er rechtzeitig abgeschickt hatte. Er weigerte sich zurückzukehren und machte deutlich, daß er auf weitere Befehle warte.

Die Leiter der verschiedenen Ministerien gaben jedoch dem Papst zu verstehen, daß sie diesen Mann nur ungern als Sekretär in ihrem Amt sehen würden. Doch wenn Papst Paul VI. etwas wünschte, so durchbohrte er sein Gegenüber mit einem undurchdringlichen Blick aus seinen schmalen Augen wie mit einem Laserstrahl, bis der andere, erstarrt und wehrlos, stillschweigend nachgab.

Zufällig leitete genau der Nuntius, der den Prälaten damals in Bern aus dem Schlamassel gezogen hatte, nun als Kardinal ein Ministerium der Kurie. Nur er konnte ihm ein weiteres Mal aus der Verlegenheit helfen. Der erhabene Beschützer riet dem aufstrebenden Prälaten, jenen Purpurträger in seinem bergamaskischen Landhaus aufzusuchen, wo dieser lange Perioden in süßem Müßiggang zubrachte; er sprach im Namen des Papstes vor, und der Zeuge willigte ein.

Zwei Tage später gab der »Osservatore Romano« den Namen des Nachfolgers von Monsignore Giovanni Scapellini bekannt, der bis dato in der Furcht vor einer wenig ehrenhaften Entlassung gelebt hatte. Und so geschah es.

Der beförderte Würdenträger konnte weitere zwanzig Jahre in der Kurie verbleiben und, dank der prahlerisch zur Schau gestellten Unterstützung und des uneingeschränkten Vertrauens des Papstes Montini, kräftig über die Stränge schlagen. Alle in der Kurie, den ebenso großzügig bedachten, mächtigen Substituten Benelli eingeschlossen, waren überzeugt, daß er diesen Posten nur noch als Kardinal verlassen würde.

Die ungebremste Macht des protegierten Würdenträgers mündete in offensichtliche Begünstigungen und spezielle, kaum noch schicklich zu nennende Freundschaften mit Amtsdienern von jugendlichem Aussehen, und er gab deutlich zu verstehen, daß er sich alles herausnehmen konnte. Eines Nachmittags torkelte er angeheitert durch den Korridor seines Amtsgebäudes und sang über sich selbst: »Was habt ihr doch für einen tollen Sekretär!« Als die Pförtner ihn am Arm in sein nebenan gelegenes Appartment begleiteten, wehrte er sich und beschimpfte sie als Wüstlinge, daß sie ihn so respektlos zwängen, nach Hause zu gehen.

Die Ergebnisse einiger eingehender Nachforschungen über ihn wurden dem Papst vorgelegt, doch dieser wollte nicht einschreiten. Während Gott alles Gute tun möchte, was Er kann, konnte dieser Prälat alles Schlechte tun, was er wollte. Er hinterging sämtliche Kardinalpräfekten, die sich während seiner langen Amtszeit im Ministerium ablösten und die er wie Marionetten vor sein Zielfernrohr laufen ließ.

Es fehlten nur noch wenige Tage bis zu dem von Paul VI. einberufenen Konsistorium zur Ernennung der designierten Kardinäle. Auf der Liste der zukünftigen Purpurträger stand der Name seines Schützlings und Ex-Sekretärs an dritter Stelle. Kardinal Dino Staffa, Präfekt des Obersten Gerichtshofs der Apostolischen Signatur, informierte sich noch einmal bezüglich der dem Erzbischof und Sekretär zu Last gelegten Fakten; als ihm diese bestätigt wurden, schlug er sich erbost und enttäuscht auf die Knie und rief aus: »Das wäre doch eine gute Gelegenheit gewesen, um das Heilige Kollegium von dieser Person zu befreien. Er ist eine Beleidigung für all seine Mitglieder!«

Aber es ist ja bekannt, daß der Mensch denkt und Gott lenkt. Man schrieb 1975, das Jahr der größten Geldabwertung. Die Lira fiel täglich schneller, zum Schrecken all jener, die ein wenig Erspartes hatten. Wer konnte, versuchte seine »wertvollen« italienischen Devisen ins Ausland zu schaffen. Manch einer wurde dabei an der Schweizer Grenze festgenommen und ohne viel Federlesens hinter Gitter gebracht. Die Zeitungen informierten die Öffentlichkeit systematisch darüber, um eventuelle Nachahmer abzuschrecken.

Um seine Ersparnisse in Sicherheit zu bringen, beschloß nun auch unser Würdenträger, sie ein paar Tage vor seiner Ernennung zum Kardinal über die Grenze zu schaffen. Eine reine Routinesache ohne größere Gefahren für ihn als Vatikanbürger; so glaubte er zumindest. Er ließ sich von einem Hauptmann der Zollbehörde begleiten, einem Mordsstutzer, Bruder eines Monsignore aus seinem Amt. Der stattliche Militär war dem Prälaten nur behilflich, um der Karriere seines Bruders etwas nachzuhelfen. Dieser erfreute sich mit einer solchen Unterstützung in der Tat größter Beliebtheit im Staatssekretariat, welches ihm bereits ein Botschaftervisum für den Orient bewilligt hatte; die Kollegen in der Kurie katzbuckelten verschwenderisch vor dem glücklichen Günstling, dem ein himmlischer Aufstieg bevorzustehen schien.

Als der Prälat und der Hauptmann also am Grenzübergang von Pontechiasso angekommen waren, bat ein Polizeibeamter um die Erlaubnis, den Wagen durchsuchen zu dürfen. Mit einem Ausdruck träger Siegesgewißheit zückte der Prälat seinen Dienstausweis und gab sich so als Vatikanbürger zu erkennen. Der Grenzbeamte, dem solche diplomatischen Feinheiten möglicherweise nicht geläufig waren, wandte sich ratsuchend an den Hauptmann im Diensthäuschen; peinlich berührt kehrte er mit der Anweisung zurück, die Durchsuchung fortzusetzen. Die Angelegenheit ließ sich schlecht an.

Das größte Unheil drohte dem Hauptmann der Zollbehörde, der eine Anzeige riskierte. Angesichts der unbeugsamen Haltung der Kollegen an der Grenze gab der Hauptmann bei den diensthabenden Polizeibeamten an, daß er den Würdenträger lediglich zu dem nämlichen Grenzübergang begleitet, ansonsten jedoch kein spezifisches persönliches Interesse an der Fahrt gehabt hätte; er sei ein Freund des Prälaten, also habe er ihm Gesellschaft geleistet, ohne weiter nach dem Grund des Ausflugs zu forschen. Dennoch wurde auch er festgenommen.

Bezüglich des mit italienischen und ausländischen Devisen prall gefüllten Koffers erklärte der Prälat, daß er ihn im Auftrag des Vatikans in die Schweiz brächte. Er bestand darauf, sich telefonisch mit dem Substituten des Staatssekretariats, Monsignore Benelli, in Verbindung setzen zu dürfen, der zu so später Stunde jedoch weder im Büro noch zu Hause erreichbar war. Der Prälat und der Hauptmann blieben die ganze Nacht und den folgenden Sonntag unter Arrest.

Die Angelegenheit bekam sogleich diplomatisches Gewicht: Der Vatikan hatte mit diesem Schmuggel italienischer Devisen ins Ausland natürlich nichts zu tun. Monsignore Benelli kochte vor Wut; doch ihm war klar, daß er die Inhaftierung eines Erzbischofs und Sekretärs der römischen Kurie und den Skandal, den diese nach sich ziehen würde, nicht zulassen konnte. Die beiden Außenministerien, die Polizei und die Nuntiatur waren alarmiert.

Um sie aus dem Arrest an der Grenze zu befreien, kam man überein, auf die einzige diplomatische Lösung zurückzugreifen: Der Prälat und der befreundete Hauptmann wurden entlassen, die Ersparnisse im Koffer blieben unangetastet, und es durfte nichts schriftlich festgehalten werden. Man sagte nur: »Sie, Monsignore, sind niemals hier vorbeigekommen, haben Sie verstanden?«

Doch die Zeitungen enthielten am nächsten Morgen sarkastische Kommentare: ein durchsuchter und befreiter Prälat. Viel Lärm um eine Handvoll Dollar und Lire. Währenddessen strich wider Willen eine erlauchte Hand den dritten Namen von der Liste der zu ernennenden Kardinäle. Unaufhaltsam folgte der Niedergang des so aus dem montinianischen Nest geworfenen Prälaten und seiner Günstlinge.

Mehrere Male bat der Entmachtete an höherer Stelle darum, dem von ihm geförderten Monsignore in Anerkennung seiner treuen Dienste wenigstens eine Diözese zu überlassen. Vergeblich. Und kaum war der Gönner beseitigt, wurde auch sein Schützling in ein anderes Ministerium versetzt, nach dem Motto *promoveatur ut amoveatur*, das in der Kurie jede festgefahrene Situation zu lösen vermag.

So endete der Höhenflug jenes Würdenträgers, dessen Leben vom ersten bis zum letzten Akt einer Seifenoper glich. Für seinen Abgang wartete er noch bis zum letzten Tag des *Ingravescentem aetatem*. Doch damit nicht genug. Schließlich sollte seine Nachfolge so geschmeidig wie möglich vonstatten gehen, damit in seinem Amt alles unverändert bliebe. Genauer gesagt: Die Unfähigkeit seines Nachfolgers sollte die Intelligenz und Gewitztheit des Vorgängers erst richtig zur Geltung bringen.

Außerhalb seines Hauses, in einer Sackgasse jenseits eines schmalen Durchgangs wird ein reiches Mahl abgehalten. Fünf namhafte Prälaten, zwei von ihnen aus Brisighella, sitzen in einem separaten Raum. Das übliche Arbeitsessen, bei dem über den vorzuschlagenden Kandidaten entschieden werden soll. Bei den besagten Vorgaben kann die Wahl nur auf den einzig Unfähigen und Untauglichen fallen. Man setzte auf den Ukrainer, schlau wie ein Fuchs und listig wie eine Schlange, den die russische Regierung so sehr schätzte, daß sie ihm freie Ein- und

Ausreise in sein Vaterland gestattete: eine hilflose Kreatur, die der scheidende Gönner seinerzeit in bischöfliche Gewänder gekleidet hatte.

In Momenten der Unsicherheit und Unentschlossenheit öffnen sich demjenigen, der nicht eben brillant wirkt, obwohl er augenscheinlich wenig zu bieten hat, aus welchem Grund auch immer Tür und Tor zu einem steilen Aufstieg, und das um so eher, wenn er für die Aufgabe, die ihm übertragen werden soll, nicht geeignet ist. Nachdem er in jenem abgelegenen Zimmerchen von den Fünfen bestimmt worden war, folgte seine Ernennung einige Tage später mit der vollen erlauchten Zustimmung des Heiligen Vaters, welcher diese Nachfolge nichtsahnend für die allernatürlichste und treffendste der Welt hielt.

In Ermangelung akademischer Auszeichnungen sammelte der neue Sekretär in der Zwischenzeit Doktortitel honoris causa an verschiedenen europäischen Universitäten. Eine solche Sammlung ist ein willkommener Antrieb auf dem Weg zur ersehnten Kardinalswürde. In all diesen langen Jahren hat er seinen Untergebenen immer sehr gut erklärt, wovon er keine Ahnung hatte.

Dank jener Absprachen war die Nachfolge also schnell geregelt. Viel schwerer gestaltete sich das Problem, den Ballast des abgelegten Operettenwürdenträgers loszuwerden, der lange Zeit übelriechend in der Kurie verblieb. Man wollte ihn der ukrainischen Kirche überlassen, aber diese Bischöfe, die noch den Geruch der Lager an sich haben und deren Narben noch nicht verheilt sind, weigerten sich rundheraus, ihn als Erzbischof anzunehmen. Möge sich die römische Kurie selbst an ihm erfreuen; weit Schlimmeres gewohnt, sollte ihr ein Kardinal mehr oder weniger nicht zur Last fallen. Wer noch in den Katakomben lebt, bevorzugt das Alte vor dem Neuen.

Für sie hat der Prophet Hosea geschrieben: *»Denn sie säen Wind, und sie ernten Sturm.«* (Hos 8, 7)

Eine falsche und verlogene Geschichte

Im Unterschied zur Renaissance ist die heutige Zeit nicht in der Lage, auch im Negativen nicht, Persönlichkeiten vom Format eines Julius II., eines Giuliano della Rovere, dieses glänzenden Mäzens und kühnen Kriegers, hervorzubringen; oder eines Alexander VI., des Borgia-Papstes, der die Gestaltung der Loggien bei Raffael in Auftrag gab, ungeachtet des dringenden Verdachts, daß er die Frucht eines ungeheuerlichen Inzests sein könnte. Unter dem Schutz der Kirche dieser Epoche, die von so ausgeprägt hierarchischer Struktur war, daß die gravierenden Irrtümer der nachfolgenden Eliten sie schwer trafen, erstrahlten die göttlichen Wahrheiten dank ihrer eigenen Vollkommenheit oder vermittelt durch die Werke und Taten wahrhaft erleuchteter Persönlichkeiten in neuem Glanz. In unseren Tagen dagegen verseuchen elende Prälaten-Hexenmeister die Säle der Borgia mit stinkenden Giften.

Virgil lehrt uns, daß die Geschichte über manche Geschehnisse erst mit der Zeit richtet: *Forsan et haec olim meminisse iuvabit*, es wird einmal nützlich sein, sich an diese Dinge zu erinnern. Doch nur wenigen ist es gegeben, die die Kirche betreffenden Angelegenheiten und historischen Ereignisse wirklich zu durchdringen; erst müssen sie sich setzen auf dem enormen multimedialen Grund der dreidimensionalen, das heißt irdischen, kirchlichen und göttlichen Zeit. Vor diesem Hintergrund werden Wahrheiten sichtbar, die die Geschichte der Oberfläche oft nicht erwähnt, jene flüchtige Chronik, die nur die augenscheinlichen Dinge festhält, ohne sich weiter um die Vermutungen, zu denen sie Anlaß geben, und die Winkelzüge, aus denen sie entstehen, zu kümmern, während die eigentliche Geschichte in ihren Falten unkenntlich und verborgen bleibt. Was kann uns diese Geschichte schon lehren! Sie wird zur Schmeichlerin in einem Kontext, in dem selbst die Lüge nicht mehr wirklich verlogen ist (Ermanno Olmi). So kommt es, daß am Anfang das

Wort war und am Ende nur noch loses Geschwätz ist (Stanislav Lem).

Die Kehrseite der Geschichte ist um so interessanter, je ungehobelter sie daherkommt. Jenes dichte Geflecht von Anekdoten rund um die Beförderungen bildet das Substrat, die Stütze und manches Mal auch die Gegenprobe des Lackmuspapiers für bestimmte Phänomene, Ereignisse und Personen aus der Sicht dessen, der sich aus dieser Unsitte herauszuhalten vermag.

Der Zug der Geschichte kommt nicht einfach jederzeit vorbei; man muß sofort aufsteigen, wenn er ohne Vorwarnung an einem vorüberfährt. »Haltet die Welt an, ich will aussteigen!« rief Totò; doch er mußte feststellen, daß man die Welt nicht anhalten kann, wann und wo man es wünscht.

Wie viele krankhaft Geltungsbedürftige und Machthungrige verstecken hinter dem Blendwerk der Bescheidenheit nicht heimliche Ambitionen, die Gier nach Aufstieg und Ämtern, lauter Dinge, die, sobald sie erreicht sind, das Treiben der Hauptdarsteller in den Palästen der Kurie in Rom und in den Diözesen bloßstellen. Ein Pedigree-Szenario, hinter dem sich eine ganz andere, sorgfältig vor aller Welt geheimgehaltene Wahrheit verbirgt, so daß die offiziellen historischen Zeugnisse darüber falsch und verlogen sind. Jeder Mensch ist ein Geheimnis; und je bedeutender er ist, desto unentzifferbarer ist die Spur seines Geheimnisses.

Der Historiker muß in mühevoller Arbeit das Authentische vom Erfundenen trennen, obwohl er weiß, daß auch das Phantastische ein Teil der Geschichte oder, besser gesagt, Geschichte ist, die sich im Bereich des Legendären bewegt.

Um seine eigene Macht zu festigen, muß man im Vatikan auf dem Hintergrund des unvergänglichen heidnischen, orientalisierenden, spanischen und aus der Renaissance überkommenen Erbes, das bis heute, Ende des zweiten Jahrtausends, den Olymp des geltungssüchtigen und machthungrigen päpstlichen Hofes durchdringt, seinerseits Ansehen, Prunk und Pomp zur Schau stellen: *Romae omnia venalia*, in Rom wird alles käuflich. *»Dann ziehen sie weiter, wie der Sturmwind sausen sie dahin. Doch sie werden es büßen, denn sie haben ihre Kraft zu ihrem Gott gemacht.«* (Hab 1, 11)

Es bedarf einer grundlegenden Umkehr, um uns alle mit Christus auf den letzten Platz zu befördern. Er steht nicht für unsere selbstsüchtigen Enscheidungen ein; er nimmt keine durch eigennütziges Kalkül verdorbenen Gaben an. *»Sie verdrehen meine Worte den ganzen Tag; auf mein Verderben geht ihr ganzes Sinnen. Sie tun nichts als Unrecht, sie lauern und spähen und beobachten meine Schritte; denn sie trachten mir nach dem Leben.«* (Ps 56, 6–7)

Seinen Nächsten zu lieben wie sich selbst wird im gegebenen Kontext zu einer Ausrede, einem Winkelzug, um sich selbst, angetrieben von trügerischem Egoismus, ins Zentrum der Aufmerksamkeit zu rücken. Lieben ist ein Verb, das sehr schwer zu konjugieren ist, sagt Cocteau: Seine Vergangenheit ist nicht einfach, seine Gegenwart nicht gewiß, und seine Zukunft ist an viele Bedingungen geknüpft.

XII
Die Aufsteigenden und die Untergehenden

Alle Vatikanangehörigen werden von vornherein, gewissermaßen per Prägestempel, in zwei verschiedene Kategorien eingeteilt. Da sind zum einen diejenigen, die alles immer sofort wollen, ohne jedoch selbst allzuviel zu geben. Sie gehören zur großen Minderheit der Aufsteiger, von denen bereits die Rede war und die uns auch im folgenden beschäftigen wird.

Zum anderen sind da jene, die im verborgenen alles geben, ohne daß sie dafür auch nur in den Genuß der elementarsten Grundrechte kämen. Sie gehören zu den 80 Prozent der Gesichtslosen, der in der Masse Untergehenden, der Taucher, die nicht mehr an die Oberfläche gelassen werden, der Entrechteten, der zu einem Ameisenvolk Degradierten. Als gewissermaßen anonyme Vatikanmitglieder sind sie Verdächtigungen jeder Art ausgesetzt, Anschuldigungen, für die es keine Beweise gibt. Sie müssen sich massive Einmischungen in ihr Privatleben gefallen lassen und sind bevorzugte Opfer von bösen Streichen, die ihren Ruf schädigen und ihre Ehre verletzen. Diese werden sorgfältig geplant und im verborgenen ausgeführt. Nie gibt es Beweise – und somit auch keine Gelegenheit zur Selbstverteidigung. Ihre Situation ist vergleichbar mit der geistig Behinderter, die auf einen Vormund angewiesen sind.

Je nachdem, wie einer gestellt ist, wird im Vatikan folgendermaßen mit ihm verfahren: Ist er einer von denen, die auf dem Grund bleiben sollen, so wird ihm, und sei er auch ein Genie, jede Beachtung versagt bleiben, bis man ihn schließlich aus dem Amt entfernt, indem man ihm rät, sich aus dem Amt zurückzuziehen, und dafür sogar bereit ist, ihm ein paar Jahre früher die Pension zu zahlen. Wer gegen das System aufbegehrt, den verweist die Kurie schlicht aus ihren Reihen – mittels Ausschluß, Herabstufung, Verwarnung oder gar durch Versetzung in den vorzeitigen Ruhestand. Verbrannte Erde und ein Scherbengericht bestimmen fortan das Umfeld des Widerspenstigen: Kollegen gehen auf Distanz, und Freunde machen sich rar.

Was immer der solcherart sanktionierte Geistliche nun tut, es wird in jedem Fall als Bestätigung dafür verstanden werden, daß der Verweis zu Recht erfolgte. Schweigt er, so wird sein Vorgesetzter verbreiten, daß er mit seinem Schweigen eingesteht, des Aufstiegs in der Tat nicht würdig zu sein. Protestiert er, so ist sein Ausschluß im nachhinein durch seine mangelnde Bereitschaft zur Unterordnung gerechtfertigt. Man bedient sich der Präventivstrategie Don Bossos: Im voraus strafen. Ruhigen Gewissens.

*

Die andere Kategorie ist die der Aufstrebenden, derer also, die nach dem Willen eines irdischen Gottes für Beförderungen auserkoren sind. Sie genießen eine Sonderstellung: Ihr Ruf wird mit Bedacht gepflegt, indem Schwächen minimalisiert und Qualitäten dazugedichtet oder stark übertrieben werden. Eine Mannschaft aus Unverschämten, die eine vorgefertigte Wohlanständigkeit zur Schau tragen bei allem, was sie tun.

Selbst wenn sie von der allgemeinen Ordnung abweichen, haben sie immer die erste Wahl – ob es sich nun um Lebensmittel, um die Wohnung, um Büroräume oder prestigeträchtige Nominierungen handelt. Ähnlich wie junge Offiziersanwärter aus einer besonders glorreichen Armee-Einheit genießen sie sogar das Privileg, die Ausbildung zu überspringen, um unmittelbar die Kompetenzen höherer Ebenen zu erlangen.

Will man einem eigenen Günstling zum Aufstieg verhelfen, so erfordert dies List und Geschick: Um die Verdienste des Kandidaten eindrucksvoller erscheinen zu lassen, lanciert man eine sorgfältig manipulierte Nachricht und sorgt dafür, daß sie denjenigen zu Ohren kommt, die die Entscheidungen treffen. Oder man verschafft ihm gar eine Einladung an die päpstliche Tafel. Warum nicht, wenn doch alles erlaubt ist? Der Rest ergibt sich dann schon in der vorgesehenen Zeit, wenn man dem verantwortlichen Oberen nur genügend um den Bart streicht und ihn ein bißchen in Weihrauch hüllt. Wenn es dem Initiator solcher unfairen Aktionen gelungen ist, alle anderen zu übergehen, um seinen Favoriten nach vorn zu bringen, bemüht er sich, die Protestierenden davon zu überzeugen, daß ihr Aufbegehren sinnlos sei, da die Beförderung bereits von höherer Stelle abgesegnet und somit als regulär zu betrachten sei. In Wirklichkeit sind jedoch die höheren Stellen meist noch gar nicht informiert.

Das genaue Gegenteil geschieht, wenn es gilt, jenen in ein schlechtes Licht zu rücken, der seinen Posten räumen soll. So stehen gewisse Projekte, seien sie auch armselig, unter dem Vorzeichen des Unrechts, der List und der Lüge. Aristoteles sagt: »Es gibt nichts Schädlicheres als die Ungerechtigkeit, die die Mittel hat, Schaden anzurichten.«

Mag der Auserwählte auch ein Dummkopf sein, mit dem Wind im Rücken wird er sicher an sein Ziel gelangen. Darauf haben seine erklärten Protektoren ihm ihr Wort gegeben, und um ihren Günstling unterzubringen, arbeiten sie im Schutz päpstlicher Geheimhaltung, die ihnen, wie wir gesehen haben, als Schutzschild dient.

Die Versuchung, die alleinige Entscheidungsgewalt über alle Beförderungen und Ausschlüsse in den Händen der Autorität zu konzentrieren, ist in der Kirche, ähnlich wie in einem Staatsregime, ungleich stärker als in anderen Gesellschaftsformen. Diese Autorität verweist bei jeder ihrer Entscheidungen, insbesondere wenn sie diskriminierend und ungerecht ist, auf die Eingebung durch den Heiligen

Geist, wodurch sie unumstößlich und also unanfechtbar wird. Ohne das Umfeld der Kurie zu kennen, erklärte Einstein, es sei einfacher, ein Atom zu spalten als ein Vorurteil.

Kurz und gut: Immer sind sie am Podium zu finden, und immer stehen sie in vollkommenem Mißklang zu der universellen Menschenrechtserklärung. Der eine und der andere Geistliche – der aufsteigende und der untergehende nämlich – schreiten voran, indem sie in Dissonanz zwar dieselbe Partitur singen, aber in verschiedenen Tonarten: »Christus ist geworden wie wir, damit wir werden wie er.«

Das Spiel der Politik lehnt sich am Gänsespiel an: Kommt man auf das Feld des Heiligen Offiziums, muß man sechs Felder zurück; von dem der Freimaurerei aus darf man eine Runde vor; kommt man auf das Feld der päpstlichen Audienz, darf man drei Felder weiter; gelangt man auf das der Beanspruchung eines höheren Amtes: Verwarnung, und zurück auf »Start«; auf das der päpstlichen Tafel: Man ist auf der Zielgeraden; auf das der Konkurrenz mit Aufsteigenden: Mit nur einem Würfel weiterspielen … Das Spiel nimmt seinen freien Lauf – ohne Schiedsrichter, dafür aber mit viel Willkür und Ellenbogenstößen.

Im ehemaligen Vernichtungslager Auschwitz ist heute gleich im ersten Pavillon ein stark vergrößertes Foto zu sehen, das einen Arzt zeigt, der mit der Spitze seines Stockes die Deportierten in unendlich lange Warteschlangen aufteilt. Mit dem kaum wahrnehmbaren Schwenken dieser Stockspitze entschied er das Schicksal der einzelnen Deportierten: Er schickte sie entweder zum »Duschen«, also in die Gaskammern, oder zur Zwangsarbeit. Eine grausame Entscheidung, die auch heute noch die Besucher kalt erschauern läßt. Gewisse Benachteiligungen und Beförderungen von seiten der Kurie lassen einen mit Entsetzen an die makabre Bewegung der erbärmlichen Stockspitze eines gesichts- wie skrupellosen Arztes denken.

Die Kirche hat eher die Gettos in ihrem Inneren zu fürchten als Verfolger von außen, denn letztere kann sie bekehren und zu Heiligen machen. Erstere hingegen halten sie im Würgegriff und führen zu ihrem Zerfall. Die höchsten Entscheidungsträger legen je nachdem, wie es bequemer ist, ein für allemal oder von Mal zu Mal neu fest, was mit jedem einzelnen Untertan geschehen soll: Aufstieg oder Einebnung in die Bedeutungslosigkeit. Abhängig von der jeweiligen Optik können Tugenden und Laster, Ausgeglichenheit und Leidenschaften, Liebe und Haß dasselbe oder auch ein unterschiedliches Maß und Gewicht aufweisen, ähnlich wie gewisse chinesische Überraschungsschachteln.

Je nachdem, woher der Wind weht, können einige derer, die im Spinnennetz hängen, als einfache Wegwerfobjekte gelten. Die für die höheren Sphären Bestimmten hingegen werden mit schamloser, geradezu höhnischer Dreistigkeit vorwärtsgeschoben. Vor diesem Hintergrund sind Verdienste, erworbene Naturrechte und Vorrechte wie Staub auf ihrer Waagschale, deren Teilgerechtigkeit von der Ambivalenz des jeweiligen Moments bestimmt wird.

Selbst gewisse menschliche Schwächen werden höchst unterschiedlich ausgelegt – je nach der Person, die sie aufweist: Werden sie bei jemandem angetroffen, der den höheren Ebenen angehört oder für sie vorgesehen ist, deutet man sie positiv als Zeichen für ein ausgeprägtes Temperament. Betreffen sie hingegen einen aus dem Fußvolk, so werden sie rigoros ausgeforscht und nach sowjetischen Methoden eliminiert.

Allzu viele Rehabilitierungsverfahren wären im Vatikan erforderlich, um die Lebenden vor dem Irrtum einer ungerechten Kodifizierung zu bewahren, die immer im Hinterhalt lauert (Sforza Pallavicino). Zur Zeit findet man allgemein Gefallen daran, das Gute zu zerstören, um es nach posthumer Rehabilitierung wieder zuzuerkennen: *Virtù viva spregiam; lodiam estinta.*

Von nichts kommt nichts

Das System der Kurie tendiert dahin, die Untertanen alle unter der schweren Hand des Oberen zu versammeln, der für sie entscheidet. Wehe dem, der ohne die erforderliche Zustimmung den Aufstieg wagt: Auf diese Weise würde er unweigerlich in Ungnade fallen, weshalb es eine solch prahlerische Geste um jeden Preis zu vermeiden gilt.

Ein Psychoterror, der an jenen erinnert, unter dem die Eltern des blind geborenen Kindes standen, das Jesus geheilt hatte: Sie hätten sich eigentlich über das wundersame Ereignis freuen müssen, statt dessen jedoch weichen sie den Mitgliedern des Hohen Rats widerspenstig und scheu aus: »*Die Juden aber wollten nicht glauben, daß er blind gewesen und sehend geworden war. Daher riefen sie die Eltern des Geheilten und fragten sie: Ist das euer Sohn, von dem ihr behauptet, daß er blind geboren wurde? Wie kommt es, daß er jetzt sehen kann? Seine Eltern antworteten: Wir wissen, daß er unser Sohn ist und daß er blind geboren wurde. Wie es kommt, daß er jetzt sehen kann, das wissen wir nicht. Und wer seine Augen geöffnet hat, das wissen wir auch nicht. Fragt doch ihn selbst, er ist alt genug und kann selbst für sich sprechen. Das sagten seine Eltern, weil sie sich vor den Juden fürchteten; denn die Juden hatten schon beschlossen, jeden, der ihn als den Messias bekenne, aus der Synagoge auszustoßen. Deswegen sagten seine Eltern: Er ist alt genug, fragt doch ihn selbst.*« (Joh 9, 18–23) Ausgestoßen zu werden bedeutete, alle Standesrechte und Privilegien zu verlieren. Ebenso wie es einem Sturz von der Karriereleiter gleichkommt, wenn man bei der Kurie in Ungnade fällt.

»*Der, der über die Edlen Verachtung ausgoß*« (Ps 107, 40), scheint ihnen sagen zu wollen: Wer auch immer von euch Schuld jedweder Art auf sich geladen haben mag – ich räume ihm auch noch das Vorrecht ein, als erster Steine jeder Größe auf diesen Unseligen zu werfen, den ich in die Mitte eures Kreises stelle. Steinigt ihn ohne Unterlaß, bis daß ihr ihn zerstört habt in dem, was sein Wertvollstes ist: die Ehre, die Würde, der gute Ruf.

Niemandem ist daran gelegen, die Verteidigung für einen zu übernehmen, dessen Karriere abgebrochen wurde, auch wenn der sich voll im Recht befindet. Jeder weiß, daß er dafür sämtliche Konsequenzen zu tragen hätte. Warum sollte man sich das eigene Fortkommen solchermaßen verbauen? Es gibt nicht viele, die sich wie der heilige Maksymilian Kolbe dazu berufen fühlen, für den anderen das Martyrium zu erleiden! Das kuriale Milieu läßt die Bediensteten zu ausgesprochenen Angsthasen werden.

In dem unerwünschten Fall, daß ein mutiger Gegenkläger bis zu diesem Punkt vorstoßen sollte, würde man ihm zu verstehen geben, daß seine Gegenwart von nun an gerade noch eben toleriert würde, daß er jedoch bei wiederholter Störung damit rechnen müsse, entfernt zu werden, mindestens dadurch, daß man ihm ein anderes, weniger bedeutendes Amt zuweist. Klar, daß ein solches Schreckensszenario jeden unterwürfig schweigen läßt. Wo das Glück sich nicht einstellt, nützt aller Verstand nichts. Wenn es stürmt, entspricht die beste der gefürchteten Maßnahmen der schlechtesten aller möglichen.

Allmählich sterben sie aus, die Vatikanbediensteten mit hohem und heiligem Berufsethos: unflexibel ohne Hochmut, entgegenkommend ohne Schwäche, solidarisch ohne Schmeichelei. Als unbeugsam geltend, machen sie dem armen Vater-und-Herrn-und-Oberen das Leben schwer, der so nicht mehr freie Hand hat, nach eigenem Bedarf über das Personal zu verfügen.

Sterne leiten, Meteore dagegen vernichten. Churchill sagte, ein Mann mit Charakter habe immer einen schwierigen Charakter, da er wenig formbar und manövrierbar durch die Herrschenden sei. In Momenten der Erschöpfung und Niedergeschlagenheit kann es ihm passieren, daß er um seiner Ruhe willen Kompromisse eingeht, die sein Gewissen in anderen Situationen nie zugelassen hätte.

Für die Römer waren die Sklaven ein Gut, das es zu

schützen galt; der Kurie sind ihre Angestellten weniger wert. Bezogen auf Beförderungen wie auf Stagnation, sowohl was die Aufsteiger als auch was die Untergehenden betrifft, geht es zu wie in der Botanik: Bei gewissen Kletterpflanzen kappt man die Spitze jedes einzelnen Triebes, damit sie nicht zu sehr emporklettern. Andere hingegen läßt man wuchern und mehr Raum einnehmen, als ihnen zusteht.

*

Ein vorbildlicher Familienvater, praktizierend und in der Pfarrei bekannt, kommt eines Tages zum Vizepfarrer, dem er sich gewöhnlich in geistigen Dingen anvertraut, um ihn in einer Sache um Rat zu fragen.

Er hatte in der Via Carlo Veneziani in der Gegend von Magliana eine Wohnung zum Verkauf angeboten. Ein 19jähriger junger Mann stellt sich vor und bittet die Räumlichkeiten sehen zu dürfen. Er begleitet ihn. Die Wohnung sagt dem jungen Mann zu, und er möchte sie kaufen. Nachdem der Preis über soundsoviel Millionen Lire ausgehandelt ist, setzt man einen Vorvertrag auf, in dem Anzahlung und Zahlungsbedingungen festgehalten werden. Der junge Mann versichert, mit Schecks zahlen zu wollen. Nach nur zwei Tagen kommt er zurück und händigt ihm zwei Schecks über die vereinbarte Summe aus. Der Verkäufer bittet um eine Fotokopie des Schecks, um bei der Bank Informationen einholen zu können, welche er prompt von einem befreundeten Bankdirektor erhält. Auskunft: Die Schecks waren regulär gedeckt, und nicht nur das, sie stammten überdies von einem Konto, das auf den Namen eines Kardinals ausgestellt war. Der Verkäufer sagt also dem jungen Mann, daß der Kontoinhaber ein hoher kirchlicher Würdenträger sei. Ohne auch nur eine Miene zu verziehen, erklärt der junge Käufer mit sichtlichem Stolz, er sei in der Tat ein enger Freund des Kardinals ...

In seiner Gewissenhaftigkeit wandte der Wohnungsbesitzer sich nun an den Priester mit der Frage, ob er mit dem Verkauf der Wohnung an den jungen Interessenten fortfahren könne, ungeachtet der seltsamen Herkunft der Kaufsumme, oder ob es besser sei, einen anderen Käufer zu suchen. Der Priester versicherte dem Ratsuchenden, daß er das Geschäft durchaus zum Abschluß bringen könne. Ohnehin würde er nicht in der Lage sein, dem Verdacht auf den Grund zu gehen, wie auch immer er sich in der Angelegenheit verhielte.

Von nichts kommt nichts, kamen sie zum Abschluß des Gesprächs überein. Wie es auch für Aktiengesellschaften gilt: Wenn du zu nichts gebraucht wirst, schenkt dir auch niemand etwas.

✻

Unmittelbar vor dem Pressesaal des Vatikans informierte der Monsignore Direktor der Leoniana einen befreundeten Prälaten, daß der dreiste Bischof Fiore nun am Ziel sei: In wenigen Tagen sollte er zum Kardinal ernannt werden.

»Das kann nicht wahr sein! Wurden ihm nicht schlimme Dinge nachgesagt?« fragte der Prälat überrascht. »Weil er ein zügelloses Leben geführt hat? Monsignore, wie naiv!« erwiderte der Direktor und fügte hinzu: »Wenn einer auf dieser Höhe angelangt ist, wird alles gelöscht. Solche Dinge werden zu Kleinigkeiten. Alles ist perfekt: Die personifizierte Unschuld. Das Kardinalsgewand ist wie ein zweites Taufkleid. Niemand wird ihn jemals wieder auf seine Vergangenheit ansprechen. Höchstens auf Verdienste und Ehren auf Grund seiner großzügigen Hilfe für Polen!«

Indem er 50 Milliarden Lire für Solidarność und ein polnisches Krankenhaus locker machte, ließ Fiore den Papst über eine Vertrauensperson wissen, daß, während viele andere nach der Kardinalswürde strebten, ohne es auszusprechen, er sie sich als Dank für jene Wohltätigkeit erwartete. Dies in klaren Worten zu Wojtyła gesprochen, welchem als angemessene Gegenleistung daran gelegen war, die Ambitionen des großzügigen Wohltäters auf das Kardinalsamt zu achten.

In jener Zeit ging das Gerücht, daß der italienische Staatspräsident, da er nicht Fiore zum Senator auf Lebenszeit machen konnte, diese Ehre Giulivo zuteil werden ließ. Während der Papst diesen nicht zum Kardinal ernennen konnte und statt dessen aus freundschaftlichen Motiven nun jenen dazu machte, was mehr als einen Politiker vor Neid erblassen ließ. In den damaligen Wahlkämpfen hätte sich so mancher Kandidat einen eigenen Kirchenvertreter gewünscht, der die Wähler zu seinen Gunsten beeinflusste, und jeder erfolgsorientierte Prälat hätte gern einen eigenen Giulivo an seiner Seite gewußt, der ihm beim Erklimmen der höheren Ebenen behilflich wäre, womöglich gar des Kardinalsamtes. Eine perfekte Symbiose aus Mut und Unverschämtheit im Alltagsleben.

Regelmäßig vor jeder Parlamentswahl erwarteten die Kapellane, die Ordensschwestern und das Krankenhauspersonal, zu Fiore gerufen zu werden, der ihnen, ohne ein Blatt vor den Mund zu nehmen, ins Gewissen redete, für den listigen Präsidenten zu stimmen und stimmen zu lassen, der sich seinerseits zum Garanten für die Kardinalsweste gemacht hatte.

Tags darauf, einem Sonntag, hieß es im Gebet der Gläubigen: »Herr, befreie deine Kirche von der Klassenherrschaft, vom Triumphalismus und den Privilegien des Klerikalismus, von Prestigeämtern, die sie von der Gleichheit und dem Miteinander entfernt. Verteidige sie gegen die Gier und die Anmaßung, mehr wert zu sein, mehr zu wissen, alles zu können: Wir bitten dich!« Die Kommunisten in ihrer Frühmesse und die Christdemokraten in der Abendmesse murmelten ohne Enthusiasmus und Überzeugung: »Herr, erhöre sie!«

Gefühlsinvestitionen mit Gewinnorientierung

Das Thema Freundschaft ist mit äußerster Vorsicht zu behandeln, denn auch die engelhafteste Beziehung kann durch Anschuldigungen zum Skandal werden und umgekehrt, je nach den verfolgten Absichten. Zahlreich sind die Freunde dessen, dem der Aufstieg gelingt. Sie legen Wert darauf, sich ins Blickfeld zu rücken und uneigennützig ihre Dienste anzubieten. Etwas sehr Seltenes ist hingegen der Freund eines Mannes, dessen Weg abwärts führt oder der in Ungnade gefallen ist. Das Umfeld gebietet Vorsicht und Zurückhaltung. Der Freundschaft in der Kurie haftet der Geruch der Berechnung an. Wie viele unangemessene Gefühlsinvestitionen werden nur in der Hoffnung auf eine Beförderung gemacht!

✳

Ein junger Laienbruder wurde als Amtsdiener einem Dikasterium zugeteilt, in dem das vorschriftsmäßige Personal bereits vollzählig war. Der zurückhaltende, freundliche junge Mann faßte mit der Zeit Zutrauen zu einem Monsignore im selben Ministerium. Er erklärte ihm, daß er sich in einer peinlichen familiären Situation befände. Von klein auf habe er immer einen hohen Prälaten des Staatssekretariats zu Hause ein- und ausgehen sehen, wobei ihm klar gewesen sei, daß er der Geliebte seiner Mutter war. Nun, da er volljährig sei, verlasse seine Mutter das Haus, um den Prälaten zu treffen. Die beiden, so der junge Mann, lebten in einer eheähnlichen Beziehung: Er bat um Rat, wie er sich in dieser pikanten Situation verhalten solle.

Äußerste Vorsicht hinsichtlich der Zuverlässigkeit der aus den Beobachtungen gezogenen Schlüsse voraussetzend, ließ der Geistliche es dem jungen Mann vollkommen frei, den Oberen so viel zu berichten, wie es ihm angebracht erschiene, oder auch zu schweigen. Der junge Amtsdiener hatte nicht den Mut, seine Mutter anzuschwärzen und mit ihr den Prälaten, den er wohl oder übel als Vater anerkannte. Die Sache wurde nicht weiter verfolgt.

Die Korruption dringt bis in die intimsten Winkel des Heiligtums Gottes vor. Viele, sowohl innerhalb als auch außerhalb der Kurie, richten sich ohne Probleme darauf ein, ein doppeltes Spiel zu spielen, wenn sie gegenüber anderen Ordensbrüdern, gegen die sie gegebenenfalls schwere Verdächtigungen und eventuell Amtsenthebungen aussprechen, als strenge Richter auftreten.

*

Jenseits der hohen Mauern, die eine römische Villa umgeben und an jene des antiken staatlichen Reitstalles erinnern, herrscht noch immer ein reges Kommen und Gehen von jungen Akademikern, die dort gemeinsam mit ein paar anderen Blutsbrüdern kostenlos beherbergt werden, alle unter dem Kommando einer sogenannten Professorin, der Groppelli, und des lächelnden Wohltäters im Kardinalsgewand.

Tatsächlich wollte Monsignore Domenico Tardini, geistiger Vater und Gründer der Einrichtung, mit dieser Schule Hochbegabte fördern, bei deren Ausbildung die Crème de la crème der römischen Hochschulprofessoren sich die Klinke in die Hand gab. Den Schülern war es untersagt, das Internatsgelände zu verlassen, und ihre Familien erhielten nicht ohne weiteres Zutritt. Besucher waren daher rar, und fast immer handelte es sich um ausdrücklich eingeladene Prominenz, für die Monsignore Tardini eine Ausnahme von der Regel machte. Erst nach dem plötzlichen Tod Tardinis begannen die eisernen Regeln allmählich aufzuweichen. Mittlerweile hat sich das Augenmerk der Institution von den hochbegabten auf in ihrer Entwicklung rückständige Schüler verlagert.

Das Geld reicht nie aus für jene Jugend erster Klasse. Um zu größeren Einnahmen zu gelangen, war der einzige Ausweg, einen hochwertigen Werbespot einzusetzen. Zu diesem Zweck öffnete der Kardinal kurzfristig die Tore zunächst für den Papst und kurz darauf für den italienischen Staatspräsidenten. Es scheint, als habe er das Ziel erreicht: Wieviel stärker bläst der Wind nun in die Segel!

*

Zu Beginn der achtziger Jahre landete an jenem versiegelten Ort ein Schüler aus dem Veroneser Hinterland, der sofort das Vertrauen und die Zuneigung des Kardinals, seines Protektors gewann. Es wurde gemunkelt, daß der für Neuankömmlinge im Gebäude »Das Schiff« Zuständige den jungen Mann darauf hingewiesen habe, daß es sinnvoll sei, am Tor der eingezäunten Villa zu läuten, wenn er wirklich beabsichtige, seinem unbändigen Karrierewillen zu folgen.

Das tat er. Gekünstelte Miene und aufgesetztes Lächeln, eine heuchlerische, unaufrichtige Haltung, die auch jede Form von Anstand, Würde und innerem Gleichgewicht in ihm beschädigte, waren die Kennzeichen des eitlen Jünglings, dem es mit widerwärtiger Arroganz gelang, in einem großen Sprung seine Kommilitonen abzuhängen. Wahrheit und Lüge galten ihm dasselbe, wenn sie nur diesem Sprung förderlich waren. Seine Kameraden sagten, um im Zentrum der Aufmerksamkeit zu bleiben, hätte er auch nicht davor zurückgeschreckt, einen Toten im Sarg von seinem Platz zu verdrängen.

Für den Kardinal, der zu jener Zeit unter seiner Vertreibung aus dem Staatssekretariat und der Versetzung zum Obersten Gerichtshof der Apostolischen Signatur litt, da er von Rechtsdingen nicht die geringste Ahnung hatte, war die Ankunft des jungen Mannes ein wahres Gottesgeschenk. Der schlaue Neuling erriet sofort die Ängste und Nöte seines Gönners. Er griff die Gelegenheit beim Schopfe und stellte sich ihm uneingeschränkt zu Diensten, um ihn in sämtlichen öffentlichen wie privaten Beziehungen in bestem Licht dastehen zu lassen. Er entwarf Programme, schrieb Reden, fertigte Homilien an und bereitete Fernseh- und Presseauftritte vor. Zu dem verschlafenen Protektor war der akrobatische Jongleur die perfekte Ergänzung.

Sofort erhob er sich über alle anderen Gäste der Villa, wie ein junger Hirsch, der unbedingt als erster den Gipfel erreichen will. Die Kameraden, die von ihm auf Distanz gehalten wurden, hatten ihm für seinen krankhaften Karrierismus den Spitznamen »Steinbock« verliehen. Man reagierte auf seine Umtriebe mit scharfer Ironie, warf sich verstehende Blicke zu und machte vielsagende Anspielungen, billigte ihm in seiner frenetischen Hyperaktivität zugleich aber auch Intelligenz und Geistesgegenwart zu.

»Glatt wie Butter sind seine Reden, doch in seinem Herzen sinnt er auf Streit; seine Worte sind linder als Öl und sind doch gezückte Schwerter.« (Ps 55, 22) Die Gefahr des Intelligenten ist der Stolz, der häufig mit Schmeichelei und Extravaganz einhergeht. Mittlerweile war dem Förderer bewußt geworden, daß er auf die Dienste seines jungen Laiensekretärs nicht mehr verzichten konnte. Er riet ihm, die geistliche Laufbahn einzuschlagen, was ganz in dessen Sinne war. Etwas Besseres konnte ihm nicht passieren, und in der Gier nach dem Aufstieg zur Macht geht auch das erotische Verlangen auf.

Es gibt eine Askese, die den Geist von den fleischlichen Leidenschaften befreit, um ihn den spirituellen zuzuführen, die noch viel tyrannischer sind, sobald der göttliche Wille dem menschlichen, sei es dem eigenen oder dem des Förderers, nachgeordnet ist. Freud würde, wäre er böswillig, sagen, daß die Libido der heiligen Macht sie infiziert und sie »sublimiert« wie eine Art Kompensation der körperlichen, davon ausgehend, daß diese ohnehin geschädigt ist. Mitunter bringt die Frigidität des Lebens einiger Prälaten diese nicht mal so weit, gewisse irdische Sünden zu begehen, wie etwa Unkeuschheit, Gewalt oder gewisse unerlaubte Beziehungen. Sie finden mehr Befriedigung darin, sich dem Machthunger hinzugeben, dem Ehrgeiz, dem Stolz, dem Egoismus und der Gier.

Der Steinbock läßt sich gerne auf den Vorschlag ein, aus Gründen der Zeitersparnis auf die entbehrliche Ausbildung im Priesterseminar zu verzichten und sich auf den Besuch der Kardinalsschule zu beschränken.

Zur Zeit ist die Villa Nazareth mehr als nur eine Prälatur: Vor allem untersteht sie keiner anderen kirchlichen Institution, insbesondere nicht dem Staatssekretariat. Dennoch ist der ihr vorstehende Kardinal nicht befugt, Geistliche in die Diözese aufzunehmen. Um den Steinbock zum Priester zu weihen, hätte es somit eines Bischofs der Diözese bedurft, der dafür wiederum die Meinung seines Priesterrates hätte einholen müssen, mit allen damit verbundenen Nachfragen. Diese Möglichkeit wurde sofort gestrichen.

Er verfiel auf eine schnellere Lösung und machte den Steinbock zum Mitglied einer neuen, noch im Entstehen begriffenen Gesellschaft von etwa zehn Priestern, die frei und ohne den Zwang des Gemeinschaftslebens umherziehen konnten. Eine Bruderschaft ohne festen Wohnsitz: Jedes Mitglied wohnt dort, wo es sich am wohlsten fühlt. Innerhalb kürzester Zeit wurde aus dem Studenten Don Steinbock, obwohl er unverändert innerhalb der Mauern von Villa Nazareth lebte.

Der Kardinal unterdessen, der eingesehen hatte, daß er mit einem Posten im Staatssekretariat kurzfristig nicht rechnen konnte und daß es ebenso unmöglich war, den Vorsitz der Bischofskonferenz zu erlangen, ließ verlauten, in der Apostolischen Signatur fühle er sich zu beengt. Der Kardinal, der sich mit seinen Gefolgsleuten an die Spitze des vatikanischen Schattenkabinetts setzen wollte, benötigte ein Dikasterium, in dem es sich freier atmete, mit nationalen und internationalen Kontakten auf höchster Ebene. Das einzig verfügbare Ministerium dieser Art war die Kongregation für die Orientalischen Kirchen.

Diesem Dikasterium also hatte er nun gewissermaßen als Vorhut seine besten Leute zu senden, genauer: Don Steinbock, der durch die Vermittlung zweier Getreuer,

Ricci und Bruni, ins Amt eingeführt wurde, einen Monat, bevor der indische Kardinal eintraf, den man somit vor vollendete Tatsachen stellte. Don Steinbock arbeitete mit Konsequenz und Weitblick auf die geplante Ankunft seines Protektors hin. Ein paar Jahre später, als der Inder einen Schlaganfall erlitt, war es dann soweit.

Kaum war Don Steinbocks Protektor zum Präfekten ernannt, stellte er seinem treuen Gehilfen eine Sekretärin zur Seite und wenig später noch einen Priester als Sekretär, um die Öffentlichkeitsarbeit für den Kardinal zu erledigen. Eine Kuriosität, die in jeder anderen Dienststelle des Vatikans unvorstellbar wäre.

Da Don Steinbock auf der Personalleiter erst hinter allen anderen Kollegen rangierte, entwickelte der sorgende Gönner einen Plan, um dem auf kurze und lange Sicht abzuhelfen. Zunächst machte er ihn, der religiös nur auf dem Papier war, zum Monsignore. Dann begann er ihn als Sonderbotschafter um die ganze Welt zu schicken. Wenn Don Steinbock dann nach der Rückkehr bei einem Frühstück mit dem Papst von den sagenhaften Erfolgen seiner Mission berichtete, stimmte der ebenfalls anwesende Kardinal beglückt zu. Offensichtlich schluckte der Papst Häppchen für Häppchen den raffiniert ausgeheckten Betrug.

Als weitere fünf, sechs Amtsbrüder eingestellt werden, ist Don Steinbock schon nicht mehr der Letzte auf der Leiter. Zusätzlich gelingt es dem Kardinal, drei Beschäftigte von einer vorteilhaften Frühpensionierung zu überzeugen, und Don Steinbock klettert wieder ein Stück höher. Zwei weitere erlangen die Bischofswürde, während drei andere Monsignori extra in andere Ämter umgesetzt werden, die ihnen als zufriedenstellende Verbesserung erscheinen, und Don Steinbock steigt noch weiter nach oben. Als die Pensionierung dreier weiterer Monsignori in Sicht ist, beschließt der Kardinal, die übrigen älteren Amtsbrüder zu übergehen, um nun endlich Don Steinbock zum Durchbruch zu verhelfen, in dem er ihn vom einfachen Angestellten in den Rang eines höheren Oberen erhebt.

Allerdings gilt es zunächst noch, den ehrgeizigen Franziskanerpater Marco Brogi, der danach strebt, als Sekretär des Erzbischofs im selben Dikasterium zu arbeiten, von seinem Posten als Untersekretär wegzuloben. Im Blatt für den Heiligen Vater, das vom Staatssekretariat verbreitet wird, schlägt der Kardinalspräfekt Brogi als Nuntius für Äthiopien vor. Das Staatssekretariat weist den Vorschlag zurück.

Der Kardinal versteht und setzt zum Gegenangriff an. Ein paar Monate später läßt er erneut ein Blatt aufsetzen, nachdem er zuvor Stimmen von einigen Prälaten eingeholt hat, die ihm als Informanten dienen und die er präpariert hat, um die gewünschten Antworten zu erhalten. Dieses Mal wird es klappen. Seinem Freund Dino Monduzzi, der auch aus seinem Heimatort stammt, und der im Vorzimmer des Papstes sitzt, trägt er auf, ihn für eine halbe Stunde päpstlicher Audienz vorzumerken, ausreichend, um den uninformierten, aufgestörten Papst zur Unterschrift unter die Nominierung Pater Brogis als Nuntius, diesmal in Somalia, zu bewegen. Und für den freigewordenen Posten des Untersekretärs, erraten Sie, wen er da vorschlägt? Richtig, Don Steinbock, der dem Papst bereits von zahlreichen gemeinsamen Essen her bekannt ist.

In der Zwischenzeit wurde die Sekretärin Don Steinbocks so lange unter Druck gesetzt, bis sie sich daran machte, am Computer Auszüge und Abschnitte aus juristischen Werken zu einem Text zusammenzustellen, der dann als einzigartige, noch unveröffentlichte Examensarbeit präsentiert wird, die gerade zur rechten Zeit und unter dem Sigel der Verschwiegenheit der verbündeten Hochschule vorgelegt wurde, welche ihr die Bestnote verlieh und Don Steinbock so zu einem erschwindelten Juristentitel verhalf.

Wer nun denkt, der Kardinal und der neue Untersekretär würden an diesem Punkt endlich haltmachen, der irrt sich gewaltig. Der Ehrgeiz und die Gier sind gleichermaßen unersättlich, weshalb der arme Steinbock nie Frieden finden wird.

Tatsächlich hatte der Kardinal es all die Zeit über wohlweislich vermieden, am Posten des Erzbischofsekretärs zu rühren, obwohl der Ukrainer, der ihn besetzt hielt, weithin für seine sprichwörtliche Begriffsstutzigkeit bekannt war, die bereits an anderer Stelle beschrieben wurde und die gepaart war mit ehrerbietiger Schmeichelei gegenüber Höhergestellten. Heute liegen die Motive für diese Schonung klar auf der Hand: Dieser Posten sollte zu gegebener Zeit für Don Steinbock bereit stehen.

Oh, reinster Ausdruck göttlichen Willens, der nur den aufs Podest erhebt, den ein ›silvestrinischer‹ Gott auserwählt hat, welcher alle anderen unter den Scheffel stellt und sie schweigend darauf warten läßt, daß die Reihe an ihnen ist – sofern es je dazu kommt. Wie sind derartige Verdrehungen möglich, wenn Gott sich nicht von dem guten Betragen des Heuchlers blenden läßt und auch nicht von seiner Zugehörigkeit zur päpstlichen Kaste? Es ist das versteckte Foul, mit dem Satan seinen göttlichen Gegenspieler beim Dribbling zu Fall bringt.

Don Steinbock, der allem widerstehen kann, nur nicht der Versuchung des Aufstiegs auf der Karriereleiter, von seinem Protektor mit vielen Annehmlichkeiten geködert, hatte für all diese Dinge ein prophetisches Gespür und bewegte sie in seinem Herzen, so wie dies ein Prophet mit seinen Visionen tut: Nachdem seine Ernennung auf göttliche Weise ohne fremde Machenschaften erfolgt ist – er tut einfach so – gibt er Anweisung, die Kommandozentrale von Krankheits- und anderen bösen Keimen zu reinigen, schließt sich dort ein mit einer Reihe Sprechtasten vor sich, über die seine neben ihm sitzende Sekretärin all die elenden Monsignori des Amtes über Stimmungen und Verfügbarkeit ihres jungen Herrn informiert, des neuen wüsten Untersekretärs und unangefochtenen Gebieters über das Dikasterium. Er legt Wert darauf, für einen Mann von großem Scharfsinn gehalten zu werden, ist er doch mehrfach mit geschenkten Examen ausgezeichnet worden. Ein Schurke aus der Provinz, der sich etwas darauf einbildet, daß ihm auf den höheren Etagen und dank seines Förderers in Kardinalswürden sogar vom Papst Glauben geschenkt wird.

Als die Zeit endlich reif ist, den ebenso unnützen wie sperrigen Erzbischof-Sekretär nach dem Motto *gaudeat impetratis* aus seinem Amt zu entfernen, das er niemals wirklich ausgeübt hat, ist der Schwindel für den Papst bereits perfekt, der gedankenverloren die Nachfolge Don Steinbocks auf die Stelle des Erzbischof-Sekretärs unterzeichnet und ihn – so ein Zufall! – auf diese Weise zugleich auf die Zielgerade für das Kardinalsamt setzt. Und ist es damit dann genug? Die Wege des Herrn sind durchaus erforschbar innerhalb der römischen Kurie!

Der derzeit größte Experte für Vatikanologie hat den mehr einzigartigen als seltenen Fall definiert mit den Worten: »Fuge in C-Dur – maestoso con brio«. Der befriedigte Protagonist erwidert ihm in Dankbarkeit gegenüber dem großen Schöpfer des Freimaurer-Universums: *»Du hebst mich in den Wind und läßt mich zergehen im Sturmgebraus.«* (Hiob 30, 22)

Gewiß, Gott kann sogar all dies zulassen, so wie Er zu anderen Zeiten zuließ, daß unwürdige Kardinäle allerhand Machenschaften trieben, um sich auf den höchsten Heiligen Stuhl der Kirche wählen zu lassen. Wenn auch die heutigen im Vergleich entschieden armseliger sind.

Kardinal Josef Slipyj, den Papst Johannes XXIII. nach 18 Jahren Haft einer lebenslänglichen Gefängnisstrafe entrissen hatte, vertraute gegen Ende seiner Tage Freunden an: »In jedem Augenblick ist die Odyssee durch die sowjetischen Lager und meine Verurteilung zum Tode in meinem Geiste präsent. Aber in Rom, innerhalb der Mauern des Vatikans, habe ich schlimmere Momente erlebt.«

XIII
Auf zur Kuppelspitze von San Pietro

Fast jedes Dikasterium, eines mehr, das andere weniger, je nachdem von wem es geleitet wird, könnte zu einem zwielichtigen Ort schleichender Verborgenheit, unaussprechlicher Erniedrigungen, stillen Schreckens und subtiler Erpressungen gemacht werden, in welchem wie ungreifbare, schlüpfrige Geister die Günstlinge umherschweifen. Die anderen Amtsbrüder, isoliert und unbedeutend, können einzeln überhaupt nichts ausrichten, und gemeinsam können sie nur feststellen, daß da tatsächlich nichts zu machen ist. Die Willkür, auch wenn sie noch einen Schritt vom Sumpf der Illegalität entfernt ist, macht jede Grille des Chefs zu einem Gesetz, das gewissenhaft zu befolgen ist.

Selbst wenn jemandem nichts vorzuwerfen ist – will sein Chef ihn zum Schweigen bringen, damit er nicht zur Spitze aufsteigt, so wird dies das Schicksal jenes armen Mannes sein. Das Echo vom Schrei des Enthaupteten kehrt nicht zurück, um die keuschen Ohren der zynischen, augenzwinkernden, schlauen Protektoren zu belästigen. Manch einem unterläuft es gar, den religiösen Glauben der Karriere zu opfern, man denke da nur an die Freimaurer. Bei ihnen tun sich Karrieristen und Förderer zu einem Konzert zusammen, denn sie wissen, wie sie zu einer ausgeglichenen Bilanz zwischen Geben und Nehmen gelangen.

Wie man sieht, ist im Dickicht der buntscheckigen Klasse der Prälaten der kirchliche Bereich eine schwächliche Welt, in der es immer jemanden gibt, der auf Kosten anderer falsch spielt. Und wer sich an dieses System nicht anpaßt, wird in die Anonymität verbannt – im Gegensatz zu den hohen Tieren im Aufstieg, die sich, stets bereit zum Fallstrick-Spannen, gegenseitig zulächeln und wie stinkender Mist auf dem Wasserspiegel treiben. Es ist wissenschaftlich erwiesen, daß Strontium und seine Derivate für lange Zeit die Umwelt vergiften.

Lucrezia Borgia lebte in Rom in dem Gebäude neben Santa Maria in Portico, wohin die Crème de la crème der Aristokratie jener Zeit strömte, um zu Papst Alexander VII. (1492–1503) vorgelassen zu werden. Ein Zeitzeuge schrieb: »Der größte Teil jener, die vom Papst Gnade erlangen wollen, geht durch dieses Tor.« Die Methode ist bis heute unverändert geblieben, nur daß der Ankommende jetzt im Schutze der Außerstaatlichkeit eine wild-violette Färbung angenommen hat. »*Denn Frevler gehen frei umher, und die Gemeinheit wird groß unter den Menschen.*« (Ps 12, 9) Ruhigen Gewissens gehen sie unbeirrt ihres Weges in der Gewißheit, niemals von einem menschlichen Gericht zur Rechenschaft gezogen zu werden, welches allein für die Untergebenen da ist, nicht für den Oberen, der immer recht hat, vor allem wenn er irrt, wie Monsignore Domenico Tardini voller Überzeugung erklärte, bevor man ihn zum Staatssekretär machte.

Hört man sie selbst, diese Kirchenoberen innerhalb wie außerhalb der Kurie, so identifizieren sie sich mit der Unbeflecktheit der Kirche: *Ex maculatis ipsi immaculati*, unter allen Befleckten halten allein sie sich für unbefleckt. Als eine zerbrechliche Kleiderpuppe auf robustem Ständer meint der junge Wilde, die Demütigungen bezüglich seiner purpurroten Dummheit direkt am Sitz des Papstes erlitten zu haben, als dessen wesentlicher Repräsentant er sich betrachtet. Zyklothyme im Halbschlaf, psychisch angeschlagen von Natur aus – der junge Wilde hat für jeden ein böses Wort, der sich ihm nicht zu Füßen legt. Im Bewußtsein, über keine jener Qualitäten zu verfügen, die unerläßlich sind, um den Anforderungen des Amtes gerecht werden zu können, laviert er sich im Dikasterium so durch zwischen Alibis und Amnesien. Immer ist er am

Rotieren und auf Rollstegen unterwegs mit seinen beflissenen Dienern, die ihn ständig umkreisen.

Dieser neue Wichtigtuer, mit dem Gehirn, das »kein Vorn und kein Hinten hat« (Mazarin zu Kardinal Chigi) und ohne den nötigen juristischen Hintergrund lenkt also über Jahre hinaus ein durchaus sehr komplexes Dikasterium, das Papst Johannes als Wespenschwarm ohne Königin bezeichnete. Wer diese vertritt, Don Steinbock also, verfaßt Gesetze, Verträge und Bedingungen, die zu respektieren sind.

Sich der Kirche bedienen, um sich besser bedienen zu lassen. Portiers, Fahrer, Aushilfen, Kantinen- und Lagerangestellte, emsige junge Leute, Tag und Nacht im Sondereinsatz, alle zu Diensten des ihnen übergeordneten wilden Böckchens, um es außerhalb der regulären Dienstzeiten mit Familienangehörigen und Dienern bis ans Ende der Welt zu begleiten – nicht nur in seinen Heimatort. Die Reisekosten übernimmt das Amt. Don Steinbock lebt in Frieden mit seinem domestizierten Gewissen: Kein kluger Prüfer wird je die Rechnungen in den entsprechenden undurchsichtigen Verwaltungen durchstöbern. Während der Bescheidene dient, läßt der Hochmütige sich bedienen, dem Evangelium zuwiderhandelnd.

Eine Macht, die, wie man sieht, nicht einmal verborgen gehalten wir, und bei der jeder Freiraum und jeder Spalt genutzt wird, durch den Fahrlässigkeit, Dummheit, Komplizenschaft oder auch alles miteinander eindringen kann. Es scheint, daß die stets wertvollen Gaben des lieben Gottes weniger werden, sobald dieser umtriebige Kardinal sie empfängt.

Die Klassenbesten

In der Kirche Gottes müßte der Ausdruck »Karriere machen« aus dem Vokabular gestrichen werden. Wer sich für das kirchliche Leben mit dem offenen oder verdeckten Vorsatz entscheidet, einen Durchbruch in der Karriere zu schaffen, dürfte nie zum Priester ernannt werden, oder wenn er es bereits wäre, müßte man ihn strikt an dem Punkt festhalten, an dem er sich befindet oder ihn, besser noch, in eine entlegenes Pfarramt auf dem Lande entsenden. Gott weiß mit den Hochmütigen und Anmaßenden nichts anzufangen. Sie verursachen Ihm Brechreiz, und Er speit sie aus. Er würde sich selbst widersprechen, wollte Er sie dann an der Spitze seiner Kirche sehen.

Die Karriere ist im stolzen Willen des Aspiranten angelegt, der, nur um weiterzukommen, fähig wäre, sich Gottes Willen in den Weg zu stellen, welcher die Bescheidenen und die Letzten zu Seinen wirklichen Kandidaten erwählt. *»In der Tat, ist es denn die Gunst der Menschen, die ich mir verdienen will, oder nicht vielmehr die Gottes? Oder versuche ich, den Menschen zu gefallen? Wenn ich noch den Menschen gefallen würde, wäre ich nicht mehr Diener Gottes.«*

Mehr als einem Prälaten von jenen 20 Prozent Aufsteigern in Richtung Kuppelspitze des Petersdoms fehlt das Regulans der Ergebenheit; er wird sich nie dort einrichten, wo er angelangt ist, da er keines seiner erreichten Ziele je als seinen herausragenden Fähigkeiten angemessen oder auch nur würdig erachtet. Er macht aus dem Evangelium einen Hilfsmotor für seinen ganz persönlichen menschlichen Ehrgeiz. Anmaßung, aktive wie passive Formen der Schmeichelei, Karrieregeist, hierarchisches Denken, Ehrgeiz, innere Undiszipliniertheit, oberflächliche Bildung und Aufbauschen seiner Qualitäten betrachtet der Karrierist als Tugenden, und er legt Wert darauf, dies kundzutun. Beim scheinheiligen Praktizieren seiner falschen Religiosität hat er immer nur das zu erreichende Ziel vor Augen, dem er alles andere unterordnet.

Nur begünstigten Talenten gelingt es, die dicke Patina kollektiver Verzauberung zu durchdringen, jenseits derer der Anachoret allein mit seiner Wüste ist. Und eben von einem Vater der Wüste ergeht an die Kurialen die scharfe Kritik: *»Unser Mund stinkt nach Schmeicheleien; fast alle*

Schriften kennen wir auswendig; wir murmeln alle Psalter-Gesänge; und doch fehlt uns das, wonach Gott sucht: Barmherzigkeit und Demut.«

Die Erfahrung lehrt uns, daß, aus welchem Grund auch immer, jene Hochmütigen, die nach dem Spruch des Evangeliums eigentlich die Letzten sein müßten, sich immer in der Poleposition befinden, wenn es darum geht, Klassenerster zu werden – was ihnen dann auch bestens gelingt. Immer sind sie es, die Unternehmerischen, die sich die Schlüsselpositionen sichern, obwohl sie eigentlich nie die Besten sind – eher im Gegenteil. Und alle wissen, daß nichts gefährlicher ist, als große Botschaften, die kleinen, degenerierten Gehirnen entstammen.

»Worüber habt ihr unterwegs gesprochen?« (Mk 9, 33) Befragte Jesus, der tief in die Köpfe und Herzen der Menschen hineinschaut, die römische Kirche heute, so würde das viele Prälaten in Verlegenheit bringen. Denn auf dem Weg setzen sie ihre Diskussionen darüber fort, wer von ihnen der Größte sein soll: Aus bescheidenen sozialen Verhältnissen stammend, träumen sie davon, in den bedeutendsten Dikasterien in Machtpositionen zu gelangen.

»Da setzte er sich, rief die zwölf und sagte zu ihnen: Wer der Erste sein will, soll der Letzte von allen und der Diener aller sein.« (Mk 9, 35) Mutter Teresa von Kalkutta hat nach ihrem Tod ein königliches Begräbnis erhalten, weil sie tatsächlich als Letzte unter den Letzten gelebt hat, als Arme unter den Ärmsten, als Dienerin unter den Verstoßenen unserer Wohlstandsgesellschaft. Die Kirchenhäupter sollen nicht nach Machtstellungen streben, es sei denn, um den Menschen in ihrer Treue zum Evangelium der Demütigen zu dienen. Da alle gleichermaßen geistig arm sind, ist es nicht die Armut, die erschreckt, sondern das Ungleichgewicht zwischen Armut und Reichtum, das an der Spitze des Vatikans herrscht.

Protektoren und Protegés bemühen sich, die Zurückbleibenden davon zu überzeugen, daß dies Gottes Willen und Tun war. »Heilige Geduld«, sagte H. Lofting, »wenn es den Menschen jemals gelingen wird, zu fliegen wie jeder beliebige Spatz, so werden sie doch nie aufhören, sich dessen zu rühmen.« Während sie anderen alles nur denkbar Schlechte nachsagen, sprechen sie sich selbst nur Gutes zu, in der Überzeugung, sich damit brüsten zu können. Schließlich gelingt es ihnen immer, andere zu finden, die ihren Aufschneidereien den erhofften Glauben schenken.

Jesus warnte alle davor, wie die Schriftgelehrten und die Pharisäer zu werden: *»Alles, was sie tun, tun sie nur, damit die Menschen es sehen: Sie machen ihre Gebetsriemen breit und die Quasten an ihren Kleidern lang, bei jedem Festmahl möchten sie den Ehrenplatz in der Synagoge die vordersten Sitze haben, und auf den Straßen und Plätzen lassen sie sich gern grüßen und von den Leuten Rabbi (Meister) nennen.«* (Mt 23, 5–7), entsprechend den heute geläufigen Ehrentiteln Monsignore, Exzellenz, Eminenz und ähnlichem Zeug. Da drängt sich einem die Frage auf: Herr, haben Deine Werte von damals dieselbe Gültigkeit auch heute noch für die Ausnahmeklasse im Vatikan?

*

Im Vatikan wird man als Karrierist geboren. Das zusätzliche Chromosom, über das der Karrierist verfügt, treibt ihn unaufhörlich voran, ohne daß er je zur Ruhe kommt: Vom Priester zum Bischof, vom Bischof zum Erzbischof, zum Kardinal, dann zum Papst, und wer weiß, ob es ihm nicht am Ende noch in den Sinn kommt, den Titel des Erzpapstes zu erfinden.

Folgendermaßen sieht der ideale Weg eines Karrieristen aus. Bereits im Priesterseminar schaut er sich nach ersten Aufstiegsmöglichkeiten um: Durch einen Hinweis seines Bischofs, der ihn für die Funktion des Zimmerpräfekten für geeignet hält, erlangt er das Wohlwollen und die Wertschätzung seines Oberen. Vom dienstfertigen, disponiblen Priester wird er zum persönlichen Sekretär und Fahrer des Bischofs. Es vergeht nicht viel Zeit, und schon ist er durch eine neue ruhmreiche Ernennung ausgezeichnet, ungeachtet des Murrens der Älteren, die mehr Verdienste vorweisen können. Der Appetit kommt beim Essen, und so bricht der Aufstieg nie auf halber Strecke ab. Die anderen Ordensbrüder der Diözese ertragen sein Herumstreichen um den Bischof nicht länger und stellen diesen vor ein Ultimatum: Der oder wir. Was also tun? Eine Zurückstufung würde er nie hinnehmen. Also muß man ihn als einen guten Kandidaten für das Episkopat empfehlen, wenigstens als jungen Helfer – für den Anfang. Und sollten sie dort irgendwelche Nachweise seelsorgerischer Qualitäten verlangen, dann verschafft man sie ihm eben, seien sie nun wahr oder erfunden. Der Würfel ist gefallen. Man läßt verbreiten, daß er dank außerordentlicher Verdienste der jüngste Auxiliarbischof der Welt geworden ist, nahezu ohne sein Wissen, ein Siebenmonatskind sozusagen. Seid gewiß, daß er dort nicht bleiben wird, sagte, wer ihn gut kannte.

Kurze Zeit später wechselt er in eine Diözese. Doch tut er soviel Gutes, daß sich diese Diözese als zu klein erweist. Er brauche eine Erzdiözese, so läßt er verlauten, und erhält diese – wer weiß warum? – umgehend. Wird in der Zwischenzeit eine noch interessantere frei, läßt er wissen, daß er für die freiwerdende Stelle geeigneter sei als jeder andere Bischof. Und wechselt prompt dorthin.

Doch in seinem neuen Amt kommt er nicht einmal dazu, seine Kartei einzurichten, da ist in Rom ein Wechsel an der Spitze einer katholischen Jugendorganisation in Sicht – auf nationaler Ebene. Wem sollte der Posten zustehen, wenn nicht ihm? Und wie der Zufall es will, hat man bei der CEI (Conferenza episcopale italiana) tatsächlich genau an ihn gedacht, wer weiß aufgrund welcher Machenschaften. Die Uneingeweihten halten sich noch damit auf, herauszufinden, ob er gut oder schlecht für diese leitende Aufgabe geeignet sei, da ist er – unnötig zu sagen – zwei Jährchen später, ohne einen Finger zu rühren, schon für ein Kardinalsamt auserkoren: Gelobt sei der Herr! Rom ist immer besser als eine randständige Erzdiözese, um sich in Szene zu setzen.

Auf dem Briefumschlag kann man dem Schriftzug um den Stempel herum entnehmen: Alles ist der Wille Gottes, der die absolute Demut des aufstrebenden Kardinals belohnt hat, der dreist ist wie ein Mafioso. Es gibt niemanden, dem nicht auffiele, daß solche Beförderungen nach menschlichem Zuschnitt maßgefertigt sind und weit entfernt vom göttlichen Willen – aufgrund eben dieses meisterlichen überzähligen Chromosoms, das perfekt funktioniert und die systematische Mißachtung des heiligen Evangeliums Normalität werden läßt.

Wollte der Himmel, das hier Beschriebene wäre nur die übertriebene Vorstellung einer phantasiegetränkten Feder und nicht die Norm, wie sie sich uns tatsächlich unverhüllt bietet.

*

Auf einer Pilgerfahrt entlang der Donau, die in den siebziger Jahren stattfand, befanden sich auch diverse Priester. Vier von ihnen im Alter unter vierzig Jahren kamen aus Brescia. Der Tag, an dem man auf dem Fluß drei verschiedene Staatsgebiete durchquerte, war monoton und zog sich hin. Man bemühte sich, die dichten Landschaften und die zahlreichen menschlichen Siedlungen an den Ufern zu bewundern. Mittagessen im Restaurant des geräumigen Schiffes, anschließend Siesta auf der Landungsbrücke.

Einer der Brescianer Priester von jugendlicher Erscheinung beginnt ein Gespräch mit dem römischen Assistenten und erwähnt beiläufig, daß er ein Seminarbruder eines Altersgenossen von ihm sei, der – nennen wir ihn Don Regale (»königlich«) – Hals über Kopf die Diözese verlassen habe. Vorausgegangen sei ein Streit mit dem Bischof, der bei der Besetzung der Pfarrstelle der Kathedrale ihm einen anderen vorgezogen hatte. Wie durch ein Wunder landete Don Regale im Staatssekretariat zu Diensten des Papstes aus Brescia, der seine Karriere großzügig förderte.

Nach den Worten des priesterlichen Pilgers verfügte Don Regale nur über eine mangelhafte Intelligenz, zugleich jedoch über ein gewaltiges Maß an Selbstüberschätzung. Innerhalb kurzer Zeit hatte er es geschafft, sich bei hohen Prälaten im Amt einzuschmeicheln, und alle prophezeiten, daß er in Kürze noch ganz andere Ziele erreichen werde. »Wenn dies die Leute sind, die der Vatikan auswählt, um die Kirche Christi zu leiten«, so meinte der Ordensbruder, »dann ist das wirklich enttäuschend.«

Vom persönlichen Sekretär des Oberen wechselte Don Regale in die Machtzentrale, um einen Assessor zu vertreten, der sich zu jener Zeit einigen schweren Augenoperationen unterziehen mußte. Zu Spannungen kam es bei der Rückkehr des Genesenen ins Amt: Don Regale machte seine Leistungen geltend und wurde Assessor. Der andere wurde für die Kontakte zum Personal der Nuntiaturen abgestellt, obwohl er sich in dem Bereich überhaupt nicht auskannte.

Bei dem faszinierenden Geschäft der Ämterverteilung auf dieser Ebene wurde der beförderte Brescianer Handlanger schnell zum Abwehrspieler in jenen Logen. Doch es standen ihm noch alle Wege offen. Don Regale wurde, wie an anderer Stelle bereits gesagt, der Sitz in Genua angeboten, doch er zog es vor, dem Papst aus der Nähe zu dienen, wobei er in aller Demut jederzeit zu großen Sprüngen im kurialen Stadion bereit war. »Im Haus meines Vaters gibt es viele *Ämter* ... Ich gehe, um einen Platz für euch vorzubereiten«, passend für jeden von euch in der Kurie. Herr Jesus, laß dich fragen: Machst du nicht vielleicht einen Fehler, wenn du zu viele davon vorbereitest? Oder gibt der erfrischende Erfindungsreichtum des Kurienpersonals den Ausschlag, das sich die Sessel paßgenau auf die Gesäße zuschneidet?

»Niemand wird von dem Vorfall erfahren«

Drei Prälaten der Kurie wechselten sich regelmäßig mit gegenseitigen Einladungen zum Mittagessen ab. Der älteste von ihnen liebte es, nach dem Essen zur Entspannung mit seinen beiden Gästen in den Randgebieten Roms spazierenzugehen. Man weiß: Zu zweit redet man über sich selbst, zu dritt über andere. Eines Tages zu Beginn der siebziger Jahre gab der betagte Monsignore nach dem gemeinsamen Speisen auch das Ziel vor: Richtung Santa Maria di Galeria, in der glühenden Nachmittagshitze, die er schätzte. So ging es also die damals sehr staubige Straße für mehr als eine Stunde rauf und runter, um das vorzügliche Mahl zu verdauen, fernab von neugierigen Ohren und Blicken.

Der alte Prälat bekleidete einen verantwortungsvollen Posten im Staatssekretariat. Er war ein wandelndes Archiv, intelligent und lebhaft, unterhaltsam und witzig in der Konversation. Originell und schlagfertig, hatte er immer eine geistreiche Bemerkung parat, einen scharfsinnigen Spruch, einen Scherz, um das Gemüt aufzuhellen, einen treffenden Satz, ein bissiges Attribut. Dinge, die seine geniale Geisteskraft zu erkennen gaben. Nie verlor er den roten Faden bei seinen Reden, die reich waren an syllogistischen Übergängen, wie eine Musik aus reiner Intelligenz, unfehlbar darin, immer den Kernpunkt zu erfassen.

Man sprach gerade von denen, die, da sie die Stärken wie die Schwächen Pauls VI. gut kannten, den Papst gelegentlich mit dem Schreckensbild irgendwelcher Enthüllungen und Medienskandale erpreßten. Der zum Mittag genossene Wein hat den lebenserfahrenen Prälaten gelockert und fröhlich gestimmt. Plötzlich verlangsamt er seinen Schritt, lächelt arglistig, legt den Finger auf den Mund und läßt sich äußerste Verschwiegenheit zusichern: »Das ist kein Märchen, was ich euch jetzt erzählen will, es ist eine wahre Geschichte, aber nicht zum Weitererzählen! ...

Denn dort«, und er weist auf die mosaikbesetzte Hauswand von Radio Vatikan, »ist die Moral, eine nicht für jeden durchschaubare Moral, nur eines der Mittel, um die Unterstützung der eigenen Ziele zu erreichen ... Ihr wißt natürlich, weshalb Papst Pacelli seinen engen Mitarbeiter Montini vom stellvertretenden Staatssekretär zum Erzbischof von Mailand degradierte?« In den Gesichter seiner beiden Gesprächspartner konnte er lesen, daß ihre Informationen mangelhaft waren. Mit meisterhaftem Taktgefühl begann er zu erzählen:

Pius XII. zog es nach dem Tod Kardinal Luigi Magliones vor, sich nicht erneut von einem Kardinalstaatssekretär abhängig zu machen. Er setzte zunächst als provisorische Vertretung, später als Stellvertretenden Staatssekretär, Giovan Battista Montini ein. Jedoch nahm sich der Papst, aufgrund eigener intimer Kenntnis den kurialen Kreisen mißtrauend, einen weltlichen Geheimagenten, der ihn mit jenen vertraulichen Informationen versorgen konnte, zu denen die Nuntien keinen Zugang hatten. Sein besonderes Interesse galt dabei den politischen Zuständen in den Ländern jenseits des Eisernen Vorhangs.

Der Agent, ein Oberst, der sich Arnould nannte, suchte den Papst beinahe monatlich auf. Gegen Mitte August 1954 überreichte der Geheimagent Pius XII. einen versiegelten Umschlag vom evangelischen Erzbischof in Uppsala, Yngue Togny Brilioth, einem Bewunderer des Heiligen Vaters und Mitarbeiter in der Hilfe für Katholiken in den kommunistisch regierten Ländern. Als der Erzbischof dem Oberst den Umschlag anvertraute, bat er dringlich darum, ihn keiner offiziellen Stelle des Vatikans zu überlassen, sondern ihn unter allen Umständen nur dem Papst persönlich auszuhändigen. Das Schreiben enthielt Beweise für gewisse Beziehungen, die eine hohe Persönlichkeit des Vatikans mit der sowjetischen Regierung unterhielt. Als Papst Pacelli erstmals über diesen Tatbestand unterrichtet worden war, hatte er noch kategorisch ausgeschlossen, daß derartiges ohne seine Zustimmung möglich sei.

Die Aktivitäten des Stellvertretenden Staatssekretärs hinter dem Rücken des Papstes waren überaus ernst zu nehmen. In eindeutigem Widerspruch zu den Direktiven Pius' XII., dem der Kommunismus ein Graus war, hatte Montini begonnen, geheime Kontakte zu den Verfolgern der katholischen Kirche in der UdSSR zu pflegen. Aus einer sorgfältigen Untersuchung ging hervor, daß der Jesuitenpater Tondi, der dem Kreis um Montini angehörte, den Sowjets eine Liste der im Untergrund tätigen Bischöfe sowie jener Priester übergeben hatte, die dorthin gesandt worden waren oder gar im Untergrund erst ihre Weihe empfangen hatten. Nach diesem Verrat wurden sie alle verhaftet und ermordet oder starben in den Lagern. Darüber hinaus war dem Papst die Spaltung unter den katholischen Bischöfen verschwiegen worden, die sich gerade im kommunistischen China vollzog – auch dies ein schwerer Vertrauensbruch.

Der Papst las den Brief in Arnoulds Präsenz und verstummte mit bewegter Miene. Am 30. August entschlief selig der Erzbischof von Mailand, Kardinal Hildebrand Schuster. Ende September rief Pius XII. den Stellvertretenden Staatssekretär Montini zu sich und teilte ihm seine Absicht mit, ihn als Erzbischof nach Mailand zu entsenden. Vom Chef des Staatssekretariats zu einem Erzbischof der Peripherie, das war zweifellos ein Abstieg, mochte es sich auch um die größte Diözese Italiens handeln. Montini entgegnete halblaut: »Heiliger Vater, ich hatte geglaubt, mein bescheidenes Werk zu Diensten Eurer Heiligkeit in der Kurie vollenden zu können!« In seiner ganzen schlanken Gestalt richtete Papst Pacelli sich auf, und ohne weitere Worte zu verlieren bedeutete er in gebieterischem Ton: »Exzellenz, empfangen sie die erste apostolische Segnung als Erzbischof von Mailand! Ich danke Ihnen für Ihre Dienste!« Montini nahm die Segnung auf Knien entgegen.

Am 1. November desselben Jahres zog er in Mailand ein, wo er vier Jahre lang (solange Papst Pacelli am Leben war) nicht zum Kardinal ernannt wurde. Der Papst beabsichtigte, ihn so von einer möglichen Kandidatur für die Papstwahl auszuschließen. Für den Rest seines Lebens nahm Pius XII. die ausländischen Angelegenheiten des Vatikans selbst in die Hand.

Als Präsident der lombardischen Bischofskonferenz hatte Erzbischof Montini Kontakt zu sämtlichen Bischöfen der Region. Einer von ihnen war Monsignore Vincenzo Gilla Gremigni, Bischof von Novara, den Pius XII. sehr schätzte und oft zu Rate zog und der in die Vorgänge um Montini eingeweiht war. Montini war keiner, der einstecken konnte, sondern er beantwortete jeden einzelnen Schlag mit einem kräftigen Gegenschlag. Während er in Mailand ab 1955 nur einen Auxiliarbischof hatte – den zweiten bekam er erst fünf Jahre später dazu – erhielt Monsignore Gilla, dem die Freundschaft zum Papst Stärke verlieh, zwei Hilfsbischöfe gleichzeitig, einen 62jährigen und einen sehr jungen, der erst 44 Jahre alt war, die beide im September 1958 die Weihe empfingen. Dinge, die Montini sorgfältig registrierte und die mehr oder weniger verdeckte Streitereien nach sich zogen.

Als der Erzbischof von Mailand daran dachte, die katholisch orientierte, in der Lombardei sehr beliebte Zeitung »Il Popolo d'Italia« aufzulösen und die Redaktion an einen anderen Ort zu verlegen, protestierte Monsignore Gremigni, da diese Entscheidung ohne Einbeziehung des lombardischen Episkopats getroffen worden war. Die Antwort Montinis, die dem Bischof von Novara am späten Abend vorgelegt wurde, war von solcher Schärfe, daß Monsignore Gremigni, der ein schwaches Herz hatte, beim Lesen des Briefes plötzlich leblos über seinem Schreibtisch zusammenbrach. Das war am 7. Januar 1963, abends gegen 23 Uhr.

Als diese Nachricht Montini erreicht, den Papst Roncalli mittlerweile zum Kardinal gemacht hat, eilt er noch in derselben Nacht ins Bischofsamt von Novara, wo er um ein Uhr eintrifft, läßt den jungen Auxiliarbischof Ugo Poletti kommen und hört sich dessen Erklärungen für die Ursachen des plötzlichen Infarkts an. Vielleicht, so Poletti, sei es der Inhalt seines Schreibens gewesen, das, bereits versiegelt, auf dem Schreibtisch im Büro zurückgeblieben sei. Kardinal Montini besteht darauf, seinen Brief wieder ausgehändigt zu bekommen, um der Presse keinen Anlaß zu Spekulationen zu geben. »Eminenz, die Siegel sind vor einer Stunde vom Amtsmann aufgebracht worden. Es ist Nacht und nicht mehr möglich, ihn um diese Zeit noch zu stören!« erwidert Poletti. Darauf entgegnet der Kardinal: »Morgen ist es zu spät. Allein aus diesem Grund bin ich gekommen. Niemand wird je von dem Vorfall erfahren …«

Man erzählte sich auch, daß die Geschichte mit dem Siegel eine Erfindung des Auxiliarbischofs war. Nachdem er den Kardinal zwei Stunden lang in Angst habe warten lassen, sei er endlich unter vielen Entschuldigungen für seine offenkundige Verspätung mit dem Schriftstück in der Hand zurückgekehrt und habe es Montini überreicht. Wechselseitig sicherten sie sich die größte Verschwiegenheit über das Vorgefallene zu, von dem niemand je erfahren dürfe.

Jeder wußte, daß Papst Johannes XXIII. schwer krank war. Er starb am 3. Juni desselben Jahres. Der Erzbischof von Mailand konnte auf die Unterstützung durch die bedeutendsten Vatikanisten setzen. Am 21. Juni wurde er zum Papst gewählt und nannte sich Paul VI.* Normalerweise revanchierte er sich für ihm erwiesene Dienste. Doch was Monsignore Poletti und den Betrug von Novara betraf, schien sich der Papst an nichts mehr zu erinnern. Da Erinnerung mitunter wie ein Rückspiegel die Ver-

---

* Nach dem Tod Papst Roncallis trafen sich im Juni 1968 die Konklavisten um Kardinal Giacomo Lercaro von Bologna in der Villa des Freimaurers Umberto Ortolani in Grottaferrata, um sich auf eine gemeinsame Position hinsichtlich des zu unterstützenden Kandidaten, nämlich Giovanni Battista Montini, zu einigen, den man entsprechend informierte. Kaum auf dem Heiligen Stuhl angelangt, bezeigte der dem Freimaurer Ortolani seine Dankbarkeit für die ihm erwiesene Gastfreundschaft, indem er ihn unverzüglich zum Kammerherrn Seiner Heiligkeit ernannte.

gangenheit in die Zukunft projiziert, las man fortan in der einen oder anderen Zeitungsnotiz von der Existenz eines Briefes von Montini an Gilla Gremigni, der als mögliche Ursache für den plötzlichen Tod des letzteren in Frage komme. Sofort wurde Poletti zum Erzbischof von Spoleto befördert.

Doch Spoleto war Monsignore Poletti zu öde. Er ließ den Papst wissen, daß er ihm direkt in Rom dienen wolle, und er legte auch die Bedingungen fest. Zwei Jahre später wechselte er ins römische Vikariat als zweiter stellvertretender Leiter neben Seiner Exzellenz Ettore Cunial, wobei er die Auxiliarbischöfe Luigi Poggi, Giovanni Canestri, Oscar Zanera und Priamo Trabalzini aus dem Rennen warf.

Als der Kardinalvikar Angelo Dell'Acqua am 27. August 1972 plötzlich in Lourdes verstarb, tauchten erneut hier und da Zeitungsnotizen auf, die jenen Brief Montinis an Gilla Gremigni erwähnten. Als sei sie ihm durch einen Windstoß zugeflogen, ereilte Poletti daraufhin die Ernennung zum Provikar Papst Pauls VI. in Rom.

An diesem Punkt hielt der betagte Erzähler kurz inne und fügte dann hinzu: »Und nun ist er unser Kardinalvikar, von Gottes Gnaden – und der Heiligen Mutter Kirche!«

Die beiden Monsignori hörten ungläubig zu, und einer von ihnen sagte: »Welche Macht doch eine Fotokopie haben kann! Das riecht alles ein bißchen nach den Intrigen am päpstlichen Hof in den Zeiten der Renaissance ...«

»Dies nur«, so ergänzte der Prälat, »um deutlich zu machen, wer Paul VI. ist: ein Starker im Umgang mit Schwachen und ein Schwacher im Umgang mit Ellenbogennaturen.« Unter Pius XI. wäre ein solcher Prälat mindestens von seinen pastoralen Funktionen entbunden und in irgendein Kloster geschickt worden, um seine Leidenschaften abzukühlen, wie es mit Kardinal Billot geschah, dem die Kardinalswürde entzogen wurde. Monsignore Poletti hingegen, vorwärtsgetrieben vom Wind der Erpressung, stand dem Papst lange Jahre hindurch als Kardinalvikar zur Seite, bis sein hohes Alter ihn zum Rücktritt zwang.

Der Monsignore schaute überrascht auf seine Armbanduhr: 16.30 Uhr, er war in Verzug mit einer Arbeit, die er dem Papst am nächsten Tag vorzulegen hatte. Er bat darum, ihn direkt zum Hof von San Damaso zu fahren.

Windstöße

Der Präfekt des Päpstlichen Hauses, der dieses Amt jahrzehntelang innehatte und in ihm alt wurde, kam aus Piacenza. Sein Onkel, Erzbischof Kardinal von Bologna, hatte ihm den Posten verschafft. Dessen Versuche, ihm auch zu einem Examen an irgendeiner päpstlichen Universität zu verhelfen, waren jedoch gescheitert. Mit größtem Bedauern erklärte der Onkel: »Er ist ein tüchtiger, pfiffiger Junge, mein Neffe. Schade, daß er nicht studieren wollte. Sonst hätte er mit dem Posten, auf dem er ist, ohne weiteres Kardinal werden können!«

Doch hier irrte der Onkel gewaltig, denn sein Neffe wurde Kardinal, auch ohne seinen Geist zu verschwenden. Vor seinen treuesten Präfekten, die auch aus seinem Heimatort kamen, brüstete er sich gern mit der Schilderung, wie er das Kardinalsgewand zu fassen gekriegt hatte.

Während seines vierzigjährigen Dienstes für verschiedene Päpste war der Prälat aus Piacenza vom einfachen Zeremoniengehilfen bis zum Zeremonienmeister aufgestiegen. Er prahlte damit, von Adel zu sein, aber an Adligem hatte er in Wirklichkeit nur die übermäßigen Darmwinde, die unter den Fresken von Raffael wie Schüsse durch ein widerhallendes Kanonenrohr abgingen. Während seiner Zeit in diesem Amt hatte der Prälat Konsistorien vorbereitet und Schreiben an jene Prälaten versandt, die von den verschiedenen Päpsten zu Kardinälen ernannt wurden. Das waren viele Dutzend Namen in vierzig Jahren.

Unter den Nominierungsschreiben für das bevorstehende nächste Konsistorium tauchte sein Name nicht auf. Genau betrachtet befand er sich kurz davor, für immer ausgeschlossen zu werden, jetzt da er seinen Posten demnächst an seinen Nachfolger abtrat, der schon mit den Füßen scharrte. So beschloß er, alles auf die letzte Karte zu setzen, die ihm noch blieb. Ohne Vorankündigung betritt er das Büro des Papstes und sagt mit erregter Miene und gereizter Stimme: »Heiligkeit, ich habe mich entschlossen, morgen in meinen Heimatort aufzubrechen, wo ich mich für einige Zeit im Schloß meiner Ahnen niederlassen werde, da hier ja offensichtlich jemandem, der sein Leben in den Dienst der Kirche gestellt hat, keinerlei Dankbarkeit zuteil wird.« Aus seinen durchdringenden, glasigen Augen richtet Paul VI. einen langen, forschenden Blick auf ihn, überrascht von dem ebenso ungebührlichen wie unerwarteten Affront. Ein Moment nicht enden wollenden Schweigens, dann die mit Nachdruck betonte Frage an den Prälaten Erzbischof: »So sprechen Sie zum Papst?« Die prompte Erwiderung des Prälaten: »Und, Eure Heiligkeit, so gehen Sie mit einem treuen Mitarbeiter um, der ohne Unterbrechung bei fünf Päpsten im Dienst gestanden hat? So bleibt mir denn nichts weiter zu tun, als nach Conegliano zu fahren und dort all die geheimen Papiere zu ordnen, die ich sorgsam im Tresor verwahre.« Nach diesen Worten dreht der Prälat dem Papst den Rücken zu und geht, ohne sich zum Gruß noch einmal umzuwenden.

Er kehrt in sein Haus am jenseitigen Ufer des Tibers zurück. Er hat noch nicht Stock und Mantel an die Garderobe gehängt, da läutet es auch schon. Durch die Sprechanlage meldet sich ein Prälat in Begleitung eines Boten, der ihm das Ernennungsschreiben zum Kardinal überbringt. Gottes Wille in Rekordgeschwindigkeit.

*

Paul VI. empfängt 1966 während der Fastenzeit die Bischöfe aus der Region Lukanien, die *ad limina* bei ihm zu Gast sind. Als einer der ersten tritt strahlend der Erzbischof von Acerenza, Monsignore Corrado Ursi ein, kniet nieder und küßt dem Papst die Hand.

Während die anderen Bischöfe sich zu einem Kreis formieren, sagt der Papst zu ihnen, auf Ursi weisend: »Lassen Sie uns den neuen Erzbischof von Potenza begrüßen.« Doch in den Gesichtern sowohl des Designierten als auch der anderen Bischöfe liest der Papst Erstaunen und Überraschung. Und doch erinnert er, Paul VI., sich genau, Ursis Wechsel von Acerenza nach Potenza zugestimmt zu haben, wo er den 90jährigen Erzbischof Augusto Bertazzoni ablösen sollte. Um zu erfahren, warum diese Entscheidung nicht bekanntgemacht wurde, erbittet er sich an Ort und Stelle Erklärungen vom Kardinalpräfekten der Bischöfe, der sich beeilt, ihm über die mißlichen Umstände zu berichten, die zu dem Versäumnis geführt haben.

Der damalige italienische Ministerpräsident, der Onorevole Emilio Colombo, hatte Gerüchten entnommen, daß der von ihm verehrte Erzbischof Bertazzoni, der ihm, einem Waisen, den Vater ersetzt hatte, von der Erzdiözese Potenza abgesetzt werden sollte. Bewegt von tiefer Sohnesliebe, wollte er ihm eine Enttäuschung ersparen, von der er fürchtete, sie könne sich für den alten Mann fatal auswirken, und bat so das zuständige Ministerium im Vatikan, die Bekanntmachung einstweilen nicht zu verbreiten. Mit dem Papst wollte er die Sache so schnell wie möglich persönlich besprechen. Paul VI. hingegen, der von dem Eingreifen der italienischen Regierung nichts wußte, hatte die Nachricht über seine Personalentscheidung nun bereits an die Bischöfe von Lukanien ausgeplaudert.

Was sollte er tun? Einerseits war es nicht gut, den frommen Onorevole Colombo zu verärgern, der ein sehr freundlicher, äußerst zuvorkommender Mann war, andererseits hat jenes Episkopat von seinen Plänen Kenntnis genommen. Nun galt es, beide zufriedenzustellen.

Die Freundschaft Papst Montinis zu Monsignore Ursi ging auf die Zeit der großen Mission von Mailand zurück, als er die berühmtesten Prediger des Landes kommen ließ und sie auf alle Pfarreien und Bezirke seiner großen Erzdiözese verteilte. Die Presse hatte das als die Mission der tausend Redner bezeichnet, so viele waren engagiert worden. Monsignore Ursi, der damals Bischof von Nardò war, war für die lombardischen Industriellen bestimmt gewesen, die ihn über alle Maßen gelobt hatten und anschließend die Kirche großzügig mit Spenden überschütteten. Kardinal Montini hatte ihn daraufhin noch zwei weitere Male gebeten, zu den gläubigen Mailändern zu predigen. Und als Papst hatte er seine Wertschätzung für Ursi unverändert beibehalten.

Mit dem Tod des Kardinals Alfonso Castaldo wurde in jenen Monaten der Sitz in Neapel frei. So versetzte Paul VI. den Erzbischof von Acerenza am 23. Mai kurzerhand auf den Kardinalssitz von Neapel. Dieser würdige Kirchenmann hatte wirklich nichts getan, um zu solcher Ehre aufzusteigen, dem bedeutendsten Kardinalssitz in ganz Süditalien. Doch unverhofft stand der Wind günstig für ihn, und alle Priester und Gläubigen jener Erzdiözese, bei denen die Erzbischöfe wahrlich nie einen leichten Stand hatten, erinnern ihn – der noch immer am Leben ist – mit großer Sympathie und Zuneigung.

Welch ein Unterschied zu seinem Nachfolger, Kardinal Michele Giordano, gegen den schon seit längerem ermittelt wird und nun ein Verfahren läuft wegen illegaler Geschäfte und Wucher, wofür schon sein Bruder verhaftet wurde, sowie wegen Steuerhinterziehung seitens der neapolitanischen Kirche. Der Kardinal wird nicht müde, in Interviews zu beklagen, wie sehr durch die Anschuldigung seiner respektablen Person die Kirche beleidigt werde. Doch welch Ausdruck der Kirche ist er, fragen sich die neapolitanischen Camorristen? Die ganze Welt sieht am Bildschirm zu: Warum also legen die Verantwortlichen im Vatikan Kardinal Giordano, der unter derart schwerwiegendem Verdacht steht, nicht den Rücktritt nahe? Vielleicht bläst der Wind noch nicht stark genug …

XIV
Jahrmarkt der Eitelkeiten in Rot und Violett

Wenn man zu einer Hochzeit eingeladen ist, setzt man sich nicht in die erste Reihe. Dies entspricht einem Gebot biblischer Demut: *»Ich saß nicht bei falschen Menschen, mit Heuchlern hatte ich keinen Umgang.«* (Ps 26, 4) Sehr viele Prälaten des Vatikans allerdings meinen, sie seien von dieser biblischen Regel aufgrund göttlichen Vorrechts ausgenommen, und dafür zeigen sie sich dem Herrn aus tiefstem Herzen dankbar und erkenntlich.

Wenn du also zu einer Hochzeit geladen bist, na ja, besser gesagt, wenn du beschließt, dich selbst zu einem päpstlichen Hochamt einzuladen, dann solltest du versuchen, dir einen Platz so nahe wie möglich bei den höchsten Würdenträgern dieser Zusammenkunft zu erschleichen. Bei diesen päpstlichen Terminen, an denen sich bekanntlich die größten Tiere im Gefolge des Papstes aus den Gefilden des Hofes herabbegeben, kann man ein hektisches Gewusel, ein Kommen und Gehen junger Hoffnungen beobachten: so viele geschäftige rote Ameisen, die sich aufgeregt beschnüffeln und wieder auseinandergehen, sich voreinander verbeugen oder sich ignorieren, sich füreinander einsetzen oder sich gegenseitig auffressen.

Offensichtlich holen alle, die dort bei der *»König der Kelche & Co KG«* etwas zählen, Informationen über den Dschungelfunk ein. Eine äußerst praktische Sache, weil es so keine zurückverfolgbaren Spuren gibt. Weithin sichtbar sind dagegen die Ergebnisse dieser Unterredungen, die Folgen ihrer niederträchtigen Entscheidungen! Für sie ist das biblische Gesetz ein umgekehrter Syllogismus: Zunächst werden die nötigen Schlüsse gezogen – dieser soll befördert, jener abgelehnt werden –, und erst danach werden die entsprechenden Prämissen erstellt.

Der Kirche von Rom droht die Gefahr eines neuen, nicht einmal mehr allzu kaschierten Pharisäertums. Einige der Machtspiele unter den Geistlichen unterscheiden sich kaum noch von Stammesfehden, Fetischbeschwörungen oder stillschweigenden Übereinkünften im Stile der Mafia oder der Geheimbündelei. Sie betreiben einen Jahrmarkt der Eitelkeiten ganz in Rot, je schriller, desto besser. Über ihr Bemühen, ein kleines Stück Stoff in Rot für ihre Kleidung zu ergattern, verlieren sie die Fähigkeit, ab und an ein wenig schamhafte Röte im Gesicht zu zeigen. Sie posieren auf einem Podium für Selbstdarsteller, herausgeputzt mit festlichen Gewändern, unter denen sie ihre falschen Ambitionen verstecken. Die päpstlichen Hochämter verkommen immer mehr zu Modenschauen von Dressmen, von Prälaten, die sich im Defilee nur allzugern zur Schau stellen. Die Päpstliche Kapelle gleicht einer Mustermesse von roten Gewändern, Spitzenaccessoires, Kopfbedeckungen und glänzenden Umhängekreuzen, und die geckenhaften Prälaten präsentieren sich wie auf der alljährlichen Modenschau unter dem Sternenhimmel vor Santa Trinità dei Monti.

Der Anspruch der Würdenträger größeren Kalibers, angemessen gegrüßt zu werden, ist genauso groß wie das Bestreben der Vertreter kleineren Kalibers, ihnen Ehrerbietung entgegenzubringen, der jeweilige Koeffizient ist umgekehrt proportional. Der Dignitär, der auf der Leiter der Ehren und Würden schon ein wenig vorangekommen ist, hält insgeheim fest, wann ein Untergebener einmal etwas unaufmerksam ist, und jener bekommt beizeiten seinen geballten Zorn wegen der vorenthaltenen und doch so wohlverdienten Ehrerbietungen zu spüren. Welch ein Aufwand für diese nicht enden wollende Katzbuckelei, begleitet von dem breiten, zufriedenen Grinsen der Aufgestiegenen. Im Saale preist die vielstimmige Versammlung und wird gepriesen, das Herz geht ihnen auf, wenn sie sich in gegenseitigen Komplimenten und Lobpreisungen ergehen.

Und welche Befriedigung empfinden wohl die Prälaten, die in schlecht verhohlenem Narzißmus erstrahlen, vor, während und nach diesen Begegnungen auf höchster päpstlicher Ebene, obwohl doch schon Ghika geschrieben hat, daß Narziß Gott ferner steht als Kain. Wenn Freude die bewußte Befriedigung über ein sicheres Gut ist, so läßt sich sagen, daß sich zu filigranen Gütern flüchtige Freuden und zu granitenen Gütern handfeste Freuden gesellen. Doch Granit ist hart und hat schon mehr als einem dieser Menschen den Schädel eingeschlagen.

Die Monsignori in vollem Ornat, die sich mit ihren Prälatensoutanen in Schale geworfen haben und nun eilfertig und aufgeregt, würdevoll oder dümmlich lächelnd umherlaufen, sehen es als ihre Pflicht an, den Kardinälen und Prälaten auf den reservierten Plätzen in der ersten und zweiten Reihe ihre Aufwartung zu machen, selbstverständlich nur aus demütiger Ergebenheit und aus keinem anderen Grund. Doch eben diesen anderen Grund haben selbstredend alle im Hinterkopf. Jesus sprach: »*Die Schriftgelehrten und die Pharisäer haben sich auf den Stuhl des Mose gesetzt. Tut und befolgt also alles, was sie euch sagen, aber richtet euch nicht nach dem, was sie tun; denn sie reden nur, tun selbst aber nicht, was sie sagen. Alles, was sie tun, tun sie nur, damit die Menschen es sehen: Sie machen ihre Gebetsriemen breit und die Quasten an ihren Kleidern lang; bei jedem Festmahl möchten sie den Ehrenplatz und in der Synagoge die vordersten Sitze haben, und auf den Plätzen lassen sie sich gern grüßen. Der Größte von euch soll euer Diener sein.*« (Mt 23, 2–11)

Falls weiter vorne noch ein Platz frei ist, findet derjenige in der Reihe dahinter schon Mittel und Wege, um einen Prälaten in der leeren Reihe herzlich zu grüßen und sich damit ganz behaglich neben ihm niederzulassen: *Sedere cum viris vanitatis.* Nun ja, immerhin hat er es diesmal geschafft, die anderen um eine Reihe zu überflügeln

---

und so dem Papst eins näher zu sein, aus reiner Ehrerbietung, versteht sich! Später lernt er, auch im Alltag so zu handeln und denen den Weg zu verstellen, die nicht so beweglich sind wie er. *»Weh euch Pharisäern! Ihr wollt in den Synagogen den vordersten Sitz haben und auf den Straßen und Plätzen von allen gegrüßt werden.«* (Lk 11, 43)

✻

Jedes Jahr wünscht der polnische Papst am Tag vor Peter und Paul ein Treffen mit all seinen Mitarbeitern, die in den Dikasterien der römischen Kurie arbeiten. Natürlich ist das die angesagteste Gelegenheit, sich geschniegelt und gestriegelt zur Schau zu stellen, und sei es auch nur, damit das rote oder rotverbrämte Gewand nicht im Schrank verstaubt oder von Motten zerfressen wird.

Doch da gab es einen Spielverderber, einen äußerst aufgeweckten Monsignore mit feingeschnittenen Gesichtszügen und aufrechter Statur, der großes Einfühlungsvermögen für die angespannte Atmosphäre seiner Umgebung und eine rasche Auffassungsgabe für die Veränderungen seit der Zeit Johannes' XXIII. besaß. Dieser Monsignore also erschien zu den Treffen mit dem Papst regelmäßig *in nigris*, das heißt in schlichter schwarzer Soutane, die nicht einmal allzu neu war. Das verdrießte einen besonders gestrengen Zeremonienmeister so sehr, daß er einem der Gardisten die Anweisung gab, den Sonderling, der nicht in seinem Hochzeitsstaat erschienen war, um mindestens vier, fünf Reihen nach hinten zu versetzen. Behutsam näherte sich der Wachmann dem Mann in Schwarz: »Monsignore, verzeihen Sie, aber Sie müssen diesen Platz frei lassen, er ist schon besetzt«, und wies ihm einen neuen Platz an.

Der Priester, bereits an herabsetzende Behandlung gewohnt, ohne daß ihn das groß gekümmert hätte, ließ die roten Kollegen aus seinem Büro auf den ihnen zugeteilten angemessenen Plätzen sitzen und ging ohne weiteres nach hinten. Doch auch auf seinem neuen Platz blieb er nur kurz, denn erneut trat derselbe Wachmann, sichtlich verlegen, an ihn heran und forderte ihn auf, sich noch weiter nach hinten zu setzen: »Entschuldigen Sie bitte, Monsignore, an mir liegt es nicht, ich befolge nur meine Anweisungen!« Doch der schmucklose Prälat nahm es ihm nicht weiter übel, sondern versuchte noch, den armen Laien aufzuheitern: »Machen Sie sich um mich keine Sorgen, ich bin die Methoden des heiligen Joseph Cottolengo gewohnt.« – »Und was wären das für Methoden, Monsignore?« Darauf dieser: »Seinen braven, aber unfähigen Söhnen, die immer wieder von einer Stelle zu einer anderen versetzt wurden, weil sie dort nicht mehr erwünscht waren, antwortete der Heilige, als sie um eine Erklärung für diese ständigen Versetzungen baten: ›Laßt euch davon nicht beirren, denn ihr müßt wissen, daß man Kohlköpfe mehrmals umsetzen muß, damit sie mehr Geschmack bekommen.‹« Darauf mußte der Wachmann lauthals auflachen, was die Aufmerksamkeit der weiter vorne sitzenden Prälaten erregte.

Kurz darauf näherte sich der gute Mann wieder dem Prälaten und sagte lächelnd zu ihm: »Monsignore, da wäre noch ein Platz genau in der ersten Reihe frei; wenn es da nicht den besagten Zusammenhang mit den Kohlköpfen gäbe, hätte ich Sie ja dorthin nach vorne vor all die anderen geleitet, zumal es Ihnen rechtmäßig zusteht. Aber ich schwöre Ihnen, Monsignore, daß ich in Zukunft vorsichtiger sein werde, ehe ich Priester umsetze, die sich nicht in Schale geworfen haben.«

*

Man muß nicht groß erwähnen, daß Gott keinen Unterschied nach Ansehen und Person macht, Er ist nicht parteiisch, Er trifft keine Auswahl. Das ist allgemein bekannt. Doch hier geht es nicht um den Vater, der da ist im Himmel und somit weit genug weg, um sich nicht mit unseren kleinen Nöten und Schwächen aus bunten Farben, Fallstricken oder Begünstigungen zu befassen.

Die Menschen dagegen unterscheiden zwischen Freund und Feind und versuchen, vorteilhafte Bündnisse zu knüpfen. Das bedarf schon einiger Anstrengung; wie heißt es doch im Sprichwort: »Hilf dir selbst, so hilft dir Gott«! So wird es seit ewigen Zeiten überliefert; und da erwartest du allen Ernstes, daß diese himmlische Regel ausgerechnet von den römischen Geistlichen, besonders denen der Kurie, nicht befolgt wird?

Während es unter der zwanzigjährigen faschistischen Diktatur in Italien verpönt war, Freunde in der Kurie zu haben, gilt dies heute als Ehre; und je farbenfroher deren Kleidung ist, desto besser ist es für das Renommee. Wir alle haben einen Beschützer im Himmel. »Selig der, der auch auf Erden einen hat!« sagte eine Mutter zu ihrem Sohn, einem Geistlichen, der später feststellen mußte, daß seine Erzeugerin damit absolut recht hatte.

In diesem ganzen Jahrmarkt des Rots möchte sich niemand an den Tadel des Meisters an die Pharisäer erinnern: *»Wie könnt ihr zum Glauben kommen, wenn ihr eure Ehre voneinander empfangt, nicht aber die Ehre sucht, die von dem einen Gott kommt?«* (Joh 5, 44) Vielleicht glauben sie ja, daß Gott die Grellheit ihres Rots nicht wahrnimmt. Sie waren wohl nicht da, als Er lehrte, daß wahre Größe nicht von Erden, sondern vom Himmel kommt, nicht vom Rot, sondern von der inneren Reinheit.

Man sollte an dieser Stelle nicht vergessen, daß zu den päpstlichen Gottesdiensten selbstverständlich auch Ordensschwestern jeder Tracht und jeden Ranges kommen und dort aufeinandertreffen. Auch sie sind ganz auf der Höhe der Zeit und staffieren sich mit besonders edlen Stoffen aus; lockige Strähnchen lassen sie betont unachtsam unter dem Schleier hervorschauen, oder sie tragen gar keine Haube, dafür eine frische Dauerwelle vom besten Coiffeur der Stadt, der ihnen ganz offensichtlich auch noch die Fingernägel maniküirt hat.

Simon Petrus war zunächst gar nicht daran gelegen, als Führer der entstehenden Kirche in Erscheinung zu treten. Jesus aber machte ihn dazu bei ihrer ersten Begegnung: *»Du bist Petrus, und auf diesen Felsen werde ich meine Kirche bauen.«* (Mt 16,18) *»Komm her, folge mir nach! Ich werde dich zu einem Menschenfischer machen.«* (Mt 4,19) Doch er erwies sich mehrmals als ganz und gar nicht felsenfest: *»Vade retro, satana«*, muß Jesus einmal zu ihm sagen. Petrus hatte dem Druck der Judenchristen soweit nachgegeben, daß er im Hinblick auf das alte Recht zwischen ihnen und den Heiden unterschied; erst das Einschreiten von Paulus befreite ihn von diesem Irrtum. Und doch war Petrus der erste Statthalter Christi, der erste Papst, der seine wiederholten Fehler eingestand, obwohl er sie verabscheute, und der dem Jünger Markus vorschlug, diese ins Evangelium zu seiner Schande und zur Festigung der Kirche aufzunehmen!

Die Chronik unserer Zeit listet mehr als einen Würdenträger der Kurie auf, der sich selbst zum Führer der Kirche auserkoren hat oder sich zumindest an der Spitze der Pseudoregierung sieht. Es gibt da einen ganz speziellen Kandidaten, und der unvermeidliche speichelleckerische Reporter von »Telepace« läßt keine Gelegenheit aus, ihn im Fernsehen mit lobenden Erwähnungen und lächerlichem Brimborium herauszustellen. Denn, auch wenn Popularitätswerte und Statistiken keine Meinungen sind, so können doch Meinungen selbst die Statistik verändern. Dieser Würdenträger fühlt sich berufen, er glaubt felsenfest an seine Führungsqualitäten und handelt dementsprechend, damit auch der Rest der Welt – innerhalb des Vatikans und der kirchlichen Welt wie außerhalb in Gesellschaft und Politik – fest auf ihn setzen muß.

In der vollen Überzeugung, das Maß aller Menschen und Dinge zu sein, bietet sich dieser Kirchenmann, in seinen flammenden Purpur gekleidet, mit falscher Bescheidenheit dem großen Medienpublikum dar. So läßt er sich beispielsweise ganz gern als Außenminister der Kirche für den Nahen Osten titulieren. Gönnerhaft gibt er Interviews über Vergangenheit und Zukunft der Kirchenführung, auch das Konklave kann er voraussagen. Er reist umher, um sogenannte Pastoralbesuche bei Landeskirchen und -regierungen abzustatten, und empfängt Politiker jeglicher Couleur. Einladungen aller Art werden von ihm angenommen, und er fehlt bei keinem päpstlichen Hochamt, wo er dann in gedankenverlorene Trance versinkt. Er läßt sich zu allen hochrangigen Begegnungen bitten, er erklärt sich bereit, in halböffentlich-privatem Rahmen eventuelle Muß- oder Scheinehen prominenter Persönlichkeiten zu schließen. Ja, er ist sich nicht einmal zu schade, mit leidtragender Miene die Trauerfeier zu Ehren irgendeines berühmten Regisseurs, einer herausragenden Schauspielerin oder eines großen Politikers abzuhalten, die sich in ihrem letzten Stündlein angeblich zu gläubigen Christen bekehren ließen. Alles kann sich als nützlich erweisen, dem aufgeblasenen Showman Ruhm und Ehre einzubringen, auch Zirkusspiele und Hanswurstereien.

Indem sich der umtriebige Purpurträger ständig in den Mittelpunkt stellt, versucht er die anderen davon zu überzeugen, daß er mit seinem multidimensionalen Einfluß tatsächlich im Moment der mächtigste Würdenträger des Vatikans ist. So gibt er etwa Politikern zu verstehen, daß er Kandidaten für die Bischofs- oder Kardinalsernennung vorbereiten und für diese beim schwächlichen Pontifex ein Wort einlegen kann, was vor allem seinem eigenen Clan aus der Emilia Romagna zugute kommt. Die aufmerksamen Beobachter nehmen den Aufstieg dieses unglaublichen Menschens wahr und buhlen daher um die Gunst seiner Freundschaft und seiner schützenden Hand.

Diejenigen, welche am ehesten auf dieses endlose Werbegetrommel hereinfallen, sind die italienischen Politiker. Die Staats- und Ministerpräsidenten sind bei ihrem Amtsantritt stets eiligst bemüht, dem allmächtigen Kurienkardinal, der sich gerade der allgemeinen Gunst erfreut, ihre Aufwartung zu machen, noch ehe sie beim Papst oder beim Kardinalstaatssekretär vorstellig werden. Staatsmänner, die sich geehrt fühlen, den Steigbügelhalter abgeben zu dürfen, zu Befehl und zu Diensten des überheblichen Selbstdarstellers.

Eine einzigartige Show boten sich 1994 das starke Ego in Purpur und der damalige Ministerpräsident, der katholische Abgeordnete Silvio Berlusconi. Das Treffen der beiden Hoheiten verlief äußerst herzlich. Keine Schamesröte zeigte sich im Antlitz des erlauchten Purpurträgers, als er dem Premier, dessen Zugehörigkeit zu den Freimaurern erst kurz zuvor bekanntgeworden war, die Hand schüttelte; einem Mann, der drei Gehirnwäsche betreibende und die Moral untergrabende Fernsehkanäle aufgebaut und einen Reichtum zweifelhafter Milliarden angehäuft hat; einem, der eindeutig in rechtlichen Schwierigkeiten steckte, der sich selbst zum Gesalbten erklärt hatte und vielleicht aus diesem Grund auch mit zwei Frauen und zwei Familien gesegnet war. Es wird gemunkelt, der Purpurträger habe sich in der Vergangenheit dafür eingesetzt, daß dem Gesalbten von Arcore eine Art private Familienkapelle zugestanden würde, in der er dann die Messe mit der größten häuslichen Andacht verfolgen könnte – manch einer fragte sich allerdings schon, welcher seiner beiden Haushalte dabei wohl den kürzeren gezogen hätte ...

In einer Welt dreister Selbstbeweihräucherung gereicht es einem zum Schaden, wenn man sich in Bescheidenheit übt, es fällt auf einen zurück wie ein schadenbringender Boomerang. Der Ehrgeizige kann mit Bescheidenheit nichts anfangen, die Schwindelgefühle der Geltungssucht dagegen berauschen ihn. Der Stolz, sich in ungeheure Höhen aufgeschwungen zu haben, macht ihn trunken, zumal er davon überzeugt ist, daß Macht ein Vergnügen ist und Vergnügen für ihn immer auch eine Pflicht. Die Geilheit der Macht bezieht er aus der gottähnlichen Position und dem vertrauten Umgang mit den Mitarbeitern. Wenn er einen geeigneten Weg sucht, findet er immer zwei; wählt er dann einen davon, kommt er bald darauf an einen Scheideweg. Vergebens versucht unser Herr ihm immer wieder einzugeben: »*Lernt von mir, denn ich bin gütig und von Herzen demütig.*« (Mt 11, 29) Was übersetzt nichts anderes heißt als: Runter mit der Nase, Eminenz, senkt Euer Haupt! Luzifer war ein Engel des Lichts, doch dann wurde er hochmütig und fiel der Finsternis anheim. Ghika bemerkte, daß Stolz der Glanz der Dummheit ist; Pater Pius meinte, daß die Eigenliebe, das liebste Kind der Hoffart, noch ehrgeiziger und bösartiger als die Mutter sei. Winston Churchill sagte über König Richard Löwenherz: »Sein Leben war eine großartige Parade. Doch als der Zug vorübergezogen war, blieb hinter ihm nur eine leere Ebene.«

In seinem Bestreben, jugendlich zu erscheinen, macht sich unser purpurtragender Führer und Showman vollends lächerlich, indem er sich mit jungen Stutzern aus seinem Jagdrevier umgibt, die er verstohlen und unter schamlosem Machtmißbrauch in Ämter einschleust. »*Ihre frechen Gesichter klagen sie an, wie Sodom reden sie ganz offen von ihren Sünden. Mein Volk, deine Führer führen dich in die Irre.*« (Jes 3, 9; 12)

Aber schlimmer noch als ein alter Dummkopf ist ein junger Dummkopf, der dem betagten Beschützer in der purpurroten Robe stets hinterherwieselt. Es ist angebracht, hier noch einmal den Tadel des heiligen Bernhard von Clairvaux an die Adresse des Papstes Eugen III. zu zitieren, mit dem bereits an anderer Stelle über Lust und Laster der Prälaten geschrieben wurde: »*Von dir sollen deine Mitbischöfe und -kardinäle lernen, keine langlockigen Pagen und aufgeputzten jungen Männer um sich zu haben. Es schickt sich wahrhaftig nicht, daß sich lockige Schöpfe unter die mitrageschmückten Köpfe mischen.*«

*

Um ihrem unsauberen Treiben göttliche Glaubwürdigkeit zu verleihen, versuchen tüchtige Prälaten, den Willen des Heiligen Vaters mit ihren rein menschlichen Zielen in Einklang zu bringen. Man muß nur seine Reden ein wenig ausschmücken, um die dahinterstehenden Ideen zu verschleiern: Da sie es gewohnt sind, sich selbst nicht zu offenbaren, gelingt ihnen Ähnliches aufs vortrefflichste mit Gott. Verbergen, um sich selbst zu verbergen. Um dieses Ziel zu erreichen, mangelt es nicht an Ideen, sie verfügen über eine überbordende intellektuelle Produktivität; bleibt nur noch die Qual der Wahl.

Es war absehbar, daß über Mutter Teresa und ihr Schaffen nach ihrem Tod in Kirche und Welt viel geredet werden würde: Warum also nicht schon im Vorfeld davon profitieren und sie ins zuständige Dikasterium der Kurie einladen, wo ein anderer purpurtragender Entertainer als Präfekt agierte, der sich an der Seite dieser so frommen Frau mit den bescheidenen Federn des Beschützers und Beraters schmücken wollte? Per Video ließ er alle spirituellen Gespräche aufzeichnen, was sich im nachhinein als geradezu prophetisch erweisen sollte. Der Kardinal, der in berechnender Demut vorgab, die Fernsehkameras gar nicht zu bemerken, holte Mutter Teresa bei ihrer Ankunft ab und begleitete sie unterwürfig zum Aufzug, wobei er unentwegt Ratschläge und klangvolle Empfehlungen abgab. Als die Ordensfrau dann verstorben und beerdigt war, wurden die wichtigsten Szenen wieder hervorgekramt und von »Telepace« zusammen mit überschwenglichen Würdigungen und Kommentaren ausgestrahlt, wobei man sich gar zu der Frage verstieg, ob man der Schwester nicht den merkwürdigen Beinamen »Jubiläumsschirmherrin des Jahres 2000« verleihen sollte.

Es ist jetzt auch in Mode gekommen, sich – gleichsam kanossamäßig – auf das Grab von Pater Pius zu werfen, zumindest so lange, bis die Fotografen ihre Bilder für die Illustrierten gemacht haben. Was muß man sich nicht alles einfallen lassen, um zu zeigen, wie sehr man vom Wind im Vatikan getragen wird!

XV
Spitzel und Bespitzelte der Kurie

Unter dem Deckmantel der päpstlichen Geheimhaltungspflicht wird die Wahrheit durch die gotteslästerliche Ge-
heimniskrämerei schnell zur »*Gefangenen des Unrechts*«.

Über die kleinen und großen Geheimnisse, die über die
Mitarbeiter der Kurie kursieren, wird vor allem gegenüber
dem Betroffenen selbst striktes Stillschweigen gewahrt,
besonders dann, wenn es sich um Verleumdungen handelt; alle anderen dagegen können recht leicht von ihnen
Kenntnis erlangen. Preisgegeben werden sie stets nur in
einzelnen Häppchen, ganz wie bei der Muschel, die sich
zuverlässig nur dem öffnet und ihr Innerstes enthüllt, der
gegen ihre Schale klopft. An anderer Stelle wurde in diesem Buch schon des öfteren auf den Mißstand des päpstlichen Geheimnisses hingewiesen, das nur die unsauberen
Machenschaften von Vorgesetzten und Schützlingen im
Hinblick auf die eigenen ehrgeizigen Pläne fördert und
diejenigen benachteiligt, denen ein Posten oder ähnliches
nach objektiven Gesichtspunkten gerechtermaßen zustehen würde.

Die römische Kurie ähnelt einem Spiegelkabinett, dessen Wände sich gegenseitig ausspionieren. Genaugenom-
men ist sie zweigeteilt, und eine Hälfte kontrolliert die
jeweils andere, wobei jede von ihnen die andere für ein
Nest von Spitzeln, Spionen und Bespitzelten hält: »Still,
Freund hört mit!«

Ein dichtes Gespinst von falsch verstandener Geheimhaltung verstellt Menschen wie Tatsachen den Weg nach
außen, umgibt sie wie die versiegelten Zimmer eines eifer-
suchtbeherrschten byzantinischen Hofes mit all seiner
Macht und Erbarmungslosigkeit. In diesem Umfeld zollt

man dem üblen Gerede, das einem unter der Hand anvertraut wird, die gebührende Achtung, indem man es weiter verbreitet, allerdings unter der Bedingung, daß der Betroffene niemals davon erfährt. Seneca riet: »Was kein anderer erfahren soll, das erzähle auch niemandem.« Hier allerdings heißt »niemandem« einzig und allein dem Betroffenen. Falls er wirklich einmal nachhaken sollte, dann streitet man ihm gegenüber in gestrenger und reservierter Bürokratensprache alles ab, ganz egal, ob daran irgend etwas wahr ist oder nicht.

Gemäß Machiavelli heiligt der Zweck, jemanden auf einen Posten zu schieben, auf den eigentlich ein anderer ein Anrecht hat, die anzuwendenden Mittel. Dazu zählt auch das Amtsgeheimnis, selbst wenn dadurch das Netz zwischenmenschlicher Loyalität zerstört werden sollte, das unabdingbar für jedes friedliche und brüderliche Miteinander ist.

Die Macht der Unverletzbarkeit des päpstlichen Geheimnisses bewirkt, daß der Verleumder belohnt und der Unschuldige bestraft wird, da diesem praktisch jegliche Möglichkeit verweigert wird, Gerechtigkeit einzufordern. Das Geheimhaltungsverfahren kommt häufig sehr gelegen, auch und gerade bei administrativen Angelegenheiten, wo doch eigentlich höchste Transparenz herrschen sollte.

❊

Der Großteil der Akten der Kurie unterliegt also dieser strikten Geheimhaltungspflicht, auf lateinisch *Sub Secreto Ponteficio*. Somit müßte eigentlich absolutes Stillschweigen über sie gewahrt werden, doch dem ist keineswegs so. Vielmehr spaltet sich der Begriff *Secreto Pontificio* wie eine dahintreibende Eisscholle in zwei Teile. Der Teil »Geheimnis« umschließt den Betroffenen und legt ihn in einer Art Kältestarre lahm. Der Teil »päpstlich« dagegen schmilzt in der Wärme der Öffentlichkeit, die sich unverzüglich über den armen in Ungnade Gefallenen hermacht.

Unter dem Siegel der Verschwiegenheit raunt man sich mit Verleumdungen durchsetzte wahre Geschichten zu, werden völlig überzeichnete Taten und Missetaten, versehen mit Kommentaren, in jede erdenkliche Richtung weitergegeben. Zuweilen werden solche Gehässigkeiten mit heuchlerischem brüderlichem Mitgefühl verbrämt, oder man breitet den Mantel der Barmherzigkeit über das Opfer: »Ach ja, das Fleisch ist eben schwach, der Ärmste!« Aber wenn das Mitleid der Öffentlichkeit bereits so grausam ist, wie steht es dann erst um ihre Gerechtigkeit?

So soll ein weltumspannendes Netz der Information geschaffen werden, in dem glasklar getrennt wird zwischen dem Betroffenen, welcher, da vom Geheimnis isoliert, wenig oder nichts von dem ahnt, was sich um ihn herum zusammenbraut, und all den anderen, die freimütig umhergehen und Klatsch und Boshaftigkeiten über ihn verbreiten.

Wenn es dann am schlimmsten ist, steht ein Priester wehrlos und geschlagen der Perfidie seiner Mitbrüder gegenüber, die dann nur noch aus der Ferne mehr oder weniger erfolgreich ihr Gift versprühen, um sich nur ja nicht durch Kontakt mit ihm zu entweihen, und die ihn als Spielball dem Wind der Verleumdung überlassen. Natürlich hat die Distanz zu dem Diffamierten noch den Nebeneffekt, daß man nun leichter den Vorgesetzten um Hilfe angehen kann, damit dieser unter Berufung auf seine Vormachtstellung eine unantastbare Entscheidung fällt. Um jemanden außer Gefecht zu setzen, genügt es, gegen ihn Mißtrauen in Form von streng vertraulichen Halbwahrheiten, kleinen Lügen, feingesponnenen Gerüchten und unterschwelligen Verleumdungen auszusäen, und am zuverlässigsten funktionieren Zweifel an seiner Sittlichkeit.

Damit wir uns richtig verstehen: Wer Anschuldigungen und Gerüchte gegen seinen Nächsten in Umlauf bringt, muß in bezug auf seine eigene Sittlichkeit durchaus nicht so rein und weiß daherkommen wie Lohengrins Schwan, auch wenn er peinlich bemüht ist, sich Schnabel und Gefieder nicht zu beflecken; und auch sein Innerstes ist sicherlich nicht so rein wie Milch. Aber das spielt keine Rolle; wichtig ist nur, daß der äußere Schein stimmt.

»Die Qualen dieses verfolgten Mitbruders«, sagte der heilige Raimund, »verdoppeln und verdreifachen sich, wenn die Verfolgung ohne gerechtfertigtes Motiv durch Männer der Kirche in geistlicher Umgebung geschieht, wo die schlimmsten Wunden jene sind, die von Freunden geschlagen werden.« Was aber sagt die Heilige Schrift: *»Du sollst kein leeres Gerücht verbreiten. Biete deine Hand nicht dem, der Unrecht hat, indem du als falscher Zeuge auftrittst. Du sollst dich nicht der Mehrheit anschließen, wenn sie im Unrecht ist, und sollst in einem Rechtsverfahren nicht so aussagen, daß du dich der Mehrheit fügst und das Recht beugst.«* (2 Mos 23,1–2).

Eine weitere, noch hinterhältigere Art der Geheimhaltung ist die, mit der unsaubere Absprachen über »umgeleitete« Beförderungen verborgen werden, solche also, die dem rechtmäßigen Anwärter vorenthalten und dafür einem anderen zugeschustert werden und über die stets strengste Diskretion verhängt wird. So bleiben die Ränke, die Betrügereien und Übergriffe der Beschützerkaste wohlverschlossen im Tresor des Amtsgeheimnisses. Solche Schachzüge, mit denen die Intriganten der frommen, verschwiegenen Bruderschaft belohnt werden, lassen allenthalben ein unbestimmtes Gefühl von Unwohlsein aufkommen, vor allem aber bei denen, die ihre Beförderung völlig korrekt und verdientermaßen erhalten haben.

Das päpstliche Geheimnis dient des weiteren als ausgezeichneter Schutzschild, um den falschen Zeugen vor jeglicher unangenehmer Konsequenz zu bewahren. Er kann alles behaupten, was er will, ja sogar Dinge völlig frei oder auf Wunsch eines Einflüsterers aus der Luft greifen, ohne daß er befürchten muß, als Lügner entlarvt zu werden. Hinter der gepanzerten Deckung der päpstlichen Geheimhaltungspflicht ist der bösartige Verleumder in vollkommener Sicherheit.

Was schrieb der heilige Bernhard von Clairvaux hierzu an Papst Eugen III.: »*Ich will, daß du dir überhaupt folgendes zur festen Regel machst: Halte jeden, der sich scheut, etwas öffentlich darzulegen, was er dir ins Ohr gesagt hat, für verdächtig. Wenn er aber deiner Aufforderung, vor allen [Betroffenen] zu sprechen, nicht Folge leisten will, dann urteile, daß er ein Verleumder, kein Ankläger, ist.*«

Geheimnisse, Geheimniskrämereien und Sekretariate

Der Rector magnificus der Päpstlichen Lateransuniversität war in den siebziger Jahren wegen seiner häufigen Reisen innerhalb Italiens und ins Ausland aufgefallen. Der Geheimdienst überwachte ihn dezent, aber äußerst sorgfältig. Man vermutete Größeres hinter seinen Aktivitäten. Mitten im akademischen Jahr 1974 entließ der Rektor einen slowakischen Dozenten fristlos. Dieser, ein Franziskanermönch, brachte den Fall vor die Rota, wo man ihm in einem salomonischen Urteil zur Hälfte Recht gab. Der Dozent hatte über die freimaurerischen Aktivitäten des Rektors geplaudert, und dieser hatte ihn daraufhin umgehend vom Unterricht suspendiert.

Die folgende Geschichte wurde seinerzeit von dem Franziskaner mit erregter Stimme vorgetragen. An einem Sommertag im Jahre 1974 reservierte der päpstliche Rektor und Freimaurer telefonisch ein Zimmer in einem Genfer Hotel in der Nähe des Bahnhofs. Als er am Abend ankam, nahm er sich ein Taxi, obwohl das Hotel bequem zu Fuß erreichbar gewesen wäre, und machte einen langen Umweg, da er sich beschattet fühlte. In Zivil gekleidet, schrieb er sich an der Rezeption unter Angabe falscher Personalien ein. Für den folgenden Tag bestellte er einen Tisch und ein Arbeitsessen für sich und ein Paar, das allerdings nicht – wie man später feststellen sollte – miteinander verheiratet war. Am nächsten Tag machte ein Mann des Geheimdienstes für die drei einen Tisch in einem Séparée zurecht, doch sie wählten einen anderen Platz. Besagter Kellner ordnete daraufhin eiligst die Tische um und schob den, unter dem sich die Wanze befand, so nah wie möglich an die Gruppe heran, so daß die vorsichtig und in gedämpften Ton geführte Unterhaltung doch noch halbwegs verständlich mitgeschnitten werden konnte. Zumindest war herauszuhören, daß über das Ende von Paul VI. gesprochen und dafür als Zeitraum der Februar 1975 genannt wurde. Dann kam das Gespräch auf das Konklave, und es fielen die Namen von potentiellen Anwärtern auf den Heiligen Stuhl: Baggio, Poletti, Villot. Doch Paul VI. litt an keiner Krankheit, die zu einem so exakt datierbaren Ende hätte führen können.

Nun, es wurde Februar 1975, und nichts von dem, was vorhergesagt worden war, trat ein: Da Paul VI. sich bester Gesundheit erfreute, wurde die Geschichte als Produkt der äußerst lebhaften Phantasie des Dozenten abgetan. Doch dann erschien in dem Wochenmagazin »Tempo« ein Artikel, der den vertraulichen Bericht bestätigte. Darin wurde behauptet, daß ein Komplott gegen die Person des Papstes vereitelt werden konnte, nachdem auf dem heiligen Schreibtisch ein maschinengetipptes Schreiben gelandet war, in welchem man ihn über die Gefahr informierte. Die Namen von Kardinal Baggio und Monsignore Annibale Bugnini sollen darin genannt worden sein. Der Artikel beschrieb die Betroffenheit des Papstes und die Schwierigkeiten, Baggio aus seinen vielfältigen Schlüsselpositionen in der Kurie zu entfernen. Der Autor stellte auch einen Zusammenhang her zwischen dem aufgedeckten Komplott und der Entlassung Bugninis aus seiner wichtigen Position als Sekretär der Kongregation für die Sakramentenordnung, die fristlos und ohne jegliche Erklärung erfolgt war. Bugnini verschwand bis zum 4. Januar 1976 vollkommen von der Bildfläche, als man von seiner Ernennung zum Nuntius im Iran erfuhr. Die Meldung, die nie dementiert wurde, sorgte damals weltweit für großes Aufsehen, und in ihrem Zuge kamen weitere Ereignisse und Begebenheiten ans Tageslicht, die mit den Freimaurern in Verbindung gebracht wurden .

✻

Vor einiger Zeit schlug ein Monsignore Alarm, weil eine Religionsgemeinschaft, deren Angelegenheiten er betraute, in die Fänge skrupelloser Leute geraten war, woraufhin man einen Kardinal als Visitator und Inspektor dorthin entsandte. Es war gerade die Blütezeit von »Tangentopoli«, als Schmiergelder und Bestechungen an der Tagesordnung waren. Der Purpurträger, ein nicht gerade fähiger Mann, hatte einen bedenkenlosen und intriganten Menschen, einen gewissen Monsignore Franco Lesarno, zu seinem Sekretär gemacht. Diesem übertrug er nun die Aufgabe, sich mit den Oberen des entsprechenden Dikasteriums in Verbindung zu setzen. Lesarno sann augenblicklich darüber nach, wie man den zuständigen Beamten, obengenannten Monsignore, ausbooten könnte, damit er keine Kontrolle über den korrekten Verlauf der Untersuchung bekäme.

Er bat um einen geheimen Termin bei den Oberen und erzählte ihnen eine von vorn bis hinten erfundene Geschichte: »Als ich gestern den Telefonhörer aufnahm, geriet ich zufällig in ein Gespräch zwischen Ihrem Beamten und einer gewissen Signora Ortensia aus Venedig, die behauptete, dieser Gemeinschaft Geld gegeben zu haben. Der Monsignore verriet der Frau sämtliche Weisungen, die dem Kardinalvisitator erteilt worden waren.« Daraufhin zählte er bis ins Detail die amtlichen Direktiven auf, die dem Kardinal für die Visitatur mitgegeben worden waren. Indem er so die Fäden zu den Gegnern knüpfte, wollte er die Quadratur des Kreises bewerkstelligen, und es gelang ihm auch auf teuflische Weise.

Die innerlich jubilierenden Vorgesetzten forderten Lesarno auf, all das schriftlich niederzulegen. Doch Lesarno vermutete, daß man den Verleumdeten über die in der Niederschrift dargelegten Beschuldigungen informieren würde. Dem wollte er zuvorkommen und rief selbst den Monsignore an. Er erzählte ihm von der angeblichen telefonischen Lauschaktion und der Unterhaltung mit Ortensia. Und zum ungläubigen Erstaunen des verleumdeten Monsigore versuchte der Gauner ihn davon zu überzeugen, daß die Falschaussage nun einmal gemacht und folglich nicht mehr zu widerlegen sei, daß er also am besten gar nicht erst probieren solle, etwas abzustreiten. Was für eine Tragikomödie!

Und wie reagierten die auf diese Weise informierten Oberen? Tadellos und in perfekter Übereinstimmung mit der kurialen Praxis: Sie nahmen die gegengezeichnete Anschuldigungsschrift und legten sie in die persönliche Akte des Verleumdeten, ohne auch nur ansatzweise die Glaubwürdigkeit von Lesarnos Ausführungen zu prüfen. Als unwiderlegbaren Beweis führten sie seine Aussage über ein Telefongespräch an, das wahrscheinlich nie stattgefunden hat. Damit hatten sie, die es auch sonst mit der Ethik nicht so genau nehmen, ihren Seelenfrieden wiederhergestellt: Ihr Gewissen ist wie eine Ziehharmonika, es kann sich zusammenziehen oder bis in die Unendlichkeit ausdehnen, je nach den Umständen und wie es gerade paßt. *(Coscientia est quaedam pellicula mollis, quae restringi ac dilatari potest in infinitum.)*

Darüber hinaus war am nächsten Morgen die Schublade, in der der verleumdete Monsignore eine umfangreiche Akte über die unsauberen Vorgänge in der Religionsgemeinschaft aufbewahrte, leergeräumt. Als er sich darüber beklagte, versicherten ihm jene Heuchler mit völlig unsinnigen Argumenten, daß die gewählte Lösung durchaus weise und vernünftig sei. Und Jesus sprach zu ihnen: *»Weh euch, ihr Schriftgelehrten und Pharisäer, ihr Heuchler! Ihr seid wie die Gräber, die außen weiß angestrichen sind und schön aussehen; innen aber sind sie voll Knochen, Schmutz und Verwesung. So erscheint auch ihr von* *außen den Menschen gerecht, innen aber seid ihr voller Heuchelei und Ungehorsam gegen Gottes Gesetz.«* (Mt 23, 27–28).

Die Visitatur dauerte vier Jahre, bis dann beide, Purpurträger und Prälat, aus ihren Ämtern entfernt wurden, und sie erwies sich als Desaster, das die Gemeinde etliche Milliarden Lire aus Hypotheken und veräußerten Immobilien kostete. Als Entschädigung wurde Monsignore Lesarno an Epiphania 1998 vom Papst selbst zum Bischofssekretär seines Büros ordiniert. So weht der Wind der Begünstigungen für verleumderische Intriganten!

Wenn so schnell »Transparenz« hergestellt werden kann, hat man schneller Dreck am Stecken, als man gucken kann. »Es gibt Menschen, die meinen, ihnen sei der Glaube zuteil geworden, um sie der Nächstenliebe zu entheben«, und damit der Wahrheit und der Gerechtigkeit (Don Primo Mazzolari). Jeder im Vatikan kann leicht zum Opfer dieser »transparenten Schrotflinte« werden. In einem solchen Umfeld von Puritanern und skrupel- und gewissenlosen Verleumdern kann auch die reinste Handlungsweise den Anstoß für eine ihrer Hexenjagden geben.

*

Die Methode der Verleumdungen ist einfach und billig: Zunächst bringt man diverse Gerüchte in Umlauf; wenn das nicht reicht, greift man auf anonyme Briefe und Pressenotizen zurück; falls noch mehr Druck erforderlich sein sollte, geht man zur eidesstattlichen Erklärung *ex informata conscientia* über. Selbstverständlich ist es strengstens verboten, den Beschuldigten über die Verdächtigungen zu informieren, die man sich über ihn erzählt, um ihm keine Gelegenheit zu bieten, sich selbst zu entlasten. Und was das schlechte Gewissen angeht, so legt man eine ähnlich zwiespältige Feinfühligkeit an den Tag wie seinerzeit die Pharisäer, welche zwar keine Skrupel hatten, von Pilatus das Todesurteil für den Unschuldigen zu fordern, doch gleichzeitig streng darauf achteten, nicht die Schwelle zum Richthaus des heidnischen Prätors zu überschreiten, um sich nicht zu verunreinigen.

Wer sich weigert, den Ruf, guten Namen und die Reputation eines Geschädigten wiederherzustellen, dem kann kein Beichtvater die Absolution erteilen, und sei es auch der Papst persönlich. Ganz wie bei Diebstahl. Doch das kann ihr gut gepolstertes Gewissen nicht erschüttern; man braucht es ja einfach nicht zu beichten. Festus, der Gouverneur von Cäsarea, verurteilt sie folgendermaßen: *»Ich aber erwiderte ihnen, es sei bei den Römern nicht üblich, einen Menschen auszuliefern, bevor nicht der Angeklagte den Anklägern gegenübergestellt sei und Gelegenheit erhalten habe, sich gegen die Anschuldigungen zu verteidigen.«* (Apg 25, 16)

Geheimnisse und Lügen

Ein anderes Beispiel aus der Chronik des Vatikans dafür, wie das päpstliche Geheimnis für die eigenen Zwecke genutzt und frevelhaft mißbraucht wird:

Aufgrund seiner langjährigen Amtstätigkeit stand einem Monsignore die Beförderung auf eine Stelle der zehnten Ebene zu, die gerade vakant war. Von den Vorgesetzten wurde sie aber absichtlich hinausgezögert; man wollte den August abwarten, in dem der Monsignore in die Ferien gehen würde, um den Posten dann einem ehrgeizigen Bruder aus demselben Amt zuzuschanzen. Mit dem Ausschluß von jeder ihm zustehenden Beförderung büßte der altgediente Prälat und Dekan schon seit längerem für die Aufrichtigkeit, mit der er in bestimmten Situationen Widerspruch eingelegt oder mit Schärfe Dinge auf den Punkt gebracht hatte. Seine Kommentare waren aber auch wirklich bissig und sarkastisch und machten in den Amtsstuben die Runde.

Der Kardinalpräfekt litt an der Alzheimer Krankheit, weshalb die Verantwortung kaum bei ihm lag. Die beiden ihm direkt Untergebenen beförderten nun in einer gemeinschaftlichen und geheimen Aktion anstelle des Monsignore jenen anderen Ordensbruder, obwohl dieser erst 15 Jahre nach ihm ins Dikasterium gekommen war.

Als der Dekan aus seinem Urlaub zurückkehrte, fragte er fassungslos nach den Gründen, weshalb man ihn übergangen habe; seine Zurücksetzung konnte Anlaß für alle möglichen Spekulationen geben. Um jede Eigenverantwortung von sich zu weisen, zitierten die beiden Oberen ihm einen Artikel aus der damals gültigen Arbeitsordung, in dem es hieß: »Kein Beamter kann einen Anspruch geltend machen, einschließlich dem aus einer langjährigen Amtstätigkeit, auf Beförderung in eine höhere Klasse oder einen höheren Grad«.[*] Mit diesem Trick nahmen die Missetäter ohne irgendwelche Gewissensbisse dem betrogenen Monsignore den Wind aus den Segeln.

Der ungerechterweise Übergangene bestand allerdings weiter darauf, die Gründe für eine derartige Willkür zu erfahren. Daraufhin griff der Untersekretär, der den Schurkenstreich angeregt hatte, zu dem ebenso einfachen wie nützlichen Schutzschild des Amtsgeheimnisses: Mit falscher Betroffenheit deutete er an, daß für die Zurücksetzung ernsthafte Gründe vorgelegen hätten. Und so schloß sich der Kreis der Schurkereien: Er solle lieber nicht weiter auf Aufklärung bestehen, sagte er zu dem armen Dekan, der sich nunmehr wegen des nicht näher definierten Verdachts den Kopf zermarterte, während ihm sein Gewissen zugleich bestätigte, daß er sich nichts vorzuwerfen habe.

Für den Rest seiner Tage war die Heiterkeit aus seinem Leben verschwunden. Trotz dieser psychischen Belastung überstand der deklassierte Dekan weitere zehn Jahre im Amt. Dann wurde auf zehnter Ebene durch Pensionierung erneut eine Stelle frei. In seiner unmittelbaren Umgebung wagte es wieder keiner, den Mund aufzumachen,

---

[*] Eine Norm, die in der darauffolgenden Verordnung weggelassen wurde, da sie den natürlichen Rechten jedes Angestellten widersprach – auch wenn sie inoffiziell immer noch praktiziert wird.

aber das war auch nicht nötig. So manches Schweigen kann so beredt sein wie Grabesstille.

Der Haupttäter der vorherigen Deklassierung hatte sich inzwischen zum Nuntius befördern lassen, doch alle anderen waren noch da: Eine verspätete Beförderung des älteren, einst übergangenen Monsignore hätte sich unvermeidlich zu einer Anklage gegen sie ausgewachsen. Was also sollte man sich diesmal einfallen lassen? Zunächst einmal wurde die ganze Angelegenheit eingemottet und für etwa ein Jahr der striktesten Geheimhaltung unterworfen.

Dann aber lag der Brief für das Staatssekretariat fix und fertig vorbereitet vor; diesmal war tatsächlich der Name des übergangenen Monsignore eingesetzt; der offizielle Antrag war sogar schon vom neuen Kardinalpräfekten unterzeichnet worden und wartete nur noch darauf, per Boten ins Staatssekretariat gesandt zu werden. Doch die Übeltäter gaben auch dieses Mal nicht klein bei. Da ja alles noch unter absoluter, unverletzlicher Geheimhaltung stand, beschlossen sie, den überlasteten neuen Kardinal noch einmal zu bestürmen, die Entscheidung zurückzuziehen, ehe sie abgesandt wurde. Mit neuen Verleumdungen zogen sie über den armen Dekan her und schafften es im letzten Moment, seinen Namen durch den eines anderen Monsignore, der gar nicht zum Büro gehörte, ersetzen zu lassen. Nachdem man nun alles wie geplant gedeichselt hatte, wurde der Brief sofort ins Staatssekretariat geschickt, damit der Kardinal es sich nur ja nicht noch einmal anders überlegen konnte. Alle waren sich einig: Sobald die Ernennung erfolgt war, würde man dem erneut betrogenen Dekan wissen lassen, daß ja nicht sie es waren, die ihn hintergangen hätten, sondern »die da oben«. Aufgrund von Informationen, die nur den Oberen bekannt waren und aus milder Barmherzigkeit bekanntlich nicht an die Büros weitergegeben würden, wäre er ein weiteres Mal von denen »da oben« nicht berücksichtigt worden: Ein perfekt ausgeheckter Plan. »*Schon spannen die*

Frevler den Bogen, sie legen den Pfeil auf die Sehne, um aus dem Dunkel zu treffen die Menschen mit redlichem Herzen.« (Ps 11, 2).

Hütet euch vor der Unvorhersehbarkeit priesterlichen Zorns, denn Liebe und Haß sind hier zu einem dünnen Band des Egoismus verflochten. Die Verleumdung, sagte einmal ein weiser Mann, ist wie eine Wespe, die dich umschwirrt – man darf sich so lange nicht bewegen, bis man sich nicht absolut sicher ist, sie mit einem Streich tödlich zu treffen. Irgendwer findet sich immer, der gegen Geld oder einen anderen Vorteil eine falsche Zeugenaussage liefert. Für Kaiphas hatten die Pharisäer rasch zwei Zeugen gegen Christus gefunden. Sehr häufig gibt es zweifelhafte Verbindungen zwischen religiösen Oberhäuptern und infamen Denunzianten.

Nachdem der Brief losgeschickt worden war, wurde der betrogene Monsignore beim Kardinal vorstellig und fragte nach dem Grund, weshalb sein Name durch den eines anderen ersetzt worden sei, wo doch schon alles zu seinen Gunsten entschieden war. Er machte unmißverständlich klar, daß er sich in seinem Recht verletzt sehe, sich gegen die arglistigen Machenschaften Dritter zur Wehr zu setzen. Seine Reputation sei durch die plötzliche Streichung seines Namens geschädigt worden, ganz abgesehen davon, daß er zum wiederholten Male auf hinterlistige Weise übergangen worden sei. Der Kardinal, auch dieser nicht mehr bei bester geistiger Verfassung, bekam seinen Tatterich und murmelte zunächst undeutlich vor sich hin. Dann hob er in seiner Verwirrung an, gegen den zu wettern, der es sich erlaubt hatte, das Amtsgeheimnis zu brechen, und drohte dem Missetäter mit der sofortigen Entlassung: »Sie, Monsignore, hätten von all dem gar nichts erfahren dürfen! Sie müssen mir den Namen dessen nennen, der Ihnen davon berichtet hat, sonst muß ich zu den Sanktionen greifen, die vom Kodex vorgesehen sind!« Der Monsignore antwortete ihm darauf gleichmütig: »Werter Kardinal, ich bedaure, was mit Ihrem Gehirn passiert, aber ich muß Ihnen leider sagen, daß Sie sich nicht fragen sollten, wer das Geheimnis verraten hat. Sie, werte Eminenz, sollten sich lieber fragen, wer so ein schreiendes Unrecht in die Tat umgesetzt hat!«

Der arme Purpurträger hatte nun einmal verinnerlicht, daß Verleumdung ein durchaus läßliches Unrecht sein konnte, doch daß jemand gegen die Geheimhaltungspflicht verstoßen und vorzeitig etwas ausgeplaudert hatte, das wollte in seinen kleinen Kopf nicht hinein. Menschen, die arm im Geiste sind, sind leider auch immer sehr engstirnig. Für ihn bestand das Sakrileg in der Verletzung der Geheimhaltungspflicht und keineswegs in der Ungerechtigkeit und der Verleumdung gegen den Untergebenen.

Renzo fragt in Manzonis berühmten Roman »Die Verlobten«: »Ich möchte wissen, was diesem Hund von Don Rodrigo eingefallen ist, um zu rechtfertigen, daß meine Braut nicht meine Frau werden darf.« Darauf antwortete der milde Pater Christoforus: »Armer Renzo, wenn ein Machthaber, der Unrecht tun will, stets genötigt wäre, sein Handeln zu rechtfertigen, würden die Dinge anders laufen.« Machtmißbrauch ist eine geistige Übung, die man seit jeher in der Kirchenwelt praktiziert, und so werden ihre Don Rodrigos auf den Plan gerufen, die bis in das Privatleben der Kirchenleute hinein intrigieren.

Wegen seiner entschlossenen Haltung erhielt der alte Monsignore doch noch die Nominatur, jedoch keine Wiedergutmachung für die erlittenen moralischen und materiellen Schäden; daran war nicht im Traume zu denken. In der Zwischenzeit bewarb sich der Priester, der ihm zunächst vorgezogen worden war, um den nun frei gewordenen Posten eines Untersekretärs. Um ihn aus dem Büro zu entfernen, wurde er zum Erzbischof und Nuntius von Somalia berufen.

Wenn es bei einer Stellenbesetzung nicht mit rechten Dingen zugeht, so fühlt sich derjenige, der mit nachträglicher Wirkung befördert wird, wie ein zum Tode Verurteilter, der durch die Güte des Mächtigen begnadigt wird. Es sind diese Pyrrhus-Siege, die, vergleichbar dem berühmten Glas, das halbvoll oder halbleer zur selben Zeit ist, zu gleichen Teilen ein Gefühl von Triumph und ein Gefühl der Niederlage hinterlassen. Es bleibt immer ein bitterer Nachgeschmack.

Bespitzelungen und Inquisitionen

Es ist nicht wahr, daß die Inquisition komplett verschwunden ist, sie wurde vielmehr perfektioniert. Im Vatikan ist im verborgenen ein subtiler, bedrückender Inquisitionsstaat entstanden, der sein Personal ausspioniert und je nach den vorgefaßten Meinungen katalogisiert. Die Inquisitoren greifen im Dienste eines selbstherrlichen Vorgesetzten gerne auf altbewährte Kunstgriffe zurück und holen im richtigen Moment zum Sabotageakt gegen ihr Opfer aus, das niemals erfahren wird, wie und warum es ausmanövriert wurde.

Ein vielgenutztes Mittel der modernen Inquisition ist die Telefonanlage des Vatikans. Obwohl es verboten ist, im Privatleben anderer herumzustöbern, ist es dennoch völlig normal, daß ein Kurienoberer darum bittet, das Telefon eines seiner Untergebenen überwachen zu lassen. Und es ist genauso normal, daß dies tatsächlich geschieht, ohne daß eine Genehmigung eingeholt oder der Betroffene darüber informiert wird. Und über das Objekt der Überwachung – die wahlweise per menschlichem Spion, versteckt angebrachten Wanzen oder anderen üblichen Methoden durchgeführt wird – wird ohne dessen Wissen eine Akte angelegt. Willkür und Machtmißbrauch existieren unleugbar, ja sie sind so sehr an der Tagesordnung, daß die Verantwortlichen – Vorgesetzte, Angestellte und Zuträger – dabei ein ganz reines Gewissen haben.

Alle Angestellten des Vatikans wissen, daß das eigene Telefon jederzeit abgehört werden kann, wenn dem nicht bereits so ist. Je mehr Prestige ein Prälat besitzt, desto mehr darf er zu Recht annehmen, daß sein Telefon belauscht wird. Selbstverständlich wird keine der aufgezeichneten Unterhaltungen je dem direkt Betroffenen vorgespielt. Im schlimmsten Fall erhält er aus heiterem Himmel und ohne ersichtlichen Grund eine unpersönlich gehaltene und nicht weiter erläuterte Maßregelung von ganz oben, von der phantomgleichen Kardinalskommission. Die schlauesten Prälaten telefonieren daher untereinander lieber von zu Hause aus und nicht vom Büro im Vatikan. Und die Angehörigen der Clans sind sowieso alle vorgewarnt.

*

Man munkelt auch über Durchsuchungen der Büroschreibtische von ins Visier geratenen Personen, die natürlich von diesen Eingriffen niemals erfahren. Reine Mutmaßungen? Nein, es handelt sich um eine häufig angewandte Maßnahme, die für besonders eifrige Vorgesetzte auf der Suche nach eventuellen Missetätern völlig normal ist.

Das folgende geschah am Freitag, dem 9. November 1990, gegen 12.15 Uhr, um genau zu sein. Ein Monsignore wird zu seinem Kardinalpräfekten gerufen. Im Büro des Purpurträgers trifft er auf den Sekretär der Nuntiatur eines vom Bürgerkrieg schwer gebeutelten Landes, der darüber klagt, daß geheime Mitteilungen aus dem Dikasterium weitergegeben würden. Der Kardinalpräfekt hat keinerlei Zweifel an der Aufrichtigkeit und der Verschwiegenheit seines Mitarbeiters, nicht so sicher ist er sich bei dem anderen Monsignore, der aus besagtem Land stammt.

Der Monsignore schwört, daß er niemals das Amtsgeheimnis gebrochen habe, doch er könne nicht die Hand für die Taten anderer ins Feuer legen, so zum Beispiel, falls jemand in seiner Abwesenheit die amtlichen Vorgänge durchsuchen und deren Inhalt an andere weitergeben sollte. Der Kardinalpräfekt ordnet ihm daraufhin an, jedesmal abzuschließen, wenn er sein Zimmer verlasse, auch

XV. Spitzel und Bespitzelte der Kurie

wenn er nur einen Augenblick weg sein wolle. Der Beamte wendet ein, daß diese Anordnung, falls er sich wirklich wortwörtlich daran halten würde, seine übrigen Amtskollegen beleidigen könnte.

Der Präfekt wiederholt seine Anordnung, und zur Überraschung der beiden Anwesenden gibt er folgendes zum besten: »Ausgerechnet Sie sollten sich nicht wundern. Sie müssen wissen, daß Ihr Zimmer – dies habe ich erfahren, als ich hier angefangen habe – bis in den hintersten Winkel Ihrer Schreibtische, in denen Sie immer noch persönliche Dinge und Ihre Schriftsätze aufbewahren, durchsucht und durchwühlt worden ist.« Der Mitarbeiter dankt für das bewiesene Vertrauen und merkt an: »Wer sich zu so etwas herabläßt, ist auch fähig, etwas zu finden, das sich vorher niemals in diesen Schubladen befunden hat; er braucht es ja nur von draußen mitzubringen und es dann ›rein zufällig‹ während der Durchsuchung zu entdecken. Dies sind inquisitorische Methoden, die schon von der Gestapo und dem KGB erprobt wurden und die sich per se verbieten.« Darauf der Kardinal: »Weiter oben hat man sich nicht damit aufgehalten, über die Methode zu urteilen, nur Sie haben darüber nachgedacht, das Opfer, das als Beschuldigter aus der Geschichte hervorgeht.«

Der Monsignore erinnerte sich daraufhin an eine ihm zunächst unerklärliche Bemerkung, mit der ihn vor längerem ein ehemaliger Vorgesetzter im Ruhestand vertraulich gewarnt hatte. Er hatte ihm nämlich empfohlen, in den Schubfächern seines Büros keine persönlichen Unterlagen zu lassen, die allzu leicht fotokopiert werden könnten. Später fand er auch heraus, wie dabei vorgegangen wurde. Um bei der Durchsuchung keine Spuren zu hinterlassen und kein Mißtrauen beim Betroffenen zu wecken, öffneten die geschickten Experten zunächst mit einem Dietrich den Schreibtisch und hielten dann mit einer Polaroidaufnahme die Anordnung der Dinge in den Schubladen fest. So konnten sie nach Beendigung der Operation alles wieder an dieselbe Stelle wie zuvor

zurücklegen. Ein System, das man sich bei den 007s dies-
seits und jenseits des Eisernen Vorhangs abgeschaut hat.

Solche Kontrollen und Nachstellungen mögen innerhalb und außerhalb der Kolonnaden des Peterplatzes vielleicht zum Schmunzeln animieren wie seinerzeit der von
Tassoni beschriebene »geraubte Eimer«, doch für den, der
sich aufopfert, um die Kirche transparenter zu machen,
werden solche Nachstellungen rasch zu einem stillen Martyrium, und er fühlt sich wie ein Zwangsarbeiter in den
Lagern.

XVI
Betrug, Gerechtigkeit und Liturgie

Wie in jedem ordentlichen Amt so gibt es auch in den Kongregationen des Vatikans Positionen, in die man nur gelangt, sofern man eine entsprechende Qualifikation besitzt. Jeder Förderer weiß das und sollte daher seinen Günstling nicht für ein höheres Amt vorschlagen, wenn dieser den Anforderungen nicht genügt. Häufig wird jedoch auf die Unaufmerksamkeit in den zuständigen Stellen gesetzt und ein Kandidat trotz fehlenden Universitätsabschlusses genannt. Wenn es keiner bemerkt, um so besser.

In allen zivilisierten Ländern gilt das Fälschen oder Erkaufen von Studienabschlüssen als Straftat und wird durch einen ordentlichen Prozeß geahndet. Der Abschluß wird für ungültig erklärt, die an der Korruption mit oder ohne Erpressung Beteiligten werden zu harten Strafen verurteilt, die Verantwortlichen innerhalb der Lehrerschaft ihres Amtes enthoben und gegebenenfalls wegen Urkundenfälschung angeklagt.

An den päpstlichen Hochschulen kommt es indessen vor, daß Zeugnisse und Abschlußarbeiten gefälscht und genau auf die angestrebte Position zugeschnitten werden. Wenn aber jemand den Mut hätte, den gesamten Lehrkörper anzuzeigen, so müßte er im Gegenzug mit der erbarmungslosen Verfolgung durch die Gemeinschaft der stillschweigenden Mitwisser rechnen: der Förderer und ihrer Schützlinge, der Tutoren und Verfasser von Abschlußarbeiten, der Lieferanten fertiger Schriften.

Im Vatikan weiß man auf allen Ebenen von diesen grandiosen Geschäften, diesem Geschacher, und doch will niemand die Angelegenheit beim Papst oder beim Lehrkörper anzeigen. Keine Untersuchungskommission könnte eine ernsthafte Überprüfung durchführen, um die Korruption und die korrupten Prälaten, die auf diese Weise ihren Titel erlangt haben, ans Licht zu bringen. Man zieht es vor, keinen Skandal heraufzubeschwören, statt mit dem Seziermesser die eiternde Wunde auszuschneiden und sie zur Heilung zu bringen.

So ist es nichts Besonderes, wenn wieder einmal ein namhafter Kardinal als Präfekt einer Kongregation seinen persönlichen Sekretär befördern wollte, wohl wissend, daß dieser keinen Hochschulabschluß besaß. Nach erfolgter Ablehnung ließ er ihn geschwind zum Erzbischof ernennen. Es stellte sich heraus, daß er ihm inzwischen einen fertigen Universitätsabschluß gekauft hatte. Und der Dozent, der die erschlichene Abschlußarbeit bewertet hatte, erhielt als angemessene Entlohnung von ebendiesem Kardinal die Ernennung zum Berater seiner Kongregation. Solche illegalen und schmutzigen Geschäfte gelten im Vatikan weniger als Verbrechen denn als prophetisches Charisma des findigen Oberen, der im Rausch seiner Allmacht Beförderung, Titel und Mitra für seinen persönlichen Sekretär wie für andere aus seinem Clan erlangen oder sie demjenigen entziehen kann, der ihm nicht zusagt.

Während andere Studenten sich im Hörsaal oder in der Bibliothek die Ärmel durchscheuern und sich das Gehirn zermartern, erhält der Günstling den Hochschulabschluß mit Ehrendoktorwürde *gratis data* und ohne Schwierigkeiten, und selbstverständlich auch mit der höchsten Punktzahl. Schließlich will die bestellte Prüfungskommission dem Günstling ebenso gefallen wie dem Förderer. Der frischgebackene Akademiker erhält sofort die Ernennung für die verheißene Position, der Dozent und Tutor dagegen bekommt eine angemessene Entlohnung für den erwiesenen Dienst. All dies geschieht in Anwesenheit des gesamten Personals der Kongregation, das in einer Atmosphäre von Heuchelei und Schamlosigkeit darauf wartet, dem neuen Akademiker zuzujubeln.

Leo XII. (1823–29) wollte eine Reform der päpstlichen Hochschulen herbeiführen und griff auf Sixtus V. (1585 bis 1590) zurück mit den Worten: »Die Städte und Länder werden am besten verwaltet, wenn die Gelehrten und Klugen regieren.« Auch in den päpstlichen Hochschulen hat man die Notwendigkeit einer Reform erkannt, doch der Plan wird nicht umgesetzt, weil sich niemand dafür verantwortlich fühlt. So kommt es, daß Theologiestudenten den Glauben verlieren, die Besucher von Kursen über die Moral diese zu spüren bekommen, die Beschäftigung mit der Heiligen Schrift zum Zweifel an der Offenbarung führt und Jurastudenten sich vom Gesetz entfernen, hin zur Freimaurerei. Sie alle jedoch tragen ohne jegliche Scham aus dem Brevier die göttlichen Worte vor: »*Sie lügen einander an, mit falscher Zunge und zwiespältigem Herzen reden sie.*« (Ps 12, 2) Und: »*Aus ihrem Mund kommt kein wahres Wort, ihr Inneres ist voll Verderben. Ihre Kehle ist ein offenes Grab, aalglatt ist ihre Zunge.*« (Ps 5, 10) Sie fühlen sich über diese Mahnungen erhaben und sehen sie niemals gegen sich selbst ausgesprochen.

Die Gerechtigkeit auf der falsch tarierten Waage

Das größte Verhängnis für die Gerechtigkeit ist der Verdacht, daß ein Gericht bei seinen Entscheidungen unterschiedliches Maß anlegt.

Wenn ein Gericht der Kurie über das Handeln eines Oberen, etwa eines Präfekten, entscheiden muß, so ist es häufig Richter und Prozeßbeteiligter zugleich. Es steht einer einzigen Macht gegenüber, die vor Gericht als Kläger oder Beklagter auftreten kann und zugleich als Richter, der sich selbst freispricht, insofern, als er an der richtenden Gewalt teilhat. Der Grundsatz der Unparteilichkeit verliert seine Gültigkeit. Das Gesetz wird für Freunde interpretiert, für andere einfach angewendet.

Die Gepflogenheiten der Rechtsprechung erzeugen

auch Rechtszwänge, die mal starr, mal flexibel zur Anwendung gebracht werden. Die Regeln, die auf dieser Grundlage festgelegt werden, stützen sich auf den Gebrauch, der wie ein neues Gesetz befolgt werden muß, obgleich offensichtlich ist, daß er Dinge zuläßt, die gegen das Gesetz verstoßen.

Der Gebrauch muß ungehindert seinen Weg suchen und finden können. Die Römer nannten das *aequitas*, Gleichheit, dank derer jedes Recht in jeder Gesellschaft lebendig und stets im Wandel ist. Der Weg des Gebrauchs wird von den Untertanen gelenkt, sofern ihnen die Freiheit dazu gegeben wird. Der Gesetzgeber, der über das Recht wacht, kann dem von den Untertanen zur Anwendung gebrachten Gebrauch beiwohnen, den richtigen Weg aufzeigen, auf Gefahren hinweisen, doch er kann schwerlich seinen Verlauf vorgeben, ohne sich dabei in einen Despoten zu verwandeln.

Der Informationsfluß innerhalb der Kurie wird durch ideologische Wände behindert, denn die kirchliche Gesellschaft ist darum bemüht, die Autorität, den Oberen zu schützen. Dieses Muster überschattet die kirchliche Gesellschaft und führt dazu, daß das Gesetz zugunsten des Oberen ausgelegt wird. Eine Nachricht wird je nach der vorgegebenen Ausrichtung für oder gegen etwas verbreitet. »Die Ideen«, sagt Mark Twain, »sollte man besser im Himmel lassen, denn wenn sie auf die Erde kommen, ist keine von ihnen gegen das Laster gefeit.« Dies gilt in noch stärkerem Maße für das Recht.

Zuweilen werden aus der Ferne Informationen eingeholt oder Untersuchungen anberaumt, aber sie werden stets nach dem Willen des jeweiligen Amtsinhabers verwässert und angepaßt. »*Falsche Zeugen stehen gegen mich auf und wüten.*« (Ps 27, 12) Das Ergebnis liegt auf der Hand: Die Entscheidung kann nur zugunsten des Oberen ausfallen, der stets alle Trümpfe in der Hand hat, und zu Lasten des Untergebenen, der es gewagt hat, sich gegen ihn zu erheben. Das Urteil des Gerichts muß einwandfrei

erscheinen, deshalb ist der Richter darauf bedacht zu verkünden, daß der Grundsatz der Gleichheit und Unparteilichkeit angewandt wird. Er rechtfertigt mit besonderem
Nachdruck die unrechte Verurteilung und beruft sich dabei auf einleuchtende und unumstößliche Wahrheiten.

Gießt man Wasser in einen Destillierkolben, so nimmt
es die Form des Behälters an: *Quidquid recipitur, ad mo-
dum recipientis recipitur.* In gleicher Weise wird jedes Urteil durch die Umgebung, in der es ergeht, beeinflußt. Der
geistliche Richter gerät in einen psychologischen Prozeß,
der aus dem Zwiespalt zwischen der ehrfurchtsvollen
Haltung gegenüber der konditionierenden Autorität und
der Pflicht, ein Urteil zu sprechen, entsteht. Mit großer
Gelassenheit wird vorausgesetzt, was noch nicht bewiesen ist, so daß Ungerechtigkeiten Rechtskraft erhalten
und außerhalb Bestürzung auslösen. Dem Angeklagten
wird keine Möglichkeit zur Berufung gegeben. »Die Gerechtigkeit«, so sagt der selige Federico Ozanam, »wird
ohne die Barmherzigkeit zu Stein; und die Barmherzigkeit wird ohne die Gerechtigkeit zu Fäulnis.«

*»Die Bösen umstellen den Gerechten, und so wird das
Recht verdreht.«* (Hab 1, 4) Auch die Vorstellungen und
die Bezeichnungen selbst, mit denen die wichtigsten
Rechtsbegriffe ausgedrückt werden, nehmen durch den
äußeren Zusammenhang vollkommen andere Bedeu-
tungsnuancen an und bewegen sich von einer Seite ihres
Bedeutungsspektrums zur anderen. Der Richter wird
leicht zum Inquisitor, er wägt nicht mehr unparteiisch die
Gründe von Anklage und Verteidigung ab, sondern sucht
nach Beweisen zu Lasten des Täters, wie ein Polizist, der
ungehindert Informationen sammelt. Deshalb muß das
Geheimnis solange wie möglich seine Arbeit überdecken.

Mit meisterhaftem juristischen Geschick werden die
Waagschalen im Gleichgewicht gehalten und in einer
wohldosierten Verknüpfung von Gewichtungen auf
kunstvolle Weise gegeneinander ausbalanciert. Je nach Bedarf nimmt man ein Gewicht und zwei Maße oder zwei

Maße und ein Gewicht oder aber zwei Gewichte und zwei Maße, jeweils eines für drinnen und eines für draußen. Es kann sogar der Fall eintreten, daß man regulär ein Gewicht und ein Maß hat und daß stattdessen die Waage fehlt.

Die Gerechtigkeit kann auch vom Gesetz abweichen. Die Gerechtigkeit kommt vor dem Gesetz, dieses sollte sie widerspiegeln. Im Zweifelsfall sollte man zugunsten der Gerechtigkeit entscheiden. Jede Zeit hat ihre ungerechten Gesetze, die die Gleichheit des Urteils Lügen strafen.

Es ist günstig, wenn umstrittene oder gar falsche Positionen der Oberen von unparteiischen Männern verteidigt werden. Sehr gefährlich ist es hingegen, wenn selbst richtige Positionen von gottlosen und parteiischen Männern verteidigt werden. So ist der Untersuchungsausschuß der »Mani pulite« beim Gericht der Apostolischen Signatur irgendeinem inkompetenten Kardinal anvertraut worden. Man hat ihn dort abgestellt, bis sich eine andere Unterbringungsmöglichkeit für ihn findet. *»Herr, kann sich mit dir der bestechliche Richter verbünden, der willkürlich straft, gegen das Gesetz?«* (Ps 94, 20) Zu diesem unschönen Thema hat die Kirche im Laufe der Jahrhunderte und bis heute viele nicht sehr rühmliche Seiten geschrieben.

✳

Am heftigsten wird von außen, von den Journalisten also, das Gericht der Rota Romana mit seinem Auditorenkollegium kritisiert, das sich unter Innozenz III. (1198–1216) als Gericht für die Rechtssachen des Papstes von der Apostolischen Kanzlei abgespalten hat. Die Auditoren werden vom Papst ernannt. In der Vergangenheit hatten einige Nationen das Recht zur Ernennung eines Auditoren, inzwischen ist dies nicht mehr so. Im Jahre 1870 hatte die Rota Romana ihre Tätigkeit ganz eingestellt, unter Pius X. wurde sie wiederaufgenommen. Am 1. Februar 1994 erhielt das Gericht von Johannes Paul II. eine Neuordnung.

Für den Laien ist die Rota* zunächst die Kammer des Gerichts, die Urteile über die Auflösung der Ehe fällt. Die Rota ist auch das, doch hauptsächlich ist sie ein Berufungsgericht der zweiten und dritten Instanz.

»Pater«, sprach ein bekannter Schauspieler zu einem Kardinal der Rota, »ich weiß, daß die Rota schnell und einfach die Ehe angesehener Bürger scheidet. Wieviel müßte ich bezahlen, um ein solches Urteil zu bekommen?« Darauf erwiderte dieser: »Für Sie gäbe es einen gehörigen Preisnachlaß, denn wenn Sie die Ehe mit dieser Oberflächlichkeit geschlossen haben, fühle ich mich berechtigt, Ihnen zu sagen, daß Sie Ihr Vertragsbündnis höchstwahrscheinlich nie ins Leben gerufen haben«.

Haßt das Böse, liebt das Gute und bringt bei Gericht das Recht zur Geltung! Das Recht ströme wie Wasser, die Gerechtigkeit wie ein nie versiegender Bach. (Am 5, 15; 24)

Die manipulierte Liturgie

In der Kirche gibt es die Substanz, das Wort des Lebens, das unveränderlich ist, und es gibt die äußeren Formen, in die das Wort sich hüllt. Diese Formen können sich mit der Zeit ändern wie ein Kleid, das aus der Mode kommt. Dabei behält das *Antike* seine Gültigkeit (Heilige Schrift, Gebet, Buße, Liturgie, Sakramente, Eucharistie), während das *Alte* ersetzbar ist.

Will man die jahrhundertealte Kruste entfernen, die den antiken Grund bedeckt, so muß man sehr behutsam vorgehen, denn es besteht die Gefahr, daß man den Behälter selbst als altes Relikt wegwirft, der doch aufbewahrt werden muß.

Was im folgenden über das Thema der Liturgie ausgeführt wird, ist aus einem Artikel des Erzbischofs von Brüssel, Kardinal Godfried Danneels, übernommen. Er

---

* Der Name Rota geht vermutlich auf die runde Umzäunung zurück, innerhalb derer die Auditoren zusammenkamen, um über Rechtsfragen jeglicher Art zu entscheiden.

definiert die Liturgie als »*das Werk Gottes,* das in uns und durch uns handelt«. Wir treten also in die Liturgie ein, wir erschaffen sie nicht. Ihr Gebäude geht auf die Bibel und auf die Überlieferung zurück und wurde im Lauf der Jahrhunderte durch die Kirche, die Braut Christi, bearbeitet. Wir müssen der Liturgie dienen, statt uns ihrer zu bedienen und sie zu manipulieren.

Die Reform des II. Vatikanischen Konzils betont die Bedeutung einer »Beteiligung« der Gläubigen an der Liturgie, sie sollen eine aktive Rolle in ihr spielen. Bis dahin waren sie Zuhörer und Gäste im Haus Gottes. Gott ist der Handelnde, der uns die Geheimnisse Christi verstehen läßt. Diese werden uns durch die symbolischen Handlungen der Liturgie vermittelt, die Erinnerung und Frage nach dem Wort Gottes sind.

Wir müssen die Liturgie leben und uns ganz auf sie einlassen, mit dem Geist, mit dem Herzen, mit der Vorstellungskraft und der Erinnerung, mit dem ästhetischen Verständnis und den Sinnen. Das Verständnis der Liturgie hat also dialogischen Charakter: Man begegnet dem Geheimnis eines Menschen, und man läßt sich von Ihm berühren. Es bedeutet die Aufnahme Christi durch die liturgische Handlung.

Durch die Reform hat es eine Wende um 180 Grad gegeben. Der Mensch wird zum Hauptakteur, zum Regisseur, der die Liturgie manipuliert, um sie in sein Spiel einzupassen wie ein Ereignis: »*Lasset uns feiern, was wir Christus, unserem Herrn, bereitet haben.*« Auf diese Weise entstellt, wird die Liturgie zum bloßen Behältnis für pädagogische und humanitäre Belange mit Lehrmeisterkatechese. Sie ist eine Schule für Schwätzer geworden, in der nur das Gehör benutzt wird. Man denke etwa an die Einführung des »Gebetes der Gläubigen«, das für die abwegigsten Zwecke mißbraucht wird. Die Kommentare schaden dem Verständnis der Feier mehr, als daß sie ihm nützen. Die Liturgie wird dadurch nur zermürbt und auf eine einzige Dimension reduziert.

Da die Liturgie eben zu den theologischen Wahrheiten gehört, bedürfte sie besonderer Achtsamkeit und Obhut. Statt dessen wurde sie defloriert. Ein Universitätsprofessor nannte die Reform drastisch die liturgische Vergewaltigung im Angesicht der Welt und der Geschichte.

Entkleidet, vergewaltigt und mit Feigenblättern bedeckt, bleibt die Liturgie im Schatten, der Willkür und dem Mißbrauch der liturgischen Schänder überlassen. Einst Vorhalle und Wächterin ewiger Wahrheiten und reich an Kunst und an Gedanken, fügt sie sich heute eher den Launen des gerade im Amt befindlichen Zeremoniars, der Rubriken in teuren Büchlein erfindet, die feierlich vom gesamten Klerus angewendet werden, vom Papst bis zum kleinen Priester. »*Der Herr sagte: Weil dieses Volk sich mir nur mit Worten nähert und mich bloß mit den Lippen ehrt, sein Herz aber fernhält von mir, weil seine Furcht vor mir nur auf einem angelernten menschlichen Gebot beruht ...*« (Jes 29, 13)

Niemals in der Geschichte der Religionen, selbst der Naturreligionen, hat ein Volk mit ansehen müssen, wie seine Traditionen in einem Augenblick entblößt wurden, so wie es in der römisch-katholischen Kirche um die antike Liturgie geschehen ist, deren Wiederherstellung noch immer verwehrt wird. Die wahre Liturgie mit ihren Elegien und den Gregorianischen Gesängen wurde ausgemustert und durch einen Schwall von Kompositionen ohne Poesie und Ästhetik ersetzt: armselige kleine Gedichte mit theologischem Inhalt, denen eindrucksvolle Beschreibungen, Lebendigkeit und literarische Farbe fehlen. Die niedere, fast primitive Begrifflichkeit entbehrt jeder ideellen oder naturalistischen Kraft, jeder Musik und Poesie.

Die Gregorianischen Gesänge sind in den Jahrhunderten entstanden, die vom Gebet und von der Suche nach Gott gekennzeichnet waren, von transzendenten Begebenheiten, die zum wahren Glauben führen. Als diejenigen, die sich zur Anwendung der liturgischen Reform berechtigt fühlten, die Gregorianischen Gesänge ausschlossen, haben sie gewiß den Rahmen ihrer Kompetenz überschritten, die ihnen von der Verfassung des Konzils über die Liturgie »Sacrosanctum Concilium« Nr. 116 zugeschrieben war, und haben so der Säkularisierung Vorschub geleistet. Heute gibt es nur noch das Bühnenschauspiel zu sehen und zu verstehen, die Paraden, den Tanz und das Mimodram, die das Fernsehen uns während der päpstlichen Zeremonien aus den Stadien überträgt. Alles wird vorher von Regisseuren einstudiert, die von allem etwas verstehen, nur nicht von Liturgie: Szenen wie im Film und Solisten wie im Theater.

In diesem Strom schwimmend, hat ein musikinteressierter kleiner Monsignore aus dem römischen Vikariat angefangen, mit Bühnensolisten Choralgesänge einzustudieren, um sie anläßlich der päpstlichen Liturgien auf den Vorplätzen der Basiliken aufzuführen. Diese Versammlungen sind laut und ungeordnet und sollen wohl eher dazu dienen, den kleinen Monsignore auf das Dirigentenpult eines ganz anderen Orchesters zu bringen.

Dank des ewigen christlichen Grundsatzes des *nova et vetera* wird freilich das Antike im Neuen wieder lebendig und das Neue im Alten heilig. Im Prinzip wäre für die Reform der Kirche das Naturgesetz anwendbar, das Lavoisier in seinem Axiom so definierte: »Nichts wird geschaffen, nichts wird zerstört, alles verändert sich« – sofern dies im Rahmen der christlichen Tradition geschieht. Als Christus seine Kirche gründete, wußte er, daß sie ein Reich voller Konflikte sein würde, und er stellte fest: »*Weiter ist es mit dem Himmelreich wie mit einem Netz, das man ins Meer warf, um Fische aller Art zu fangen.*« (Mt 13, 47) Die Auswahl ist reich.

In dieser geistigen Auseinandersetzung treten die Traditionalisten für die Überlieferung ein, für das Antike, die Progressisten verteidigen die Kreativität, das Neue. Die Verantwortlichen sind gehalten, darüber zu wachen, ohne dabei den Konflikt zu unterdrücken, der sich als unerläßliche Quelle des Fortschrittes erweist. Der Mensch, der seine Entscheidung und die der anderen akzeptiert, nimmt damit zugleich in Kauf, daß etwas verlorengeht.

*

In der Zeit nach dem II. Vatikanischen Konzil stellte sich die Frage, woher die Anweisung zur Zerstörung der antiken liturgischen Traditionen gekommen war, galten diese doch bis dahin als unantastbares Gut der Kirche, dessen jahrhundertealte Wurzeln bis in die apostolische Zeit und damit bis ins Alte Testament reichten. Es zeigte sich, daß ein großer Teil der liturgischen Manipulationen auf den Erzbischof Annibale Bugnini zurückging, seines Zeichens Sekretär der päpstlichen Kongregation für den Gottesdienst.

Nach langen Untersuchungen und Beschattungen führten die Spuren zum Sitz der Freimaurerloge Grande Oriente d'Italia in der Nähe des Gianicolo. Bugnini hatte sich in den Dienst des großen Meisters gestellt und erhielt dafür monatlich einen Scheck über eine beachtliche Summe. Einer dieser Schecks wurde fotografiert und im Sommer 1975 in einer bekannten italienischen Zeitschrift veröffentlicht. Im Oktober desselben Jahres verkündeten Pressemitteilungen, daß Bugnini von der Bildfläche der Kurie verschwunden sei und niemand wisse, wo er sich versteckt halte. Die Geschwindigkeit, mit der Monsignor Bugnini von einem Tag zum anderen seines Amtes enthoben wurde, sollte eine Lektion diplomatischen Zynismus' sein und zugleich ein Beispiel politischer Neurose.

Die Freimaurer in der Kurie hielten die beiden Kongregationisten Bugnini und Baggio (letzterer war damals Präfekt der Kongregation für die Bischöfe) vor dem Zorn Pauls VI. in Sicherheit, der von den Geheimdiensten unter General Enrico Mino über ein Komplott gegen ihn informiert worden war. Nachdem der Zorn des Kirchenoberhauptes verraucht war, wurde Bugnini am 4. Januar des folgenden Jahres als Nuntius in den Iran geschickt, wo er bis zu seinem nicht ganz natürlichen Tod im Juli 1982 blieb.

Monsignore Bugnini hatte die ihm von dem großen Baumeister des Universums der Freimaurer übertragene Aufgabe, die Defloration der heiligen Liturgie, sehr sorgfältig ausgeführt. Da er nun ans Licht getreten war, hätte die Fortdauer seiner Existenz ihn und den Orden in Bedrängnis gebracht. Der Orden hat unter solchen Umständen die Möglichkeit, in der Sache zu entscheiden unter Berufung auf den Eid, den jeder Freimaurer leistet, wenn er der Vereinigung beitritt.

Gendarmen des Glaubens

Die Falschheit wird im Vatikan zur zweiten Natur, die die Wahrheit schließlich überlagert. Die Heuchler machen sich zu Lobrednern und Lehrmeistern der falschen Tugenden, zu Verleumdern und Verfolgern der wahren.

Während sie sich als gehorsame und strenggläubige Christen darstellen, verbergen sich in ihrem Innern Hochmut, Engherzigkeit und Härte. Wenn sie zu Amt und Würden gelangen, geben sie ihre eigenen Gewohnheiten und Vorurteile als Widerspiegelung des göttlichen Willens aus. Statt Wächter über den Glauben zu sein, werden sie zu Gendarmen, die eifersüchtig ihr Amt verteidigen. Sie werden gleichsam zum Symbol der religiösen Heuchelei und nehmen die Haltung des Schauspielers an, der laut Camus auf der Bühne heucheln muß, um aufrichtig zu sein.

Der Heuchler nimmt zu einem ganz bestimmten folgerichtigen Zweck den Habitus der Lüge an. Unter dem Deckmantel der Frömmigkeit strebt er nach den Dingen, die ihm am Herzen liegen *(Ipocrita est qui sub specie pietatis ea quaerit quae sua sunt.)*. Der heuchlerische Prälat verfolgt also konsequent sein obschon wenig christliches Ziel, wenn er beschließt, sich der Falschheit und Doppelzüngigkeit anheimzugeben, unangenehmen und zuweilen unheilvollen Eigenschaften. In den Ämtern der Kurie, wo man stets Höflichkeit, doch kaum Vertrauenswürdigkeit antrifft, werden überall nur leere und oberflächliche Schmeicheleien ausgetauscht.

Es hat also offensichtlich keine Veränderung gegeben seit der Zeit, als Alvise Contarini, Botschafter in Rom und 1563 Patriarch von Venedig, in seinem Bericht an den venezianischen Senat schrieb: »Dort gibt sich die Schmeichelei für Ehrlichkeit aus, der Betrug für Klugheit. Jedes Laster erscheint in Verkleidung. Alles ist ehrlich, ehrenwert und notwendig, wenn es dem Nützlichen dient, der einzigen Gottheit, die hier verehrt wird. Die Täuschung ist die Seele des römischen Hofes.« Heute, unmittelbar vor der Jahrtausendwende, herrschen noch immer dieselben Zustände. Wenn Untertänigkeit sich mit Habgier vermählt, so läßt die Verbindung das Geflecht der Falschheit entstehen.

✳

Die Karrierewilligen sind stets eifrig dabei, sich auf das entscheidende Rennen vorzubereiten. Demütig und ausdauernd kochen sie im Fieber der Eitelkeit und des Ehrgeizes, und bei Bedarf wissen sie die richtige Haltung anzunehmen und wohlüberlegte und angemessene Worte für ihr Werben und Schmeicheln zu finden. Als Söldner schleichen sie sich in das Herz der Kirche, und wenn sie oben angekommen sind, erheben sie sich über die anderen und sperren den Pöbel in ein selbstgefertigtes Gehege aus Vorschriften und Verboten.

Die Schlauen unter jenen zwanzig Prozent, die den Vatikan erobern wollen, hintergehen die Oberen mit Scharfsinn und Geschick. Diese glauben, alles in der Hand zu haben, während sie in Wirklichkeit zur subjektiven und objektiven Unfähigkeit verdammt sind. Die Hintergehung verleitet einen psychologisch labilen Menschen dazu, schädliche Rechtshandlungen zu begehen, um Vorteile für die Betroffenen herauszuschlagen.

Es entsteht eine Symbiose: Der Obere befindet sich im Zustand der Ekstase, das heißt außer sich, der kluge Diener ist damit befaßt, den gezähmten Esel zu liebkosen und ihn auf den richtigen Weg zu manövrieren.

*

Nach der Rechtsordnung des Vatikans ist das Delikt der Begünstigung nicht strafbar, sondern wird als Gnade und Wohltätigkeit betrachtet, die man *gratis data* empfängt.

Seit dem Hochmittelalter sind Protektionismus und Nepotismus verbreitet und hochgeachtet. Es ist eine Ehre für einen Monsignore, wenn er die anderen in der Rangfolge mit ihren Ansprüchen hinter sich läßt. In der kirchlichen Gesellschaft gilt er als glücklich, weil er die überrundet hat, die ein Anrecht auf eine Position hätten. Das Hauptziel des Aufsteigers besteht darin, immer auf der Siegerseite zu sein. Daher ist er bestrebt, auf den veränderlichen Strömungen der frommen Faktionen oben zu schwimmen.

Die Simonie wird nicht mehr mit jener kanonischen Strenge beurteilt, die das antike Recht vorsah. Das entsprechende Gesetz ist verwässert, der Begriff entwertet. Man nennt sie nie Korruption, man bezeichnet sie lieber als Begünstigung. Somit ist sie kein Verbrechen, sondern sie legt sich den Mantel der Wohltätigkeit und Barmherzigkeit um, ist also Tugend.

Wenn die Zweideutigkeit ausgeräumt ist, erscheint es legitim, ja natürlich und geradezu naheliegend, sich hohe Ämter und Beförderungen durch die ungewöhnlichsten Formen des Nepotismus und durch Schenkungen, sei es in Form von Naturalien oder Ämtern, zu verschaffen. Es gehört zu den Gepflogenheiten des römischen Hofes, mit maßloser Unterwürfigkeit den herrschenden Fürsten zu schmeicheln und mit unglaublicher Unverschämtheit die Gefallenen und Verstorbenen zu verfluchen, wie seinerzeit der Geschichtsschreiber Gerolamo Brusoni bemerkte.

Abschließend zitieren wir die Stellungnahme des Kardinals Commendone »über den Hof in Rom«, um die ihn Jeronimo Ragazzoni, der Sekretär der beiden Päpste Paul IV. (1555–59) und Pius IV. (1559–65) und Bischof und Nuntius in Frankreich gebeten hatte: »Das Mißverhältnis«, so schreibt ihm der Kardinal, »besteht zwischen dem Rang, aus dem der Papst gewählt wird, und dem, in den er gesetzt wird. So wird oft derjenige zum Papst gewählt, der es am wenigsten erwartet. Dieses Zufallsprinzip führt dazu, daß in der gesamten Kurie jeder, der gewisse Fähigkeiten besitzt, auf jede Position hoffen kann. So werden häufig niedere und unwürdige Menschen zu Würdenträgern ernannt, weil das Schiff von ihren Herren, Freunden oder Verwandten gesteuert wird.«

XVII
Bolschewismus und Satanismus

Lenin vertrat die Ansicht, daß der Sekretär einer kommunistischen Partei in einem katholischen Staat gegebenenfalls auch die Franziskanerkutte anlegen müsse, um seiner
Aufgabe gerecht zu werden.

Im Jahre 1935 meldeten die Geheimdienste, daß etwa
1000 kommunistische Studenten in die Seminare und Noviziate Westeuropas eingeschleust worden seien, wo sie re-
ligiöses Leben vortäuschen und sich anschicken würden,
Priester zu werden. Die Partei wollte sie dann an den Le-
bensnerven der Kirche einsetzen. Das Phänomen weitete
sich immer mehr aus, bis es in den sechziger und siebziger
Jahren zu heftigen Auseinandersetzungen in den Seminaren und Noviziaten kam, zwischen Arbeiterpriestern und
anderen.*

Unter dem Pseudonym Caesar schrieb Antonio
Gramsci in den zwanziger Jahren in der Zeitschrift »Or-
dine Nuovo«: »Das rote Gewand Christi leuchtet heute
strahlender, in kräftigerem Rot, bolschewistischer. Ein
Zipfel seines Gewandes ist in den zahllosen roten Fahnen
der Kommunisten, die in der ganzen Welt marschieren,
um die bürgerliche Festung zu stürmen, um die Herrschaft des Geistes über die Materie wiederherzustellen,
um den Frieden auf Erden zu sichern für alle Menschen
guten Willens.«

Henry de Lubac sagte: »Wenn das Heilige überall ist, so
ist es nirgendwo mehr heilig.« Es scheint ein Paradox,
doch es entspricht oft der Wahrheit. So kommt es vor, daß
eine geweihte Seele, die doch die Heiligkeit in sich trägt,

---

* Man denke nur an die bewußte Teilnahme junger Geistlicher im Priestergewand, die
sich in den Demonstrationszügen der Kommunisten zeigten, in einem Wald aus roten
Fahnen und gereckten Fäusten zu ihrem Schutz.

in den Ausschweifungen des Lebens keinen Raum mehr für das Heilige findet, weder in sich selbst noch in ihrer Zukunft, sondern nur noch in der Karriere.

Verheerende Auswirkungen

Der slowenische Bischof Pavel Hnilica wurde in den siebziger Jahren aus der UdSSR ausgewiesen, wo er im Gefängnis gesessen hatte. Dies geschah aufgrund der Zusage von seiten des Vatikans, sich für seine Ausreise in die USA einzusetzen. Doch der Prälat zog es nach seiner Freilassung vor, sich in Rom niederzulassen, um von dort aus kraft seines priesterlichen Amtes die Gläubigen jenseits des Eisernen Vorhanges zu unterstützen. Gelegentlich wurde er vom Staatssekretariat aufgefordert, doch in die Vereinigten Staaten überzusiedeln, um seine Mission besser wahrnehmen zu können. Der Prälat sagte dies zu, doch die Angelegenheit wurde immer wieder verschoben.

Während eines Rückfluges aus dem Ostblock, bat Hnilica die Stewardeß um die »Prawda« des Tages, um sich über die Ereignisse in den kommunistischen Ländern zu informieren. Überrascht las er in einem nicht zu übersehenden Artikel die Meldung, er, Hnilica, habe um seine Versetzung in die USA gebeten und diese auch erhalten, damit er seiner priesterlichen Mission besser nachkommen könne. Der Prälat, der die in diesen Ländern üblichen Methoden kannte, faltete die Zeitung zusammen und steckte sie wohlweislich in die Tasche.

Drei Tage später wurde er in das Staatssekretariat gerufen und diesmal von einem höheren Amtsträger empfangen. Dieser teilte ihm ohne Umschweife mit, daß seine endgültige Versetzung in die Vereinigten Staaten beschlossen worden sei; er habe nur wenige Tage, um die notwendigen Vorbereitungen zu treffen. Hnilica hatte die »Prawda« mitgebracht, in der von seiner Versetzung die Rede war. Gelassen suchte er die Seite mit dem Artikel heraus, hielt sie dem Prälaten unter die Augen und übersetzte sie ihm. Dann fragte er: »Monsignore, was für ein Spiel wird hier gespielt?«

So geschah schließlich überhaupt nichts, und Hnilica konnte bis in unsere Tage in Rom bleiben. Sie hatten ihr Ziel nicht erreicht, doch Hnilica kam nicht mit heiler Haut davon. Kurze Zeit später wurde er in eine Anklage wegen illegaler Geldgeschäfte verwickelt. Ein Racheakt? Mag sein. Auch hier wehte der Wind von Südwesten.

✳

Im Jahre 1956 präsentierte Don Pasquale Uva, der Begründer der Casa della Divina Providenza (Haus der göttlichen Vorsehung) in Bisceglie, der Leitung des Seminars der Region Apulien einen jungen Mann aus der Basilicata als Anwärter auf eine religiöse Laufbahn in seiner soeben gegründeten Bruderschaft. Sanomonte, so sein Name, war ein intelligenter und in jeder Hinsicht vorbildlicher Seminarist: etwas verschlossen, von mittlerer, kräftiger Statur und angenehmer Erscheinung. In der Beurteilung des Präfekten seiner Abteilung stand: »vorsichtig und wenig gesprächig, aber stets freundlich.«

Das Schuljahr neigte sich dem Ende zu. Am Nachmittag eines heißen Tages gingen die Seminarteilnehmer in einer Reihe zum Hafen hinunter. Sanomonte ging wie üblich als letzter. Auf einmal blieb er stehen und beugte sich hinunter, um seine Strümpfe hochzuziehen. Er behielt dabei die Gruppe im Auge, die um die Ecke bog. Verärgert schaute er auf die heruntergelassene Jalousie des Büros der Kommunistischen Partei. Ein beleibter Mann lehnte an der Seitentür, so als wartete er auf Einlaß. Nach kurzem Zögern nahm er seinen Mut zusammen, ging auf den Mann zu und sagte: »Genosse, geben Sie diesen verschlossenen Umschlag dem Genossen Sekretär … aber bitte: verschlossen!« Doch er hatte auf das falsche Pferd gesetzt. Der Dicke war in der ganzen Stadt als leidenschaftlicher Christdemokrat bekannt, sein Name war Peruzzi. Schlitzohrig wie er war, hatte Peruzzi die Bewegungen des Seminaristen und seine Verlegenheit genau beobachtet. Nun, da er im Besitz des verschlossenen Umschlages war, fragte er sich, was er tun sollte.

Drei Tage lang überlegte er: Sollte er den Brief dem kommunistischen Parteisekretär geben oder nicht? War der junge Mann ein Verwandter des Sekretärs oder nicht? Und wenn nicht, sollte er den Umschlag zerreißen? Sollte er ihn verschlossen lassen oder den Inhalt lesen? Sollte er zum Leiter des Seminars gehen? Und was sollte er ihm sagen? Ein großes Rätsel, das er schließlich löste, indem er den Brief vorsichtig öffnete. »Lieber Genosse Sekretär«, so las er »ich bin weit weg von meinem Dorf und studiere in diesem Seminar. Ich muß Dich dringend sehen, um mit Dir den Plan für die nächste Zukunft zu besprechen. Bitte gib Dich unbedingt als mein Onkel aus. Verwandtenbesuche sind jeden Donnerstag ab 16 Uhr im Sprechzimmer im Erdgeschoß erlaubt. Gruß Andrea Sanomonte.«

Peruzzi konnte es kaum glauben. Er war mitten in ein brisantes Geschehen hineingeraten und wurde unter strenger Geheimhaltung vom Rektor des Seminars empfangen. Er schilderte das Vorgefallene unter Zuhilfenahme der Hände und der Mimik seines lächerlichen Mondgesichtes und gab dem Rektor schließlich den Brief in dem geöffneten Umschlag. Am Abend wurden der Schreibtisch und die persönlichen Gegenstände von Sanomonte gründlich durchsucht. Man glaubte indes, kein bedeutendes Material gefunden zu haben: ein paar verdächtige Notizen, ein paar kommunistisch orientierte Schriften, ein Taschenkalender mit unleserlichem Gekritzel von geringem Interesse, dieser wurde immerhin beschlagnahmt.

Es war das erste Mal, daß es zu einem solchen Zwischenfall kam, und innerhalb der Seminarleitung gingen die Meinungen sehr auseinander. Die Polizei wurde hinzugezogen und nahm den Umschlag mit, um ihn eingehend zu untersuchen. In Absprache mit dem ehrwürdigen Don Uva wurde Sanomonte bis auf weiteres nach Hause geschickt. Als die Angelegenheit schon abgeschlossen schien, erhielt der Rektor von der für Seminare zuständigen Kongregation der römischen Kurie einen strengen Verweis, weil er nicht sofort die vatikanischen Behörden über den Vorfall informiert hatte.

Folgendes war passiert: Einige der in den Kalender von Sanomonte geschriebenen Zahlen enthielten Geheimcodes über Fracht und Ziele eines italienischen Kriegsschiffes, das sich im Pazifischen Ozean befand, Codes, die nur dem mit der Überwachung der italienischen Schiffe betrauten Personenkreis bekannt sein konnten. Besagte Militärbehörde befand sich in einem Tunnel unter der Kaserne Santa Rosa in der Nähe von Rom, einem wichtigen Versteck, welches sich mit all seinen Verzweigungen über 18 Kilometer unter der Erde erstreckte. Über den Vorfall wurde der Mantel strengen Schweigens gebreitet, und niemand verlor mehr ein Wort darüber.

*

Doch wie viele solcher falschen Seminaristen, von denen bereits seit Mitte der dreißiger Jahre die Rede ist, sind mit heiler Haut davongekommen und haben die Priesterweihe erhalten? Und wie viele von ihnen wurden Bischöfe und Kardinäle? Jeder erinnerte sich damals an den Austritt von Kardinal Alfredo Ottaviani, der mit der Unnachgiebigkeit innerhalb und außerhalb der Kirche im Zusammenhang stand. In einem in der Zeit nach dem Konzil verfaßten Artikel bezeichnete er gewisse Geistliche mit dem Beinamen »Kommunistlein der Sakristei«.

Unterdessen verfolgte die kommunistisch orientierte Strömung der römischen Kurie weiterhin ihre *Ostpolitik* gegenüber den Staaten des kommunistischen Blocks und ihren Regierenden. In diesem heftigen Sturm fiel neben vielen Märtyrern des Glaubens zweimal die Eiche, der ungarische Primas Kardinal József Mindszenty. Zuerst wurde er von den Kommunisten zur Todesstrafe wegen Hochverrats an der atheistischen Ideologie verurteilt, die später in eine lebenslängliche Haftstrafe umgewandelt wurde. Dann wurde er von den Ostpolitikern im Vatikan aufgrund der historischen Kompromisse mit den ungarischen Atheisten als Primas von Ungarn abgesetzt. Bis heute gibt es kein Verfahren zu seiner Seligsprechung.

Zu diesem Thema äußerte sich auch der erst am 9. Juni 1998 verstorbene Staatssekretär Agostino Casaroli in einem Fernsehinterview. Er rühmte sich damit, durch die *Ostpolitik* die Kontakte zu den kommunistischen Regierungen vorangetrieben und damit glänzende Ergebnisse für das politische Tauwetter erzielt zu haben. Doch die Presse kommentierte dies am Tag darauf mit der Frage: Hätten Kirchenvertreter wie er und Montini ihre Techtelmechtel mit den Regierungen jenseits des Eisernen Vorhanges nicht solange für sich behalten, wie viele Jahre früher hätte dann die Berliner Mauer fallen können? Eine Zukunftsvision der Vergangenheit, auf die es niemals eine Antwort geben wird.

Während Christus mit seiner Kirche in politischen Irrenhäusern und Gefängnissen im Todeskampf lag, wo Gläubige lebenslängliche Strafen verbüßten und Zwangsarbeit leisteten, hielt der Atheismus triumphierend Einzug in den Vatikan und verkündete, daß Gott endlich tot oder zumindest unschädlich gemacht sei. Den Bischöfen und Priestern in den Irrenanstalten und Arbeitslagern wurden ganz bewußt Fotos und Filmaufnahmen von Begegnungen zwischen Prälaten und kommunistischen Regierungschefs gezeigt. Man wollte ihnen vor Augen führen, daß sie die einzigen seien, die sich noch hartnäckig weigerten, das unbedeutende Blatt mit zu unterschreiben und damit der katholischen Kirche abzuschwören und sich hinter das Regime zu stellen, um wieder in Freiheit zu gelangen.

*

Stalin fürchtete unter den bestausgerüsteten Heeren der Welt vor allem das der Gläubigen unter der Befehlsgewalt des Papstes. Nachdem er feststellen mußte, daß die bolschewistische Verfolgung gegen die Kirche bis dahin kaum greifbare Ergebnisse gebracht hatte, beschloß er seine Taktik zu ändern: Man mußte sie bestechen und von innen her aufbrechen, um weit verheerendere Auswirkungen zu erzielen.

Diese Überlegung trug derart viele Früchte, daß auch andere Organisationen, die noch immer den gesellschaftlichen Atheismus vertreten und in der Welt verbreiten, sich die stalinsche Strategie zu eigen gemacht haben.

Hinter dem Gitter des Beichtstuhls

Satan, der Fürst der Finsternis, lenkt mit List die Wege seiner Gefolgschaft. Heute nun kommt es zur direkten Auseinandersetzung, er tritt ans Licht. Und er zeigt deutlich, daß er mit seinen infernalischen Künsten am Werke ist, daß die satanischen Sekten an seiner Seite stehen, daß sie auf dem Vormarsch sind.

Sein Leitsatz lautet: Man muß nicht gegen Gott vorgehen, wenn man ohne Gott auskommt. Es genügt, sich die Muster zunutze zu machen, die die Kirche bietet, indem sie die Ambitionen des menschlichen Egoismus legalisiert, wünschenswert und selbstverständlich macht, so daß die Kirche als Institution Gottes leicht zur Stätte des Triumphes des ungläubigen Materialismus wird. Auf diese Weise läßt der Satan die Kirchenväter die Seligpreisungen der Bergpredigt selbst in ihr Gegenteil verkehren.

*

In der Wallfahrtskirche Divin Amore in Rom, die unentwegt von Pilgern besucht wird, trat eines späten Abends aus der Menschenmenge ein Büßer an den Beichtstuhl. Er schien verwirrt und sehr befangen. Der Beichtvater ermunterte ihn zu sprechen.

»Pater, ich weiß nicht, wo ich anfangen soll und ob Sie mich lossprechen können … Ich habe ein sehr unruhiges

Gewissen, ich fürchte gar, es wird Sie beunruhigen und erstaunen ...«

»Mein Sohn, deshalb müssen Sie sich keine Sorgen machen. Im Grunde sind wir doch wie Müllhalden, wo alles ausgeschüttet wird ... Wo sollte man denn sonst die ganze Bürde seiner Schuld abladen, wenn nicht in der Beichte? Dafür sind wir da.«

»Pater, ich gehöre einer satanischen Sekte an und habe dort eine wichtige Funktion inne. Ich habe viele dazu gebracht, ihr beizutreten.«

»Seit wie vielen Jahren?«

»Pater, seit etwa zehn Jahren widme ich mich der Sache nun ganz ...«

»Und warum sind Sie jetzt hierher gekommen? Sie beichten nicht, Sie erzählen mir nur von Ihrem unruhigen Gewissen, doch das reicht nicht aus für die Absolution. Um Sie loszusprechen, brauche ich die Materie, die Sünden, die Sie begangen haben.«

»Ich habe andere dazu gebracht, an schwarzen Messen und anderen satanischen Ritualen teilzunehmen. Vor kurzem bin ich selbst zu einer schwarzen Messe geladen worden, an einem Ort, von dem ich nicht gedacht hätte, daß man dort einen solchen Ritus feiern würde.«

»Wo?« fragte der Beichtvater hinter dem Gitter.

»Im Vatikan.«

»Ist es die Möglichkeit?! Was Sie sagen, klingt unglaublich ... Sind Sie sicher? Wer waren die anderen?«

»Glauben Sie mir, Pater, ich bin nicht hier, um Ihnen Märchen zu erzählen ... Ich bin außer mir. Ich finde keine Ruhe mehr. Ich weiß nicht, wie mir geschieht ... Ich habe immer über jede Art von religiöser Reue gelächelt. Diese Haltung habe ich auch an andere weitergegeben. Jetzt schäme ich mich, weil ich den Rückzug antreten muß, aber so kann ich nicht weitermachen. Es ist mir wie ein Kloß im Hals!«

»Wer waren die anderen? Kennen Sie sie?«

»Man konnte sie nicht erkennen, wir waren alle von

Kopf bis Fuß in Kapuzengewänder gehüllt. Bei allen satanischen Riten trägt man solche Gewänder und nichts darunter. Die Stimmen waren tief, am Klang nicht erkennbar. Ich hatte mich geehrt gefühlt, eingeladen zu sein … Doch jetzt verfluche ich den Augenblick, da ich die Einladung angenommen habe … Pater, was tut man in einer solchen Lage? Wie soll ich mich jetzt verhalten?«

Es war sehr spät, und die Kirche war voller Menschen, Gläubige, die verweilten, um zu singen, zu beten, auf ihre Weise die Dreifaltigkeit und die Jungfrau Maria zu lobpreisen, dies alles war Teil des allmonatlichen Besuches. Gegen Mitternacht löste sich der Büßer unbemerkt vom Beichtstuhl, um sich wieder in der Menschenmenge zu verlieren.

*

»*Und es war Nacht*« schrieb der Apostel Johannes, und er meinte damit die Stunde, die Judas gewählt hatte, um aus dem Saal des Letzten Abendmahls zum Ort des Verrats zu gehen. »*Und der Herr sprach: Weh der trotzigen, der schmutzigen, der gewalttätigen Stadt; … [ich] entferne aus deiner Mitte die überheblichen Prahler, und du wirst nicht mehr hochmütig sein auf meinem heiligen Berg.*« (Zef 3, 1;11)

XVIII
Satansrauch im Vatikan

Die Freimaurerei ist von Deismus und Rationalismus beeinflußt und auf ihre eigene Weise religiös. Sie gesteht die Existenz eines großen Baumeisters des Universums zu, den jeder Anhänger des Ordens nach seinem Gutdünken bezeichnen kann. Es gibt nur diesen einen Erbauer, der die gesamte im Universum vorhandene Wirklichkeit geschaffen hat. Diese ist ständig im Aufbau, und an ihrer Vollendung arbeiten die Freimaurer unter der Obhut des Baumeisters. Es ist ein zugleich rationaler und fideistischer Glaube, der sich mit seinen Riten und Gebeten an die große universale Wirklichkeit wendet und diese verherrlicht.

Jeder Geheimbund, aus dem sich der Freimaurerorden entwickelt, ist auf die gegenseitige Unterstützung und auf die Zusammenarbeit unter den Mitgliedern der Gruppe ausgerichtet. Die Vereinigung der Freimaurer hat das Ziel, ihre Herrschaft im wirtschaftlichen, politischen, militärischen und religiösen Bereich auszuweiten, um die Wirklichkeit unter einer einzigen Weltregierung zusammenzuführen, die entweder durch Beitritt oder durch Eroberung erreicht wird. Für die Freimaurer, die Freidenker sind, wird ein Teil dieser Wirklichkeit auch vom Satan bestimmt, daher kann man ihn nicht ausgrenzen. Die Verehrung, die dem Baumeister zukommt, wird auf seine gesamte Schöpfung ausgedehnt, also auch auf den Satan als Geschöpf, das an der universalen Wirklichkeit teilhat.

Um in die Familie der Freimaurer aufgenommen und in dieses Leben eingeweiht zu werden, muß man sich einer harten dreijährigen Lehrzeit unterziehen, während der man die drei Stufen erreicht: Lehrling, Geselle und schließlich Meister der Loge. Über die jeweilige Aufnahme wird in geheimer Wahl entschieden. Der Rang des Meisters umfaßt das Rederecht im Tempel, die anderen beiden nur im Agape.

Die Freimaurer erkennen einander am Händedruck: Bei der Begrüßung klopft einer dem anderen mit dem rechten Daumen dreimal hintereinander leicht auf den Daumenrücken. Hat dieser verstanden, so antwortet er sofort oder beim nächsten Händedruck auf die gleiche Weise. Andernfalls versteht der Klopfende, daß der Gesprächspartner nicht zur Familie gehört. Dieses Erkennungszeremoniell, eine Art Personalausweis, wird von den weltlichen Freimaurern verwendet. Einige von ihnen benutzen es auch gegenüber Geistlichen, die zur Loge gehören. Aber geistliche Freimaurer praktizieren es untereinander aus Vorsicht kaum.

Der Freimaurerorden gibt sich agnostisch und streng freidenkerisch. Jean Guitton schrieb: »Der agnostische Atheismus ist vereinfachend, belebend. Für diejenigen, die sich damit begnügen zu leben, die Gegenwart zu genießen, sich in die Geschichte der Welt einzufügen und darauf warten, für immer in Frieden einzuschlafen, ist der Atheismus eine sanfte Lösung. Angst und Verzweiflung entstehen nur, wenn man nach dem ewigen Leben strebt. Der Gedanke daran kann nur durch Studium oder Vergnügen betäubt werden.«

Der Polyp der Freimaurerei im Vatikan

Unter allen geschlossenen Gesellschaften ist die römische die unzugänglichste, nicht einmal Adelstitel reichen aus, um hineinzugelangen. In noch stärkerem Maße geschlossen ist die der Kirche. Gleichwohl gelangt die Freimaurerei durch die Hintertür und mit Freibrief hinein und tarnt sich dabei auf vollkommene Weise.

Die Freimaurerei verändert normalerweise die Gewohnheiten nicht, die sie am Ort ihres Einsatzes vorfindet. Im Vatikan, dem wackeren Bollwerk der katholischen Kirche, wappnet sie sich mit teuflischer Geduld und wartet, wartet so lange, bis sie die obersten Hebel der Macht und der Befehlsgewalt erreicht. Diese Sekte schleicht sich immer dort ein, »wo die Geschichte pulsiert«, um mit Cesare Pavese zu sprechen, und sie weiß, daß der Vatikan wie eine Antenne die neuesten Meldungen zu den unterschiedlichsten Themen empfängt und sendet. Wenn es gelingt, ihr die Seuche in den Geist zu senden, so bedeutet das folglich die Zerstörung des Immunsystems der menschlichen Vernunft. Die Parole lautet: »So wenig wie möglich glauben, ohne ein Ketzer zu sein, und so wenig wie möglich gehorchen, ohne ein Aufrührer zu sein.« (Giuseppe De Mestre)

Die unsichtbare Hand der Freimaurerei im Vatikan, im Mittelpunkt verborgener Mächte zwischen Hochfinanz und hohen Ämtern, ist überall spürbar: in den Aufnahmeverfahren, in den Beförderungen, im Zusammenhang mit Verleumdungen oder Lobreden für diesen oder jenen Monsignore. So trägt dieses Zentrum, das nach göttlichem Willen ein Leuchtturm sein soll, in seinem Leib seit langer Zeit Geschwüre, die es zersetzen.

Bekäme Michelangelos »Jüngstes Gericht« in der Sixtinischen Kapelle auch nur eine Schramme, würde die ganze Welt sich erheben, um die Entweihung zu verurteilen. Doch die Infiltration der Freimaurerei in den Vatikan ist in viel stärkerem Maße entheiligend, denn sie verwirrt die Geister und die Heiligkeit dieses Zentrums der Christenheit. Widersprüche und Zweideutigkeiten verunsichern die Gläubigen, die die undurchsichtigen Vorkommnisse in der kirchlichen Gesellschaft nicht einzuordnen vermögen.

Der Polyp im Vatikan ist allgegenwärtig, auf allen Ebenen und in allen Bereichen, mehr denn je auch in hohen Ämtern. Man wird seiner dunklen Gegenwart durch die langen Tentakel gewahr, doch man sieht nicht, wo er sich festsetzt. Er benutzt seine Agenten vor Ort, düstere Söldner, die die Zwielichtigkeit des organisierten Verbrechens nicht scheuen, das bestens in die kirchliche Gesellschaft eingeführt ist und aus Elend und Adel besteht. Wenn er zuschlägt, so geschieht es wohldurchdacht. Die Schlinge ist so eng gelegt, daß der darin Gefangene nur seine eigene Unfähigkeit ertastet und begreift, daß jede Reaktion eher ihm als dem Ungeheuer schaden würde.

Nach einem italienischen Gerichtsurteil können die prozessierenden Parteien einen Richter ablehnen, wenn dieser der Freimaurerei angehört. Im Vatikan wird eine solche Ablehnung niemals möglich sein. Kein hoher Würdenträger wird seine Zugehörigkeit zur Freimaurerei auf der Stirn geschrieben tragen.

Viele Zeitschriften haben offen über die Infiltration der Freimaurerei in den Vatikan berichtet.* 1738 drohte Clemens XII. (1730–40) in einer päpstlichen Bulle mit dem Kirchenbann. 1974 versicherte der Jesuitenpater Giovanni Caprile in einem Artikel in »Civiltà Cattolica« (19. Oktober 1974) den zur Freimaurerei gehörenden Katholiken, sie müßten sich keine Sorgen machen: »Wenn sein katholischer Glaube darin nichts grundsätzlich Feindliches sieht, das in der Loge, der er angehört, gegen die Kirche oder gegen die Grundsätze ihrer Lehre und Moral verstößt, so kann er in der Vereinigung bleiben. Er muß sich nicht länger als Gotteslästerer fühlen und kann somit wie jeder andere Gläubige das heilige Abendmahl empfangen und vollständig am kirchlichen Leben teilnehmen. Er benötigt keine besondere Absolution, da die Exkommunizierung in seinem Fall nicht mehr gilt.«

In Wirklichkeit fand diese »vollständige Teilnahme am kirchlichen Leben« bei einer erheblichen Zahl von Katholiken und Prälaten, die den Freimaurern angehörten, bereits seit vielen Jahren statt. Unmittelbar nach seiner Wahl

---

* »Panorama« vom 10. August 1976; »Introìbo« vom Juli 1976; »Euroitalia« vom 17. und 25. August 1978; »Osservatore Politico« vom 12. September 1978; »Oggi« vom 17. Juni 1981; »30 Giorni« vom 11. November 1992. Außerdem gibt es eine Flut von Büchern zur Geschichte der Freimaurerei in Italien und im Vatikan.

zum Erzbischof von Mailand ernannte Monsignore Montini den streng katholischen Freimaurer Michele Sindona zu seinem Finanzberater. Später als Papst vertraute er dann das Schicksal der katholischen Finanzen des IOR* den unbestrittenen kriminellen Fähigkeiten ebendieses Michele Sindona und seines Logenbruders Roberto Calvi an, die sich rühmen konnten, zwei weitere fromme Freimaurer der Loge P2 angeheuert zu haben: Licio Gelli und Umberto Ortolani.

1987 bestätigte der Journalist und Freimaurer Pier Carpi die Aufnahme des »Bruders« Fulberto Lauro, nach dessen Aussage zur Loge P2 auch Kardinäle und Bischöfe gehörten. Er erklärte, daß die P2 »Loggia Ecclesia«, Kirchenloge, genannt werde und in direkter Verbindung mit dem Großmeister der Vereinigten Loge von England, dem Herzog von Kent, stehe. Diese Loge wiederum sei seit 1971 im Vatikan tätig. Es gehörten ihr über hundert Kardinäle, Bischöfe und weitere Mitglieder der Kurie an. Sie bewahrten absolute Geheimhaltung, den Untersuchungen der Männer des mächtigen »Opus Dei«* könnten sie jedoch nicht entrinnen.

Schließlich berichtete die mexikanische katholische Zeitschrift »Proceso« am 12. Oktober 1992, die Freimaurer hätten das Territorium des Vatikans in acht Bereiche unterteilt, die von vier dem schottischen Ritus folgenden Freimaurerlogen beherrscht würden. Ihre Adepten, hohe Funktionäre des Kirchenstaates, seien unabhängig voneinander und würden sich auch nicht durch Daumenklopfen erkennen. Bei Bedarf nehmen sie Kontakt zu den Freimaurerlogen der verschiedenen Nationen auf. In den Ländern, in denen der Koran herrscht und die Kirche im Untergrund tätig ist, werden die Beziehungen zur örtlichen Kirche heimlich über dieses Netz der Sekte gepflegt, die damit den Brüdern im Vatikan einen religiösen Dienst erweist.

* Istituto per le Opere di Religione, gegründet am 27. Juni 1942 von Pius XII. in der Vatikanstadt.
* »L'Espresso«, 12. Dezember 1987.

Die islamischen Staaten unterhalten zwar diplomatische Beziehungen zum Apostolischen Stuhl, doch verbieten sie hartnäckig jede Form der katholischen Religionsausübung. Die jeweiligen Regierungen entsenden als Botschafter beim Vatikan gerade die eifrigsten und engagiertesten Freimaurerbrüder und geben ihnen Anweisungen zum unterschiedlichen Umgang mit den verhaßten Kirchenvertretern und denen, die der Freimaurerei wohlwollend gegenüberstehen, von denen wiederum viele an die Hebel der Macht im Vatikan gelangen. Im Bunde mit ihnen versucht man heute, Johannes Paul II. zu »steuern«, der alt und krank ist, kaum noch laufen kann (er hebt die Füße nur noch wenige Zentimeter vom Boden) und aufgrund seiner Krankheit unter häufigen Gedächtnisausfällen leidet.

Die Presse jeglicher Ausrichtung nennt immer wieder – und aufgrund unterschiedlicher Quellen – Namen von Kardinälen und hohen Würdenträgern des Vatikans und aus dessen Umfeld, die ebenso wie andere Prälaten der Freimaurerei angehören. Abgesehen von gelegentlichem leisen Widerspruch macht sich niemand Gedanken darüber oder erwägt, bei den Justizbehörden Anzeige zu erstatten und die erforderliche Abberufung zu erwirken. Geschieht es schon nicht aus persönlichem Ehrgefühl heraus, so sollte es zumindest aus Anstand gegenüber dem Amt und der Glaubwürdigkeit der Position, die der Verdächtigte bekleidet, erfolgen. Das Schweigen hat nichts mit dem Grundsatz *quod gratis asseritur, gratis negatur* – was man umsonst behauptet, leugnet man auch umsonst – zu tun, denn hier gibt es niemanden, der etwas leugnet, so daß Schweigen letztlich Zustimmung bedeutet.

Falsche Apostel und betrügerische Arbeiter

Wie aber ist es möglich, daß ein Freimaurer sich in die Gefilde der vatikanischen Ämter einschleicht? Oder besser, wie ist es möglich, daß ein Mann der römischen Kurie zum Freimaurer wird? Diese Frage wurde einem Prälaten der Kurie von einem jungen Priester gestellt, der in einem islamischen Land arbeitete und durch die antikatholische Propaganda im dortigen Fernsehen verunsichert worden war.

Der junge Priester schilderte die Situation sehr ausführlich. »In unserem Land«, sagte er, »werden die katholische Kirche, der Papst und die Hierarchie zumeist ignoriert. Wenn jedoch von irgendeinem Skandal in der kirchlichen Gesellschaft gemunkelt wird, wird die Öffentlichkeit sofort bis ins kleinste Detail informiert, um sie gegen die Kirche aufzuhetzen. Alle Medien werden aufgeboten, um Taten und Untaten zu beschreiben und mit Daten zu untermauern ... So ist etwa von einem Kardinal und Staatssekretär die Rede, der den Freimaurern angehören soll, und mit ihm weitere Kardinäle, Erzbischöfe und bekannte Prälaten der Kurie. Von jeder dieser Personen werden Vor- und Zuname genannt, Beitrittsdatum und die Funktionen, die sie im Vatikan und in der Freimaurerloge innehaben. Unsere kleine katholische Gemeinde dort ist verunsichert und verwirrt. Die Menschen wenden sich an uns Priester, um etwas über den Wahrheitsgehalt der Angelegenheit zu erfahren, und sie fragen uns, was sie den anderen antworten sollen ... Was denken Sie darüber, Monsignore? Ist es wohl möglich, daß ein Kardinal, ein Prälat der Kurie plötzlich den Freimaurern beitritt und für einen Großmeister arbeitet? Es scheint unglaublich, daß so etwas passieren kann. Und wenn es nicht stimmt, warum verklagen die Beschuldigten, die geschädigte Partei, nicht die Verleumder, um vor nationalen und internationalen Gerichten die ungerechtfertigten Anschuldigungen ihnen gegenüber zu widerlegen? ... Warum greift der Vatikan nicht durch seinen Apostolischen Nuntius bei der Regierung ein und dementiert offiziell all die empörenden Behauptungen?«

Auch zum Tod von Papst Luciani berichtete der junge Priester entrüstet, es gäbe Stimmen, die hartnäckig behaupteten, es sei kein natürlicher Tod gewesen, und hierfür zahlreiche Indizien nannten. Ein weiteres Thema des Anstoßes war das der vatikanischen Bank und des enormen Flusses von Milliarden schmutzigen Geldes, das gewaschen und auf ausländische Banken geschleust worden sei. »Es werden die Namen hoher vatikanischer Würdenträger genannt, die mit der Elite der italienischen Freimaurerei zusammengearbeitet haben sollen«, erklärt der junge Priester. »Es ist von Morden und Selbstmorden die Rede, von Haftbefehlen der italienischen Justizbehörden gegen Persönlichkeiten des IOR ... Sie reden von der Ausschließung von Kardinal Marcinkus und von der Beförderung von Donato De Bonis zum Bischof im Orden von Malta ... Ich möchte Ihnen noch ein weiteres Beispiel nennen: Nach dem Attentat auf den Papst wurde in den Zeitungen ein Foto abgedruckt, auf dem er am Rand des Schwimmbeckens von Castelgandolfo sitzend zu sehen ist. Das Foto soll von einem Angestellten des Vatikans aufgenommen und nach dem Attentat am 13. Mai 1981 bei Ali Agcja gefunden worden sein. Für dieses Foto soll der Meister der Geheimloge P2, Licio Gelli, dreihundert Millionen Lire gezahlt haben. Zu seinem ›Bruder‹ Vanni Nisticò soll er gesagt haben: ›Es hat sich gelohnt. Wenn man solche Fotos vom Papst machen kann, wie leicht wäre es dann, auf ihn zu schießen!‹ Für uns, die wir von Feinden des Glaubens umgeben sind, ist die Unbestreitbarkeit bestimmter Tatsachen sehr schädlich, denn wir können unsere kleine Herde ohnehin kaum zusammenhalten ... Eines Abends beendete ein Fernsehansager seine Sendung mit den Worten: ›Im Vatikan wird gemunkelt, daß man unter dem Polypen nicht naß wird.‹«

Der Monsignore las tiefe Beunruhigung im Gesicht seines Gesprächspartners. Er wußte, daß er in seinem Land ein sehr engagierter Priester war. Deshalb mußte er ehrlich mit ihm reden und durfte ihm nichts vormachen.

»Weißt du, lieber Mitbruder, diese Frage stellen wir uns alle. Abgesehen von dem Foto, das den Papst mit nacktem

Oberkörper zeigt und von irgendeinem Mitglied innerhalb des Vatikangeländes aufgenommen wurde ...* Ich persönlich gehöre nicht zu denen, die die Tatsachen um jeden Preis zu leugnen versuchen, so als wäre etwa das Attentat auf Papst Wojtyła nichts anderes gewesen als ein einfacher Jagdunfall. Der Strauß, der seinen Kopf in den Sand steckt, sobald sich ein Unwetter nähert, kann es dadurch doch nicht verhindern. Es bedarf einer Antwort. Ich hätte eine, und ich sage sie dir, so wie ich die Dinge sehe.

Ich halte es für unmöglich, daß eines schönen Tages ein Freimaurer sich von seiner Loge zu einem angesehenen Prälaten, gar einem Kardinal begibt und ihm unvermittelt vorschlägt, sich der Freimaurerei zu verschreiben. Und dieser Würdenträger beißt sofort an, als ob gar nichts wäre. Er tritt gleich der Freimaurerloge bei und kämpft mit ihr gegen jenen Gott, dessen Reich er sich verpflichtet hat, und trachtet ihn nun zu zerstören. Andererseits ist kaum zu bestreiten, daß die Freimaurerei auch in den Reihen der Kirchenleute und sogar unter den höchsten Würdenträgern der römischen Kurie ihre Anhänger hat. Deutliche Auswirkungen davon sind offen oder verdeckt überall zu spüren.

Du hast das Thema der schmutzigen Gelder angesprochen, die erklärte Freimaurer mit der unbestrittenen Duldung der höchsten kirchlichen Würdenträger und Vorsitzenden des IOR von dort ins Ausland umgeleitet haben. Das IOR ist mit einem schwarzen Loch im Sternenhimmel verglichen worden, das die Materie der schmutzigen Gelder wie durch eine Klappe aufsaugt, um sie gereinigt irgendwo auf der Erde wieder auszuschütten. All das ist für niemanden mehr ein Geheimnis. In Italien wurde in einer Fernsehsendung im Januar 1994 zur Zeit des Pro-

---

* Nach sehr langer Zeit hieß es in einer Agenturmeldung, ein Fotoreporter, ein gewisser Adriano Bortoloni, habe sich zu dem Schnappschuß bekannt. Dieser sei ihm gelungen, nachdem er drei Tage und drei Nächte ohne Essen und Trinken und alle anderen menschlichen Bedürfnisse in der dichten Krone eines Baumes vor der Villa gekauert habe. Ob da nicht etwas Seemannsgarn gesponnen wurde ...

zesses um den Enimont-Skandal mit erschreckender Klarheit darüber berichtet ...*

Die Freimaurerei ist also *eindeutig* im Vatikan zu Hause. Das hätte Papst Johannes Paul I. auffallen müssen, und es hätte ihm ein erstes Warnsignal sein sollen, als der Journalist Paolo Panerai am 31. August 1978, dem Tag nach seiner Wahl, in dem Wirtschaftsmagazin ›Il Mondo‹ einen besorgten Brief an ihn richtete: ›Heiligkeit, stimmt es, daß der Vatikan auf den Märkten als Spekulant auftritt? Stimmt es, daß der Vatikan eine Bank hat, die an illegalen Kapitalüberführungen von Italien in andere Länder beteiligt ist? Stimmt es, daß diese Bank den Italienern hilft, Steuern zu hinterziehen?‹ Der Papst hatte sich kaum von dieser haarsträubenden Befragung erholt, als am 12. September die von dem später ermordeten Freimaurer Mino Pecorelli herausgegebene Wochenzeitung ›Op‹ unter der Überschrift ›Die große vatikanische Loge‹ unter anderem eine Liste mit 121 Namen von Vatikanvertretern und hohen Prälaten veröffentlichte, die der Freimaurerei angehörten ...

›Strecke deine Hand zum Himmel aus; dann wird eine Finsternis über Ägypten kommen, und es wird stockdunkel werden.‹ (2 Mos 10, 21) Wie eine Wolke, die verschwun-

* Die wichtigsten Schriften dieses Prozesses machten keinen Hehl daraus, daß die Freimaurer die vatikanische Bank für ihre unlauteren Geschäfte benutzten. Durch die Kassen des IOR flossen Kontenbewegungen in Höhe von etwa 10 Milliarden Lire, die für Schmiergelder an Politiker unterschiedlicher Partei- und Glaubenszugehörigkeit bestimmt waren. Ein Schleier unsichtbaren und verschwommenen P2-Logentums waberte durch die gesamte kirchliche Gesellschaft und setzte sich überall fest. In sämtlichen Medien wurden Vor- und Zunamen von Prälaten und Kardinälen genannt, die in die Kommission des IOR zur Monetisierung der für die korrupten Machenschaften bestimmten Konten verwickelt waren. Einer der Hauptzeugen, der Zahlmeister der Montedison, Carlo Sama, sagte, die vatikanische Bank sei vollkommen auf dem laufenden gewesen über sämtliche Bankgeschäfte des Finanziers und Freimaurers Luigi Bisignani, durch den das IOR den Auftrag für etwa zehn Milliarden Lire bekommen hätte, was dieser jedoch bestritt. Der andere Hauptzeuge, Carlo Calvi, Sohn des Bankiers und Freimaurers Roberto Calvi, der erhängt unter einer Londoner Brücke gefunden wurde, sagte aus: »Francesco Pazienza sagte mir, daß Monsignor Giovanni Cheli, der Vertreter des Vatikan bei der UNO, gewisse Ambitionen hätte. Er war ein enger Freund von ihm und wollte den Platz von Marcinkus einnehmen. In dieser Zeit war er nicht in den Vereinigten Staaten (...). Cheli bestätigte, was mir bereits Marcinkus am Telefon gesagt hatte: Ich sollte meinem Vater [der sich in Haft befand, Anm. d. ital. Red.] sagen, er möge sich ruhig verhalten, keine Geheimnisse preisgeben und weiter an die Vorsehung glauben.« Dem Prälaten Giovanni Cheli wurde am 21. Februar 1998 die Kardinalswürde verliehen.

den zu sein scheint, sobald sie dich umhüllt, so ist es hier drinnen. Der Blinde kann dir sagen, daß das, was er berührt, ein Tisch ist, obgleich er ihn nicht sieht. Ebenso ist es mit der Freimaurerei im Vatikan: Man ertastet sie, aber man sieht sie nicht ... Im Oktober 1838 schrieb Antonio Rosmini in einem Brief: ›Hier liegt eine der Hauptursachen der modernen Ungläubigkeit. Die Priester verhalten sich schlecht, also ist die Religion, die sie lehren, falsch – fertig ist der Trugschluß. Man muß die jungen Menschen vor solchen Schlüssen bewahren, besonders wenn sie aus dem schlechten Verhalten des Klerus entstehen.‹

Paul VI. also erkannte die Allgegenwart der Freimaurerei im Vatikan und verkündete sie der Welt – er nannte sie den Rauch des Satans. Er wußte, daß durch den Spalt der Freimaurerei Rauch eingedrungen war und den Tempel des Herrn umnebelte. Im vergangenen Jahrhundert war die Politik der Freimaurerei auf die direkte Auseinandersetzung mit der katholischen Kirche ausgerichtet, doch auf diese Weise kam es zur Ausgrenzung. Im Laufe der Zeit hat sie ihre Strategie geändert; sie hat erkannt, daß es erfolgversprechender ist, sich in die Spitze der Kirche einzuschleichen. Über die eigenen undurchsichtigen Bastionen emporzuklettern, um bis an den Gipfel zu gelangen, ist jedoch kein leichtes Unterfangen. Man muß mit Zeit und Geduld gerüstet sein, um geeignete Punkte zur Erreichung des Ziels zu finden. Hierfür bietet die Vereinigung der Freimaurer erhebliche Reserven auf und bedient sich ihres besten Personals, um mit Bedacht und Ausdauer die Auswahl unter den Geistlichen für Karriere und höchste Ämter zu treffen.«

*

Ende der vierziger Jahre fürchtete Papst Pius XII. zu Recht, der Atheismus könnte in die Kirche eindringen. Damals trat er in zweierlei Gestalt auf, als Freimaurertum und als Kommunismus.

Im Juli 1949 wurde in einem kleinen italienischen Dorf in den Bergen die Priesterweihe von Don Francesco, dem einzigen Sohn sehr armer Eltern, gefeiert. Sie hatten jahrelange Entbehrungen in Kauf genommen, um ihn zum Seminar zu schicken. Zum Dank wollte der junge Priester ihnen eine Reise nach Rom schenken, denn sie waren noch nie dort gewesen. Im Zug taten die drei die ganze Nacht kein Auge zu, so aufgeregt waren sie. Als die ersten Lichter zu sehen waren, blickte die Mutter aus dem Fenster auf die Häuser der römischen Vorstadt und glaubte zu träumen. Wer hätte je gedacht, daß sie einmal nach Rom kommen würde, in die Stadt des Papstes, die Hauptstadt der Christenheit!

Die Pension lag in Prati, in der Nähe des Petersdoms. Sie besuchten die großen Basiliken und die bekannten Denkmäler des alten Rom. Im Petersdom schauten sie sich alles besonders genau an. Don Francesco war ihr Fremdenführer und erzählte ihnen die wenigen Dinge, an die er sich erinnerte oder die er aus den lateinischen Inschriften übersetzen konnte. Auf dem Platz zeigte er ihnen das Fenster des päpstlichen Arbeitszimmers. Pius XII. pflegte nicht hinauszuschauen, wie sein Nachfolger Johannes XXIII. es später tat.

Als sie vom Papst reden hörte, sprach die Mutter, wie zu sich selbst, den Wunsch aus, den Papst zu sehen. Don Francesco erwiderte darauf: »Mutter, dem Papst dürfen nur Staatsoberhäupter und Botschafter und eben noch die Kardinäle der Kurie gegenübertreten.« – »Wie dumm von mir!« sagte die Mutter. Und so war der Gedanke an eine Audienz schnell vergessen.

An den folgenden Tagen wurde die Besichtigung der Stadt wie geplant fortgesetzt. Dann wurden entfernte Verwandte und einige Bekannte besucht, darunter ein Hauptmann der Carabinieri, der noch sehr jung war, aber schon eine glänzende Karriere beim Militär vorzuweisen hatte. Im Dorf sprach man voller Stolz und Bewunderung über ihn. Auf ihre Anfrage, ob er sie zu einem Höflichkeitsbe-

such empfangen könnte, war er sofort bereit, sie kennenzulernen.

Der Hauptmann war ausgesprochen höflich, interes-
sierte sich für ihren Aufenthalt in Rom und fragte, was sie
sich angeschaut hätten. Don Francesco sprach für seine
Eltern, er zählte die Denkmäler auf und berichtete von
der Ergriffenheit und dem Staunen seiner Eltern. Er erzählte auch von dem Wunsch seiner Mutter, dem Papst zu
begegnen. »Sie wollen den Papst sehen?« fragte der
Hauptmann. »Aber nein«, entgegnete Don Francesco,
»ich habe meiner Mutter schon erklärt, wie das ist. Wir
haben so viel gesehen und können unseren Verwandten
genug erzählen, wenn wir heimkommen.« Doch der
Hauptmann blieb bei seinem Vorschlag und ließ sich die
Telefonnummer der Pension geben. »Wir hören voneinander!« sagte er und begleitete sie zur Tür, und die Wach-
posten standen stramm.

Nachdem sie soviel erlebt hatten, wollten sie schon in
ihr kleines Dorf in den Bergen zurückkehren. Beim
Abendessen kam der Ober diskret an ihren Tisch und
sagte zu Don Francesco, der Carabinieri-Hauptmann sei
am Telefon und wolle ihn sprechen. Don Francesco
stürzte die Treppe hinauf, dann hörte er den barschen
Befehl des Hauptmanns: »Kommen Sie morgen früh um
9.30 Uhr zum Arco delle Campane links vom Petersdom.
Sie werden mit dem Auto zum Privataufzug der päpstlichen Wohnung gebracht. Um 10 Uhr werden Sie in Privataudienz von seiner Heiligkeit empfangen. Selbstverständlich anständig gekleidet, pünklich und vor allem –
äußerste Diskretion.« Ein Knacken in der Leitung, und
das Gespräch war beendet.

Die Audienz beim Papst dauerte zwanzig Minuten und
verlief nach dem beschriebenen Protokoll.

Im Dorf wollte kaum jemand die Geschichte von der
Privataudienz des Papstes für die arme Familie glauben.
Man hielt das Ganze für eine Aufschneiderei des kleinen
Priesters, der solche Märchen erzählte, um sich wichtig zu

tun. In Wahrheit konnte sich Don Francesco die Sache selbst nicht erklären.

Ungefähr ein Jahr darauf starb der Carabinieri-Hauptmann, der mittlerweile zum Major befördert worden war, plötzlich an einem Herzinfarkt. Durch die Presse erfuhr Don Francesco, daß er eineinhalb Jahre zuvor zum Meister der Freimaurerloge vom Palazzo Giustiniani in Rom ernannt worden war. Vielleicht war die Papstaudienz, die er für die Familie aus seinem Dorf erlangt hatte, der Prüfstand seines Einflusses jenseits des Tibers. Geschehen mit dem Einverständnis Papst Pius' XII., den man einfach instrumentalisiert hatte.

*

Es gibt ein regelrechtes Noviziat für Priester, die in den Freimaurerorden aufgenommen werden sollen. Eine bestimmte Personengruppe innerhalb der Freimaurervereinigung ist für die Auswahl potentieller Mitarbeiter unter den Geistlichen zuständig. Diese müssen gewisse Eigenschaften besitzen: herausragende Intelligenz, Karriereinteresse, Ehrgeiz, Intuition, um Dinge zu durchschauen und zugleich so zu tun, als würden sie sie nicht durchschauen, das Ganze möglichst in Verbindung mit stattlicher Erscheinung und gutem Aussehen.

Trifft all dies bei einem jungen Geistlichen zusammen, dann ist es gleichgültig, ob er zur Diözese gehört oder religiös ist. Entscheidend ist, daß er eine gute Auffassungsgabe und große Überzeugungskraft besitzt, daß er dem geistigen Leben zugetan, aufgeschlossen und kommunikativ ist. Ist all dies vorhanden, so beginnt die Phase des Anheuerns. Das kann in sehr unterschiedlichen Formen geschehen: eine Einladung in eine Botschaft anläßlich eines nationalen Feiertages, eine unerwartete Begegnung mit jemandem, der seine Freundschaft anbietet, ein Prälat, der um etwas bittet und sich dankbar erweist. Das ist der Anfang. Danach beginnt die Phase der Loblieder und Schmeicheleien: Was für ein angenehmer Mensch Sie sind, so intelligent, so liebenswürdig und fein! Sie verdienen etwas anderes, Sie sind zu schade für diesen Posten ... Aber warum sagen wir nicht du? ... Also: wir müssen etwas anderes für dich finden! ... Dann kommt die Phase der möglichen Perspektiven: Ich kenne da einen Prälaten, einen Kardinal, einen Botschafter, einen Minister ... Wenn du nichts dagegen hast, könnte ich ein gutes Wort für dich einlegen. Ich würde ihm sagen, daß du jemand bist, der eines höheren Amtes würdig ist ...

An dieser Stelle bemerkt der Anwerber sofort, ob sein Fisch schon angebissen hat, auch wenn er sich noch mit scheinbarer Bescheidenheit hinter leeren Phrasen versteckt: Aber ich habe das nicht verdient ... dem wäre ich nicht gewachsen ... ich bin doch nur ein einfacher Mensch ... und so weiter. Der Anwerber weiß genau Bescheid, er weiß, daß Vorsicht die Tugend der starken, falsche Bescheidenheit die der törichten Aufsteiger ist, hinter der sich die Kapitulation verbirgt.

Allmählich werden die Versprechen in konkreten Dingen greifbar. Der ausgewählte Kandidat stellt fest, daß die Verheißungen wahr werden, und fühlt sich zu Dank gegenüber diesem Menschen verpflichtet, der ihm freundlich gesonnen ist und den er als seinen Wohltäter betrachtet. Indessen geht seine Karriere zügig und ungehindert voran, mit langfristigen, überaus rosigen Aussichten im Dienste der Kirche. In solche Aussichten gebettet, beginnt er einen ansehnlichen Posten für sich zu erahnen.

Nun, da der ahnungslose Prälat im Fieber von Ehrgeiz und Selbstgefälligkeit den Beweis seines leichten Aufstieges in der Hand hält, den er sich selbst noch nicht recht erklären kann, folgt die erschreckende Phase der Offenbarung. Diese wird etwa mit folgenden Worten eingeleitet: »Monsignore, Exzellenz, um ehrlich zu sein, wenn Sie-du diese angesehene Stellung bekleiden, so verdanken Sie das weniger meiner Person als vielmehr dem Einfluß des Freimaurerordens und aller seiner Freunde, innerhalb und außerhalb der Kirche, die den glanzvollen Aufstieg zu diesen anspruchsvollen Ämtern ermöglicht haben, die Ihnen-dir bisher anvertraut waren. Wie Sie sehen, brauchen Sie sich keine Sorgen zu machen, denn Sie sind gut aufgehoben mit all den erlesenen Persönlichkeiten. Dennoch steht es Ihnen frei, weiterhin mit unserer Organisation zusammenzuarbeiten oder nicht, die Ihnen im übrigen äußerste Diskretion und ihr Engagement für weitere Aufstiegsmöglichkeiten zusichert.«

In dieser überaus heiklen Phase muß der Prälat eine Entscheidung treffen, was ihn in eine mißliche Lage versetzt. Daher verdient er Mitleid im Haus des Teufels. Das Streben nach weiteren Zielen, die Verwirrung über das Gefangensein im Netz der Freimaurerei, die Furcht vor den unvermeidlichen Enthüllungen im Fall einer Ablehnung, die Leere, die sich andernfalls ausbreiten wird, die brüderliche Ermunterung irgendeines Würdenträgers, so wie er selbst einfach weiterzumachen – das Zusammenwirken all dieser Faktoren bringt den Prälaten letztlich dazu, den Weg weiterzugehen, den andere gegen seinen Willen für ihn eingeschlagen haben.

Je höher die Position ist, die man innehat, desto wahrscheinlicher ist es, daß man der inneren Schwäche erliegt, aus Angst, die Stellung zu verlieren, die man erreicht hat. Ein Abgrund zieht den nächsten nach sich. Man sucht nach einer Rechtfertigung: Es ist ja nicht das Ende der Welt, und Gutes kann man schließlich auch aus dieser merkwürdigen Perspektive heraus tun. Einen Gott gibt es auch für die Freimaurer. Sie nennen ihn den Großen Baumeister des Universums, obwohl sie ihm nicht uneingeschränkt dienen. Das höchste Wesen existiert in der Schöpfung – wer möchte es leugnen? –, es dürfen nur keine ihm zuwiderlaufenden Gesetze aufgestellt werden. Dieses Menschenopfer erinnert an jenes schreckliche Gelöbnis von Jeftah, der über die Ammoniter siegen wollte und nicht davor zurückschreckte, Gott seine einzige Tochter darzubieten.

Nun hat der gute Freimaurernovize, nachdem er in die ihm zugedachte Position eingeschleust wurde, zunächst die Pflicht, glaubwürdig zu erscheinen in seinem Handeln. Er muß sich an die abgegebenen Versprechen halten und gegebenenfalls die besten Prälaten in seiner Umgebung in ein schlechtes Licht rücken, sie als falsch und heuchlerisch darstellen.

Das ist das Reich des Satans: Das Falsche tritt an die Stelle des Wahren, damit das Richtige erlogen erscheint. Die angewandte Technik besteht darin, das Wahre und das Falsche sorgfältig und mit alchimistischem Geschick zu mischen, um zu zeigen, daß das Wahre dem Falschen offensichtlich abträglich ist, jenem Quentchen des Falschen, das niemand in Abrede stellen würde, während gleichzeitig ein Quentchen Haß auf das Wahre geweckt wird, das als solches störend wirkt.

Voltaire vertrat die Auffassung: »Wenn ihr glaubt, Gott habe euch nach seinem Bilde geschaffen, so antwortet ihm auf die gleiche Weise. Schafft euch einen Gott nach eurem Bilde, mit euren Tücken und Fehlern: mächtig, rachsüchtig, herrisch, machtbesessen und ehrgeizig. Je mehr ihr davon überzeugt seid, desto besser paßt er zu euch, und es verblaßt und erlischt in euch das Bild des früheren, des wahren Gottes.« Die Freimaurer machen mit ihren Mitgliedern innerhalb der Kirche all dies auf vollkommene Weise.

So wird der junge Freimaurer, den man geschickt geködert hat, zu einer weiteren Figur auf dem Schachbrett der Geheimloge, neben all den anderen, die dort ihren Platz haben. Sein Aufstieg kann nun ungestört weiter nach oben gehen, und wenn die eingeschlagene Karriere die richtige ist, so geht es gar bis zur Kardinalsweihe und noch weiter.

Nach bruchstückhaft durchgesickerten Informationen, die gewiß nicht unbegründet sind, soll die Kirche auf diese Weise in den letzten beiden Konklaven nahe daran gewesen sein, in partielle Finsternis zu verfallen und die Wahl eines Papstes zuzulassen, der der Mitgliedschaft in ebendieser Bruderschaft verdächtigt wurde. Dem gescheiterten Papst, der als Kardinal aus dem Konklave hervorging, stellte ein zur selben Bande gehörender Jounalist die Frage: »Wie wird es jetzt weitergehen, Hoheit?« Der Kardinal erwiderte: »Gut, sehr gut!« Darauf der Journalist und Bruder: »Und mit Gottes Hilfe?« Der Kardinal: »Ich habe sie Ihm nie abgesprochen!« Und der Journalist: »Eben!«

✳

An dieser Stelle sagte der junge Priester: »Ihre schonungslose Darstellung, Monsignore, die Sie in allen Einzelheiten liefern, erinnert mich an eine Episode, die mir vor etwa einem Jahr widerfahren ist. Ich erzähle sie Ihnen, damit Sie die Zusammenhänge herstellen können:

Eines Morgens, unmittelbar nach der Messe, sagte mir der Küster, ein feiner Herr wolle mich sprechen, er habe gesagt, er sei der Großrabbiner von Jerusalem. Ich ließ fragen, ob er wohl meinen Bruder, den Generalvikar, meinte. Doch er wollte mich sprechen. Also bot ich an, ihm die historischen Stätten zu zeigen, wie ich es oft mit Gläubigen tue, die als Touristen in die Stadt kommen.

Am Ende sagte er über mich genau das, was Sie eben erzählt haben: daß ich eine bessere Stellung verdient hätte, vielleicht in Rom oder an der Spitze einer Diözese ... Auf meine entschiedene Ablehnung fügte er hinzu: ›Denken Sie darüber nach und geben Sie mir heute abend Bescheid. Morgen früh um 7.30 Uhr habe ich ein privates Treffen mit dem Kardinalstaatssekretär bei den Schwestern in der Via delle Mura Aureliane, direkt nach Ihrer Messe. Ich treffe ihn lieber dort als im Büro, dort sind wir ungestört vor Kontrollen und indiskreten Blicken. Ich könnte gern mit ihm über Sie sprechen, wenn Sie mir den Auftrag gäben ... Ich bin sehr gut mit ihm befreundet ...‹

Nach so langer Zeit könnte dieses seltsame Angebot vielleicht heute eine logische Erklärung finden. Später erfuhr ich auch, daß dieser Mann im Auftrag der Freimaurer in Kirchenkreisen verkehrte ...«

»*Denn diese Leute sind Lügenapostel, unehrliche Anbieter; sie tarnen sich freilich als Apostel Christi. Kein Wunder, denn auch der Satan tarnt sich als Engel des Lichts. Es ist also nicht erstaunlich, wenn sich auch seine Handlanger als Diener der Gerechtigkeit tarnen. Ihr Ende wird ihren Taten entsprechen.*« (2 Kor 11, 13–15)

Überheblichkeit und Ausgrenzung, Vetternwirtschaft und Protektionismus gedeihen prächtig und für alle Welt sichtbar im vatikanischen Unterholz, in dieser zeitgenössischen Kirche, die für Geradlinigkeit und Ehrlichkeit nicht mehr empfänglich ist.

Wahre und falsche Prälaten und Freimaurer

Als die Presse die Öffentlichkeit über die mächtige Freimaurerloge »Propaganda 2«, besser bekannt als P2, unter dem Vorsitz des ehrwürdigen Meisters Licio Gelli informierte, wurden auch die Namen hoher Prälaten genannt. Diese sind in der erwähnten Liste der 121 Namen enthalten, die schon einige Jahre zuvor in Umlauf war und in der die betreffenden Personen jeweils mit Datum der Aufnahme in den Freimaurerorden, Matrikelnummer und Namen der Loge alphabetisch aufgeführt sind.* Licio Gelli leitete die Geheimloge P2 gemeinsam mit Michele Sindona, Roberto Calvi und Umberto Ortolani, sie alle waren streng katholische Freimaurer und ihrerseits über das IOR am Zusammenbruch der Mailänder Bank Banco Ambrosiano beteiligt.

Da sie auch zahlreiche angesehene Würdenträger betraf, sorgte die Nachricht innerhalb und außerhalb des Vatikan für großes Aufsehen. Kurz darauf veröffentlichte eine andere Zeitschrift aus den Reihen der Freimaurer eine weitere Liste von geistlichen und weltlichen Freimaurern. Dabei wurden neben den Namen aus der ersten

---

* Die erschreckende Meldung erschien am 12. September 1978 in der von dem Freimaurer Mino Pecorelli herausgegebenen Zeitschrift »Op«.

Liste andere genannt, um die tatsächlichen Mitglieder mit denen zu vermischen, die mit der Freimaurerei nichts zu tun hatten. Beide Seiten, die tatsächlichen Mitglieder ebenso wie diejenigen, die nichts damit zu tun hatten, konnten leicht zeigen, daß sie nicht beteiligt waren und daß der Verdacht ihrer Mitgliedschaft in der Sekte unbegründet war.

Doch in gut informierten Kreisen im Vatikan wußte man, daß dies nur zur Hälfte richtig war. Den Vatikan erreichten seit geraumer Zeit und von unterschiedlicher Seite Mitteilungen über Namen von Geistlichen, die nachweislich zu den Freimaurern gehörten oder eng mit ihnen zusammenarbeiteten. Auf beiden Seiten entschied man sich aus Bequemlichkeit für eine Politik des Schweigens.

Der Leser, der den Wahrheitsgehalt dieser Umstände überprüfen will, möge die in der Liste aufgeführten Namen mit denen im Index der päpstlichen Jahrbücher der neunziger Jahre vergleichen. Bei der Gegenüberstellung wird deutlich, daß der überwiegende Teil dieser Personen eine glänzende Karriere gemacht hat. Weit mehr als zwei Drittel dieser Prälaten findet man heute, gewiß nicht immer ganz verdient, an der Spitze der römischen Kurie, sofern sie nicht inzwischen verstorben sind – als Kardinal, als Mitglied des Episkopates in einer angesehenen Diözese, als Präfekt einer bedeutenden Kongregation, als Oberhaupt eines Clans, der sich in den mächtigen Bollwerken festgesetzt hat. Und sie alle haben ihre Positionen gewiß nicht durch Zufall bekommen.

»Du bleibst im Recht, Herr, wenn ich mit dir streite; dennoch muß ich mit dir rechten. Warum haben die Frevler Erfolg, weshalb können alle Abtrünnigen sorglos sein?« (Jer 12, 1) Wenn der Mensch selbst unbeteiligt ist, so ruft er Gott an, um sich für die Ungerechtigkeit zu entschuldigen, die er innerhalb der Kirche sieht. Wenn er jedoch beteiligt ist, so umhüllt ihn die Ungerechtigkeit, und die Gerechtigkeit klagt ihn an und nimmt ihn ins Verhör.

*

Wenn ein Geistlicher, der hier nicht näher benannt werden soll, mit Hilfe dieser Sippschaft Karriere machen will, dann stellen die Verantwortlichen ihn zunächst auf die Probe. Er muß gelehrte Vorträge vor den Mitgliedern des Lions- oder Rotary-Clubs halten, denn diese sind die kulturellen Kreise, in denen das Samenbeet angelegt wird, aus dem später die neuen Mitglieder für die Loge ausgewählt werden.

Bezüglich dieser Kreise hat die jesuitische Zeitschrift »La Civiltà Cattolica« zweifelsfrei herausgestellt, daß sie aus der Freimaurerei hervorgegangen sind und enge Beziehungen zu der Sekte unterhalten. Es kam zu einer heftigen Debatte über den Wahrheitsgehalt dieser Behauptung, bis schließlich der Großmeister Giordano Gamberini in der Freimaurer-Zeitschrift »Hiram«* vom 1. Februar 1981 offiziell verkündete, daß sich sowohl der Rotary- als auch der Lions-Club aus dem Freimaurerorden entwickelt haben und in ihn eingehen. Er schrieb: »Melvin Jones, der Freimaurer-Meister aus Chicago, war einer der Begründer des Lions-Clubs. Er war Generalsekretär und Schatzmeister bis 1917. Im Fall des Lions-Clubs ist die Herkunft aus der Freimaurerei auch aus dem ersten Wappen ersichtlich, das die Vereinigung sich gab. Ganz ähnlich ist das Verhältnis des Rotary-Clubs zur Freimaurerei.«

So war es möglich, daß im Jahr 1982 mit Pater Federico Weber erstmals ein Jesuit für das angesehene Amt des Gouverneurs des Rotary-Bezirkes Sizilien-Malta auserwählt wurde, ohne daß die Oberen Einspruch dagegen eingelegt hätten. Sogar viele Kardinäle – ermuntert durch den inzwischen verstorbenen Bruder Kardinal Baggio – fühlen sich sehr geehrt, wenn sie von den Würdenträgern des Rotary-Clubs eingeladen werden, die neue Niederlassung einzuweihen oder das Geschäftsjahr feierlich zu beginnen. Sie geben sich die Ehre mit gelehrten Vorträgen und erlesenen Essen – und erhalten eine reichliche Belohnung.

*

* Zweimonatlich erscheinende Zeitschrift der Vereinigung Grande Oriente d'Italia, gegründet 1879, Editore Erasmo.

Eine Vision all dessen findet sich in einem Bericht über die Erscheinung Jesu vor Pater Pius von Pietrelcina, die dieser am 7. April 1913 seinem Beichtvater Pater Agostino da San Marco in Lamis schildert: »Am Freitag morgen, als ich noch im Bett lag, ist mir Jesus erschienen. Er war ganz übel zugerichtet und entstellt. Er zeigte mir eine große Anzahl von Ordens- und Laienpriestern, darunter einige geistliche Würdenträger. Diese zelebrierten die Messe, zogen die Meßgewänder an oder legten sie ab. Der Anblick des gepeinigten Jesus erfüllte mich mit großer Sorge, deshalb wollte ich ihn fragen, warum er so sehr litt. Ich erhielt keine Antwort. Aber sein Blick richtete sich wieder auf die Priester, und kurz darauf wandte er seinen Blick beinahe entsetzt ab, um dann wieder zu mir zu schauen. Da bemerkte ich mit großem Schrecken, daß zwei Tränen über seine Wangen liefen. Einen Ausdruck der Abscheu im Gesicht, entfernte er sich von diesem Haufen von Priestern und schrie: ›Schlächter!‹ Und an mich gewandt sagte er: ›Mein Sohn … die Undankbarkeit und die Schlaftrunkenheit meiner Minister machen mir den Todeskampf noch schwerer … Und zu ihrer Gleichgültigkeit kommen Mißachtung und Ungläubigkeit hinzu.‹ Leider hat Jesus recht, wenn er unsere Undankbarkeit beklagt! Wie viele unserer unglücklichen Brüder antworten auf die Liebe Jesu, indem sie sich in die offenen Arme der ruchlosen Freimaurersekte wefen! Laßt uns für sie beten …«

Jesus offenbarte Pater Pius schon 1913, also vier Jahre vor dem Wunder von Fátima, daß viele geistliche Würdenträger mit den Freimaurern zusammenarbeiteten, was heute kein Geheimnis mehr ist.

Zu denen, die meinen, bei der Führung der Kirche unentbehrlich zu sein, während sie sie in Wahrheit entweihen und schädigen, sagt der Heilige Geist aus dem Munde des Propheten Maleachi: »*Jetzt ergeht über euch dieser Beschluß, ihr Priester: Denn die Lippen des Priesters bewahren die Erkenntnis, und aus seinem Mund erwartet man Belehrung; denn er ist der Bote des Herrn der Heere. Ihr aber, ihr seid abgewichen vom Weg und habt viele zu Fall gebracht durch eure Belehrung. Darum mache ich euch verächtlich und erniedrige euch vor dem ganzen Volk.«* (Mal 2, 1; 7–9)

Jesus hat für sie weit härtere Worte: *»Die Schriftgelehrten und Pharisäer haben sich auf den Stuhl des Moses gesetzt. Weh euch! Ihr laßt das Wichtigste im Gesetz außer acht: Gerechtigkeit, Barmherzigkeit und Treue. Blinde Führer seid ihr: Ihr siebst Mücken aus und verschluckt Kamele. Ihr seid wie die Gräber, die außen weiß angestrichen sind.«* (Mt 23, 2; 23–24; 27) Nimm dich in acht, Herr, vor denen, die es sich in Deiner Kirche als Herren bequem machen und Dich wie im Himmel so auf Erden nach ihrem Willen handeln lassen. Und zugleich verkünden sie allen auf überzeugende Weise: *»Der Tempel des Herrn, der Tempel des Herrn, der Tempel des Herrn ist hier!«* (Jer 7, 4)

Die Fehler, die in diesen Kirchenkreisen begangen werden, ohne daß dadurch die Heiligkeit der Kirche geschmälert würde, sind der Preis für die unermeßliche Gabe, die wir von Christus empfangen, der für jeden von uns sein Blut vergossen hat.

Wir haben uns der Gleichgültigkeit schuldig gemacht, weil wir die Liebe der Willkür der Leugner, Gotteslästerer und Schänder überlassen haben. Wir sind dafür verantwortlich, daß die Liebe erstarrt ist, denn wir haben sie in den Eisschrank kühler Berechnungen der irdischen Macht eingeschlossen.

Während wir uns in Erwartung des Heiligen Jahres 2000 bereithalten, spielen die beiden großen Mächte, die des Lichtes und die der Dunkelheit, in den geheimsten Räumen des Vatikans vor aller Augen und unter den hellen Scheinwerfern der Medien Schach auf dem Spielfeld der Kirche. Und es ist durchaus möglich, daß der Zwischensieg des Satans Christus am Karfreitag auf dem Kreuzweg in Schach setzen wird!

Jesus hat seiner Kirche nicht versprochen, daß er alle ihre Widersacher vernichtet, sondern nur, daß sie von keinem von ihnen vernichtet wird.

XIX
Zwischen Macht, Schattendasein und Zölibat

Die Angehörigen der römischen Kurie fühlen sich in ihren natürlichen und persönlichen Rechten nicht geschützt. Der hier gültige Verhaltenskodex verleitet den Vorgesetzten förmlich dazu, sich in einer oberflächlichen und gedankenlosen Art und Weise Rechte herauszunehmen, die nur als schädigende und verletzende Willkürakte zu bezeichnen sind.

Wer sich überfahren fühlt, darf nicht klagen, steht ihm per se doch nichts zu. Der Überraschungsangriff durch einen ehrgeizigen Protegé, dessen Karriere schon so gut wie vorherbestimmt ist, läßt die auf der Strecke Gebliebenen höchstens resigniert vor sich hin murmeln, ohne daß dies irgend etwas bewirken würde. In dieser Welt gibt es keine solidarisierende Institution, an die sich der Betroffene in einem solchen Falle wenden könnte, ganz zu schweigen davon, daß man sie auch nicht haben möchte. Folglich wird schon allein der Gedanke an eventuell mögliche gewerkschaftsähnliche Aktivitäten im Keime erstickt. Dieses Vakuum oder vielmehr diesen Abgrund vor Augen, geht der Vorgesetzte unerschrocken seinen Weg in der Gewißheit, daß die ihm Untergebenen keinen Widerspruch gegen seine Entscheidungen einlegen werden. Er schaltet und waltet nach eigenem Gutdünken, mit gutem Gewissen, tritt dabei die Rechte seiner Untergebenen mit Füßen, unterdrückt ihre Qualitäten und maßt sich an, sein eigener Richter zu sein. Don Steinbock* läßt grüßen.

In der römischen Kurie nimmt sich der Vorgesetzte gottgleiche Rechte heraus, das bedeutet, daß er selbst sich seine Moral schafft, nach der er seine Handlungen aus-

* Vgl. Kap. 12.

richtet: »*Und ihr werdet sein wie Gott*«, sprach die Schlange zu Adam und Eva. Für den Untergebenen wird jede Handlung zu einem Balanceakt. Er lebt in der ständigen Angst, einen falschen Schritt zu tun und sich wieder ganz unten zu finden. Sein Leben steht im Zeichen des Wartens und des Übergangenwerdens.

✻

Ein Beispiel: Mit der für einen Kardinal typischen Unverschämtheit stellte einmal der Leiter eines Dikasteriums seinen Beamten einen fünfzigjährigen Priester vor. Wie zum Hohn all derer, die bereits seit Jahren zu Recht auf ihre Beförderung warteten, teilte der Kardinal seinen Mitarbeitern mit, diesen Priester von außerhalb gleich zu Beginn im neunten Dienstgrad einzustellen.

Um genau zu sein, gelang es dem Kandidaten sogar, in Rangstufe zehn eingestellt zu werden, sah der Kardinal doch die Möglichkeit, dessen Einkäufe in Milliardenhöhe bei gewissen Mailänder Industriellen zugunsten untätiger junger Seminaristen umzulenken. Um seinen Part zu erfüllen, beantragte der Kardinal bei der zuständigen Behörde die Einstellung dieses unbeschriebenen Blattes als Amtsleiter. Das Ersuchen wurde jedoch aufgrund der mangelnden fachlichen Qualifikation des Bewerbers abgelehnt. So konnte der Pakt nicht eingehalten werden, denn eine geringere Qualifikation bedeutete ja auch gleichzeitig weniger Einkünfte. Der Kardinal wollte jedoch dem neuen Mitarbeiter gegenüber nicht wortbrüchig werden und ersann eine List.

Am Tage darauf rief unser Würdenträger also den dienstältesten seiner Angestellten zu sich, den Dekan des Ministeriums, und innerhalb von zehn Minuten gelang es ihm unter Berufung auf zwingende Notwendigkeiten, ihn von seiner Verantwortung zu entbinden (der er bislang zur allgemeinen Zufriedenheit, auch zur Zufriedenheit des Kardinals selbst, nachgekommen war). In seinem hastigen Streben nach dem Ziel hatte der Kardinal diesen

Plan ersonnen, wonach besagter Verantwortungsbereich dem neu eingestellten Mitarbeiter zufallen sollte, um diesen gleich zu Beginn in den zehnten Dienstgrad zu versetzen.

Wer selbst in dieser Umgebung alles an Anmaßung überbietet, ist der Typus des Unterdrückers, der von seinen Unterdrückten noch Beifall und Zustimmung für seine Taten erwartet. Doch in erwähntem Beispiel wurde die Rechnung ohne den Wirt gemacht: Besagter Monsignore war zu scharfsichtig und selbstsicher, um sich der Entscheidung seines Vorgesetzten stillschweigend zu beugen, und lehnte den Ämtertausch höflich, aber entschieden ab: *»Ein stummes Lasttier redete mit menschlicher Stimme und verhinderte das wahnwitzige Vorhaben des Propheten.«* (2 Pt 2, 16) Der Kardinal, der sich dem unbeugsamen und unnachgiebigen Verhalten seines Untergebenen gegenübersah, mußte sich die Worte des heiligen Bernhards an Papst Eugen III. anhören: *»Du wurdest allen anderen vorangestellt, um Nutzen zu bringen, und nicht, um deine Macht zu mißbrauchen«*, und sah sich gezwungen, einen Rückzieher zu machen und seine niederträchtige Rache auf eine spätere Gelegenheit zu verschieben.

Protektoren, Protegés und Diskriminierte

»Wenn man annimmt, daß die im Evangelium gepredigte Moral von Gott kommt«, schrieb Manzoni, »so muß man auch annehmen, daß die oberste Pflicht der Kirche darin besteht, ausschließlich nach dieser Moral zu handeln.«

Alle, die durch ihr Amt Autorität ausüben, besitzen schwerlich in gleichem Maße ein von moralischer Unparteilichkeit geprägtes Verantwortungsbewußtsein – eine an sich doch unabdingbare Eigenschaft, um seinen Mitmenschen Vertrauen und Respekt einzuflößen und im Einvernehmen mit anderen wirken zu können. Unter der Oberfläche verborgen, gedeihen in diesem Umfeld Willkürherrschaft, Pflichtverletzungen und die Anbetung mehr oder minder bewußter Mythen (die um so peinlicher sind, je weniger sie bewußt sind). Es handelt sich hierbei um eine von diktatorischer und unkontrollierbarer Macht geprägte Monopolherrschaft, die mit der Würde und der Freiheit des Menschen unvereinbar ist.

Der vom Mittelalter bis zur Renaissance von den Päpsten praktizierte Nepotismus versetzt heute keinen Gelehrten mehr in Erstaunen. Das ist Schnee von gestern. Heute nennt man das Interessengruppen, Strömungen, Favoriten jeder Art. Der kleine, feine Unterschied liegt allein in der Etymologie der Begriffe. Mittel und Zweck bleiben dieselben.

Die heutzutage weit verbreitete Protektion von Günstlingen ist lediglich ein Wiederaufleben in neuem Gewand der ach so verrufenen Vetternwirtschaft früherer Päpste. Doch der moderne Nepotismus ist bei weitem unentschuldbarer. Die Päpste früherer Zeiten waren gezwungen, jedem in ihrer unmittelbaren Umgebung mit Mißtrauen zu begegnen, lebten sie doch in der ständigen Furcht vor ihren Feinden, die Meister waren im Umgang mit Arkebuse und Gift. Um ein Funktionieren der Institution Kirche zu gewährleisten, brachten sie, was die gewissenhafte Ausführung ihrer Anordnungen betraf, ihren nahen Verwandten – eben jenen Vettern – größeres Vertrauen entgegen als Nicht-Familienmitgliedern. Die heute praktizierte Form der Vetternwirtschaft – die Beziehung zwischen Protektoren und Protegés – ist unangreifbar und unantastbar, gibt es doch kein Gesetz, das in der Lage wäre, dieses weitverbreitete Phänomen einzudämmen. Wie schon erwähnt, ist es keine strafbare Handlung.

*

Während die bürgerliche Gesellschaft heftig dafür gekämpft hat, die Menschenrechte gegenüber jeder Form von Diskriminierung durchzusetzen, so handeln die Männer der Kirche untereinander und unter dem Deckmäntelchen der Barmherzigkeit instinktiv nach einem Verhaltenskodex, der diese Menschenrechte mit Füßen tritt.

Das Verhalten geht sogar so weit, daß der Vorgesetzte, der die Rangfolge bei Beförderungen übergeht, sich dem Untergebenen gegenüber, dessen Rechte er verletzt, als Wohltäter aufspielt, indem er ihm zu verstehen gibt, daß es nur einem Gnadenakt seinerseits zu verdanken sei, daß er nicht für eine Beförderung vorgeschlagen wurde, wolle er ihm doch die Demütigung ersparen, von oben abgelehnt zu werden. Folglich schulde der Untergebene ihm, dem Vorgesetzten, sogar Dankbarkeit und Anerkennung. Gleichzeitig läßt er durchblicken, daß ja schließlich noch nicht aller Tage Abend sei. Hinterhältig und zynisch. Und dabei handelt es sich hier nicht um Phantasievorstellungen, sondern um Zustände, die auch weiterhin bestehen werden, wenn man nicht endlich Abhilfe schafft.

In der Kurie gibt es kein gleichberechtigtes Miteinander verschiedener Parteien, das heißt Personen. Es bleibt vielmehr völlig dem Willen des Vorgesetzten überlassen, wie dieses Zusammenwirken auszusehen hat. Das Leben im Vatikan ist nicht so sehr mit einem Hürdenlauf zu vergleichen, bei dem der Beste gewinnt, als vielmehr mit einem tagtäglichen Kampf, den jeder für sich allein gewinnt oder verliert, ein Kampf ohne Regeln, ein Wettbewerb, der nie ausgeschrieben wurde. Was in der Kurie wirklich fehlt, ist der echte Verdienstadel – ein essentieller Mangel, der wohl auch weiterhin bestehen wird. In einer zwischen Ernst und Tragik schwankenden Gesellschaft werden die Rechte und Pflichten jedes einzelnen völlig willkürlich – je nach Bedarf – beschworen oder völlig unter den Teppich gekehrt. Und dies nicht nur durch den Vorgesetzten selbst, sondern auch durch einflußreiche Helfershelfer, die über gut und schlecht Wetter entscheiden, ohne je dafür von einer Kontrollstelle zur Rechenschaft gezogen zu werden. Der Stärkere regiert über den Schwächeren und hat dabei das ganze Machtgefüge hinter sich.

Der ideale Untergebene in diesem System ist hart im

Nehmen, unsensibel und passiv, er muß dem, was ihm widerfährt, mit Gleichgültigkeit begegnen und ohne Rückgrat sein. Ein guter Mitarbeiter zeichnet sich dadurch aus, daß er sich problemlos von seinen Oberen programmieren und umprogrammieren läßt, bis er am Schluß nur noch ein winziges Rädchen im großen Getriebe ist, nur noch dazu da, verschlissen zu werden. Und all dies aufgrund der in diesen Gefilden vorherrschenden mittelalterlichen Ansicht, daß dem Untergebenen nichts zusteht und alles, was ihm gewährt wird, einem Geschenk gleichkommt.

So kommt es, daß in dieser Umgebung Menschen, die reich an Geist und Fähigkeiten sind und denen große Achtung gebührt, gezwungen sind, ein Schattendasein zu führen, das ihre Kräfte mehr und mehr aufzehrt. Die Untergegangenen vermögen nicht, sich gegenseitig zu helfen, obgleich sie es gerne tun würden. Sie sind wie die Speichen eines Rades, die isoliert für sich stehen, ohne daß es ihnen je gelänge zusammenzukommen. Sie stehen nebeneinander wie Kruzifixe und schaffen es nicht, sich solidarisch die Hand zu reichen.

In jedem Fall aber leben sie, ihrer Persönlichkeit beraubt, in sklavischer Unterwerfung; wie eine Herde Schafe fristen sie ihr Dasein in dümmlicher, ihnen nicht einmal bewußter Fügsamkeit und warten nur auf einen Wink des eitlen Despoten, der gerade das Sagen hat. Don Primo Mazzolari maßregelte die Prälaten seinerzeit mit folgenden Worten: »Manchen mag es scheinen, daß der Glaube ihnen gegeben ist, um sie vom Werk der Barmherzigkeit zu befreien. Und in dem Wunsch, eine Brücke zu schlagen zwischen uns und der Welt da draußen, ist unsere Freundlichkeit auf der Strecke geblieben; so haben wir für unsere Brüder hier drinnen nur noch bittere Worte und einen arroganten Tonfall und fällen ein hartes Urteil über sie.«

Das größte Paradoxon ist jedoch die Geisteshaltung des hörig gemachten Untergebenen, der tatsächlich felsenfest davon überzeugt ist, daß ihm von Rechts wegen nichts zusteht und er sich mit allen Entscheidungen seines Vorgesetzten abfinden muß – mögen sie ihm noch so abwegig erscheinen. Die Allmacht des Oberen läßt jede Überlegung, die ein Mitarbeiter normalerweise anstellen würde, nichtig erscheinen, und so wird jede Eigeninitiative des Untergebenen im Keime erstickt. Werte und Eigenschaften wie umsichtiges Handeln, Gerechtigkeit, Weisheit, Diskretion, Urteilsvermögen, Freundlichkeit, Hilfsbereitschaft, Einfühlungsvermögen, Wertschätzung anderen gegenüber, die Beurteilung einer Situation, die Fähigkeit zuzuhören und auch die geistigen Fähigkeiten des Mitarbeiters bleiben auf der Strecke.

Da in der Welt des Vatikans Demokratie ein Fremdwort ist und hier auch keinerlei Austausch zwischen den Parteien stattfindet, werden die Angehörigen der Kurie zu einem Heer von abhängigen Uniformierten, deren Gewissen und Bewußtsein gleichgeschaltet sind mit dem Gewissen und Bewußtsein ihrer Vorgesetzten. »Ja, das Bewußtsein ist ein Spiegel«, schrieb Ugo Ojetti. »Wenn es doch nur stillhielte. Doch je tiefer man hineinblickt, desto mehr erzittert es.«

Nur selten kommt es vor, daß ein Würdenträger, der seine Macht mißbraucht hat, seines Amtes enthoben wird, vor allem, wenn es sich um einen Kardinal handelt, will man doch vermeiden, ihn zur Zielscheibe des Gespötts zu machen. Und der Würdenträger, der einmal jene Höhen erklommen hat, trägt ständig einen Dolch im Gewande mit sich (und weiß diesen durchaus zu gebrauchen, sei es um seine Günstlinge zu schützen, sei es um seine Gegner auszuschalten). Es ist ein Teufelskreis.

Sicher gibt es auch im Vatikan so etwas wie ein moralisches Gewissen, doch gibt es niemanden hier, der es auf seine Fahnen schreiben würde. Es gibt keine – und man wünscht auch keine – kollateralen und autonomen Institutionen. Alles ist einer strengen Hierarchie unterworfen. Niemand stellt Nachforschungen an von unten nach oben. Ausspioniert werden hier nur die unteren Ränge; von oben wird gesteuert, wie und wann »die Bombe platzen soll«. Die Spionageabwehr von unten dringt dagegen niemals bis an die Spitze vor.

Das Evangelium der römischen Kurie stimmt nicht mit dem Gottes überein: die Rollen der Ersten und der Letzten sind hier vertauscht. Die Ersten in dieser Welt sind die Prälaten, die von ihren Gönnern beschützt und gefördert werden, die Karrieristen, die auf ihrem Weg nach oben alles und jeden rücksichtslos niedertrampeln. Sie denunzieren, korrumpieren und machen mit dem Teufel gemeinsame Sache – und schaden auf diese Weise der Kirche Gottes. Sie gehören zu jenen zwanzig Prozent der in der Kurie tätigen Mitarbeitern, jenen schlauen Füchsen, durchtriebenen, unbarmherzigen und skrupellosen Falschspielern und Speichelleckern, die auf ihrem Weg nach oben große Umsicht und Urteilskraft beweisen und sehr geduldig auf ihren Moment warten können, um Karriere zu machen und genau jene Posten zu ergattern, auf die sie erpicht sind.

Natürlich verändern sich mit zunehmendem Aufstieg auf der Karriereleiter auch die Methoden, die angewandt werden, um unliebsamen Widersachern Stolpersteine in den Weg zu legen.

»Laßt uns dem Gerechten auflauern! Er ist uns unbequem und steht unserem Tun im Weg. Er wirft uns Vergehen gegen das Gesetz vor und beschuldigt uns des Verrats an unserer Erziehung. Wir wollen sehen, ob seine Worte wahr sind, und prüfen, wie es mit ihm ausgeht. Ist der Gerechte wirklich Gottes Sohn, dann nimmt sich Gott seiner an und entreißt ihn der Hand seiner Gegner. Roh und grausam wollen wir mit ihm verfahren, um seine Sanftmut kennenzulernen, seine Geduld zu erproben.« (Weish 2, 12; 17–19)

Die Letzten in der Hierarchie der Kurie sind die Zurückgestuften, die all ihrer Rechte Beraubten, jene, die es um jeden Preis auszuschalten gilt, die in Verdacht Geratenen, diejenigen, die sich nie mit dem schleppenden

Gang des Amtsalltags zufriedengeben wollten, schließlich die Mitarbeiter, die verleumdet wurden, um sie unten zu halten, die jeder Hoffnung und jeder Möglichkeit beraubt wurden. Nichts bleibt ihnen mehr als das Schweigen und die demütigende Gleichgültigkeit ihrer Umwelt. Und sollten sie doch einmal versuchen aufzubegehren, indem sie zum Beispiel auf einer Beförderung bestehen, so laufen sie Gefahr, das gleiche Schicksal zu erfahren wie Don Bosco, der, entmündigt, in eine psychiatrische Anstalt eingewiesen wurde, um geheilt zu werden von sogenannter schizophrener Entfremdung, ausgelöst durch Forderungen, die er nicht hätte stellen dürfen.

Die Methode erinnert an das Ergebnis der von den französischen Behörden durchgeführten psychiatrischen Untersuchung der Bernadette Soubirous, der Heiligen von Lourdes: »Sie ist geistig vollkommen gesund; ihr Zustand kann als völlig normal bezeichnet werden; da sie aber weiterhin auf ihren Behauptungen beharrt, hat sie vielleicht doch Halluzinationen.«

Zur Zwangspensionierung verurteilt

Kaum daß sich die vom vatikanischen System verbrauchten Mitarbeiter dem Rentenalter nähern, beginnt ihr Stern sowohl innerhalb als auch außerhalb ihrer Dienststelle bereits zu sinken. Nach dem Ausscheiden aus dem aktiven Dienst leben sie schließlich in totaler Isolation, als seien sie schon gestorben, und sind nur noch Schatten, wie in der Danteschen Vorhölle.

Diesen Taubstummen, denen keinerlei Gehör geschenkt wird, wird lediglich ein Gestikulieren und das Ausstoßen unartikulierter Laute zugestanden. Diese Gewohnheit ist so tief verwurzelt, daß noch nicht einmal die Pensionäre selbst glauben, sie hätten das Recht, für ihre Belange einzutreten. Sie sind überzeugt davon, daß alles, was ihnen gewährt wird, nur der Gnade von oben zu verdanken ist. Also eine Kategorie ohne Stimme und Stimmrecht, so als wären sie Behinderte, die ständiger Begleitung bedürfen – eine Gruppe alter Männer, für die Dritte nach eigenem Gutdünken entscheiden müssen, denen noch nicht einmal die Möglichkeit des Widerspruchs eingeräumt wird.

Und sollte es doch einmal einen aufmüpfigen Zeitgenossen unter ihnen geben, der eine für ihn getroffene Entscheidung in Frage stellt, wird ihm bekundet, daß die Superiore Commissione Cardinalizia – eine nicht sehr greifbare (ja vielleicht nur in der Vorstellung existierende) Institution innerhalb der Kurie – seinen Einspruch abgelehnt habe. Denn im Vatikan ist es üblich, daß jeder Hinz und Kunz sich mit allen nur erdenklichen imaginären Machtbefugnissen schmückt. In cherubinischer Manier beruft er sich auf nicht greifbare, nicht erreichbare, nicht ansprechbare, unpersönliche, vielleicht niemals auffindbare Dienststellen, deren Entscheidungen unanfechtbar sind und die im Zweifelsfall sowieso nicht auf dem laufenden sind. Und in der Zwischenzeit werden die Vorschriften weiter munter umgangen und weiter werden Leistungen vorenthalten.

Da dem Pensionär jegliches Recht auf Selbstbestimmung abgesprochen wird, merkt er noch am selben Tag, an dem er in das graue Heer der Untätigen des Vatikans eintritt, daß er nun nicht mehr, wie noch am Tag zuvor, das Recht hat, mit seinen Kollegen zusammen die Versorgungsstelle aufzusuchen, sondern daß ab heute eine andere Stelle für ihn zuständig ist. Am Tag darauf dann wird ihm klar, daß er auch die Tankstelle, an der er bisher immer getankt hat, nicht mehr benutzen darf, da andere inzwischen seine Chipkarte entwertet haben. Dies alles wurde ihm vorher aber nicht etwa mitgeteilt, sondern ist alles über seinen Kopf hinweg entschieden worden. Würdenträger, die noch am Vortag eine ganze Dienststelle oder Abteilung geleitet haben, vielleicht sogar für mehrere Kontinente zuständig waren, werden von einem Tag auf den andern wie geistig Minderbemittelte behandelt.

Selbst den höchsten Dienstgraden, Kardinälen, Bischöfen und hohen Würdenträgern, ergeht es nach der Pensionierung nicht viel anders als ihren Kollegen in den unteren Rängen. So trifft auf viele dieser in die Jahre gekommenen großen Persönlichkeiten der Satz zu: *Solitudo eminentium amarissima*, gar bitter ist die Einsamkeit der Großen. Der bevorzugte Wallfahrtsort dieser Pensionäre befindet sich einige hundert Meter hinter dem Vatikan und wird gemeinhin als *Madonna del Riposo forzato*, Madonna der Zwangspensionierung bezeichnet.

Vielleicht weiß manch einer, daß Sophokles die hundert bereits überschritten hatte, als er seinen »Ödipus« schuf; Theophrastos schrieb seine »Charaktēres« im Alter von neunundneunzig Jahren, und unser Michelangelo Buonarroti hatte das achtbare Alter von neunundachtzig Jahren, als er noch einmal von Paul III. beauftragt wurde, die Fresken des »Jüngsten Gerichts« in der Sixtinischen Kapelle zu malen.

Das Leben im Vatikan ist zwar nicht geprägt von Mord und Totschlag; diese Welt ist durchaus durchdrungen von Geistigkeit und Gebet. Dennoch werden hier täglich viele läßliche Sünden am Nächsten begangen. Hier herrschen Ambivalenz, ein sparsamer Umgang mit der Wahrheit, mentale Beschränkungen und eine beschränkte Mentalität, niederträchtige Ambitionen, Verleumdung, Zynismus, ein Mangel an Güte und Nächstenliebe, Freunde verraten ihre Freund – all dies verpestet die Luft im Vatikan mit satanischem Qualm.

✳

Die kanonische Norm nach dem II. Vatikanischen Konzil sieht vor, daß jeder an der Spitze einer Diözese stehende Bischof – auch ein Kardinal – mit Erreichung seines 75. Lebensjahres sein Abschiedsgesuch beim Papst einreichen muß.

Es ist jedoch eine Tatsache, daß fast alle Bischöfe, die diese Grenze erreicht haben, dieser Bestimmung nicht frohen Herzens Folge leisten. Auch wenn sie in ihrem Abschiedsgesuch an den Heiligen Vater ihre völlige Unterwerfung beteuern, so weisen sie doch darauf hin, daß sie jetzt eigentlich zu noch größerer Leistung fähig seien als früher und bereit wären, beim kleinsten Wink des Heiligen Vaters ihre Amtszeit zu verlängern.

Eine durchaus existente Problematik, die jeden Geistlichen betrifft. Ist doch die Erreichung des 75. Lebensjahres nicht immer mit Altersschwachsinn und Verfall verbunden. Es gibt viele Fünfundsiebzigjährige, die sich gerade dank ihres Alters als die besten Lehrmeister der Wissenschaften und des Lebens auszeichnen, während andere bereits lange vor dem Erreichen dieses Alters die Zeichen geistigen Verfalls erkennen lassen.

Man stelle sich vor, daß ein Kardinal heute an der Spitze eines Dikasteriums steht, der sich in einer solchen Verfassung befindet! Es hat extreme Fälle von Alzheimerscher Krankheit gegeben bei Leuten, die gleichwohl noch im Amt waren: ein Kardinalpräfekt zum Beispiel, der nicht einmal mehr ansprechbar war, geschweige denn in der Lage, seinen Willen kundzutun, und dessen wichtigste Schriftstücke aus jener Zeit seine eindeutig gestempelte Unterschrift tragen ...

*

Vor dem II. Vatikanischen Konzil blieb ein Bischof seiner Diözese bis zu seinem Ableben angetraut, die Verbindung konnte nicht eher gelöst werden. Welch ein Unglück für die arme »Braut« (also Priester und Gläubige), die dem Bischof bis an sein Lebensende verpflichtet war.

Es gab einmal einen sardischen Bischof, der bei einer Bischofskonferenz seinen Unmut äußerte über seine über achtzigjährigen Glaubensbrüder, die sich mit ihren zahlreichen Gebrechen durch die Tagung schleppten. Er nahm kein Blatt vor den Mund, als er sie aufforderte, endlich ihren Hut zu nehmen. Doch stieß er nur auf taube Ohren. Die Jahre vergingen, er wurde nicht jünger, und so kam auch für ihn der Tag, an dem er schlurfenden Schrittes daherkam, von seinem Gedächtnis ganz zu schweigen. Nun erinnerte man auch ihn daran, doch langsam an seinen Abschied zu denken: »Exzellenz, erinnert Ihr Euch noch an Eure Worte den anderen Bischöfen gegenüber?«

»Aber sicher erinnere ich mich daran! Und ich bin immer noch derselben Ansicht!«

»Denkt Ihr nicht, Exzellenz, daß es langsam auch für Euch Zeit wird abzutreten?«

»Was habe ich denn damit zu tun?! Meine Leistung und Schaffenskraft sind unverändert groß … Wenn ich eines Tages merke, daß ich meinen Aufgaben nicht mehr gewachsen bin, werde ich selbstverständlich meinen Abschied einreichen. Aber doch noch nicht jetzt!«

*

Vor einigen Jahren erregte ein Vorfall Aufmerksamkeit. Einige pensionierte Bischöfe wollten eine Zusammenkunft auf nationaler Ebene organisieren, um auf die Situation dieser umherirrenden Hirten ohne Herde aufmerksam zu machen. Sie wollten demonstrieren, wie wenig Verständnis der Vatikan für ihre Belange aufbringt und auch, daß sie in allem völlig sich selbst überlassen bleiben. Monsignore Mario Ismaele Castellano, Erzbischof von Siena im Ruhestand, zu jener Zeit 81 Jahre alt, äußerte sich über die eventuell seltsam anmutende Idee dieser Zusammenkunft: »Der Gedanke stammt von einem meiner rührigsten Glaubensbrüder. Eines Tages rief er mich an und meinte: ›Warum treffen wir uns nicht einfach alle in Rom und machen der römischen Kurie unsere Probleme bewußt?‹«*

Der allgemeine Unmut schwelte, und Johannes Paul II. wurde von der Angelegenheit in Kenntnis gesetzt. So wurde vor dem Treffen der pensionierten Bischöfe in aller Eile noch eine andere Zusammenkunft organisiert, näm-

---

* Diese Problematik ist sowohl in seelsorgerischer als auch in theologischer und teilweise wirtschaftlicher Hinsicht real. Ein pensionierter Bischof hat z. B. bei den Bischofskonferenzen kein Stimmrecht mehr. Beim Erreichen dieses schicksalhaften Lebensjahres tut also jeder, was er kann, und arrangiert sich so gut es geht.

lich die Vollversammlung des Kardinalkollegiums, beauftragt mit der Untersuchung der Situation der Bischöfe, die nach ihrem Eintritt in den Ruhestand ein stimmloses Dasein fristen.

Am kämpferischsten war, wie gewöhnlich, Kardinal Silvio Oddi: »Die Vorschrift, die einen Bischof im Alter von fünfundsiebzig Jahren in den Ruhestand schickt, ist eine offenkundige Verletzung der Menschenrechte. In der Tradition der Kirche entbehrt diese Regel jeder Grundlage und könnte theoretisch auch auf den Bischof von Rom, also den Papst, angewandt werden. Doch der Bischof ist ein Priester und kein Angestellter. Und Priester gehen nun einmal nicht in den Ruhestand, sondern kümmern sich um ihre Familie bis zum Ende. Dasselbe gilt doch auch für achtzigjährige Kardinäle, die aus dem Konklave ausgeschlossen werden. Ich bin der Überzeugung, daß heute die Mehrheit der Kardinäle dafür wäre, diese Vorschrift abzuschaffen.« Monsignore Alessandro Maria Gottardi, der früher in Trient sein Amt versah, räumte ein, daß die Regel seinerzeit durchaus in gutem Glauben verfaßt wurde, jedoch: »Das Problem an sich ist psychologischer Natur: von heute auf morgen nicht mehr gebraucht zu werden, nachdem man jahrelang in der Diözese seelsorgerisch tätig war.«

Die Lebenserwartung heute ist allgemein höher, und auch die Zahl der Bischöfe im Ruhestand nimmt immer mehr zu. In Italien gibt es 226 Diözesen; im Jahr 2000 rechnet man mit rund 200 pensionierten Bischöfen. Wie kann man hier also Abhilfe schaffen? Die Lösung, die schließlich gefunden wurde, ist nicht mehr als eine Art Trostpflaster: Pensionierte Bischöfe sollen in beratender Funktion bei den Diözesen und den jeweiligen Konferenzen eingesetzt werden.

Doch kaum war das Gesetz verabschiedet, hatte man bereits eine Möglichkeit gefunden, es zu umgehen. Prälaten sind auf diesem Gebiet sehr erfinderisch. Wer sich zum Beispiel an der Spitze einer Diözese befindet, beraumt eine Diözesansynode ein, und zwar exakt am Vorabend seines 75. Geburtstags, um auf diese Weise seine seelsorgerische Tätigkeit noch etwas hinauszuziehen zu können. Ein Kardinal in derselben Situation gewinnt Zeit, indem er verkündet, gerade mit den Vorbereitungen einer Kardinal-Vollversammlung beschäftigt zu sein, bei der er beabsichtigt, äußerst wichtige juristische und theologische Fragen aus seinem Zuständigkeitsbereich zur Sprache zu bringen. Dem kranken Papst Wojtyła bleibt in seinem derzeitigen Zustand nur noch, zu schweigen und sie gewähren zu lassen, wohl wissend, daß es ein Fehler ist. Doch was tut man nicht alles, um perfekt zu erscheinen.

Eine delikate Angelegenheit

Die im kanonischen Recht enthaltene Bestimmung über das kirchliche Zölibat betrifft vor allem Priester des diözesanen Klerus, die zur Römisch-Katholischen Kirche gehören.

Die Orientalischen Kirchen, sowohl die Unierte Orientalische Kirche als auch die Orthodoxe Ostkirche, haben ihren Dienern Gottes schon seit apostolischen Zeiten die Entscheidung überlassen, ob sie ihr seelsorgerisches Amt lieber als verheiratete oder als ledige Männer ausüben wollen. In der dortigen Kirchentradition bringen sowohl die Gläubigen als auch die Hierarchie selbst einem verheirateten Priester ebensoviel Respekt und Ehrerbietung entgegen wie einem unverheirateten, wird er mehr nach seiner Leistung beurteilt als nach seinem Familienstand.

Im Westen muß das Zölibat im historisch-politischen Umfeld des ersten Jahrtausends betrachtet werden, das heißt im Zusammenhang mit dem Gedanken des Wiedererwachens des Heiligen Römischen Reiches von Karl dem Großen und seinen Nachfolgern – eines Imperiums, das eigentlich hätte eins bleiben sollen wie die Kirche auch. Die Erfahrung hatte Karl den Großen (742–814) gelehrt, daß die von bischöflichen Monarchen regierten Fürstentümer nach deren Ableben wieder unter die Herrschaft des Kaisers fielen, der dann ihre Nachfolger zu bestimmen hatte. Ganz anders verhielt es sich mit den Fürsten mit Nachkommenschaft, die ihr Herrschaftsgebiet in so viele Grafschaften und Herzogtümer aufteilten, wie sie Erben hatten. Also lag es nahe, die herzögliche Diözese lieber als Ganzes einem Bischof anzuvertrauen. Um jedoch Bischöfe ohne Nachkommen zu haben, mußte ein Priesteramt mit ledigen Priestern geschaffen werden, aus dem die Bischöfe hervorgehen konnten. In diesem politischen Kontext erließen die langobardischen und merowingischen Rechtsgelehrten Gesetze wie die *decretalia*, *capitularia*, *edicta*, *decreta*, *rescripta*, *ribuaria* etc., die Vorschriften über das priesterliche Leben und den zölibatären Status nicht nur der Geistlichen, sondern auch des diözesanen Klerus' enthielten. Auf den zu jener Zeit auf regionaler oder nationaler Ebene abgehaltenen Konzilen und Synoden äußerte man sich zustimmend zu den vom weltlichen Arm erlassenen Vorschriften, und so wurden diese nach und nach im Kirchenrecht verankert.

Auf dem II. Vatikanischen Konzil wurde über vieles gesprochen, nur nicht über die Rechte der katholischen Priester. Dies führte zu einer schweren Glaubens- und Identitätskrise bei den Priestern und gipfelte darin, daß sie in Scharen aus dem Priesterstand austraten. Man spricht von 15 000 bis 20 000 ausgetretenen Geistlichen, die danach geheiratet haben. Paul VI. war bestürzt über diese Entwicklung und beauftragte seinen Kardinalstaatssekretär Jean Villot, diesem Phänomen auf den Grund zu gehen und Abhilfe zu schaffen.

Die kämpferischsten unter den aus dem Stand ausgetretenen Geistlichen taten sich zusammen und kündigten eine in Rom abzuhaltende Zusammenkunft an. Doch die römischen Behörden erteilten ihre Genehmigung nur für ein Treffen außerhalb der Stadt. Schließlich traf sich eine beträchtliche Anzahl Geistlicher in einiger Entfernung der Stadt. Auch ein paar Spione waren zugegen, wie ein Franziskaner in Zivil, der bei der Kongregation für den Klerus arbeitete und die anstößigsten Punkte der Tagesordnung referierte. In seinem Bericht war u. a. folgendes zu lesen:

»Die ersten christlichen Gemeinschaften wählten ihre Priester unter den verheirateten Männern aus. Auch die Apostel wurden von Jesus auserwählt, obgleich sie Frau und Kind hatten (...) Für den heiligen Paulus durfte ein Bischof einmal verheiratet sein (...) Die wahre Lehre Christi ist die Liebe zu Gott und zu seinem Nächsten, die Entsagung von allem weltlichen Gut sowie Demut – alles Werte, die in krassem Gegensatz zum Werk der vatikanischen Hierarchie stehen, die die Priester damit drangsaliert, daß sie ihnen das Zölibat auferlegt und diese Schikane auch noch als gottgewollt hinstellt (...) Die Prälaten im Vatikan, die sowieso schon im Geld schwimmen, streben nach immer noch höheren, ehrenvolleren und einträglicheren Ämtern: ›*Ihr verlaßt Gottes Gebot und haltet der Menschen Satzungen*‹ (...) Der Statthalter Gottes bewohnt den prächtigsten Palast der Welt, während nicht weit von ihm Tausende von Familien in elenden Behausungen leben (...) Ihnen ist nicht mit Mitleid und vereinzelten Weihnachtsgeschenken geholfen (...) Einige Beispiele hierzu:

· Kardinal Tedeschini, dem man folgenden Satz zuspricht: ›Wir leiden zwar alle an der Geld-Seuche, aber dafür sind wir ledig‹, vermachte seiner Verwandtschaft seinerzeit an die zwei Milliarden Lire.

· Kardinal Canali – keusch wie manch anderer Prälat und darum auch prädestiniert, sich für die Besserung unzüchtiger Priester zu engagieren – hinterließ seinen Nachkommen sechs Milliarden Lire.

· Kardinal Dell'Acqua alias Vanda Osiris verlangte für Verschönerungs- und Renovierungsarbeiten in seinem Schlafzimmer fünf Millionen Lire aus dem Klingelbeutel.

· Ganz zu schweigen von den Orden und Kongregationen, die nur so in schmutzigem Geld schwimmen (...)

Auf der Bischofssynode, die sich mit dem heiligen Priesterzölibat befaßte, zögerte der Papst nicht, diese Berufung als einen Ausdruck des allgemeinen Willens zu bezeichnen (...) Nur daß kein Priester anwesend war. Bisher wurde jedenfalls noch nie eine ernsthafte und ehrliche Umfrage unter den Priestern durchgeführt, die die allgemeine Haltung gegenüber dem Zölibat hätte ergründen können. Der Vatikan betreibt in dieser Hinsicht eine Vogel-Strauß-Politik und will die mit bloßem Auge erkennbaren Mißstände einfach nicht wahrhaben (...) Am 2. Dezember 1971 schrieb Laurentin im ›Figaro‹: ›Die Schwäche der gegenwärtig abgehaltenen Synode besteht vor allem darin, bestimmte Strukturen und Prinzipien festgelegt zu haben ohne Rücksicht auf die wirkliche Situation. Es wurde lediglich die Institution der Ehelosigkeit verteidigt, ohne daß man sich dabei auch nur im entferntesten Gedanken über die sexuelle Enthaltsamkeit gemacht hätte. Was jedoch vor Gott und den Menschen zählt, ist das Leben, so wie es wirklich ist.‹ (...) Um die Mißstände in diesem Zusammenhang zu erkennen, genügt schon ein Blick in die Unterlagen des Heiligen Offiziums und der Apostolischen Poenitentiarie (wozu der Verfasser der vorliegenden Schrift Gelegenheit hatte). Was da an Schandtaten zutage tritt (...) Viele Monsignori der römischen Kurie leben nach außen hin das Leben armer Beamter ganz im Dienste der Kirche. Unter den Augen des Papstes führen sie ein Doppelleben und treten doch weiterhin als Stütze der Kirche auf (...) [es werden einige Beispiele und Namen angeführt, die jedoch hier nicht genannt werden sollen, Anm. d. ital. Red.] (...) Der Vorschlag, unter den Priestern eine Art Referendum abzuhalten, wurde verworfen; der Vatikan verschließt auch weiterhin die Augen vor dieser Problematik und läßt verlauten, daß der lateinische Klerus auch in Zukunft an das heilige – frei gewählte – Zölibat gebunden sein wird. Dies kann nur als Heuchelei, Unehrlichkeit und Verrat bezeichnet werden (...) Auch die Seelen verheirateter Priester müssen doch Erlösung finden, und mit ihnen wollen auch die Seelen der Ehefrauen befreit werden. Und was ist erst mit den natürlichen und göttlichen Rechten der unschuldigen – geborenen und noch ungeborenen – Kinder, die aus diesen Verbindungen hervorgehen? (...) Die Konditionierung der Kirchenspitzen führt zu immer grotskeren Situationen, zu immer mehr Sünde und Frevel, zu immer mehr Skandalen (...) Den Priestern der Römisch-Katholischen Kirche ist es nicht gestattet, die Ehe einzugehen. Sie geben sich mit dem kirchlichen Zölibat zufrieden (...) Nur daß sich so mancher Jurist fragt, was denn das Adjektiv ›kirchlich‹ vor dem Substantiv ›Zölibat‹ eigentlich ausdrücken soll: ein Mehr, ein Weniger oder etwa ein Andersartiges? Und rein rechtlich gesehen? Geht es hier um eine erlaubte oder unerlaubte Handlung – oder gar um einen Hintergedanken?«

Einer der eifrigsten Streiter auf dieser Hauptversammlung war ein Priester, der – durch päpstliche Dispens vom Zölibat befreit – mit der Schwester dreier tonangebender, im Staatssekretariat fest etablierter Monsignori verheiratet war. Nun war er als einfacher Priester äußerst stolz darauf, mit drei Monsignori im Vatikan verschwägert zu sein. Ab und an sickerte das eine oder andere dunkle Staatsgeheimnis zu ihm durch, und er hatte natürlich nichts Besseres zu tun, als damit hausieren zu gehen. Ganz im Vertrauen raunte er dem einen oder anderen das Neueste vom Tage zu. Dank der schnellen Reaktion der vatikanischen Einsatzzentrale auf einen unerwarteten Zusammenbruch des Apostolischen Delegierten in Jerusalem* – ich vergaß

---

* Ein Apostolischer Delegierter ist ein Vertreter des Vatikans auf Abordnung; es handelt sich dabei nicht um einen Gesandten. Wenn das Land, in dem der Delegierte sich auf Abordnung befindet, keine diplomatischen Beziehungen zum Heiligen Stuhl unterhält, so ist der Delegierte bei den Bischöfen und der Kirche vor Ort akkreditiert. In der Praxis jedoch kommt ihm die gleiche diplomatische Bedeutung zu wie einem Botschafter. Zum damaligen Zeitpunkt hatte Israel noch keine diplomatischen Beziehungen zum Heiligen Stuhl aufgenommen.

zu erwähnen, daß der Minister für Auswärtige Angelegenheiten des Heiligen Stuhls ein Landsmann von ihm war – wurde er innerhalb von vierundzwanzig Stunden zum Nuntius in Argentinien befördert. Doch warum diese Eile?

Der äußerst effizient arbeitende israelische Geheimdienst hatte jenen Delegierten gewarnt, daß ein Journalist sich anschickte, eine fundierte Story über seine herzlichen Beziehungen zu einer Ordensschwester, die bei der Delegation tätig war, zu veröffentlichen. Der drohende Skandal konnte höchstens noch einen Tag hinausgezögert werden, also mußte man zu entschiedeneren Maßnahmen greifen: seiner sofortigen Versetzung. Auf diese Weise konnte man noch einmal alle, einschließlich der Presse, zum Schweigen bringen. In brüderlicher Verbundenheit wandte sich der Priester also an den vatikanischen Außenminister, auch er ein Mann aus Brisighello, und setzt ihn über das – begründete – Gerücht in Kenntnis. Um den Namen auch weiterhin im Weißbuch der für die höchsten Ämter Bestimmten führen zu können, mußte innerhalb von 24 Stunden gehandelt werden. So wurde dem Papst die Nominierung des Delegierten zum Nuntius in Argentinien zur Unterzeichnung vorgelegt. Gelobt sei der Herr! Und ob hier Eile nottat!

Die Gruppe der aus dem Stand ausgetretenen Priester bemerkte am Ende noch: »In nicht allzu ferner Zukunft wird man ihn in der Führungsspitze des Vatikans antreffen können, ja vielleicht wird er sogar noch unser neuer Papst.« Und tatsächlich ist er in seiner Eigenschaft als Kardinal heute im Gespräch für das nächste Konklave. Da er mittlerweile in Roncallis Alter ist, liebäugelt er durchaus mit dem Gedanken: »Wer weiß?« mag er sich sagen. »Ich werde jedenfalls alles daran setzen, und die Seilschaft wird dann wohl das übrige für mich erledigen!«

XX
Eine Gewerkschaft für rechtlose Untergebene

Mit den verschiedenen sozialen Enzykliken, beginnend bei der «Rerum Novarum», wenden sich die Päpste an alle Länder der Erde und fordern sie auf, die darin enthaltene Soziallehre umzusetzen. Tatsächlich richten sich nach und nach immer mehr Staaten nach den darin enthaltenen Vorgaben.

Im Vatikanstaat selbst jedoch werden diese Enzykliken gut unter Verschluß gehalten und dürfen höchstens aus gebührendem Abstand bewundert werden. Ihr soziologischer Inhalt ist wie eine in abstruser Sprache verkündete Offenbarung, ein Spiel mit Symbolen, Zahlen, Farben, Sternen und Fabelwesen, ein *velame de li versi strani* (Dante). Sie sind auf eine ferne Zukunft ausgerichtet, doch für die moderne Welt sind diese Schriften unverständlich und die in ihnen enthaltenen Ideen daher auch nicht realisierbar. Abgesehen von der Tatsache, daß die Erklärungen in äußerst verschnörkelter Form dargelegt werden, sind die darin proklamierten Menschenrechte auch nur für den Außer-Haus-Gebrauch gedacht, nur außerhalb der vatikanischen Mauern gültig.

Das uralte Buch der chinesischen Geschichte lehrt folgendes: Das Volk muß genährt werden; das Volk darf nicht unterdrückt werden; das Volk ist in seiner Heimat verwurzelt. Sind die Wurzeln gesund, so ist das Land ruhig. Im Vatikan wird den Geistlichen das Recht verwehrt, sich in einer solidarischen Gemeinschaft zusammenzuschließen, mit deren Hilfe sie ihre Interessen vertreten können. Denn eine »Solidarność«, die sich für die persönlichen Belange der Geistlichen einsetzte, könnte ja die Machenschaften intriganter Vorgesetzter und zielstrebiger Karrieristen behindern.

Bei allem Respekt vor der katholischen Soziallehre und vor den Gelehrten, die mit ihren Schriften die besten Absichten verfolgt und intellektuelle Höchstleistungen vollbracht haben, kann doch heute keiner mehr vom lieben Gott erwarten, daß Er die in diesen Bestimmungen niedergelegten Rechte schützen möge, werden diese Rechte im Vatikan selbst doch mißachtet und verletzt. Vielmehr muß jeder einzelne sich heute dafür einsetzen, daß diese in einem individuellen und kollektiven Bewußtsein verankerten Gesetze mit Hilfe solidarischer und gewerkschaftlicher Organisationen *überall* durchgesetzt werden.

Es ist zwingend notwendig, die Mitarbeiter des Papstes zu einer Gemeinschaft auszubilden, damit sie – statt nebeneinander – in friedlichem Miteinander leben. Einsamkeit hat viele Gesichter. Die schlimmste Form jedoch ist die, die Menschen gemeinsam einsam sein läßt, also ein Alleinsein inmitten einer Gemeinschaft, in der jeder jedem den Rücken zuwendet. Auch die Kirche muß heute in sich transparent sein, um diese Transparenz nach außen reflektieren zu können.

Die Verteidigung der Menschenrechte, also auch der Rechte jedes einzelnen Geistlichen, setzt ein klares Verhältnis zur soziologischen Realität voraus, das dem einzelnen gesellschaftliche Rechte und Pflichten gleichermaßen zuerkennt bzw. auferlegt. Gott hat nie die dreisten Worte Kains befürwortet: *»Bin ich der Hüter meines Bruders?«*

Der Aufruf zur Solidarität birgt die Notwendigkeit, daß jeder sich seiner Pflichten seinen Mitmenschen und der Gesellschaft gegenüber bewußt sein muß. Die Geistlichen dürfen sich untereinander nicht länger mit Desinteresse begegnen. Sie müssen sich stark machen für diejenigen ihrer Glaubensbrüder, die mit Geringschätzung behandelt werden und die ungerechterweise zurückgestuft werden. Unterlassene Hilfeleistung und mangelndes Interesse am Nächsten sind die kollektiven Sünden unserer Zeit und nicht weniger schlimm als ein persönlich begangenes Vergehen.

Nach über einem Jahrhundert katholischer Soziallehre hat eine nur nach oben hin ausgerichtete Kirche für ihre Geistlichen recht wenig getan, wenn sie diese nicht sogar bewußt klein gehalten hat. An der Schwelle zum Jahr 2000 muß man der vatikanischen Kurie unbedingt helfen, damit sie sich einem System der Freiheit und Demokratie öffnen kann, einem System, für das sich die Kirche in ihren sozialen Enzykliken stark macht, das sie jedoch ihren eigenen Geistlichen kategorisch versagt. Nach zweitausend Jahren muß die soziale Botschaft des Evangeliums und des Papstes auch für Geistliche gelten, wenngleich auch in anderer Form, nämlich in Gestalt von Liebe und Verständnis.

Sich auf die Seite Abels zu schlagen, ist durchaus löblich, und Diskretion und Zurückhaltung sind sicherlich große Tugenden. Doch kein Rechtsstaat, egal welcher Größe, wird je seine gesellschaftlichen Grundfesten auf einem unterdrückerischen Wohlstand errichten können, ohne damit rechnen zu müssen, daß jemand sich aufmachen wird, diese Grundlagen zu verteidigen. »*Schnell und furchtbar wird er kommen und euch bestrafen; denn über die Großen ergeht ein strenges Gericht.*« (Weish 6, 5)

Existierte bereits heute eine starke und mutige Vertretung der Geistlichen in der Kurie, so wären die hier vorgebrachten Anschuldigungen überflüssig. Jede auch noch so schwache Form von »Solidarność« hätte zumindest Wegbereiter sein können für die Umsetzung der kirchlichen Soziallehre, einer Ethik, die von den Päpsten im vergangenen Jahrhundert allen anderen Ländern gepredigt wurde, die jedoch im eigenen Zwergstaat niemals zur Anwendung gekommen ist.

Im Vatikan wird ein Vorgesetzter, der eine falsche Entscheidung getroffen hat, in jedem Fall gedeckt. Hier ist es noch immer üblich, daß ein Vorgesetzter das, was seinen Mitarbeitern ohnehin von Rechts wegen zusteht, als ein Geschenk von Gottes Gnaden darstellt.

*

Am 4. Mai 1998, nach 21 Uhr, meldete die internationale Presse eine Tragödie aus dem Vatikan und rief mit dieser Nachricht allgemeine Bestürzung hervor: Ein junger Vizekorporal der Schweizergarde, Cedric Tornay, hatte, nachdem er einen Abschiedsbrief an seine Mutter geschrieben und diese darin um Vergebung gebeten hatte, seinen Kommandanten Alois Estermann, der erst eine Stunde zuvor in sein Amt erhoben worden war, und dessen Ehefrau Gladys Meza Romero getötet und sich daraufhin selbst das Leben genommen.

Julius II. (1505–1513), Giuliano della Rovere, teilte den europäischen Staaten am 21. Juni 1505 mit, daß er seinen Kammerdiener Peter Hertenstein mit der Aufgabe betraut habe, zur Bewachung des päpstlichen Palastes zweihundert Soldaten aus der Schweiz nach Rom zu holen. Am 21. Januar 1506 trafen schließlich einhundertfünfzig dieser Soldaten in Rom ein, überquerten die Piazza del Popolo und gelangten schließlich zum Petersplatz, wo der Papst sie in Empfang nahm und den Segen über sie sprach. Dieser feierliche Einzug gilt heute noch als offizielle Gründung der päpstlichen Schweizergarde. An jenem Tag legten die neuen Wachen der Schweizergarde feierlich ihren Amtseid ab.

Cedric Tornay fühlte sich von seinem Vorgesetzten Alois Estermann schikaniert und verfolgt. Als er an jenem 4. Mai nun seine Befürchtungen bestätigt sah, nämlich daß er genau diesen Mann für den Rest seiner Militärzeit auf dem Hals haben würde, teilte er seiner Mutter in einem Brief mit, wie sein Protest gegen diese Entscheidung aussehen würde und was er dagegen zu tun gedachte – ein Plan, den er dann am selben Abend mit kühler Berechnung in die Tat umsetzte.

Man bezeichnete den Vorfall sofort als die Tat eines Wahnsinnigen. Vor allem aber bemühte man sich nach Kräften, den Zwischenfall so schnell wie möglich in Vergessenheit geraten zu lassen.

Mancher Psychologe fragt sich indes noch heute, ob die

Sache wohl anders ausgegangen wäre, hätte jener junge Mann eine Stelle gehabt, an die er sich mit seinen Sorgen hätte wenden können. Wer kann schon mit Sicherheit sagen, daß Cedric Tornay diesen Gedanken sofort verworfen und sich für jene tragische Tat entschieden hätte, wohl wissend, wie viel Schmerz er seiner Mutter damit zufügen würde. Wenn Julius II. diesen tragischen Vorfall hätte vorhersehen können, so hätte er sicher von Beginn an eine Gewerkschaft der Schweizergarde eingerichtet.

Klartext reden

Es ist dringend notwendig, eine Vereinigung von freien und treuen Geistlichen zu schaffen, die in ständigem Dialog mit der Gegenseite – also der Führungsspitze – steht. Obschon dieser Dialog in einem Klima gegenseitigen Respekts stattfinden sollte, müßte dabei auf jeden Fall Klartext geredet werden.

In öffentlichen Ämtern wird normalerweise jeder Mitarbeiter von seinem direkten Vorgesetzten über seine Beurteilung informiert. Wenn der Mitarbeiter mit der Beurteilung zufrieden ist, unterschreibt er mit »zur Kenntnis genommen«. Ist er damit nicht zufrieden, unterschreibt er auch nicht und macht von seinem Recht Gebrauch, entweder gemeinsam mit dem Vorgesetzten eine andere Beurteilung zu entwerfen oder diese bei übergeordneten Stellen anzufechten.

*

Im Vatikan werden die Beurteilungen alle unter Wahrung des Amtsgeheimnisses erstellt und dem jeweiligen Mitarbeiter nicht eröffnet. Alle Personalakten werden in einem geheimen Sicherheitsschrank aufbewahrt und sind nur zugänglich für die zuständigen Sachbearbeiter, die – welch ein Zufall – das natürliche Vorrecht genießen, direkten Zugang zu den eigenen Beurteilungen zu haben.

Die geistlichen Mitarbeiter des Vatikans haben nie die Möglichkeit, einen Eintrag in ihrer Personalakte zu bereinigen, hat der Vorgesetzte doch lediglich die Aufgabe, die Beurteilung – in aller Heimlichkeit – zu verfassen, und nicht, sie dem Mitarbeiter zu eröffnen, über dessen berufliche Zukunft er zu entscheiden hat, egal ob es sich um eine Beförderung oder um eine Rückstufung handelt. Jeder Mitarbeiter der Kurie weiß, daß seine Beurteilung jedem zu Ohren kommen wird, nur ihm selbst nicht. Wenn man einmal mitbekommt, woher hier der Wind weht, dann bleibt einem eigentlich nur, sich warm anzuziehen!

Nach der christlichen Zeitrechnung befinden wir uns an der Schwelle zum dritten Jahrtausend, doch die Uhren des Vatikans sind im Mittelalter stehengeblieben. Noch heute obliegt es der berüchtigten geheimen Kommission namentlich nicht genannter Prälaten, zugunsten oder zuungunsten eines Mitarbeiters zu entscheiden, ohne mit ihm je ein persönliches Gespräch geführt zu haben. Da sich diese Kommissare nur eine Seite anhören, fällen sie ihr Urteil natürlich nach bestem Wissen und Gewissen des jeweiligen Vorgesetzten. So ermahnen oder begünstigen sie einen Mitarbeiter – je nach den Wünschen seines Patrons.

Die Kurie selbst gibt zu, daß sie nicht verpflichtet ist, die Öffentlichkeit über bestimmte Dinge zu informieren, und spricht lieber von geistigen Vorbehalten, die im Grunde nichts anderes sind als Ausflüchte, hinter denen man die Wahrheit und offenkundige Tatsachen versteckt.

*

Das Arbeitsamt des Apostolischen Stuhls (Ufficio del lavoro della Sede apostolica, kurz: Ulsa), ein Organ, das eigentlich die Interessen der Angehörigen der römischen Kurie vertreten soll, ist nichts anderes als eine Versammlung von Wichtigtuern, die lediglich Befehle von oben ausführen. Hinter verschlossenen Türen werden hier die vom Vorgesetzten vorbereiteten Anschuldigungen diskutiert. Durch diese Verfahrensweise ist der Vorgesetzte immer im Vorteil, denn er lebt in der Gewißheit, daß das Recht auf seiner Seite ist.

Der Mitarbeiter hat nie die Gelegenheit, sich von einem Vorwurf reinzuwaschen, da es ganz einfach gar nicht erst zu einem Gespräch kommt. Der beurteilte Untergebene wird vor vollendete Tatsachen gestellt und darf sich nur noch die einmündig getroffene, unanfechtbare Entscheidung der Weisen anhören. Ein derartig autoritär angelegtes »gewerkschaftliches« Organ ist sicherlich in keinster Weise in der Lage, die Interessen irgendeines Angestellten, egal ob geistlich oder nicht, zu vertreten.

Diese einflußreichen Kommissare nun wollen nicht etwa erreichen, daß sich ein Mitarbeiter bei der Ausübung seines Amtes wohl fühlt, um ihn auf diese Weise zu einer optimalen Leistung anzuspornen. Sie sind vielmehr damit beschäftigt, den Vorgesetzten in seinem Tun zu unterstützen und mit ihm gemeinsam zu entscheiden, auf welche Weise der Mitarbeiter zum Schweigen gebracht werden soll: durch eine Beförderung oder durch eine Degradierung.

Wenn jedoch der Mitarbeiter selbst sich gegen die ihm zuteil gewordene Behandlung von oben zu wehren versucht, so ist allein schon dieser Schritt ein Minuspunkt für ihn, und wie von Zauberhand erhebt sich eine Mauer des Schweigens und der Kälte zwischen dem Beschwerdeführer und seinen Kollegen, die sich auf die Seite des Vorgesetzten schlagen.

*

Die Führungsspitze in der Kirche ist gut geschützt, die unteren Ränge hingegen sind völlig ausgeliefert. Den Klerikern und den Ordensbrüdern und -schwestern muß endlich die Freiheit zugestanden werden, sich als Basis des Kirchenstaates in einer Körperschaft zum Schutz ihrer natürlichen Rechte zu organisieren. Dies ist eine soziale Frage, die nicht mehr länger aufgeschoben werden darf, wobei natürlich die besondere Situation und die spezielle Natur des Apostolischen Stuhls zu berücksichtigen sind.

Das Problem darf nicht mehr mit ein paar bequemen und vereinfachenden Phrasen abgetan werden. Den Priestern und Ordensgeistlichen darf nicht länger die ihnen gebührende Aufmerksamkeit verweigert werden. Erst wenn diese Unterslassungssünde einmal endgültig der Vergangenheit angehört, darf hier die Absolution erteilt werden.

*

Wie bereits wiederholt dargelegt, handeln nicht alle Vorgesetzten immer nach den Grundsätzen der Gerechtigkeit. Häufig können ihre Anordnungen nur mit der Quadratur des Kreises verglichen werden. Ihr Amt versehen sie oft mit einer Mischung aus Mittelmäßigkeit, Heuchelei, Engherzigkeit, Eitelkeit, Korruption und Vetternwirtschaft.

Da es in der Kurie keine Organisation zum Schutze der Basis gibt, bleibt die Gerechtigkeit leicht auf der Strecke, wenn der Vorgesetzte nicht beständig gelenkt, ermahnt und in seinem Verhalten korrigiert wird.

Eine Dienstaufsichtsbeschwerde wird allein dadurch schon beeinträchtigt, daß der Entscheidungsbefugte sich unwohl fühlt in seiner Haut, wenn er über einen Gleichgestellten ein ungünstiges Urteil sprechen soll. Jedes Kirchengericht wahrt die Autorität des Führungspersonals. Jede Gewerkschaft hingegen setzt sich für die Interessen ihrer Mitglieder ein.

Wenn ein Vorgesetzter einmal eine Spitzenstellung erreicht hat, so agiert dieser Halbgott in der Gewißheit, daß all sein Tun von oben abgesegnet wird. Ein Mangel an geistiger Frische und ein von unlauteren Absichten geprägtes Handeln machen das klerikale Umfeld immer unbeweglicher und unflexibler.

Es kann wohl davon ausgegangen werden, daß das Regime niemals selbst einen Prozess gegen sich anstrengen wird. Ein parteiischer Richter geht ohnehin davon aus, daß ein Vorgesetzter von Natur aus gut und gerecht ist. Also haben wir es mit folgender Formel zu tun: Vorgesetzter gleich Güte, Güte gleich Umsicht. Beweise hierfür müssen nicht erbracht werden.

Für den Untergebenen hingegen gilt der entsprechende Umkehrschluß: Wenn er den Vorgesetzten gegen sich hat, so wird zunächst davon ausgegangen, daß er im Unrecht ist. Das Gegenteil muß dann erst einmal bewiesen werden. Um zu verhindern, daß das System zum Gegenschlag ausholt, fügen sich die Mitarbeiter in ihr Los und leisten bedingungslos den von oben geforderten Gehorsam, was natürlich den Machthabern in ihrer Arroganz nur dienlich sein kann.

Eine Organisation zur Bekämpfung der Willkür

Die Schaffung einer gewerkschaftlichen Organisation zur Wahrung der Rechte aller Kleriker und Ordensgeistlicher, deren Wirkungskreis sich sowohl auf den Vatikan als auch auf alle Diözesankurien und Ordenshäuser erstreckt, ist längst überfällig. Andernfalls wird es immer häufiger dazu kommen, daß Geistliche sich in ihrer Not an zivile Gewerkschaften oder Gerichte wenden.

In rechtlichen Fragen können und dürfen die beiden Kongregationen für die Ordensgeistlichen (Kongregation für die Institute des geweihten Lebens und für die Gesellschaften apostolischen Lebens) und für den Klerus nicht an die Stelle einer von der Basis gewählten Organisation treten. Da sie die Führungsspitze verkörpern, fehlt ihnen für eine Vertretung der Gegenseite die Unparteilichkeit, und sie können somit zu keinem gerechten Urteil kommen.

Eine Institution hingegen, die gegründet wird mit dem Ziel, die Rechte ihrer Mitglieder zu schützen und die auf der Grundlage von Werten wie Nächstenliebe und brüderlicher Hilfsbereitschaft agiert, muß sich für die Interessen der Basis stark machen und nach der Weltanschauung des Evangeliums handeln.

Wenn die Judikative von oben gelenkt wird, so kann es vorkommen, daß bei der Urteilsfindung häufig nur eine Seite berücksichtigt wird. Um dies bewußt zu machen, ist eine andere Institution nötig, eine Basisorganisation, die für Gleichheit und Gerechtigkeit sorgt. Also darf der Einrichtung einer derartigen Institution nichts im Wege stehen.

Wenn das Gesetz Lücken aufweist und vom Staat keine Hilfe zu erwarten ist, wenn dieser vielmehr die Gründung einer solchen Organisation zu verhindern sucht, so ist diese Aufgabe um so wichtiger, denn gerade dies zeigt doch, daß hier die Basis gefordert ist.

*

In einer Organisation mit strenger Hierarchie redet man dem Vorgesetzten gerne nach dem Munde, ein Verhalten, das mit der katholischen Soziallehre nicht mehr im Einklang steht. Die Kirche Gottes wird an Würde und Lebendigkeit gewinnen, wenn sie ihren Geistlichen zugesteht, sich in einer freien und basisorientierten Gemeinschaft zu vereinigen und zusammen mit der Führung daran zu arbeiten, daß den Unterdrückten Gerechtigkeit widerfährt und daß jeder Mitarbeiter das Recht auf freie Meinungsäußerung hat.

Folglich besteht die Notwendigkeit, diese Aufgabe einer auf Solidarität gegründeten Institution anzuvertrauen. Diese Einrichtung soll sich dann daran machen, ein Netzwerk aus zwischenmenschlichen Beziehungen zu knüpfen, auf das die Mitarbeiter im Bedarfsfall zurückgreifen können, denn jeder Mensch wird immer wieder im Leben mit einer für ihn völlig neuen Situation konfrontiert, die er *hic et nunc* meistern muß.

Fünfzig Jahre nach der Erklärung er Menschenrechte

im Jahr 1948 – einer für die Menschheit großen Errungenschaft – haben alle Völker die Gesetzmäßigkeit der in ihr enthaltenen Prinzipien anerkennen müssen. Zu diesem Thema schrieb Johannes Paul II. in seiner ersten Enzyklika »Redemptor Hominis«: »Die Kirche teilt die Freude über die Errungenschaft [der Menschenrechtserklärung, Anm. d. ital. Red.] mit allen Menschen guten Willens, mit allen Menschen, die Frieden und Gerechtigkeit aufrichtig lieben. Die Kirche ist sich der Tatsache bewußt, daß das *Wort* allein schon zu töten vermag, während *der Geist das Leben geben kann.* So dürfen die Kirche und all jene, die guten Willens sind, nicht müde werden zu hinterfragen, ob die Menschenrechtserklärung und die Annahme ihres *Wortes* allerorten auch die Umsetzung ihres *Geistes* bedeuten. Und es werden tatsächlich durchaus begründete Befürchtungen laut, daß wir von der Umsetzung dieser Charta noch weit entfernt sind und daß es immer wieder vorkommt, daß der Geist des sozialen und öffentlichen Lebens in schmerzlichem Gegensatz zum erklärten ›Wort‹ der Menschenrechte steht. Unter derartigen Zuständen hat so manche Gesellschaft schwer zu leiden, und alle, die dazu noch beitragen, müssen sich vor ebendieser Gesellschaft – und vor der ganzen Menschheit – dafür verantworten. Dieses Bewußtsein wird sich niemals durchsetzen, wenn wir weiterhin nur zusehen, wie alle Mitglieder unserer Gesellschaft von einer bestimmten Gruppe [Clan, Fraktion, Familie, Clique, Anm. d. ital. Red.] regiert werden, statt daß die Gesellschaft selbst auf einer Grundlage von Moral und Ethik bestimmt, was zu tun ist. Wenn man der Menschheit wahren Fortschritt bringen will und wenn es auf der ganzen Welt menschlicher werden soll, dann müssen diese Probleme zuerst gelöst werden.«

So gelten diese Grundrechte für jeden einzelnen Menschen und eben auch für alle geistlichen Mitarbeiter der vatikanischen Behörden. Jedes Land, groß oder klein, wichtig oder unwichtig in der Weltordnung, das seinem

Volk diese Grundrechte verwehrt, macht sich gegenüber der Gesellschaft und gegenüber der ganzen Menschheit schuldig.

Johannes Paul II. richtet sich in seiner »Redemptor Hominis« an die Weltöffentlichkeit und wendet sich damit vom Vatikan ab: »Die Kirche hat schon immer gelehrt, daß es oberste Pflicht eines jeden ist, zum Wohle der Allgemeinheit zu handeln, daß die Machthaber in erster Linie im Dienste der Allgemeinheit stehen und daß die Rechte, die sie genießen, nur durch die Gesellschaft begründet sind. Gerade unter diesen Voraussetzungen, die die objektive ethische Ordnung betreffen, muß man erkennen, daß die Rechte der Machthaber immer in Einklang stehen müssen mit der Wahrung der Menschenrechte. Dieses Prinzip, daß die Machthaber die ersten Diener ihres Staates sind, kann nur verwirklicht werden, wenn alle Bürger sich ihrer Rechte sicher sein können. Ohne diese Grundlage kommt es zum Zerfall der Gesellschaft: Die Bürger lehnen sich gegen die Obrigkeit auf, oder aber die Bürger werden von der Obrigkeit unterdrückt und eingeschüchtert, was Gewalt und Terrorismus zur Folge hat. Wir haben dies in unserem Jahrhundert in vielen totalitären Staaten beobachten können. Das Prinzip der Menschenrechte ist eng verbunden mit sozialer Gerechtigkeit. Soziale Gerechtigkeit wird zum Maßstab des politischen Lebens.«

Diese Worte rufen dazu auf, über die zentrale Rolle des Menschen, auch des Geistlichen, über seine Würde und seine damit verbundenen Rechte nachzudenken. Niemand in den oberen Rängen darf sich dieser Pflicht entziehen, auch nicht die römische Kurie. Denn gerade dort ist es gang und gäbe, daß irgendein despotischer Monsignore allein und ohne Mitleid über die Zukunft seiner Kollegen und Mitbrüder bestimmt. Noch heute kann hier jeder Purpurträger tun und lassen, was er will, denn sein Handeln ist in jedem Fall richtig und über jeden Zweifel erhaben. Er kann sich seiner Sache sicher sein und braucht niemals zu befürchten, daß sein Untergebener sich gegen ihn auflehnen wird, da ja keine Organisation zum Schutze seiner Interessen existiert.

*

Das Prinzip der Unterstützung durch den Staat im Bereich der Körperschaften setzt voraus, daß der Staat nie deren Stelle einnehmen darf, wenn diese selbst handeln können und wollen. Der Staat hat lediglich die Aufgabe, ihnen bei der Verwirklichung ihrer Ziele hilfreich zur Seite zu stehen, ohne dabei aber bestimmend einzugreifen.

Wenn, wie im Falle des Vatikans, der Staat einziger Arbeitgeber ist, so kann es leicht dazu kommen, daß er durch diese Monopolstellung zum totalitären Regime wird. Wenn er allein es ist, der Grenzen setzt und bestimmt, welche Freiheiten er seinen Mitarbeitern einräumt, so läßt er sich dadurch jederzeit alle Möglichkeiten offen. Auf diese Weise gelingt es dem totalitären Staat immer wieder, sich auf der Grundlage selbst erlassener Vorschriften und mit selbstgewählten Methoden gegenüber dem einzelnen zu verteidigen, und dabei geht er davon aus, daß sein Handeln allgemeinen Zuspruch findet und daß sich darum der Widerspruch eines einzelnen Rebellen in nichts auflöst.

Unter einem derartigen Regime steht das, was zwischenmenschliche Beziehungen ausmacht, nämlich Gerechtigkeit, Respekt und Verständnis füreinander, in einem krassen Gegensatz zu eben jenen autoritären Institutionen, die dem Menschen jegliche Kreativität, Freiheit und Phantasie nehmen und so sein ganzes Wesen und seine Würde zerstören.

*

Gegenwärtig existiert im Vatikan nur die Arbeitnehmergemeinschaft der Laien, die Associazione dei dipendenti laici Vaticani (AdlV), die trotz des stummen Widerstandes von oben entstanden ist und der jedoch nur ein beschränktes Recht auf freie Meinungsäußerung gewährt wird. Sowohl die Mitglieder als auch die Leitung dieser Organisation beklagen einen systematischen und hartnäckigen Widerstand von oben, der darauf abzielt, ihre gewerkschaftlichen Aktivitäten zu schwächen.

Für alle direkt oder indirekt, im Vatikan selbst oder andernorts für die Kirche tätigen Priester und Ordensgeistliche gibt es aber immer noch keine körperschaftlich organisierte Gemeinschaft, von der sie sich individuellen oder institutionellen Widersachern gegenüber beschützt und vertreten fühlen, ohne daß dabei gleich ein neuer Klassenkampf ausgerufen wird.

Die Angelegenheit ist von entwaffnender Einfachheit: Es genügt, die Grundsätze der Berufsethik mit denen der Würde des Menschen und des Geistlichen zu vereinen. Wie bereits erwähnt, wünscht der Papst selbst die Gründung einer solcher Organisation, die einen konstruktiven und beständigen Dialog mit den zuständigen Stellen führen soll, wobei der besondere konstitutive Charakter der Kirche zu berücksichtigen ist. Am 20. November 1982 schrieb der Papst folgende Zeilen: »Ich bin voller Zuversicht, daß Vereinigungen dieser Art sich an den Grundsätzen der kirchlichen Soziallehre orientieren und dabei eine fruchtbare Rolle in der Gemeinschaft spielen werden.«

Wenn sogar der Papst in seinen Schriften klar und deutlich zum Ausdruck bringt, daß er den Angehörigen des Vatikans das Recht zugesteht, sich in gewerkschaftlichen Vereinigungen zusammenzuschließen, um auf diese Weise ihre wirtschaftlichen und sozialen Interessen zu schützen und zu vertreten, und die Obrigkeit auffordert, ihnen dabei hilfreich zur Seite zu stehen, so kann es nicht angehen, daß der Vatikanstaat selbst, wenn auch in latenter und indirekter Weise, seinen Geistlichen verbietet, sich in einer Gemeinschaft zum Schutze ihrer Interessen zu organisieren. Versammlungsfreiheit ist ein Grundrecht, das auch Geistlichen zugestanden werden muß: *Naturalia non sunt unquam turpia:* Was natürlich ist, kann niemals schändlich sein.

Bestärkt durch die Fürbitte des Papstes bei der heiligen Muttergottes von Lourdes vom 15. August 1983: »Laßt uns all jene in unsere Gebete einschließen, die unerträglichen Angriffen auf ihre Menschenwürde ausgesetzt sind und deren Grundrechte verletzt werden«, meinen wir, daß nun die Zeit gekommen ist, zur Tat zu schreiten und uns stark zu machen für die unzähligen Geistlichen, die ihr Vertrauen in die kirchlichen Ministerien und Gerichte verloren haben und die den Wunsch nach einer demokratischen Vereinigung hegen, die ihre Rechte als Menschen und Geistliche vertritt, eine Organisation, die sie selbst bilden und deren Vertreter frei gewählt und in einer demokratischen Abstimmung auch wieder abgesetzt werden können.

Immer lauter werden die Stimmen nach einer derartigen Vertretung, die zum Beispiel »Associazione per la Difesa dei diritti pro Ecclesiastici e Religiosi« (Vereinigung zur Wahrung der Rechte der Geistlichen und Ordensgeistlichen) heißen könnte, kurz: Adder, mit unabhängigem Sitz, so daß sie nicht in irgendeiner Form beeinflußt werden kann, und mit eigenem Presseorgan (»L'Adderista« vielleicht?), das dann allen Mitgliedern und Interessierten auf der ganzen Welt zugestellt werden könnte.

Jeder muß erkennen, daß eine derartige Einrichtung mit der Zeit der ganzen Sozialstruktur der Kirche nur dienlich sein kann. Doch in der Zwischenzeit wartet man lieber auf bessere Zeiten, weil niemand da ist, der die Aufgabe ernsthaft in Angriff nehmen würde.

Nur eine solche föderative Verbindung von Priestern und Ordensgeistlichen, die von unten her die Schwachstellen des Regierungsapparates durchleuchten soll, kann verhindern, daß der aufgeblasene Verwaltungsapparat der Kurie den einzelnen zwischen seinen bürokratischen Mühlsteinen zermalmt.

In diesem Zusammenhang läßt die Intervention des

Heiligen Vaters selbst die Befürchtungen der römischen Kurie nichtig erscheinen, daß nämlich die Verteidigung der Rechte einzelner Mitarbeiter im Zuge gewerkschaftlicher Aktivitäten nicht in Einklang zu bringen sei mit der Autorität der Kurie. Die Kurie vertritt die Ansicht, daß das Prinzip des Dualismus, für das sich die katholische Soziallehre allen anderen Staaten gegenüber stark macht, durch die besondere Rechtsstellung des Vatikanstaats nicht automatisch auf den Apostolischen Stuhl übertragen werden könne. Da stellt sich doch die Frage, wem dieser Widerspruch gelegen kommt: Warum soll dies für alle gelten, nur nicht für die Geistlichen?

Es ist bei weitem nicht jedem vergönnt, unter dem Protektorat von gleich zwei Kardinälen zu stehen, wie dem ehemalige Ordensbruder Boff, Verfechter der Befreiungstheologie – genauso gut hätte ihn ein übelwollender Vorgesetzter mundtot machen können.

Wer sich heute weiterhin weigert, den Mitarbeitern der Kirche im Jahr 2000 das Recht zuzugestehen, sich in einer solidarischen Gemeinschaft zusammenzuschließen, hat noch immer nicht erkannt, daß sich das Rad der Geschichte nicht zurückdrehen läßt.

XXI
Ein Papst in Bedrängnis

An der Schwelle zum heiligen Jahr 2000, das an sich schon einen denkwürdigen Zeitabschnitt und auch einen Wendepunkt in der Geschichte darstellt, kann man sicher, ohne damit übersteigerte Hoffnungen wecken zu wollen, behaupten, daß sich in der Kirche etwas verändern wird.

Dieses nach reiflicher Überlegung entstandene Werk beginnt nun, da es sich seinem Ende nähert. *»Was mit Worten ausgedrückt werden kann«*, so schreibt der heilige Augustinus, *»ist nun gesagt, den Rest gilt es, sich im Geiste auszumalen.«* Die Zeit ist gekommen, da der Leser innehalten und über das Gelesene nachdenken muß. Der erste Schritt zur Erkenntnis ist die Einsicht, den falschen Weg eingeschlagen zu haben. Mit diesem Wissen muß sich nun jeder aufmachen und den rechten Pfad suchen. Dies sind die Sorgen, die den Menschen an der Jahrtausendwende bedrücken.

Nie hat sich die Kirche geschlagen gegeben in ihrem Kampf gegen die Armut und den Verfall der Sitten. Was sie aber schwächt, ist ihr Streben nach Macht und ihr Hang zu Pomp und Prunk. Die Kirche muß wieder ein Haus der Barmherzigkeit werden, muß einen Gegenpol zu dieser Welt der Zügellosigkeit und der lockeren Moral bilden. Die Kirche soll wie das sprichwörtliche Samenkorn sein, wie eine Gemeinschaft, in der die Reichen weit hinter den Armen und Kleinen kommen – den Erben des Himmelreichs: *»Rom wird vielleicht nicht untergehen, solange die Römer nicht untergehen werden. Aber sie werden nur dann nicht untergehen, wenn sie sich zu Gott bekennen.«* (Der heilige Augustinus)

Um die vom Evangelium gepredigte Transparenz, die Perestroika, zu erlangen, muß die Kirche endlich den erbitterten Kampf gegen die Verflechtung von Vatikanismus und freimaurerischer Korruption in ihrem Innern aufnehmen. Das Grundgerüst, so wie es Jesus gewollt hat, soll dabei stehen bleiben, und die Kirche der Demütigen und Armen muß auf eine wirkliche Glasnost, eine Politik der Offenheit und Transparenz, setzen. Alle müssen sich darauf konzentrieren, der Kirche im dritten Jahrtausend eine neue Orientierung zu geben. Um diesem Ziel näher zu kommen, wäre sicher die Einberufung eines ökumenischen, nichtvatikanischen Konzils hilfreich.

*

Die Kirche muß sich auf ihren Ursprung besinnen, wieder zur Kirche Jesu werden und sich entweder für Geld oder für Leben entscheiden: Entweder sie sagt sich von allen irdischen Gütern und Ambitionen los, oder sie wird aus dem Himmelreich ausgestoßen werden. *»Betet zu Gott, damit Euch die Armen die Demütigung vergeben mögen, Eure Hilfe in Anspruch nehmen zu müssen.«* (Der heilige Vinzenz von Paul).

Von Sertillanges stammen folgende Zeilen: »Das Wort hat Gewicht, wenn man das Schweigen in ihm spürt, wenn es einen Schatz birgt, den es nach und nach, ohne Hast und Eile, verschenkt. In der Stille verbirgt sich der Gehalt des Wortes. Der Wert einer Seele bemißt sich am Reichtum ihres Schweigens.« Um die Kirche wieder aufbauen zu können, brauchen wir kein träges, sondern ein konstruktives Schweigen. Um es mit Victor Hugos Worten zu sagen: Diese Schrift ist eine verschlüsselte Botschaft des Herzens, und bevor sie vorüberzieht, regt sie den Geist an und ermuntert zur Tat.

Man hat inzwischen alle nur erdenklichen Erfahrungen gemacht: Wäre es nicht langsam an der Zeit, auch mal die Wahrheit zu erleben? Pilatus fragte Jesus im Prätorium: »Was ist Wahrheit?« und hatte sie doch – im Stillen – vor sich. In der Kurie ist Wahrheit oft gleichzusetzen mit den Interessen eines bestimmten Vorgesetzten. Manzoni sagt, der Mensch habe manchmal die Pflicht, sich für die Wahrheit stark zu machen; aber nicht immer müsse er ihr auch zum Sieg verhelfen. Ziel dieses Buches ist es jedoch, der Wahrheit zum Sieg zu verhelfen.

Tatsachen bleiben Tatsachen und können auch nicht durch vorgefaßte Meinungen aus der Welt geschafft werden. Die Beamten der Kurie werden die hier vorgetragenen Vergehen nicht einfach mit den Worten des Knechts Malchus aus der Welt schaffen können, der Jesus in seiner Empörung ins Gesicht schlug und sprach: »*Redest du so mit dem Hohenpriester?*« Ihnen werden wir mit Jesu Worten antworten: »*Wenn es nicht recht war, was ich gesagt habe, dann weise es nach; wenn es aber recht war, warum schlägst du mich?*« (Joh 18, 22–23)

Dieses Werk ist ein Akt der Liebe gegenüber der Kirche Jesu Christi, die nun ins dritte Jahrtausend geht, und es wäre eine Sünde, die darin im Überfluß vorhandene Liebe zu übersehen, nur um jene anzuprangern, die hinter dieser Anklageschrift stehen.

Paulus liebte die gerade entstehende Kirche ganz besonders, als er eine beschwerliche Reise nach Jerusalem auf sich nahm, um Petrus, den ersten Papst, zurückzuholen, nachdem dieser die bekehrten Juden und Heiden ungerechterweise unterschiedlich behandelt hatte. Er liebte sie noch mehr als auf seinen Reisen zur Verbreitung des Evangeliums und der frohen Botschaft des gekreuzigten und wieder auferstandenen Christus unter den Menschen.

Wir, die Kirche, sind Ausdruck der göttlichen Liebe. *Deus caritas est.* »Ich bin« bedeutet niemals »Ich werde dich lieben« und niemals »Ich habe dich geliebt«. Es bedeutet stets »Ich bin«: Ich liebe dich jetzt und heute. »*Ach, würdet ihr doch heute auf [m]eine Stimme hören!* › *Verhärtet euer Herz nicht!*‹« (Ps 95, 8)

Selbst wenn dieses Buch auf den Index gesetzt werden sollte, so würden doch die Wunden, jene von Rosmini und noch vor ihm von dem Märtyrer Girolamo Savonarola aufgedeckten fünf Wunden der Kirche, doch weiter unter der oberflächlichen Vernarbung faulen und eitern. Die Wahrheit kann man nicht auf den Index setzen, sie wird immer ans Licht kommen.

Alle, die in irgendeiner Form Verantwortung tragen, müssen sich nun zusammensetzen und gemeinsam überlegen, wie man Abhilfe schaffen und den Betroffenen Gerechtigkeit widerfahren lassen kann. Denn wirklicher Optimismus besteht nicht darin festzustellen, daß in der Kirche alles bestens ist. Er zeigt sich vielmehr darin anzuerkennen, daß es auch hier Probleme gibt.

Gott straft seine Kinder, um sie vor der ewigen Verdammnis zu retten. Er erniedrigt die Kirche, um sie dann zu erheben. Er schneidet die nutzlosen Zweige ab, um den ganzen Baum zu stärken. Er bricht ihren Stolz, um sie dann in Demut wieder aufzurichten. Durch eine Berichtigung sowohl der eigenen Fehler als auch der Fehler anderer kann die Kirche an Weisheit nur gewinnen. In Demut neigt sie sich, um daraufhin zu ihrem Gründer zu gelangen, zu Jesus Christus, unserm Herrn, der es wagte, die unantastbare Wahrheit der Schriftgelehrten und Pharisäer in Zweifel zu ziehen, und der nun, nachdem er die Kirche auf ihr Grundgerüst reduziert hat, all jene in Seilschaften verbundenen Geistlichen in ihrer Macht beschneiden möchte.

Die Zeit ist gekommen, innezuhalten und kritisch über unseren Tutiorismus nachzudenken, auf daß wir bereit sind, die göttliche Wahrheit zu erkennen. Wir, die Kirche, müssen uns von unseren Problemen befreien. Unser Geist darf sich nicht damit zufriedengeben, sie nur zu entdecken; er muß vielmehr erpicht darauf sein, Lösungen für diese Fragen zu finden. Andernfalls erzeugt man nur Unruhe bei sich und anderen.

So manches Geschehen in der Kirche ruft in uns Unbehagen und Verwirrung hervor. Die Religion nimmt keinen Schaden, wenn man den korrupten Part der kirchlichen

Gemeinschaft anprangert. Dennoch liegt es uns fern, unsere Brüder diskriminieren zu wollen. Wir sollten sie lieber so behandeln, wie Jesus einst die verwirrte und bestürzte Ehebrecherin behandelt hat. Er sah ihr nicht etwa forschend ins Gesicht, sondern verneigte sich tief vor ihr. Es wäre schön, wenn es in der Kirche nur Heilige gäbe. Doch leider gibt es in ihr auch ein krankes Glied, in dem wir uns häufig selbst wiedererkennen und dem man das größtmögliche Verständnis entgegenbringen muß.

Es wäre unklug, die in dieser Schrift angestellten Betrachtungen totzuschweigen, nur um auch weiterhin eine oberflächliche Ruhe zu bewahren. Niemandem ist mit ein bißchen Rhetorik gedient, und all jene, die sich nun endlich Gerechtigkeit und grundlegende Reformen erhoffen, dürfen nicht mit ein paar leeren Worten abgespeist werden.

Die Hauptakteure des nächsten Konklaves (mit dem man ja seit Jahren fast täglich rechnet) werden der Kirche einen großen Dienst erweisen, wenn sie endlich die längst überfälligen Reformen in die Tat umsetzen, angefangen bei sich selbst, auf daß man finden möge, was fehlt, und korrigieren möge, was falsch ist.

In diesem Wartesaal der römischen Kurie, in dem alle auf einen »neuen Frühling« für ihren Clan hoffen, setzen die Kardinäle alles daran, bei den ersten Konklavisten zu sein. Hier versucht jeder, unangenehme Wahrheiten, die ihm einmal schaden könnten, unter den Teppich zu kehren, wie das dritte Geheimnis von Fátima.

Die Kirche ist geprägt von den verschiedensten Elementen. Sie ist durchdrungen von Mysterien und Charismen. In der Zukunft aber muß die Kirche transparenter werden und versuchen, eine freiere Gemeinschaft der Gläubigen zu schaffen, die weniger von einem unkontrollierten Absolutismus abhängig ist.

In unserer Zeit zu leben erfordert große Geduld, nimmermüde Hoffnung und beständiges Warten. Präsident Johnson sagte einmal: »Wir haben erkannt, daß jedes

Kind, das etwas lernt, jeder Mann, der eine Arbeit findet, jeder Kranke, der geheilt wird, eine weitere Kerze auf dem Altar ist, die die Hoffnung aller Gläubigen heller scheinen läßt.« Diesen Hoffnungsschimmer braucht die Kirche im dritten Jahrtausend.

Um in die Gesellschaft der Kirche eindringen zu können, muß Gott zunächst die dort herrschenden Vorurteile ausräumen, die mittlerweile schon ein Teil der Geschichte und der Politik des kirchlichen Lebens mit seinen zusammengebrochenen ethischen Werten geworden sind. Was für Dogmen haben sich da in zweitausend Jahren Kirchengeschichte angesammelt! Durch das moderne Leben nun werden längst überfällige Veränderungen vorangetrieben.

Von dem heiligen Papst Clemens I. stammen die Worte: »Heutzutage hingegen schenkt ihr solchen Leuten Gehör, die einen verderblichen Einfluß auf euch ausüben und jene brüderliche Gemeinschaft in Verruf bringen, die euch verdientermaßen berühmt gemacht hat. Wir müssen unsere Ehre so schnell wie möglich wiederherstellen. Werfen wir uns dem Herrn zu Füßen und bitten wir ihn unter Tränen, daß er uns wieder mit seiner Freundschaft beschenken möge und uns wieder in brüderlicher Liebe miteinander leben lasse. Je weiser ein Mensch ist, desto demütiger muß er in seinem Erkennen und Handeln sein. Er muß das tun, was dem Allgemeinwohl dient, und nicht, was ihm selbst zum Nutzen gereicht.« Mit anderen Worten: Nur das Kreuz Christi kann uns erretten, nicht die Dolce Vita und schon gar keine Intrigen und Machenschaften.

Das Boot Petri befindet sich in der Kurie in ständiger Seenot: »*Spät am Abend war das Boot mitten auf dem See, er aber war an Land. Und er sah, wie sie sich beim Rudern abmühten, denn sie hatten Gegenwind. Er ging auf dem See zu ihnen hin und sagte: Habt Vertrauen, ich bin es; fürchtet euch nicht! Dann stieg er zu ihnen ins Boot und der Wind legte sich.*« (Mk 6, 47–51)

Wir, die wir der göttlichen Gnade ausgeliefert sind, haben die Wahl: Entweder entscheiden wir uns für unsere Selbstverwirklichung, oder wir entscheiden uns für Jesus Christus. Wenn wir ersteres wählen, so sind wir und unsere Mitmenschen den Wechselfällen des Lebens hilflos ausgeliefert. Wenn unsere Wahl auf letzteres fällt, so entscheiden wir uns für die Erlösung der Welt durch unsern Herrn Jesus Christus.

Die mutige Stimme eines einfachen Priesters

Die heute im Vatikan betriebene Politik steht in krassem Gegensatz zum wahren Wesen der Kirche Christi. Denn sie sollte sein wie Christus: arm und nackt, fernab von allem Pomp und Prunk, demütig unter den Gedemütigten, die Mächtigen verschmähend, solange sie mächtig sind, gekreuzigt.

Um zu zeigen, wie wir uns die Kirche der Zukunft vorstellen, lassen wir einen Zeugen unserer Zeit sprechen, Don Francesco Emmanueli. Er war Priester in Tollara und wurde von seinem Bischof Monsignore Enrico Manfredini, Bischof aus Piacenza, aus der Kirche ausgeschlossen. Am 7. April 1976, also in einer Zeit, in der der Kardinal Agostino Casaroli als Staatssekretär und Clanführer der Piacentiner herrschte, wandte sich Don Francesco, »Getrieben von dem Wunsch, einen konstruktiven Beitrag zur Gestaltung der Kirche zu leisten«, mit dem folgenden Schreiben* an den Bischof:

»Obgleich ich durchaus mit der Ansicht übereinstimme, daß die Männer der Kirche eine Einheit bilden sollten, so möchte ich doch die Gelegenheit nicht ungenutzt lassen, um einige mir notwendig erscheinende Anmerkungen zur Sache zu machen.

---

* Vgl. »Attualità piacentina«, Jahrgang IX, Nr. 34, März–April 1977, Seite 18: »Wir wollten einen Bischof und keinen Geschäftsmann.« Wir haben uns erlaubt, diesen Text an die gesamte katholische Kirchenhierarchie zu richten, vor allem an jene, die sich für die Hauptakteure in der römischen Kurie halten. (Die Autoren)

Die Einheit der Geistlichkeit schöpft ihre Kraft aus dem Dreifaltigkeitsmysterium, und ihr Wirken ist geprägt von großer Tiefe und Vitalität. Dies ist der Sinn des *Ut unum sint* in der Oratio des Herrn. Wenn man diese Worte zugrundelegt, so darf man nicht außer acht lassen, daß diese mystische und ›metaphysische‹ Einheit sich auf einer psychologisch-existentiellen Ebene verwirklicht, eben in jener *Einigkeit*, die sie logischerweise bedingt. So waren sich die Jünger nach dem Glaubensbekenntnis einig. Zur Einheit wird man also durch einen gemeinsamen *Glauben*, indem man Gottes und der Kirche Wahrheit annimmt. Eine Einheit bildet man auch, wenn man die christliche Ethik annimmt, die ihren authentischen und unanfechtbaren Ausdruck im Priesteramt findet. Hier bleibt kein Raum für Vorbehalte oder Wortklaubereien. Und ich bin einer von Euch. Ich gehöre zu Euch, denn ich bin Teil der Kirche, die, wie es ihr Gründer gewollt hat, hierarchisch gegliedert ist: ›*Der Heilige Geist hat euch Bischöfe zur Stütze der Kirche Gottes gemacht.*‹ Auch die weniger greifbaren Aufgaben des seelsorgerischen Amtes erfordern eine gewisse Disziplin und Einstimmigkeit, wenn auch nur zu dem Zweck, bei der Realisierung von Projekten effizienter und tatkräftiger handeln zu können. Dies alles heißt, daß ich für die Einheit bin.

Aber dieser Einheit sind Grenzen gesetzt. Denn jeder Mensch hat ein individuelles Bewußtsein und seine eigene Würde. Man kann nicht jeden Widerspruch von vornherein als umstürzlerische Bestrebung bezeichnen, auch wenn dies so manches Mal sicher bequem wäre. Die für die Kirche so grundlegende Einheit darf nicht zu Konformismus oder Nutzdenken führen. Sie darf auch niemals eine Gleichschaltung der Massen und schon gar nicht der Gewissen bedeuten, auch nicht *ad usum hierarchiae*. Nein, denn jeder Mensch muß er selbst bleiben. Mehr will ich damit gar nicht sagen.

Ich habe bereits eine Diktatur erlebt. Man sagte mir damals, daß alle Macht von Gott käme und als solche auch respektiert und akzeptiert werden müsse. Das war damals Katechese. Als ich nach vier Jahren Kriegsgefangenschaft schließlich verbittert und enttäuscht heimkehrte, sagten mir dieselben Leute, daß ich alles falsch gemacht hätte, daß ich nicht daran hätte ›glauben‹ dürfen und daß ich leichtgläubig gewesen wäre. *Seit diesem Zeitpunkt, hochverehrte Herren Würdenträger, akzeptiere ich keinen Diktator mehr,* egal, was für ein Gewand er trägt oder welchen Titel er hat, denn ich will nie wieder so leichtgläubig und naiv sein wie damals. Mache ich mich dadurch etwa schuldig?

Natürlich weiß ich, daß die Kirche von Natur aus hierarchisch gegliedert ist. Das heißt aber noch lange nicht, daß die Kirche diktatorisch sein oder für persönliche Ambitionen mißbraucht werden darf. Ich weiß auch, daß die Kirche eine legitime Macht ausübt, doch diese Macht ist als Liebe und Dienst am Nächsten zu verstehen. Sind meine logischen und praktischen Schlußfolgerungen nicht richtig?

Wenn ein Würdenträger zweifelhafte Projekte ins Leben ruft, wenn diese zum falschen Zeitpunkt erfolgen, und wenn er damit nicht nur über das Ziel hinausschießt, sondern wenn dadurch auch noch Zweifel an seinem gesunden Menschenverstand aufkommen, so kann er sicher nicht verlangen, daß alle – im Namen des Herrn – mit ihm einer Meinung sind. Zur Unterstreichung meiner Worte erinnere ich nur an nie fertiggestellte Arbeiten in gewissen Bischofssitzen, die jedem beim Hereinkommen sofort ins Auge springen. Man bedenke, daß diese Projekte mit öffentlichen Geldern bezahlt worden sind, daß also im Endeffekt hier der Steuerzahler zur Kasse gebeten wurde! Wie kann man dies in einer moralisch verkommenen Gesellschaft mit der Mission der Kirche vereinbaren, wo es doch eigentlich unsere und insbesondere auch die Aufgabe eines jeden Würdenträgers sein sollte, mit gutem Beispiel voranzugehen?

Ihr Würdenträger dürft natürlich anderer Meinung sein. Aber auch Ihr seid doch sicher überzeugt davon, daß die öffentliche Meinung eine derartige, moralisch nicht gerechtfertigte Geldverschwendung verdammen würde und daß sich diese negative Kritik natürlich auch auf jene erstrecken würde, die ein derartiges Handeln unterstützen und begünstigen. Wir sind Zeugen einer fortschreitenden Auflösung, die kurz davor ist, zum Skandal zu werden.* Wer könnte je übersehen, daß Spendenaufrufe für die Armen und für die Dritte Welt ohne Echo bleiben? »Wie das Summen einer Biene in einem leeren Bienenstock« würde Pascoli sagen. Eure eigene seelsorgerische Tätigkeit, so ernsthaft und verbissen sie auch sein mag, läuft – wie jeder bemerken muß – ins Leere.

Es tut weh, daß man Euch Würdenträgern all dies erst in Erinnerung rufen muß, wo doch die meisten von Euch aus der Arbeiterklasse stammen (eine Herkunft, die verleugnet wird, indem man sie hinter einem anmaßenden und vornehmtuerischen Verhalten versteckt). Auch dies wieder eine Frage der Authentizität.

Immer wieder kommt es vor, daß Würdenträger sich gegen die Klasse der Politiker stellen, da jene es doch waren, die uns Korruption und Verkommenheit gelehrt haben. Doch welchen Sinn und welche Bedeutung hat dies, wenn dann doch nur ein Zweckdenken vorherrscht und man sich auf das Niveau von Intrigen und Machenschaften herabläßt und sein Handeln nach den Vorgaben ebendieser Klasse richtet? Die Kirche heute befindet sich in einer Identitätskrise, die auf dem Rücken der Armen, der Arbeiter, der Arbeits- und Obdachlosen ausgetragen wird. Diese Situation zwingt uns nicht nur, endlich den Kurs zu ändern, sondern zeigt uns auch die Grenzen legitimen Handelns. Sie läßt uns auf die Stimme unseres Gewissens hören, die endlich ruft: ›Genug!‹

Und was ist, sollte diese Stimme ungehört bleiben? Niemand darf das komplizenhafte Schweigen seiner Mitmenschen voraussetzen. In gewissen Kreisen wird recht deutlich über die von der Hierarchie verwalteten Gelder

---

* Der Skandal an der erzbischöflichen Kurie von Neapel, in dessen Mittelpunkt der intrigante Kardinal Michele Giordano stand, konnte damit noch nicht gemeint sein.

gesprochen und auch über die dunklen Kanäle, in die sie fließen. Hier muß ganz tief gegraben werden, und die Strafpredigt in diesem Fall gilt ganz mir, der ich in Sorge bin um die Würdenträger, die ihrerseits völlig sorglos sind.

Wir sind die Jünger Christi, der ans Kreuz geschlagen wurde. Christus, der einzig Wahre, einzige Botschaft und einziges Vorbild. Nicht durch das Wort und nicht durch amtliche und juristische Charismen legen wir Zeugnis ab – denn das Wort klingt hohl und die Charismen sind verbraucht. Nur durch die sichtbare und konsequente Annahme des Opfers Christi liefern wir den Beweis. Dies bleibt heute die einzige wirksame Form der kirchlichen Sendung.

Wie paßt zu dieser *Denkweise* der dämonische Geist der *Geschäftemacherei* und des *Geldes*. Wie paßt in diesen Zusammenhang die Sorge um weltlichen Pomp und materiellen Wohlstand? Nach dem Evangelium ist jeder Papst, jeder Kardinal und Bischof, jeder Prälat gleichbedeutend mit Freund, Bruder, Vater und Hirte; nie ist hier die Rede von *Geschäftsmann*. Nur, daß wir uns recht verstehen. Unser Glaube ist das Kreuz.

So laßt uns denn eine *Einheit* bilden. Denn wir haben es nötig. Die Feinde, die unsere Kirche von allen Seiten bedrängen, sollten eigentlich jene sein, die uns zur Einheit verhelfen. Wenn eine Gesellschaft einmal so weit ist, daß sie nicht mehr den Drang nach Solidarität verspürt und sich nicht mehr zu verteidigen braucht, so ist sie zum Scheitern verurteilt. Laßt uns einig sein. Doch auch Ihr Würdenträger müßt für diese Einheit Euren Preis bezahlen. Zu wahrer Einheit kann es erst kommen, wenn der Klerus endlich mit seinen Diskriminierungen aufhört und wenn Bischöfe und Kardinäle ihr Verhalten von Grund auf ändern. Man sollte in diesem Zusammenhang vielleicht auch mal auf Andersdenkende hören statt immer nur auf die gleichen Schmeichler und Heuchler.

Niemals sollte sich die Macht nur in den Händen eines einzelnen bzw. einer Minderheit befinden, die – zum Schaden der Mehrheit – mit den verschiedensten Befugnissen ausgestattet ist. Niemals sollte das Vertrauen auf einige wenige beschränkt sein. Denn dadurch entstehen nur Privilegien und Privilegierte. Wenn man eine Einheit anstrebt, so darf es keine Priester mehr geben, die ein Leben am Rande der Gemeinschaft führen, keine Ordensbrüder oder -schwestern mehr, die – ganz bewußt – sich selbst und ihrer menschlichen Verzweiflung überlassen werden. Hier muß vielmehr eine Form der Nächstenliebe praktiziert werden, die ein ausgleichendes Klima schafft (eigentlich ein Muß für jeden wahren Bischof, aber auch für jeden Papst, jeden Kardinal und jeden Prälaten in der Kurie). Wir brauchen Menschen mit einem großen Herzen, die bereit sind, Liebe zu geben, ohne dafür einen Gegenwert zu erwarten. Aber nicht alle besitzen eine derartige Größe, wie Jesus Christus sie besaß.

Was wir heute in der Kirche haben, ist nicht mehr nur Uneinigkeit, nein! Die Kirche befindet sich bereits in Auflösung, in der letzten Phase der Uneinigkeit, die unmittelbar vor dem Scheitern kommt. Wir können uns also nicht einmal mehr *Freunde* nennen, obwohl die gemeinsamen Meßopfer immer häufiger werden (ein klares Zeichen dafür, daß man ihren wahren Sinn nicht verstanden hat). Die Liturgie ist heute oft nur noch eine Vorstellung, die gegeben wird, und erinnert mehr an eine Theateraufführung als an religiöse Riten.

Man wird mir sicher sagen, daß ich unter Arterienverkalkung im fortgeschrittenen Stadium leide. Aber das, was ich bin, habe ich der Kirche gegeben, auch wenn sie nichts mit mir anfangen konnte. Dennoch darf niemand auf mein Schweigen hoffen. Dieses Schreiben könnte zu einem offenen Brief werden und könnte im Zuge einer Untersuchung durch eine höhere Stelle verwendet werden. Ich halte mich an Mazzolari und folge dem Wort Christi.

Francesco Emmanueli, nur ein Priester.«

Angesichts der Klarheit und des Scharfsinns dieses Zeugen sollte sich die gesamte Geistlichkeit gebeugten Hauptes fragen: Wie kann es sein, daß er aus der Kirche ausgeschlossen wurde, während es sieben seiner Mitseminaristen, ein fader, glanzloser Haufen, die aber alle dem Clan der Piacentiner angehörten, zu Kardinalswürden brachten?

Geier über dem Papst

Als Papst Wojtyła zum Oberhaupt der Kirche ernannt wurde, hofften viele auf radikale Veränderungen in der römischen Kurie. Das Erdbeben blieb aus, dafür aber wurde er von allem abgeschottet. Um ihn von seinem Umfeld zu isolieren, setzte man ihn in einen goldenen Käfig, in dem er heute noch lebt. Nun, da er sich auf dem direkten Weg zur Endstation befindet, stagniert alles um ihn herum bedrohlich bis auf seine Reisen, die ihn seltsam erscheinen lassen, zerstreut und entnervt. Wie ein einsamer, gebrechlicher Leuchtturmwärter hält er auf seinem Posten aus und läßt das göttliche Licht auch weiterhin erstrahlen.

Die Fernsehübertragung zur Feier seines zwanzigjährigen Pontifikats zeigte uns, wie die Organisatoren dieses Festaktes sich selbst feierten. Ab und zu durfte der Papst, der ganz hinten plaziert worden war, auch mal auf der Bildfläche erscheinen – wie ein sinkender Stern am Himmel. Die Tränen liefen ihm die Wangen hinab, als er sich vor der ganzen Welt die Frage stellte, ob er denn seine Aufgabe gründlich und recht getan hatte. Vielleicht dachte er dabei an die Schar von Purpurträgern, die ihn stets bedrängt und auf allen fünf Kontinenten herumgejagt hatten, die ihn zwanzig Jahre lang zum besten gehalten und ihm das Ruder des Bootes Petri aus der Hand genommen haben.

Nach diesen zwanzig Jahren Amtszeit kann man zusammenfassend sagen, daß der Heilige Vater mehr andere hat regieren lassen, als daß er selbst regiert hätte.

»Am Tage des Jüngsten Gerichts«, schrieb Johannes VIII. (872–882) in einem Brief an die Kaiserin Engelberga, »wird Gott uns fragen, ob wir die Kirche in einem besseren Zustand hinterlassen haben, als wir sie in Empfang genommen haben, ob es nun mehr Freiheit, mehr Ruhe und mehr Wohlstand in der Kirche gibt.« Diese geheime Hoffnung hegt jeder scheidende Papst und Würdenträger der Kurie.

Die ganze Welt ist in Sorge um die Gesundheit des Heiligen Vaters, der nun bald das sinkende Schiff dieser Welt verlassen wird. Doch noch besorgter sind die Kardinäle und Prälaten in der römischen Kurie, die an der Spitze einer Seilschaft oder eines Ministeriums stehen. Damit sie auf keinen Fall den Moment verpassen, bleiben die Büros rund um die Uhr besetzt. Auch die über Fünfundsiebzigjährigen bleiben eisern am Ball, um auf jeden Fall dabei zu sein. Der geschwächte Papst bestätigt das Ende der Amtszeit *donec aliter provideatur*, damit keine anderen Vorkehrungen getroffen werden, und alle verstehen: Keiner rührt sich, bis nach dem nächsten Konklave der neue Papst erpreßt werden kann.

Das Jahr 1999 neigt sich dem Ende zu, und der untergehenden Sonne wird die Schamröte ins Gesicht steigen, nachdem sie mit ansehen mußte, was gläubige Menschen in diesem Jahrhundert alles getan haben.

XXII
Die Kirche im dritten Jahrtausend

Dies ist die Stunde des Herrn, der seine Kirche zu erwecken versucht, ehe der Hahn das letzte Mal kräht. Denn die Weckuhr der Kirche funktioniert nicht mehr. Stück für Stück wurde sie auseinandergenommen, um jedes Teil einer genauen Prüfung zu unterziehen. Doch die Uhr liegt immer noch da, auf der Werkbank der Uhrmacher, die es jetzt nicht mehr schaffen, die einzelnen Teile richtig wieder zusammenzubauen. Darum hat Gott uns mit dieser Aufgabe betraut, damit wir uns daran machen, ehe der Hahn das dritte Mal kräht.

Dies ist die Stunde Mariens, die in Fátima den Sieg der Kirche im Jahr 2000 vorhergesagt hat. In dem Jahr, in dem ihr unbeflecktes Herz das Reich des Bösen, das den heiligen Ort Gottes unsicher macht, mit Satansrauch umnebelt und schwärzt, besiegt haben wird. Als Muttergottes ist sie nach dem Theologen Caietano fast göttlich zu nennen und darum unbesiegbar. Sie, die nicht der Gott des Tempels sondern der Tempel Gottes ist (der heilige Ambrosius), wird die Kirche zu Christus, dem Mittelpunkt des Universums, führen. Und ihr Herz wird siegen.

Und dies ist auch die Stunde der Kirche: »Wir sind die Harfen, und du streichst die Saiten, und das zarte Klagelied ist nicht unser, sondern dein. Wir sind die Flöte, und der Klang in uns bist du. Wir sind unbesteigbare Berge, und das Echo in uns kommt von deinem Rufen. Wenn du dich verbirgst, so habe ich nichts, an das ich glauben kann. Wenn du dich zeigst, so glaube ich. Alles, was ich besitze, kommt von dir! Was suchst du noch in meinem Beutel?« (Djalal od-Din Rumi, 1200 n. Chr.) Zum Abschluß dieser Ausführungen spricht die Kirche Christi mit den Worten des Apostels Paulus: »*Ich habe den guten Kampf gekämpft, den Lauf vollendet, die Treue gehalten.*« Herr, wenn du deine Kirche heute retten willst, so mußt du all deine Barmherzigkeit darauf verwenden. Wenn du sie sich selbst überlassen willst, so genügt es schon, deine unerbittliche Gerechtigkeit walten zu lassen. Mach du!

Doch dies ist auch und vor allem die Stunde des Bösen, wie in der Offenbarung geschrieben steht: »*Wenn die tausend Jahre vollendet sind, wird der Satan aus seinem Gefängnis freigelassen werden. Er wird ausziehen, um die Völker an den vier Enden der Erde, den Gog und den Magog zu verführen und sie zusammenzuholen für den Kampf. Sie schwärmten aus über die weite Erde und umzingelten das Lager der Heiligen und Gottes geliebte Stadt.*« (Offb 20, 7–9) Gottes geliebte Stadt, die Kirche, ist belagert von den Dienern des Teufels.

Zwiegespräch mit Gott

»*Ich habe erkannt, daß du alles vermagst; kein Vorhaben ist dir verwehrt. Wer ist es, der ohne Einsicht den Rat verdunkelt? So habe ich denn im Unverstand geredet über Dinge, die zu wunderbar für mich und unbegreiflich sind. Vom Hörensagen nur hatte ich von dir vernommen; jetzt aber hat mein Auge dich geschaut. Darum widerrufe ich und atme auf, in Staub und Asche.*« (Hiob 42, 2–6)

»*Ich, Jesus, habe meinen Engel gesandt, als Zeugen für das, was die Gemeinde betrifft. Ich bin die Wurzel und der Stamm Davids, der strahlende Morgenstern. Der Geist und die Braut aber sagen: Komm! Wer hört, der rufe: Komm! Er, der dies bezeugt, spricht: Ja, ich komme bald! Amen*« (Offb 22, 16–17; 20)

Inhalt

Donna W. Cross
Die Päpstin

Roman
Aus dem Amerikanischen von Wolfgang Neuhaus
566 Seiten
ISBN 3-7466-1400-7

Johanna von Ingelheim wird im Jahr 814 in einem fränkischen Dorf geboren und stirbt, kaum vier Jahrzehnte später, als Mann verkleidet, im Amt des höchsten Würdenträgers der heiligen Kirche. – Donna W. Cross erzählt die faszinierende Geschichte einer bis ins 17. Jahrhundert populären Frauengestalt, deren Name aus den Annalen des Vatikans getilgt wurde.

»Bei aller Abenteuerlichkeit der Handlung fesselt der Roman durch historisch belegte, atmosphärisch pralle Alltagsbilder.« *Badische Zeitung*

»Ein packender Unterhaltungsroman zu einem umstrittenen Thema.«
Hannoversche Allgemeine Zeitung

»Ein spannender Roman um eine außergewöhnliche Frauengestalt.« *Nordkurier*

Aufbau Taschenbuch Verlag

Peter Stanford
Die wahre Geschichte der Päpstin Johanna

Aus dem Englischen von Hans Freundl
Mit 20 Abb. 272 Seiten. Gebunden
ISBN 3-352-00622-9

Die Figur der Päpstin Johanna – der Frau, die sich im frühen Mittelalter als Mann verkleidete und irgendwann auf offener Straße niederkam – gab lange Zeit zu immer neuen Mythen, Legenden und wilden Spekulationen Anlaß.
Peter Stanford verfolgt in seinem Buch eine Reihe von Fragen, die um die Existenz der Päpstin kreisen: Welches Amt bekleidete die historisch belegte Johanna? Ist die ganze Geschichte nur eine Erfindung der Protestanten, mit der sie die Autorität des Papstes untergraben wollten? Oder ist die Päpstin gar ein Mythos, den sich die katholische Kirche selbst ausgedacht hat?

Packend und unterhaltsam wie ein Krimi erzählt Peter Stanford die faszinierende Geschichte hinter dem Mythos.

Rütten & Loening

Elisabeth Gössmann
»Die Päpstin Johanna«

Der Skandal eines weiblichen Papstes

Eine Rezeptionsgeschichte
414 Seiten
ISBN 3-7466-8040-9

Der Sensationserfolg des Romans »Die Päpstin« von Donna W. Cross hat es gezeigt: Die Legende um die angebliche Frau auf dem Papstthron fasziniert heute wie eh und je. Was im Roman eine spannende Geschichte abgibt, läßt sich in der Wirklichkeit allerdings nicht nachweisen. Die umfangreich belegte Legende ist jedoch in sich selbst von höchstem Interesse. Durch viele Jahrhunderte haben männliche Autoren versucht, die Geschichte Johannas als Beleg dafür zu zitieren, daß eine Frau unfähig sein muß, Priester zu sein.

Den langen Weg des Mythos vom weiblichen Papst verfolgt und kommentiert die kritische Theologin Elisabeth Gössmann in ihrer brisanten wissenschaftlichen Arbeit.

A^{t}V
Aufbau Taschenbuch Verlag

Hanjo Lehmann
Die Truhen des Arcimboldo

Nach den Tagebüchern
des Heinrich Wilhelm Lehmann

Roman
699 Seiten
ISBN 3-7466-1542-9

Im Jahre 1848 gelangt ein junger Schlosser in den
geheimsten Kellergewölben des Vatikans an
sorgsam verborgene Dokumente, die den totalitären Machtanspruch der römischen Kirche in
Frage stellen. Viele Jahre später vertraut er diese
brisanten Aufzeichnungen seinem Freund an,
der sich nun plötzlich in einem Netz von Intrigen und Machtkämpfen wiederfindet. Grund ist
die Angst des Vatikans, daß die Veröffentlichung
dieser Dokumente die Unfehlbarkeitserklärung
des Papstes verhindern könnte.

»Das Buch ist ein packender, gut recherchierter
historischer Roman.«
Hörzu

Aufbau Taschenbuch Verlag

Dieter Jörgensen
Der Rechenmeister

Roman
Mit Frontispiz. 400 Seiten
Gebunden mit Schutzumschlag. Leseband
ISBN 3-352-00555-9

Venedig, 1535. Die Hoffnung auf Ruhm und Wohlstand zieht den Gelehrten Niccolo Tartaglia in die
prachtvolle italienische Handelsstadt. Als Rechen-
meister bietet er den Kaufleuten seine Dienste an.
Wie kein zweiter versteht Tartaglia es nämlich, mit
Maßen und Gewichten umzugehen und – eine sel-
tene Kunst zu jener Zeit, als die Gesetze der Geld-
wirtschaft noch erfunden werden mußten – Zins-
sätze zu berechnen. Trotz seiner Genialität wird
Tartaglia immer wieder belächelt und verspottet,
denn ein besonderes Gebrechen ist seiner Laufbahn
mehr als hinderlich: er stottert. Von manischem
Ehrgeiz getrieben, stürzt er sich auf mathematische
Probleme, die als unlösbar galten. Die ebenso schöne
wie kluge Jüdin Sara wird seine heimliche Geliebte,
aber auch sie kann nicht verhindern, daß Tartaglia
sich auf einen der vehementesten Gelehrtenstreits
der Geschichte einläßt.

Rütten & Loening

Pierre Joffroy
Der Spion Gottes

Kurt Gerstein –
Ein SS-Offizier im Widerstand?

Mit 22 Abbildungen. 561 Seiten
ISBN 3-7466-8017-4

Rolf Hochhuths »Stellvertreter« hat das selbst-
zerstörerische Leben des Kurt Gerstein (1905 bis
1945) öffentlich gemacht. Als Christ trat er in die
SS ein, um sie von innen heraus zu bekämpfen.
Er erhielt den Auftrag, Giftgas für die Konzen-
trationslager zu liefern, informierte darüber ausländische Diplomaten und kirchliche Würdenträger.

In seiner neuen Gerstein-Biographie wertet Pierre
Joffroy bisher unbekanntes Material aus: Zeugen-
berichte und Briefe von Verwandten, Bekannten
und Zeitgenossen, Vertretern der Bekennenden
Kirche, ehemaligen SS- und Gestapo-Offizieren
sowie umfängliche Geheimakten aus SS-Archi-
ven. So entstand ein faszinierendes Buch, das sowohl Gersteins Schicksal wie auch die jahrelange
Spurensuche durch den Autor schildert.

Aufbau Taschenbuch Verlag

Victor Klemperer
Ich will Zeugnis ablegen bis zum letzten

Tagebücher 1933–1945

Herausgegeben von Walter Nowojski
unter Mitarbeit von Hadwig Klemperer
8 Bände in Kassette. 1856 Seiten
ISBN 3-7466-5514-5

»Die Tagebücher, in denen genaueste Beobachtungsgabe, sprachliche Meisterschaft, aufklärerische Skepsis und menschliche Größe sich aufs glücklichste vereinen, stellen alles in den Schatten, was jemals über die Zeit des Nationalsozialismus geschrieben wurde. *Die Zeit*

»Klemperer, der wunderbare Erzähler, der stilistische Könner, der journalistische Wissenschaftler und humorvolle Linguist.« *Stern*

»Ein Jahrhundertwerk« *Literarisches Quartett*

»Victor Klemperers Tagebücher bewegen die Nation.« *Der Spiegel*

Aufbau Taschenbuch Verlag

Erwin Strittmatter
Der Laden

Romantrilogie

3 Bände in Kassette
Mit 24 Filmfotos. 1496 Seiten
ISBN 3-7466-5420-3

»Das Buch bündelt deutsche Kriegs- und Nachkriegsgeschichte. Es ist die Dorfchronik eines großen Epikers, der in einem abgelegenen, halbsorbischen Winkel die Welt spiegelt. Bossdom – ein Kosmos; was Menschen irgend geschehen kann, geschieht ihnen hier; wie Menschen sein können, so sind diese Dörfler.« *Die Zeit*

»Im Kleinen das Große erkennen und zeigen und beschreiben – das hat Erwin Strittmatter getan, gleich Tolstoi, Hesse, Faulkner, Proust, Emerson.«
Süddeutsche Zeitung

Aufbau Taschenbuch Verlag